釋名疏證補

〔漢〕劉熙　撰

〔清〕畢沅　疏證

王先謙　補

祝敏徹　孫玉文　點校

中華書局

圖書在版編目(CIP)數據

釋名疏證補/(漢)劉熙撰;(清)畢沅疏證;(清)王先謙補;祝敏徹,孫玉文點校.—2版. —北京:中華書局,2021.2
(中國古代語言學基本典籍叢書)
ISBN 978-7-101-15072-8

Ⅰ.釋… Ⅱ.①劉…②畢…③王…④祝…⑤孫… Ⅲ.①訓詁②《釋名》-注釋 Ⅳ.H131.3

中國版本圖書館 CIP 數據核字(2021)第 027281 號

書　　名　釋名疏證補
撰　　者　〔漢〕劉　熙
疏 證 者　〔清〕畢　沅
補　　者　〔清〕王先謙
點 校 者　祝敏徹　孫玉文
叢 書 名　中國古代語言學基本典籍叢書
出版發行　中華書局
　　　　　(北京市豐臺區太平橋西里 38 號　100073)
　　　　　http://www.zhbc.com.cn
　　　　　E-mail:zhbc@zhbc.com.cn
印　　刷　北京瑞古冠中印刷廠
版　　次　2008 年 6 月北京第 1 版　2021 年 2 月北京第 2 版
　　　　　2021 年 2 月北京第 3 次印刷
規　　格　開本/850×1168 毫米　1/32
　　　　　印張 14　插頁 2　字數 340 千字
印　　數　5001-8000 冊
國際書號　ISBN 978-7-101-15072-8
定　　價　59.00 元

出版説明

　　釋名，是一部解釋詞義、探尋事物得名由來的專書。作者爲東漢人劉熙。熙字成國，北海人。後漢書無傳，其事迹散見於三國志、世説新語注、册府元龜等書，知其爲漢末名士，博通五經，靈帝時曾任南安太守，建安初避亂至交趾。三國志吴志韋曜傳説曜因獄吏上書，稱“又見劉熙所作釋名，信多佳者”。韋曜入獄在吴末帝鳳凰二年（273），可知釋名在吴末已廣爲流布，爲學者所重視。

　　釋名序言：“熙以爲自古造化製器立象，有物以來，迄於近代，或典禮所製，或出自民庶，名號雅俗，各方名殊……夫名之於實，各有義類，百姓日稱而不知其所以之意，故撰天地、四時、邦國、都鄙、車服、喪紀，下及民庶應用之器，論敘指歸，謂之‘釋名’，凡二十七篇。”所謂義類，是指一群事物在形態上所具有的類似性，它們是人對世間萬事萬物命名的出發點。有關這種義類與語言文字演進的關係，近人劉師培做過扼要的敘述，左盦集四字義起於字音説云：“古人觀察事物，以義象區，不以質體別，復援義象製名。故數物義象相同，命名亦同。乃本語言製文字，即以名物之音爲字音，故義象既同，所從之聲亦同。所從之聲既同，在偏旁未益以前僅爲一字，即假所從得聲之字以爲用。”“義象”就是義類在初民腦海中凝固成的心理意象。劉熙論敍指歸,就是要推測這種意象,從而解釋事物所以如此稱名的緣由,繫連那些人們習焉不察的,寫法各異、指稱有別却有着共同來源的詞語。

　　今本釋名八卷二十七篇,爲天、地、山、水、丘、道、州國、形體、姿容、長幼、親屬、言語、飲食、采帛、首飾、衣服、宮室、牀帳、書契、典藝、用器、樂器、兵、車、船、疾病、喪制。在一篇之中,詞語往往是以同義或反義關係成對或成組排列起來的。這一分類遠較先前的爾雅分類方式細密、貼切,開了後代類書以事類繫詞語,因詞語記事典的分類法的先河。

　　劉熙探討事物的得名由來,是以詞語間的語音聯繫爲綫索的。這種方法就是訓詁學上的聲訓法。聲訓又稱音訓,先秦著作中已時有所見,如易 説卦“乾,健也;坤,順也”,孟子 滕文公上“庠者養也,校者教也,序者射也”等等,用解釋字的意義來説明被釋字的意義來源,兩字之間或聲音相同,或雙聲,或疊韻,或音轉相近。聲訓在漢代學者那裡得到了發揚光大,毛詩詁訓傳、白虎通義、説文解字等都有大量的聲訓内容,而釋名則是廣泛汲取了衆家説法的唯一一部聲訓專著。劉熙不滿足於舊有聲訓的簡單比附,他在被釋字與解釋字之間還作了進一步的推闡,如:“星,散也,列位布散也。”“皮,被也,被覆體也。”釋名的許多解釋很有道理,往往給人在理解詞義時以有益的啟發,但也有不少説法過於主觀,缺乏實證。不過,在一千七百年前,語源學研究能有如此成果已殊爲可貴,它對後代學者倡導因聲求義的語言研究法産生了巨大影響。另外,釋名中保存了許多漢代的詞語,它的聲訓也反映出了漢末的語音狀况,這些也很受後人的重視。

乾隆時的學者兼大吏畢沅廣校群書,作成釋名疏證及補遺和續釋名;著名校書家顧廣圻也爲長洲吳氏作一校本。

王先謙等人在此基礎上,又參酌甄録成蓉鏡、吳翊寅、孫詒讓等人的校勘成果,續注補校,萃成釋名疏證補。書成之後,又得到胡玉縉、許克勤二人的校語,王氏爲作補附一卷,綴於書後。王先謙的釋名疏證補是校勘、注釋釋名的一部集大成之作。王先謙(1842—1917)字益吾,號葵園,長沙人,清末曾任國子監祭酒。他在學術史上的主要貢獻是廣泛羅致文人,校注刊印古籍,漢書補注、詩三家義集疏等名著皆出其手。這部釋名疏證補是由他組織同代學者王啟原、葉德炯、孫楷、皮錫瑞、蘇輿、王先慎等討論編寫的。

這次點校本書,以清光緒二十二年(1896)王氏原刻本爲底本,由祝敏徹先生爲之斷句並加注新式標點,孫玉文先生編製索引;編輯部又做了覆校加工,補製了四角號碼索引。我們希望這個點校本能爲讀者帶來方便。

中華書局編輯部

2007 年 12 月

目　　録

釋名序

漢北海 劉熙 成國撰

熙以爲，自古造化，制器立象，有物以來，迄於近代，或典禮所制，或出自民庶，名號雅俗，各方名殊。先謙曰：吳校"名"作"多"，云：各本"多"誤"名"。聖人於時，就而弗改，以成其器，著於既往。哲夫巧士，以爲之名，故興於其用，而不易其舊，所以崇易簡、省事功也。夫名之於實，各有義類，蘇輿曰：文獻通考十八引"義類"作"類義"。先謙曰：吳校"於"作"興"。百姓日稱而不知其所以之意，蘇輿曰：通考引"以"下有"然"字，當據補。故撰天地、陰陽、四時、邦國、都鄙、車服、喪紀，下及民庶應用之器，論敍指歸，謂之"釋名"，蘇輿曰：通考引無此八字，作"即物名以釋義"。凡二十七篇。至於事類，未能究備。凡所不載，亦欲智者以類求之。博物君子，其於答難解惑，王父幼孫，朝夕侍問，以塞，蘇輿曰：此語不全，下有奪文。可謂之士。蘇輿曰：此亦有奪文。聊可省諸。

釋名疏證補序

　　文字之興，聲先而義後。動植之物，字多純聲，此名無可釋者也。外是則孳乳繁賾，恉趣遷貿。學者緣聲求義，輒舉聲近之字爲釋，取其明白易通，而聲義皆定。流求、珥貳，例啟於周公；乾健、坤順，説暢於孔子。仁者人也，誼者宜也，偏旁依聲以起訓。刑者侀也，侀者成也，展轉積聲以求通。此聲教之大凡也。侵尋乎漢世，間見於緯書。韓嬰解詩，班固輯論，率用斯體，宏闡經術。許、鄭、高、張之倫，彌廣厥恉。逮劉成國之釋名出，以聲爲書，遂爲經説之歸墟，實亦儒門之奧鍵已。隋唐以還，稱引最夥，流溉後學，取重通人。往往古義舊音，展卷有會，語其佳處，尋繹靡窮。雖官職致辨於韋昭，食品見非於徐鍇，諒爲小失，無害宏綱，亦有直解可明。而繁詞曲證，良由主聲之作、書體致然。自説文離析形聲，字有定義，無假譬況，功用大昴，於是釋名流派漸微。其言聲之學，迺沿爲雙聲疊均，而説文從聲之法亦生直音。故吾以謂説文直音之肇祖，而釋名者反切之統宗也。舊本闕訛特甚，得鎮洋畢氏校訂，然後是書可讀。長洲吳氏所刊顧千里校本，是正亦多。其中奧義微文，未盡揮發。

端居多暇，與湘潭 王啟原、葉德炯、孫楷，善化 皮錫瑞、平江 蘇輿，從弟先慎，覆加詮釋，決疑通滯。歲月既積，簡帙遂充。因合畢氏元本，參酌吳校及寶應 成蓉鏡 補證，陽湖 吳翊寅 校議，瑞安 孫詒讓 札迻，甄錄尤雅，萃爲斯編。剞劂甫成，元和 祝秉綱垂示胡、許二君所校，爲芟去重復，別卷坿末，期以補靈巖之漏義，闡北海之精心。大雅宏達，庶匡益之。光緒二十一年歲次乙未冬十二月，長沙 王先謙謹撰。

釋名疏證畢序

　　劉熙釋名，其自序云二十七篇。案後漢書文苑傳：
“劉珍，字秋孫，一名寶，撰釋名三十篇，以辯萬物之稱
號。”而韋曜、顏之推等皆云：“劉熙製釋名。”“熙”或
作“熹”。案三國吳志曜傳：“曜在獄中，上辭有云：見劉
熙所作釋名，信多佳者。然物類衆多，難得詳究，故時有
得失，而爵位之事，又有非是。”云云。玩曜之語，則熙
之書吳末乃始流布。是熙之去曜年代，必當不遠，一也。
舊本題安南太守劉熙撰，近時校者以二漢無安南郡，或
云當作“南安”。今考劉昭注續漢書，稱三秦記曰：“中平
五年，分漢陽置南安郡。”元和郡縣志亦云：“漢靈帝立是
郡。”置已在漢末，二也。此書釋州國篇有“司州”。案
魏志及晉書地理志，魏以漢司隸所部河南、河東、河内、
宏農并冀州之平陽，合五郡，置司州。是建安以前無司
州之名，三也。又云：“西海郡，海在其西。”據劉昭注，
則西海郡亦獻帝建安末立，其時去魏受禪不遠，四也。
釋天等篇於光武列宗之諱，均不避，五也。以此而推，則
熙爲漢末或魏受禪以後之人無疑。又自序云“二十七

篇”,而文苑 劉珍傳云“三十篇”,篇目亦不甚縣遠。疑此書兆于劉珍,踵成于熙,至韋曜又補官職之缺也。其書參校方俗,考合古今,晰名物之殊,辨典禮之異,洵爲爾雅、説文以後不可少之書。今分觀其所釋,亦時有與爾雅、説文諸書異者。爾雅曰:“齊曰營州。”而此云:“營州,齊、衛之地。”爾雅云:“石戴土謂之崔巍,土戴石爲岨。”而此依毛傳立文,曰:“石載土曰岨,土載石曰崔巍。”正與相反,是也。説文:“錦,从帛,金聲。”凡爲聲者,皆無義,而此云:“錦,金也,作之用功,其價如金,故其制字从帛與金。”是以諧聲之字爲會意。又説文:“平土有叢木曰林。”而此云:“山中叢木爲林。”亦皆異義。且其字體出説文外十之三,益信熙之時去叔重已遠。其聲讀輕重,名物異同,與安、順前又迥別也。暇日取群經及史 漢書注、唐 宋類書、道釋二藏校之,表其異同,是正缺失,又益以補遺,及續釋名二卷,凡三閱歲而成。復屬吳縣 江君聲審正之。江君欲以篆書付刻,余以此二十七篇內俗字較多,故依前隸寫云,所以仍昔賢之舊觀,示來學以易曉也。時乾隆五十四年,歲在己酉九月朔日,兵部尚書兼都察院右都御史、總督湖北、湖南等處地方軍務兼理糧餉加三級軍功加二級畢沅序。

顧千里釋名略例

釋名之例可知也。其例有二焉:曰本字,曰易字,是也。雖然,猶有十焉:曰本字,曰疊本字,曰本字而易字,曰易字,曰疊易字,曰再易字,曰轉易字,曰省易字,曰省疊易字,曰易雙字。本字者何也? 則"冬曰上天,其氣上騰,與地絶也",以"上"釋"上",如此之屬,一也。疊本字者何也? 則"春曰蒼天,陽氣始發,色蒼蒼也",以"蒼蒼"釋"蒼",如此之屬,二也。本字而易字者何也? 則"宿,宿也,星各止宿其處也",以"止宿"之"宿"釋"星宿"之"宿",如此之屬,三也。易字者何也? 則"天,顯也,在上高顯也",以"顯"釋"天",如此之屬,四也。疊易字者何也? 則"雲猶云云,衆盛意也",以"云云"釋"雲",如此之屬,五也。再易字者何也? 則"腹,複也,富也",以"複也,富也"再釋"腹",如此之屬,六也。轉易字者何也? 則"兄,荒也;荒,大也",以"荒"釋"兄",而以"大"轉釋"荒",如此之屬,七也。省易字者何也? 則"綟似蜬,蟲之色緑而澤也",以"蜬"釋"綟",而省"蜬也"之云,如此之屬,八也。省疊易字者何也? 則"夏曰昊天,其氣布散,皓皓也",以"皓皓"釋"昊",而省"猶皓皓”之云,如此之屬,九也。易雙字者何也?則“摩娑猶末殺也”,以“末殺”雙字釋“摩娑”雙字,如此之屬,十也。十者非他也,二例之分焉者也。第二以上本字例分者二;第四以下易字例分者七;而有第三之一例半分於本字,半分於易字者,在其閒以相關通。然則易字之所由生,固生於本字而已矣,所謂“易簡而天下之理得”也。讀者循是而一一求焉,凡今本脱誤之當補正者,無不可知也;至於尤脱誤而非復能補正者,亦無不可知也。吴子志忠將治釋名,屢咨其所難知者於予,故略舉本書以明其例,書而貽之。

釋名疏證補　卷第一

釋天第一

1　天，豫、司、兗、冀以舌腹言之。王啟原曰：後漢都洛陽，在司隸部；孝獻都許，在豫州部。故此先言豫，繼言司，尊時制也。天，顯也，在上高顯也。畢沅曰：莊子釋文引作“高顯在上也”。葉德炯曰：此及下“風”字條，均西域字母之濫觴。字母顯之紐爲曉，曉在喉音之次清等，與天出於舌頭之透紐者爲音和。音和者，即反切之遞用法也，如莫六音切爲目，徒紅音切爲同之例。成國此書實韻書之鼻祖，後來孫炎諸人乃愈推愈密也。青、徐以舌頭言之。成蓉鏡曰：案今等韻家分牙、舌頭、舌上、重脣、輕脣、齒頭、正齒、喉、半舌半齒爲九音，相傳來自西域①。隋書經籍志俑：“後漢佛法行於中國，得西域書，能以十四字貫一切音，謂之婆羅門書。”此即唐僧守溫三十六字母之權輿，然志初不云九音來自西域也。觀釋名已有“舌腹、舌頭、橫口合脣、跥口開脣”之云。而高誘注戰國策、呂氏春秋、淮南子諸書，亦有所謂“急舌、急氣、緩氣、閉口、開口、籠口”者。然則九音洵中國儒家之學矣。天，坦也，畢沅曰：坦，今本譌作“垣”，玉篇、爾

---

① 據清皇朝通志卷十七，半舌、半齒合起來算九音之一。

雅釋文、莊子釋文、初學記、御覽、爾雅疏皆引作“坦”,據改。葉德炯曰:坦字與天同透字母。透爲舌頭音之次清等,緩讀爲祈連,漢書霍去病傳“出北地”,“至祈連山”,師古注:“祈連即天山。”① 是也。又爲撑犂,匈奴傳:“匈奴謂天爲撑犂。”是也。連、犂字母在舌齒音之來,去舌頭音不遠,此西域音之微變者。今國書譯爲阿卜喀,直脣音矣。然古中土音讀舌頭者多。白虎通及釋天釋文引春秋説題詞云:“天之爲言鎮也。”説文:“天,顛也。”禮月令疏引春秋説題詞:“天之爲言顛也。”詩君子偕老疏引春秋元命苞:“天之言瑱。”均作舌頭音讀。其作舌腹音讀者,惟禮記緇衣鄭注:“天當爲先字之誤。”藝文類聚引白虎通:“天者,身也。”一以天爲先,一以天爲身,及此以天爲顯,數音而已。坦然高而遠也。蘇輿曰:釋天釋文引,無“而”字。春曰蒼天,陽氣始發,色蒼蒼也。夏曰昊天,其氣布散顥顥也。畢沅曰:顥,今本作“皓”,俗字也。説文:“顥,白皃,从頁景。楚辭‘天白顥顥’。”據此,當作“顥”。皮錫瑞曰:釋名與爾雅皆作春蒼、夏昊,今尚書歐陽説與許君、鄭君皆作春昊、夏蒼,蓋所據本異。秋曰旻天,旻,閔也,物就枯落可閔傷也。冬曰上天,其氣上騰,與地絕也,故月令曰:“天氣上騰,地氣下降。”畢沅曰:爾雅:“春爲蒼天,夏爲昊天,秋爲旻天,冬爲上天。”李巡注:“春,萬物始生,其色蒼蒼,故曰蒼天。夏,萬物盛壯,其氣昊大,故曰昊天。”郭璞注:“旻,猶愍也,愍萬物凋落。冬時無事,在上臨下而已。”此兩家之説,擇其義與此合者,録以參證焉。王先慎曰:五經異義引古尚書説云:“元氣廣大,則稱昊天;仁覆

---

① 漢書注本句下有“匈奴呼天爲祁連”一句。所引漢書及師古注,“祈”爲“祁”之譌。師古注“祁連”之“祁”,“音上夷反”,“祈”無此音。

閎下，則稱旻天；自上監下，則稱上天；據遠視之蒼蒼然，則稱蒼天。”此義與釋名同，且先於李、郭之說。白虎通四時篇云“四時天異名何？天尊，各據其盛者爲名也。春秋物變盛，冬夏氣變盛。春曰蒼天，夏曰昊天，秋曰旻天，冬曰上天。”均與釋名義同，亦先於郭、李者。**易謂之乾。**畢沅曰：說卦：“乾，天也。”又曰：“乾爲天。”**乾，健也，健行不息也。**畢沅曰：易繫辭云：“夫乾，天下之至健也。”象曰：“天行健，君子以自彊不息。”**又謂之玄。玄，縣也，如縣物在上也。**畢沅曰：玄者，以色名之也。易文言曰：“天玄而地黃。”當非取縣義。今本縣下加心，俗。王先慎曰：說文：“玄，幽遠也。黑而有赤色者爲玄，象幽而入覆之也。”釋親郭注：“玄者，言親屬微昧也。”亦有幽遠意。本書釋親“玄孫，玄，縣也，上縣於高祖最在下也”，即取遠義。此縣字亦訓爲遠，謂天在上，遠於下也。素問天玄紀、文選東京賦注引廣雅云：“玄，遠也。”淮南主術訓注：“縣，遠也。”是玄、縣古同訓遠。

2 **日，實也，**畢沅曰：說文亦云。王啟原曰：開元占經五引春秋元命苞云：“日之爲言實也，節也。含一開度立節，使物咸別，故謂之日。言陽布散合如一①，故其立字四合共一者爲日。”後漢書丁鴻傳鴻疏云：“臣聞日者陽精，守實不虧。”是日之名義取於實，故經傳或即以實爲日。孝經：“故親生之膝下，以養父母日嚴。”② 釋文云：“日者實也。日日行孝，故無闕也，象日。”春秋傳“王室實惷惷焉”，說文引“實”作“日”。**光明盛實也。**畢沅曰：禮記月令正義引作“大明盛實”。

---

① 合，原脫。
② 日嚴，原脫。下引釋文正釋“日”字，缺則無所依，據孝經補。

3 月，闕也，畢沅曰：説文云："月，闕也。"十五稍減，故曰闕也。滿則闕也。畢沅曰：左傳正義引作"滿而闕"。初學記、御覽引作"言滿則復闕"；李善注文選月賦引作"言有時盈、有時闕也"。王先慎曰：春秋元命苞、白虎通："月之爲言闕也。"王肅家語禮運篇："月三五而盈，三五而闕。"注："月，陰道，不常滿，故十五日而滿，十五日而闕。"

4 光，晄也，晄晄然也。畢沅曰：説文："晄，明也。从日光，光亦聲。"先謙曰：本書釋采帛云："黄，晄也，晄晄然，猶日光色也。"亦與此證合。亦言廣也，所照廣遠也。王先慎曰：詩敬之傳："光，廣也。"即成國所本。説文："廣，从广，黄聲。""黄，从田从茨，茨亦聲。茨古文光。"光、廣古通。

5 景，竟也，所照處有竟限也。先謙曰：吳校本竟作境，所上有明字。畢沅云："俗書竟字加土傍，非也。"成蓉鏡云：案畢氏序定劉成國爲漢末魏初人。錢氏大昕、辛楣則據吳志程秉、薛綜、韋曜諸傳，以爲漢末名士，建安避地交州，故其書行於吳。考永和四年所立張平子碑："自涉境，以經於諸邑。"初平五年所立周公禮殿記："節符典境。"皆有境字，是漢季此字已通行。成國撰釋名作境，當是依俗爲之，此類甚多。畢校閒用説文改正，而江氏所書篆本尤夥，雖究六書之恉，然已失成國本來面目矣。於例當仍其舊，而注其下云："某，古祇作某。"

6 暑，規也，如規畫也。王先慎曰：暑、規疊韻。易通卦驗："冬至之日，樹八尺之表。日中，視其暑之如度者，則歲美，人民和順；暑不如度者，則其歲惡，人民爲讇言，政令爲之不平。"是暑所以爲度，規即象暑以成度。義亦通。周語注："規，規畫而有之。"

7 曜，畢沅曰：説文無曜字，玉篇始有之。燿也，光明照燿也。畢沅曰:燿從火,今本從光,係俗字。

8 星,散也,列位布散也。畢沅曰:禮記月令正義引作:
"星,散也,布散於天。"王啟原曰:案春秋文耀鉤云:"北斗七星
上爲九州。"感精符云:"地爲山川,山川之精上爲列星,各應其
州域分野。"所謂列位也。皮錫瑞曰:爾雅:"祭星曰布。"郭注:
"布,散祭於地。"史記天官書曰:"星者,金之散氣。"注:"五星,
五行之精,衆星列布,別居錯行,各有所屬。"是星有陳列布散之
義,故祭星曰布。埤雅二十引釋名云:"祭星曰布,布取其象之布
也。"今無此文,蓋脱佚。

9 宿,畢沅曰:息柚反,下皆所録反。宿也,星各止宿其
處也。畢沅曰:一切經音義引作"言星各止住其所也"。御覽引
作"止宿其所"。

10 氣,畢沅曰:當作"气",今經典皆作"氣",無別矣。㤉
也,㤉然有聲而無形也。畢沅曰:㤉,今本作䊤。御覽引作
"猶㤉也"。案說文米部,䊤乃氣字重文,"氣,饋客芻米也。"非
此處義。心部云:"㤉,太息也。"詩曰:"㤉我寤歎。"然則此當作
"㤉"。今從御覽改正。王啟原曰:吳本"㤉也"作"鑀也"。蘇輿
曰:禮祭義:"出户而聽,㤉然必有聞乎。其太息之聲。"亦有聲
無形之義。又云:"氣也者,神之盛也。"氣笵於神,故無形。

11 風,兗、豫、司、冀橫口合脣言之;王啟原曰:吳校作
"豫、司、兗、冀"。又云:"脣下脱口氣二字。"先謙曰:以此卷首條
"天"下例之,吳校豫司在上是。風,汜也,葉德炯曰:橫口合
脣言之,此西域之重脣音法也。汜古字讀如"芃芃黍苗"之芃,
芃之字母爲並,重脣音中之全濁等也。今音讀如"汜彼柏舟"之
汜,汜之字母爲敷,爲輕脣音之次清等,與風之字母爲非,爲輕脣
音之全清等者同一紐也。然則兗、豫、司、冀之間,直讀汜如芃,

非今作本音讀比矣。**其氣博氾而動物也。青、徐言風，蹴口開脣推氣言之**；王啟原曰：吳校刪“言風”二字。葉德炯曰：蹴口開脣推氣言之，此西域之輕脣音法也。放之字母爲非，與風同紐，在輕脣音中，又同爲全清等。合上文天字驗之，是古青、徐之音較充、豫、司、冀之間爲輕清矣。**風，放也，氣放散也。**畢沅曰：李善注文選風賦引作“風者，氾也，爲能氾博萬物”。又云：“風者，放也，動氣放發。”皮錫瑞曰：後漢書樂成靖王傳：“安帝詔曰：風淫於家。”風淫，謂放淫也，風、放聲相近。左傳四年傳“風馬牛不相及也。”服虔注：“風，放也。”公羊僖三十一年傳疏引孫炎爾雅注云：“既祭，披磔其牲，似風散也。”是風又有散義。

12 **陰，蔭也，氣在内奧蔭也。**王先慎曰：陰、蔭字通。書洪範馬融注、漢書五行志應劭注並云：“陰，覆也。”説文：“奧，宛也。”“宛，屈艸自覆也。”覆而在内，故其氣奧蔭。春秋繁露云：“鶴無宛氣。”鶴爲陽禽，故無宛氣。先謙曰：本書釋形體亦云：“陰，蔭也。”

13 **陽，揚也，氣在外發揚也。**畢沅曰：禮記月令正義、御覽引，皆“氣”字上有“陽”字，茲不從。王啟原曰：按詩正月“燎之方揚”，漢書谷永傳作“陽”；春秋昭二十一年傳“宋揚門”，禮記檀弓云“陽門”；玉藻“盛氣顛實揚休”，注讀爲“陽”。此皆陽、揚通用之證。

14 **寒，扞也，扞格也。**畢沅曰：今本“扞”作“捍”，俗字也。禮記學記：“扞格而不勝。”鄭注：“格讀爲凍洛之洛，扞，堅不可入貌。”然則當作扞格，讀當爲扞洛。王啟原曰：吳校本“扞格也”上補一“氣”字，下條“熱如煮物也”上亦補一“氣”字。

15 **暑，煮也，熱如煮物也。**先謙曰：唐王維詩：“長安客舍熱如煮。”宋文同詩：“六月久不雨，萬物蒸煮熟。”本此。暑、煮疊韻。

16　**熱，爇也，**<u>王啟原</u>曰：吳校於“熱爇也”上補“亦曰熱”三字，聯上爲一條。**如火所燒爇也。**<u>畢沅</u>曰：御覽引“熱”在“暑”一條，前有“或曰”二字爲聯合。今案經典，俱以寒暑相配成文，鮮有言寒熱者。御覽以熱爲目，故移易此書以就之，今不從。又“所”字御覽亦引作“之”。<u>王啟原</u>曰：呂氏春秋：“湯時大旱七年，煎沙爛石。”淮南子：“或熱焦沙，或寒凝水。”春秋繁露：“爲寒則凝冰裂地，爲熱則焦沙爛石。”即如火燒爇之義。

17　**雨，羽也，**<u>王啟原</u>曰：周語：“故長夷則之上宮，名之曰羽。”<u>韋</u>注：“羽，翼其衆也。”則五音之羽取鳥羽之義。繁露五行五事云：“雨者，水氣也，其音羽也。”説文：“霸，水音也。”霸即五音之羽本字，音爲羽舞之羽。月令“大雩帝”注：“雩，吁嗟求雨之祭也。”説文：“雩，夏祭，舞於赤帝，以祈甘雨也。從雨，亏聲。琴或從羽，雩，羽舞也。”則琴爲雩，羽舞亦可爲雩，是即雨、羽通用之證。**如鳥羽動則散也。雨，水從雲下也。**<u>張荔生</u>曰：“雨水”六字當在“雨羽也”上，與“珥，氣在日兩旁之名也，珥，耳也，言似人耳之在兩旁也”一例。**雨者，輔也，言輔時生養也。**<u>畢沅</u>曰：自“雨水從雲下”以下今本無之。初學記、御覽引皆有，據補。説文云：“雨，水從雲下也。一象天，冂象雲，水霝其閒也。”案此條當與霜、露、雪、霰等爲類，不應在此。上言熱，疑必有冷一條爲之配，後人因文脱，遂移此以補之，而亦文不能全，此痕迹之不能盡掩者也。<u>先謙</u>曰：“雨水”至“養也”吳校本無。

18　**春，蠢也，萬物蠢然而生也。**<u>畢沅</u>曰：今本作“春，蠢也，動而生也”；藝文類聚引作“春之爲言蠢也，物蠢而生”；御覽引作“春之言蠢也，萬物蠢然而生”。據改。禮記鄉飲酒義曰：“春之爲言蠢也，産萬物者聖也。”鄭注：“蠢，動生之貌也；聖之言生也。”皮錫瑞曰：漢書 律曆志：“春，蠢也，物蠢生迺動運。”春秋元命苞云：“春含名蠢，位東方，動春明達。”注：“春之言蠢，東之言動，含此名以自明自達也。”春秋繁露云：“春之猶言偆偆者，喜樂之貌。”蘇輿曰：玉燭寶典引作“春，蠢也，蠢動而生也”。春秋説題辭：“春，蠢，興也。”興、生義相成。尚書大傳：“春，出也，萬物之出也。”春、出雙聲，出亦生也。

　　19 夏，假也，寬假萬物，使生長也。畢沅曰：“假”當作“叚”，吉下反。假之言至，音工白反。今經典皆通用無別矣。鄉飲酒義云：“夏之爲言假也，養之長之，假之仁也。”尚書大傳曰：“夏者假也，吁荼萬物而養之外也。”皮錫瑞曰：律志：“夏，假也，物假大乃宣平。”

　　20 秋，緧也，緧迫品物，使時成也。畢沅曰：御覽引作“秋者，緧也，緧迫萬物，使得時成也”。文選秋興賦注引作“秋，就也，言萬物就成也”。義與此異，不敢據改，姑存以備考而已。鄉飲酒義曰：“秋之爲言愁也，愁之以時察守義者也。”鄭注：“愁讀爲揫，揫，斂也。”案揫與緧音義皆相近。皮錫瑞曰：律志：“秋，𦤶也，物𦤶斂乃成就。”春秋繁露：“秋之爲言猶湫湫者，憂悲之狀。”三禮義宗曰：“七月立秋，秋之言揫縮之意。”先謙曰：説文：“𨒅，迫也。或从酋。”荀子 議兵篇：“𨌥之以刑罰。”彊國篇：“大燕𨌥吾後。”𨌥，亦謂迫也。緧、𨌥皆𨒅借字。

　　21 冬，終也，物終成也。畢沅曰：吳淑事類賦注引作“萬物所以終成也”。御覽引與此同。説文云：“冬，四時盡也，从夊𡆆。𡆆，古文終。”皮錫瑞曰：律志：“冬，終也，物終藏乃可稱。”三禮義宗：“冬，終也，立冬之時，萬物終成。”尸子曰：“冬爲信，北方爲冬。冬，終也。”蘇輿曰：鄉飲酒義：“冬之爲言中也，中者，藏也。"

22 四時，四方各一時。**畢沅曰**：鄉飲酒義曰："東方者春，南方者夏，西方者秋，北方者冬。"故曰四方各一時。**葉德炯曰**：御覽 歲時部二引爾雅曰（據明刻本）："時，空也。司空主地，各主一方物之生死。"今爾雅無此文，蓋爾雅舊注也。**時，期也，物之生死，各應節期而止也。畢沅曰**：逸周書 周月解云："萬物春生夏長，秋收冬藏。"又時訓解云："雨水之日，桃始華；穀雨，桐始華；清明，萍始生；立夏十日，王瓜生；小滿之日，苦菜秀；又五日，靡草死；芒種，螳蜋生；夏至十日，半夏生。"明堂 月令所記物候並同。是各應節期而止也。御覽引"時期"下云："不失期也。"無下十一字。今不從。"止"似當爲"至"。**葉德炯曰**：白虎通云："時者，期也，陰陽消息之期也。"

23 歲，越也，越故限也。**王啟原曰**：説文："歲，木星也，越歷二十八宿，宣徧陰陽，十二月一次。從步，戌聲。"律曆書："名五星爲五步。"爾雅 釋天："夏曰歲。"孫炎曰："歲，取歲星行一次也。"歲從戌不從戊。言越者，蓋取越歷之義，歲行一次十二年，而星終一周天矣。歲行一次，僅越故限而已。**年，進也，進而前也。唐、虞曰載，載生物也。殷曰祀；祀，巳也，新氣升故氣已也。畢沅曰**：今本"年，進也，進而前也"七字列於"歲越也"之前，別爲一條。據御覽引，并入於"歲"下。爾雅曰："夏曰歲，商曰祀，周曰年，唐 虞曰載。"兹不言夏周，文不備。**王啟原曰**：吳本"年進也"以下七字在"歲越也"前。

24 五行者，五氣也，**王啟原曰**：吳校删"者"字。**於其方各施行也。畢沅曰**：御覽引"五氣"上有"言"字，無下"也"字，今不從。即如所引，亦當上先有"五氣也"方順。**王啟原曰**：案繁露 五行之義篇："五行之隨，各如其序；五行之官，各致其能。

是故木居東方,而主春氣;火居南方,而主夏氣;金居西方,而主秋氣;水居北方,而主冬氣。土者五行之主;五行之主,土氣也。"漢書藝文志亦云:"五行者,五常之形氣也。"

25 金,禁也,氣剛毅能禁制物也。畢沅曰:今本作"其氣剛嚴,能禁制也"。據御覽引改。白虎通云:"金在西方,西方者,陰始起,萬物禁止。金之爲言禁也。"先謙曰:吳校無"物"字。

26 木,冒也,華葉自覆冒也。畢沅曰:冒有兩義:上覆下爲冒,下觸上亦爲冒,此當爲下觸上之義。説文:"木,冒也,冒地而生,東方之行。從中,下象其根。"白虎通云:"木之爲言觸也,陽氣動躍,觸地而出也。"皆下觸上之義。

27 水,準也,準平物也。畢沅曰:御覽引作"平準物也"。白虎通云:"水之爲言準也,養物平均有準則也。"説文:"水,準也。"案考工記輈人云:"輈注則利準。"又桌氏云:"權之然後準之。"故書準輒作水,然則水不徒取準義,可直用以爲準字。

28 火,化也,消化物也。畢沅曰:據説文此當用變匕之匕,不當用教化字。然經典通用已久,故不改。白虎通:"火之言化也。陽氣用事,萬物變化也。"亦言毀也,物入中皆毀壞也。畢沅曰:藝文類聚、御覽引,"中"皆作"即"。説文:"火,燬也。"案毀、燬音皆近火。蘇輿曰:春秋元命苞:"火之爲言委隨也。"案委隨即毀之合音。

29 土,吐也,能吐生萬物也。畢沅曰:廣韻引無"能"字、"生"字。白虎通:"土主吐含萬物,土之爲言吐也。"説文:"土,地之吐生萬物者也。二象地之下地之中;丨,物出形也。"皮錫瑞曰:春秋元命苞:"土之爲言吐也,言子成父道吐也。"鄭注周禮云:"土猶吐也。"

30 子，孳也，陽氣始萌，孳生於下也。畢沅曰：白虎通："子者，孳也。"史記律書："子者，滋也。滋者，言萬物滋於下也。"滋與孳通。漢書律志："孳萌於子。"於易爲坎。畢沅曰：說卦："坎者，水也。"正北方之卦也，北方，子位也。坎，險也。畢沅曰：彖傳："習坎，重險也。"蘇輿曰：以上"乾，健也"，下"艮，限也"各條例之，此下應言其義，當有奪文。

31 丑，紐也，寒氣自屈紐也。畢沅曰：律書："丑者，紐也。言陰氣在上未降，萬物厄紐未敢出。"白虎通："丑者，紐也。"漢志："紐牙於丑。"說文："丑，紐也。"於易爲艮。畢沅曰：說卦："艮，東北之卦也。東北，丑位也。"艮，限也，時未可聽物生，限止之也。畢沅曰：彖傳："艮，止也。"王先慎曰：限與很義通。易艮卦鄭注："艮之言很也，一陽在上，二陰在下，陽君陰臣，不相與通。"說文："很，不聽從也。"並與"時未可聽物生"義近。又說文"很"下云"一曰行難也"，"限"下云"阻也"。行難，即阻難，故高誘注秦策云："限，難也。"直以難訓限，與此"限止"義合。易："艮其限。"釋文引馬注："限，要也。"又虞注："要帶處也。"此別一義。

32 寅，演也，演生物也。畢沅曰：白虎通："少陽見於寅。寅者，演也。"義與此同。律書："寅言萬物始生，蚓然也。"律志："引達於寅。"說文："寅，髕也。正月陽氣動，去黃泉欲上出，陰尚彊。象宀不達，髕寅於下也。"三者義各不同，備存以廣異說。

33 卯，冒也，載冒土而出也。畢沅曰：律志："冒茆於卯。"說文："卯，冒也。二月萬物冒地而出，象開門之形。"義皆與此同。律書："卯之爲言茂也，言萬物茂也。"白虎通："卯者，茂也。"案：茂雖與冒異義，而音則亦近卯。於易爲震。畢沅曰：說卦："震，東方也，東方卯位也。"二月之時，雷始震也。畢沅曰：明堂月令："仲春之月，雷乃發聲始震。"

34 辰，**伸也**，物皆伸舒而出也。畢沅曰：伸之義訓，孤而無據，當訓震爲安。白虎通："辰者，震也。"說文："辰，震也，三月陽氣動，靁電振，民農時也。"律書："辰者，言萬物之娠也。"律志："振美於辰。"娠、振皆與震通。王啟原曰：爾雅："太歲在辰曰執徐。"釋文引李巡曰："執，蟄也；徐，舒也。言蟄物皆敷舒而出，故曰執徐。"開元占經引孫炎曰："句者，必達蟄伏之物，盡敷舒也。"高誘淮南天文注云："執，蟄；徐，舒；伏蟄之物皆散舒而出。"李在成國前，高同時，孫稍後，說略相近，則成國說亦不誤。

35 巳，**已也**，陽氣畢布已也。畢沅曰：律書："巳者，言陽氣之已盡也。"律志："巳盛於巳。"說文："巳，已也，四月陽氣已出，陰氣已藏，萬物見成文章，故巳爲蛇，象形。"白虎通："巳者，物必起。"必與畢通，畢起言盡起。**於易爲巽**。畢沅曰：說文："巺，巽也，从丌，頨聲。"此易巺卦爲長女爲風者，今易止作巽。說卦："巽，東南也。"東南，辰巳之間也。**巽，散也**，物皆生布散也。王啟原曰：巽爲風。說卦："風以散之。"故曰巽，散也。

36 午，**仵也**，陰氣從下上，與陽相仵逆也。畢沅曰："仵"俗字，當作"啎"。說文："午，啎也。五月陰氣午屰陽，冒地而出也。"又云："啎，屰也，从午吾聲。"律志："罗布於午。罗亦啎屰之意也。"律書："午者，陰陽交，故曰午。"案午有交午之義，故云。蘇興曰：白虎通："壯盛於午，午物滿長。"義稍別。據律志，罗即遻、遌、迕同（見玉篇）。**於易爲離**。畢沅曰：說卦："離也者，明也。萬物皆相見，南方之卦也。"南方，午位也。**離，麗也**，畢沅曰：序卦："離者，麗也。"**物皆附麗陽氣以茂也**。

37 未，**昧也**，日中則昃，向幽昧也。畢沅曰：言日中則昃，是專就一日午後言之義，殊未的。律志："昧薆於未。"其失同也。律書:"未者,言萬物皆成,有滋味也。"白虎通:"未,味也。"説文:"未,味也,六月滋味也。五行木老於未,象木重枝葉也。"説皆精確。案坤貞於六月,未不云於易爲坤者,見後釋地篇。蘇輿曰:易豐象云:"日中則昃,月盈則食,天地盈虛,與時消息。"公羊疏二十六引鄭康成云:"言皆有休已,無常盛也。"王弼注:"施於未足,則常豐;施於已盈,則方溢,不可以爲常。"正義:"盛必有衰,自然常理。日中至盛,過中則昃,月滿則盈,過盈則食。"釋名此語蓋用易義,爲比例之詞,以申昧字之旨。言物理無常,盛極將衰,如日將昃,漸向幽昧。漢志言昧薆,亦即此義。畢説似非。淮南天文訓亦云:"未者,昧也。"玉燭寶典引詩汎歷樞云:"未者,昧也;昧者,盛也。"別一義。

38　申,身也,畢沅曰:白虎通:"少陰見於申,申者身也。"物皆成其身體,各申束之,使備成也。畢沅曰:説文:"申,神也,七月陰氣成體,自申束;从臼,自持也。"王啟原曰:吳校"身體"下補"也亦言"三字。

39　酉,秀也;秀者,物皆成也。畢沅曰:律書:"酉者,萬物之老也。"白虎通:"酉者,老也。"律志:"留執於酉。"説文:"酉,就也。八月黍成,可爲酎酒。"諸説不同,其義皆是。秀、老、留、就,皆與酉聲叶。王啟原曰:吳校"秀者"作"秀則"。王先慎曰:秀,華美意。論語:"苗而不秀者有矣夫!秀而不實者有矣夫!"月令:"秀草不實。"昔人無訓秀爲成實義。詩毛傳:"不榮而實謂之秀。"釋草無"不"字,作"榮而實曰秀"(見釋文)。成國沿之,訓爲物成,恐非。葉德炯曰:説文:"酉爲秋門。"秋者,西方之行,故於易爲兌也。於易爲兌。兌,説也,物得備足,皆喜説也。畢沅曰:説卦:"説言乎兌。"又曰:"兌,正秋也,萬物之所説也。"故曰"説言乎兌"。

40 戌，恤也，物當收斂，矜恤之也。畢沅曰：律書、白虎通、説文皆説“戌”爲“滅”，與恤義不合，惟律志云：“畢入於戌。”則有收恤之義。蘇輿曰：下云脱落，即滅之意，成國蓋以爲旁義。凡云亦言者，並同。亦言脱也，落也。王啟原曰：吳校“落也”上補“物脱”二字。

41 亥，核也，收藏百物，核取其好惡、真僞也。葉德炯曰：爾雅：“太歲在亥，曰大淵獻。”開元占經引李巡注：“言萬物落於亥，大小深藏，屈近陽，故曰淵獻。”又孫炎注：“淵，深也，大獻萬物於深，謂蓋藏之於外也。”亦言物成皆堅核也。畢沅曰：律書：“亥者，該也。言陽氣藏於下，故該也。”律志：“該閡於亥。”白虎通：“亥者，仮也。”説文：“亥，荄也。”該、仮、荄音義皆同，似勝“核也”之訓。

42 甲，孚甲也，畢沅曰：今本作“孚也”，從段校本增“甲”字。王啟原曰：吳校作“甲，甲也”。萬物解孚甲而生也。畢沅曰：事類賦注引作“甲者，萬物孚甲種類分也”。周易彖傳：“雷雨作，而百果草木皆甲坼。”鄭康成云：“皆讀爲人倦解之解。”説文：“甲，位東方之孟，陽氣萌動，从木戴孚甲之象。”蘇輿曰：律書：“甲者，萬物剖孚甲而出也。”剖亦有解義。白虎通：“甲者，萬物孚甲也。”

43 乙，軋也，自抽軋而出也。畢沅曰：律書：“乙者，言萬物生軋軋也。”律志：“奮軋於乙。”説文：“乙，象春草木冤曲而出，陰氣尚彊，其出乙乙也。”

44 丙，炳也，物生炳然，皆著見也。畢沅曰：律書：“丙者，言陽道著明，故曰丙。”律志：“明炳於丙。”説文：“丙，位南方也，萬物成炳然。”

45 丁，壯也，物體皆丁壯也。畢沅曰：一切經音義三引

皆作"丁,壯也,言物體皆壯健也;夏時萬物丁成實也"。律書:
"丁者,言萬物之丁壯也,故曰丁。"説文:"丁,夏時萬物皆丁壯
成實。"王啟原曰:吳校作"丁,丁也"。成蓉鏡曰:案此以雙聲爲
訓也,丁古音讀如杠,鉦者丁寧之合聲,是丁與鉦音近,故陸氏
釋文亦以丁丈切長。自廣韻十三耕:"丁,中莖切①。詩曰:伐木
丁丁。"十五青:"丁,當經切。當也,亦辰名。"分而爲二。於是
學者遂以中莖一音專屬之伐木聲矣。蘇輿曰:白虎通:"丁者,
强也。"廣雅 釋詁同,强、壯同義。玉燭寶典引詩氾歷樞:"丁者
亭。"宋均云:"亭猶止,陽氣著止而止也。"別一義。

46 戊,茂也,物皆茂盛也。畢沅曰:白虎通:"戊者,茂
也。"律志:"豐楙於戊。"楙、茂音義同。鄭康成注禮記 月令云:
"戊之言茂也。"蘇輿曰:玉燭寶典引詩氾歷樞:"戊者,貿也,陰貿
陽,柔變剛也。"貿亦同聲字。説文:"戊,中宫也,象五龍六甲相
拘絞也。"②

47 己,紀也,皆有定形,可紀識也。畢沅曰:律志:"理
紀於己。"白虎通:"己者,抑屈起。"疑文有脱誤。蘇輿曰:玉燭
寶典引元命苞:"己者,抑詘而起。"與白虎通同。説文:"己,中
宫也,象萬物辟藏詘形也。"

48 庚,猶更也。畢沅曰:"猶"字疑衍。律志:"斂更於
庚。"鄭 注月令云:"庚之言更也。"庚,堅强貌也。畢沅曰:説
文:"庚,位西方,象秋時萬物庚庚有實也。"是堅强之貌。王啟
原曰:吳校作"庚猶更,更,堅强貌也"。蘇輿曰:玉燭寶典引元命
苞:"庚者,物色更。"與此訓合。

---

① 麈,"莖"之譌。下文"麈"同。廣韻"丁"中莖切。

② 五龍六甲,説文作"六甲五龍"。

49 辛，新也，物初新者，皆收成也。畢沅曰：律志："悉新於辛。"鄭注月令曰："辛之言新也。"蘇輿曰：玉燭寶典引元命苞："辛者陰治成"（"治"當作"始"）。與收成義亦近。

50 壬，妊也，陰陽交，物懷妊也，至子而萌也。畢沅曰：律志："懷任於壬。"説文："壬，位北方也，陰極陽生，故易曰：'龍戰于野。'戰者，接也。象人裹妊之形，承亥壬，以子生之敘也。"王啟原曰：吳校"至子"上删"也"字。蘇輿曰：玉燭寶典引元命苞："壬者，陰始任。"宋均云："壬，始任育。"鄭注月令："壬之言任也。"任、妊同。

51 癸，揆也，揆度而生，乃出土也。畢沅曰：律書："癸之爲言揆也，言萬物可揆度，故曰癸。"律志："陳揆於癸。"白虎通："癸者，揆度也。"鄭注月令曰："癸之言揆也。"説文作𤳦，云："冬時水土平，可揆度，象水從四方流入地中形也。籀文作癸，從癶，矢聲。"[①]王啟原曰：吕本"出土"作"出之"。蘇輿曰：玉燭寶典引元命苞："癸者，有度可揆繹。"宋均云："至癸，萌漸欲生，可揆尋繹而知。"

52 霜，喪也，其氣慘毒，物皆喪也。畢沅曰：説文："霜，喪也。"白虎通："霜之爲言亡也。"

53 露，慮也，覆慮物也。皮錫瑞曰："覆慮"蓋古語，亦謂之"覆露"。漢書晁錯傳："覆露萬民。"嚴助傳："陛下垂德惠以覆露之。"淮南子時則篇："包裹覆露。"皆以"覆露"連文，即"覆慮"也。慮、露一聲之轉。孫詒讓曰：釋宮室云："廬，慮也，取自覆慮也。"

---

① "籀文"至"矢聲"，大徐本作"𤳦，籀文从癶从矢"，小徐本作"𤳦，籀文癸從癶，矢聲"。

54 雪，綏也，水下遇寒氣而凝，畢沅曰：説文"凝"作
"冰"，水堅也。俗冰从疑，今此用俗字。文選雪賦注引"綏"作
"娞"，亦俗字，集韻與"綏"通用。綏綏然也。畢沅曰：文選注、
初學記、廣韻、御覽皆引作"水下遇寒而凝，綏綏然下也"。

55 霰，星也，水雪相搏，如星而散也。畢沅曰："水"御
覽引作"冰"，不從。"搏"本或作"搏"。鄭箋頍弁詩云："將大雨
雪，始必微温，雪自上下，遇温氣而搏，謂之霰。"詩釋文云："搏，
徒端反。"然則此當作"搏"。王啟原曰：吳校"星也"下有"散
也"二字。

56 霢霂，小雨也。畢沅曰：詩信南山云："益之以霢霂。"
毛傳："小雨曰霢霂。"言裁霢歷霑漬，如人沐頭，惟及其上
枝，而根不濡也。畢沅曰：埤雅引"如人之沐，惟及其上支"而
已。今此作"沐頭"，似出後人所改。張荔生曰：郝氏蘭皋謂"霢
霂雙聲，轉爲溟濛"。案亦謂之溟沐，太玄少："密雨溟沐。"亦謂
之濛潑，潘尼苦雨賦"始濛潑而徐墜"（見初學記二）。霢霂、溟
濛、溟沐、濛潑，並聲之轉。沈約見庭雨應詔詩"霢霂裁欲垂，霏
微不能注"（亦見初學記）。霢霂雙聲，霏微疊韻，相對成文，視
釋名爲優。王啟原曰：吳校下"霢"字作"脈"。

57 雲，猶云云，衆盛意也。畢沅曰：吕氏春秋圜道篇：
"雲氣西行，云云然。"説文："云，古文雲。"蘇輿曰：御覽天部八
引無"意"字。又言運也，孫楷曰：管子戒篇："四時雲下。"注
云："運也。"初學記引春秋説題辭云："雲之爲言運也。動陰路
觸石而起謂之雲，合陽而起以精運也。"是雲義爲運，與釋名合。
運行也。畢沅曰：案御覽引有"霞"一條云："霞，白雲映日光而
成。赤色，假日之赤光而成也。故字从段，叚聲。"似應在此下。
今書無之，姑附見於此。王啟原曰：吳校作"若運行也"。

58 雷,硠也,如轉物有所硠雷之聲也。畢沅曰:硠,御覽音郎,説文云:"硠,石聲也,从石,良聲。"王啟原曰:吳校作"雷,靁也"。

59 電,殄也,言乍見即殄滅也。畢沅曰:今本無"言"字,又"即"作"則",據一切經音義引增改。蘇輿曰:御覽天部十三引亦無"言"字,"即"作"則"。

60 震,戰也,王啟原曰:易繫辭"震无咎者",鄭注:"震,懼也。"戰兢之戰,亦懼也。先謙曰:震、戰雙聲字。所擊輒破,若攻戰也。又曰辟歷。畢沅曰:字當作"劈歷"。説文:"震,劈歷振物者。"辟,析也,所歷皆破析也。畢沅曰:今本"析"皆作"折",據義當作"析"。説文:"劈,破也。"成蓉鏡曰:礔礰(一切經音義十五引蒼頡篇)、劈歷(説文"雨"注、方言二郭注)、霹靂(爾雅釋文郭注)並疊韻字。成國義近礰。蘇輿曰:"辟"字衍,"辟歷"即"析"之合音。故云:辟歷,析也,所歷皆破析也。亦總申辟歷之義,承析字言之。御覽天部十三引正作"霹靂,析也"。雖字不同,而無辟字,成疑其義近礰,不知"辟"本衍字也。又御覽無"所歷"下六字,"霹靂析也"句在"震戰也"三句上。

61 霆,跑也,畢沅曰:今本"跑"作"砲",據一切經音義引作"跑",音莆學切。其所中物皆摧折,如人所蹴跑也。畢沅曰:"蹴跑"本皆作"盛砲",亦據一切經音義改。玉篇:"跑,蒲篤切,蹴也。"則"蹴跑"二字不誤矣。御覽"蹴"作"蹙",後又因形近,遂譌爲盛。

62 虹,陽氣之動也。畢沅曰:今本脱此句,據初學記、藝文類聚引補。虹,攻也,純陽攻陰氣也。畢沅曰:春秋元命苞:"陰陽交爲虹蜺。"又曰蝃蝀,其見每於日在西而見於東,啜飲東方之水氣也。畢沅曰:詩曰:"蝃蝀在東。"蔡邕月令章句曰："虹見有青赤之色，常依陰雲，而晝見於日衝，無雲不見，太陰亦不見，見輒與日相互，率以日西見於東方。"皮錫瑞曰：蝃蝀雙聲字，成國義亦近鑿。葉德炯曰：藝文類聚天部下引黃帝占軍訣云："攻城，有虹從外南方入飲城中者，從虹攻之勝。"初學記天部下引劉敬叔異苑曰："晉陵薛願，義熙初，有虹飲其釜，須臾翕響便竭。"此虹能飲之證。說文："虹，蝃蝀也，狀似蟲。"似蟲則能飲水也。見於西方曰升朝，日始升而出見也。畢沅曰：詩曰："朝隮于西。"毛傳："隮，升。"鄭箋："朝有升氣於西方。"又曰美人。畢沅曰：藝文類聚引作"夫人"，譌也。郭璞爾雅注云："俗名爲美人虹。"異苑曰："古語有之，曰：古者有夫妻，荒年，菜食而死，俱化成青虹，故俗呼爲美人虹。"陰陽不和，婚姻錯亂，淫風流行，男美於女，女美於男，互相奔隨之時，畢沅曰：互，今本譌作"恒"。藝文類聚引作"男女互相奔隨之時"，茲據改。恒從互，餘不據改。王啟原曰：吳校"之時"上補"於人"二字。則此氣盛，畢沅曰：毛詩蝃蝀傳："夫婦過禮則虹氣盛。"月令章句："夫陰陽不和，婚姻失序，即生此氣。"故以其盛時名之也。

63 霓，齧也；皮錫瑞曰：說文："阢，班固說：不安也。周書曰：邦之阢陧。讀若虹蜺之蜺。"五結切。梁書王筠傳："沈約作郊居賦示筠，筠讀至‘雌霓（五的翻）連蜷’，約撫掌欣抃曰：僕嘗恐人呼爲霓（五兮翻）。"是霓古讀入聲，與齧音近。王先慎曰：漢書天文志："抱珥蚳蜺。"如淳曰："蜺讀曰齧。"是二字古音本同。其體斷絶，見於非時，此災氣也，傷害於物，如有所食齧也。王啟原曰：吳校"食齧"作"蝕齧"，下"日月虧日食"及"如蟲食"皆同。吳翊寅曰：說文："蝕，敗創也。"上言"傷害於物"，則作"蝕"爲是。

64 暈，畢沅曰：説文：“暉，光也。”不作暈。周禮：“眂祲掌十煇之法。”鄭司農云：“煇，謂日光氣也。”據此似當作煇。葉德炯曰：吕覽高誘注：“暈讀如君國子民之君，氣圍繞日周帀，有似軍營相圍守，故曰暈也。”又淮南子作“運”，注：“一曰運，讀如連圍之圍。運者，軍也，有軍事相圍守，則月運出也。”此日月俱暈之證。暈、軍疊韻，暈、捲雙聲。蘇輿曰：天官書：“兩軍相當曰暈。”集解如淳曰：“暈讀曰運。”則暈有運音。開元占經引石氏云：“日旁有氣，員而周帀，内赤外青爲暈。”捲也，氣在外捲結之也。畢沅曰：説文：“捲，收也。”日月俱然。吴翊寅曰：此條當在“珥”下“蝕”上，列此不類。

65 陰畢沅曰：説文：“霒，雲覆日也，从雲，今聲。”古文省作会，今經典通用陰。而風曰曀。畢沅曰：爾雅亦云。詩云：“終風且曀。”毛傳義亦同。曀，翳也，言雲氣掩翳日光，使不明也。畢沅曰：今本及北堂書鈔引，皆無“雲氣”二字，據一切經音義引增。先謙曰：吴校無“雲氣”二字。

66 風而雨土曰霾。畢沅曰：北堂書鈔引脱“雨”字，御覽引無此句。爾雅：“風而雨土爲霾。”詩云：“終風且霾。”毛傳：“霾，雨土也。”霾，晦也，言如物塵晦之色也。

67 珥，氣在日兩旁之名也。珥，耳也，言似人耳之在兩旁也。畢沅曰：今本作“在面旁”，據御覽引改。王先慎曰：吕氏春秋明理篇高注：“珥，日旁之危氣也，在上内向爲冠，兩旁内向爲珥。”開元占經日占篇引石氏云：“日兩旁有氣，短小青赤名爲珥。”蘇輿曰：説文：“珥，从玉耳，耳亦聲。”則珥、耳同聲字。文選七發注引倉頡云：“珥，珠在耳也。”續漢輿服志亦云：“珥，耳璫垂珠也。”蓋珥本从耳，取聲義，故凡在耳兩旁者謂之珥，引申爲氣在日兩旁之名。成國此義最塙。漢書天文志：“抱珥蜺蜆。"注引孟康云:"珥,形點黑也。"又引如淳云:"凡氣食日,上爲冠爲戴,在旁直對爲珥。"

68 日月虧曰食。畢沅曰:食,一切經音義、廣韻皆引作蝕,史、漢亦皆作蝕。案經典皆不作蝕,蝕乃别字。吴翊寅曰:天官書韋昭注:"虧毁曰蝕。"食,叚借字;蝕,正字。畢以蝕爲誤,非也。稍稍侵虧,如蟲食草木葉也。成蓉鏡曰:案日食者,月掩之;月食者,地影隔之也。成國云如蟲食葉,比例未確。

69 胐,月未成明也。畢沅曰:説文:"胐,月未盛之明也,從月,出聲。周書曰:'丙午胐。'"① 霸,月始生霸然也。畢沅曰:説文:"霸,月始生霸然也,承大月二日,承小月三日;從月,䨣聲。周書曰:'哉生霸。'"晦,月盡之名也。畢沅曰:以上三句,今本脱,據初學記引補。晦,灰也,火死爲灰,月光盡似之也。畢沅曰:説文:"晦,月盡也。"王啟原曰:晦,每聲,脢亦每聲。易:"咸其脢。"虞翻曰:"夾脊肉也。"禮記内則:"取牛羊麋鹿麕之肉,必脄。"注:"脊側肉也。"是脢、脄一字,言灰亦非無據,匪第晦、灰一聲之轉。朔,月初之名也。畢沅曰:今本脱此句,據初學記引增。朔,蘇也,月死復蘇生也。畢沅曰:説文:"朔,月一日始蘇也。"弦,月半之名也。其形一旁曲,一旁直,若張弓施弦也。畢沅曰:北堂書鈔、藝文類聚、初學記、御覽引皆無"施"字。皮錫瑞曰:詩天保:"如月之恒。"傳:"恒,弦。"正義曰:"集注定本,絙字作恒。"釋文:"恒,本亦作絙,同。"説文:"恒,古文作䜿,從月。"引詩:"如月之恒。"白孔六帖引詩作"如月之絙"。考工記工人:"恒角而短。"② 鄭司農云:"恒讀

① "從月,出聲"出小徐本,大徐本作"從月出"。
② 見周禮考工記弓人。工,"弓"之譌。

爲裂緪之緪。"楚辭 九歌："緪瑟兮交鼓。"注："緪,急張弦也。"
葉德炯曰:文選注二十九引有"施"字。**望,月滿之名也。月
大十六日,小十五日,日在東,月在西,遥相望也。**畢沅
曰:初學記引作"望,月滿之名也,日月遥相望也"。簡括勝此原
文。説文:"朢,月滿也,與日相望吕朝君,从臣从月从壬。壬,朝
廷也。"成蓉鏡曰:案此經望也,若以定望推之,則亦有十七日望
者。"葉德炯曰:文選二十九李陵 與蘇武書注引"小十五日"[1],
"小"上有"月"字。又鮑明遠 翫月城西門廨中注引亦有"月"
字,此當據補。

　　70 **昏,損也,陽精損滅也。**葉德炯曰:説文:"昏,日冥
也,从日,氏省;氐者,下也。一曰民聲。"文選 新刻漏銘注引五
經要義:"昏,闇也,日入後,漏三刻爲昏。"據此則昏爲日入。古
訓日者太陽之精,日入故陽氣損滅,而爲昏也。

　　71 **晨,**畢沅曰:説文:"晨,早昧爽也,从臼辰,曟从晶,或省
作晨。"然則晨是本字。**伸也,旦而日光復伸見也。**畢沅曰:
一切經音義引作"言其清旦,日光復伸見也"。

　　72 **祲,侵也,赤黑之氣相侵也。**畢沅曰:鄭注周禮 敍官
"眡祲"云:"祲,陰陽氣相侵漸成祥者。魯史梓慎云:吾見赤黑
之祲。"

　　73 **氛,粉也,潤氣著草木,因寒凍凝,色白若粉之形
也。**畢沅曰:一切經音義引作"因冷則凝色白若粉也"。王啟原
曰:晉書 天文志"雜氣":"猛將之氣,或白如粉沸","軍勝之氣,
或如埃塵粉沸","伏兵,或白氣粉沸。"氣有五色,茲以諧音。單

---

[1]　書,當作"詩"。

舉粉白,以該其餘①。

74 霧,冒也,氣蒙亂、覆冒物也。　畢沅曰:初學記、廣韻俱引作"氣蒙冒覆地之物也"。事類賦注引作"氣蒙冒覆物也。昏暗之時,則爲妖災;明王聖主,則爲祥瑞"。御覽引亦同。似此爲後人節去。王啟原曰:初學記一、御覽十五引春秋元命苞云:"霧,陰陽之氣也。陰陽怒而爲風,亂而爲霧,氣蒙冒覆地之物也。"晉書天文志:"霧者,衆邪之氣,陰來冒陽"②。

75 蒙,日光不明,蒙蒙然也。　畢沅曰:書洪範:"龜兆其一曰蒙。"蒙本作雺。正義引鄭注云:"雺,氣澤鬱鬱冥冥也。"此似當云:"雺,蒙也。"但漢書五行志及京房傳亦但言"蒙,氣不增",亦可。孔傳云:"蒙,陰闇。"案此條今本皆連上文,非,今改提行起。

76 彗星,光梢似彗也。　畢沅曰:一切經音義兩引皆作"彗星,星光稍稍似彗也"。王啟原曰:吳校"彗星"下亦補一"星"字。

77 孛星,星旁氣孛孛然也。　畢沅曰:一切經音義引作"言其孛孛然似埽彗也"。春秋文十四年:"有星孛入于北斗。"昭十七年:"有星孛于大辰。"哀十三年:"有星孛于東方。"公羊三發傳皆云:"孛者何? 彗星也。"成蓉鏡曰:御覽七引天文録曰:"芒氣四出曰孛。孛謂孛孛然也。"王啟原曰:漢書五行志:"孛者,惡氣之所生也。謂之孛者,言其孛孛有所妨蔽,闇亂不明之皃也。"蘇輿曰:開元占經引齊穎云:"孛,芒短,其光四出,蓬蓬孛孛也。彗見其光,芒長,寒如埽彗。"又引董仲舒云:"孛星,彗星之屬也。芒偏指曰彗,芒氣四出曰孛。"論語:"色勃如也。"説文

---

①② 釋名疏證補坿有補充。見本書 344 頁。

引“勃”作“㪍”。㪍、勃通。㪍㪍猶言勃勃矣。穀梁 文十四年傳：“㪍之爲言猶茀也。”㪍、茀亦同聲字。

78 筆星，星氣有一枝末鋭似筆也。成蓉鏡曰：案史記天官書謂之昭明星。蘇輿曰：成定爲昭明星，蓋據索隱引釋名此條語也。然天官書云：“昭明星大而無角，乍上乍下。”漢志同。開元占經引巫咸云：“西方有星，大而白有角，自下視名曰昭明。”雖有無角有角之異，與此實不相類。索隱誤證此，與彗孛流爲一類，疑亦妖星之屬。天文志：“言彗孛飛流。”晉志：“自下而升曰飛。”此或飛星之異名。自下而升，其氣直上，有似筆形，故取名焉。昭明乃常星，廁之於此，則不類矣。

79 流星，星轉行如流水也。王先慎曰：天文志：“彗孛飛流。”孟康注：“流，光迹相連也。”

80 枉矢，齊、魯謂光景爲枉矢。畢沅曰：“光景”二字疑“流星”之譌。史記 天官書云：“枉矢類大流星，蛇行而蒼黑，望之如有毛羽然。”據此，枉矢亦流星之類，流字脱水旁而爲㳙，類㳙字，景與星皆从日，由是譌爲光景與？言其光行若射矢之所至也；亦言其氣枉暴，有所災害也。畢沅曰：恒星，有弧矢，象張弓注矢之形。其矢三星微曲，亦名枉矢；正向天狼星，所謂弧矢，射天狼也。其星在輿鬼之南，是有定位不流移者，非此所謂枉矢也。王啟原曰：吳校“枉矢”上補“又曰”二字，通上“流星”爲一條。又“齊、魯謂光景爲枉矢”，刪“光”字、“矢”字，“災害”下補“似矢”二字。按枉矢漢志及晉書 天文志載荆州占俱言類流星，不言即流星也。蓋流星，星流而仍，星象枉矢，則流時光徑數丈，無復星之圓體，以其亦流，故云類流星也。開元占經載枉矢數十事，如春秋合誠圖云：“枉矢者，射星也。”河圖曰：“枉矢東流，天下恐。”洛書洛罪級曰：“枉矢射，主以兵去。”

易辨終備曰:"枉矢流,隱合謀,國雄逃。"詩緯曰:"枉矢流,天降喪亂。"與釋名所言合。畢以爲流星之譌,固非,吳則妄改,不足據。

81 厲,疾氣也,中人如磨厲傷物也。吳翊寅曰:"厲,疾氣也。"吳校作"厲,厲也","疾氣"下删"也"字。案説文:"厲,旱石也。"疫癘之氣,如磨厲之悍,故據誼補,當從之。

82 疫,役也,言有鬼行役也。畢沅曰:一切經音義引作"言有鬼行役役不休也"。説文:"疫,民皆疾也。"似役役不休之訓爲得。王啟原曰:按疫有鬼,自昔云,然周世之儺即逐疫之意。秦漢世則直言逐疫鬼。高誘吕氏春秋 季冬紀注云:"前歲一日,擊鼓驅疫癘之鬼。"續漢 禮儀志:"先臘一日大儺,謂之逐疫。侲子和曰:'凡使十二神追惡凶,赫女驅,拉女幹,節解女肉,抽女肺腸,女不急去,後者爲糧。'"[①] 東京賦亦備言驅厲之事,亦以群鬼爲辭,故玉篇直釋疫云"癘鬼也"。漢舊儀:"顓頊氏有三子,生而亡去爲疫鬼。"則疫鬼之傳舊矣。

83 札,截也,氣傷人如有斷截也。畢沅曰:今本札字加疒,俗也。均人云:"凶札則無力政。"左昭四年傳:"民不夭,札皆止。"作札,不從疒。

84 災,裁也。畢沅曰:案説文,裁從火弋聲,或從宀火,籀文作災,則裁、災異文同字。火所燒滅之餘曰裁,言其於物如是也。

85 害,割也,如割削物也。皮錫瑞曰:案書大誥:"天降割于我家。"釋文:"割,馬本作害。"禮緇衣:"君奭曰:在昔上帝,周田觀文王之德。"鄭注:"古文周田觀文王之德爲割申勸寧王

----

① 所引後漢書 禮儀志,中有删節。女驅,當作"女軀"。

之德。”周與害篆文相似，蓋書本作“害”，而誤爲“周”也。

86 異者，異於常也。<u>王啟原</u>曰：吳校“異者”作“異言”。案<u>繁露</u>：“必仁且知，有不常之變者，謂之異。”<u>洪範</u> <u>五行傳</u>：“非常曰異。”

87 眚，省也，如病者省瘦也。<u>畢沅</u>曰：今本二“省”字俱作“消”。<u>一切經音義</u>兩引：一引作“痟”，一引作“瘠”。案此書訓詁皆取音相近之字，消、痟音與眚皆不近，瘠亦<u>説文</u>所無。<u>春秋</u> <u>莊廿二年</u>：“春，肆大眚。”<u>公羊傳</u>作“省”。此書<u>言語篇</u>據<u>御覽</u>作“省，瘦也”，則此當作“眚，省也”。<u>章懷</u>注<u>後漢書</u> <u>袁閎傳</u>引<u>謝承書</u>云：“面貌省瘦。”正與此合，今據改。

88 愿，慝也，有姦慝也。<u>王啟原</u>曰：<u>春秋</u> <u>昭十七年</u> <u>傳</u>：“愿未作。”注：“愿，陰氣也。”<u>周禮</u> <u>匡人</u>：“匡邦國而觀其愿。”注：“姦僞之惡也。”

89 妖，妖也，妖害物也。<u>畢沅</u>曰：妖從女旁，妖從歹旁，並俗字。“妖”當作“祅”，兩“妖”字當作“夭”。<u>説文</u> <u>示部</u>：“祅，地反物爲祅也。从示，芺聲。”又<u>虫部</u>：“衣服歌奢艸木之怪，謂之祅。”<u>左傳</u>：“民不夭札。”夭字不從歹。

90 蠥，糵也，遇之如物見髮蠥也。<u>畢沅</u>曰：今本“蠥、糵”字皆作“孽”，別也。案<u>一切經音義</u>引此文，上“孽”字從虫作“蠥”，下兩“孽”字皆從木作“糵”。<u>説文</u>：“禽獸蟲蝗之怪謂之蠥。”又云：“糵，伐木餘也。”據此二書字義，則作“蠥、糵”爲是。

釋地第二

1 地，底也，其體底下載萬物也。<u>畢沅</u>曰：今本“地”下有“者”字，據<u>月令正義</u>、<u>莊子釋文</u>、<u>爾雅釋文</u>引删。<u>爾雅釋文</u>引“體”下有“在”字。<u>御覽</u>引“其”上有“言”字，皆不從。<u>蘇</u>

興曰:御覽地部一引無"體"字。**亦言諦也,五土所生,莫不審諦也。**畢沅曰:"審"今本作"信",據御覽引改。大司徒:"以土會之法,辨五地之物生。"五地謂山林、川澤、丘陵、墳衍、原隰也;五土所生,即五地之物生也。爾雅釋文引禮統云:"地,施也,諦也,應變施化,審諦不誤。"**易謂之坤。**畢沅曰:説卦:"坤,地也。"又曰:"坤爲地。"**坤,順也,上順乾也。**畢沅曰:易繫辭:"夫坤,天下之至順也。"彖曰:"至哉坤元,萬物資生,乃順承天。"蘇興曰:御覽地部一作"亦謂之坤。坤,順乾也"。以釋天"易謂之乾。乾,健也,健行不息也"例之,今本是。

　　2 **土,吐也,吐生萬物也。**畢沅曰:此書以五行列於釋天篇,故其篇已有此文,顧土實地也,固宜重見於此,比之前文,雖少一"能"字,非誤也。御覽引無"萬"字。蘇興曰:御覽地部二引有"萬"字。**已耕者曰田。**畢沅曰:鄭康成注尚書禹貢曰:"地當陰陽之中,能吐生萬物者曰土。據人功力作,競得而田之,則謂之田。"[①] **田,填也,五稼填滿其中也。**畢沅曰:五稼,齊民要術引作"五穀"。案杜預注左傳莊七年"無麥苗"云:"平地出水,漂殺熟麥及五稼之苗。"五稼之語實本諸此。御覽引"中"下有"心"字,俱不從。葉德炯曰:爾雅釋文引李巡注:"田,陳也,謂陳列種穀之處。"

　　3 **壤,瀼也,肥瀼意也。**畢沅曰:兩"瀼"字今本一作"瀼",一作"濡";瀼字説文所無,濡字音不近,皆非也。説文:"益州鄙言人盛,諱其肥,謂之瀼。从月[②],襄聲。"方言:"凡人言盛,及其所愛,諱其肥臧,謂之瀼。"郭璞注:"肥瀼多肉。"漢書

① 尚書禹貢孔疏引鄭玄注"力作"爲"作力"。
② 説文作"从肉"。作"月",易混同於日月之月。

鄒陽傳：“壤子王梁代。”晉灼引方言，以膿爲壤，知二字義同，亦得通用，此切證也。故並改正。<u>王啟原</u>曰：吳校作“壤，瀼也，瀼瀼肥濡意也”。

4　廣平曰原。<u>畢沅</u>曰：本爾雅。原，元也，如元氣廣大也。<u>畢沅</u>曰：“原”當作“邍”，原乃灥之省文，水泉本也，與平邍字誼異，但經典通用已久，仍之。<u>王先慎</u>曰：春秋繁露 重政篇：“元，猶原也。”二字轉相注。

5　高平曰陸。<u>畢沅</u>曰：亦本爾雅。李巡注爾雅云：“高平謂土地豐正，名爲陸。”陸，漉也，水流漉而去也。<u>畢沅</u>曰：水，御覽引作“川”。案劉淵林注蜀都賦“灑灘池而爲陸澤”，引蔡邕曰：“凝雨曰陸。”是陸有流漉之誼也。

6　下平曰衍，言漫衍也。<u>畢沅</u>曰：鄭注大司徒亦曰：“下平曰衍。”

7　下溼曰隰。<u>畢沅</u>曰：亦本爾雅。李巡曰：“下溼謂土地窊下，常沮洳，名爲隰也。”隰，蟄也，蟄溼意也。<u>王啟原</u>曰：吳校下“蟄”字重。<u>王先慎</u>曰：爾雅：“蟄，靜也。”説文、虞氏 易注並云：“蟄，藏也。”均無下溼義。“蟄”當作“墊”。方言、説文、莊子司馬注並云：“墊，下也。”是墊爲凡在下之稱。書“下民昏墊”，鄭注“陷也”，某傳“溺也”。土爲水溼，勢若陷溺。是此文當作“下溼曰隰。隰，墊也，墊溼意也”。後人以墊音疊（漢地理志 孟康注：“墊音疊。”），與隰聲別，故改墊爲蟄，不顧其義之不通矣。説文：“墊，從土，執聲。”執隰音近。一切經音義四：“濕，濕墊也。”即本此訓。從土不從虫，猶見唐以前此字尚不誤。

8　下而有水曰澤，言潤澤也。<u>畢沅</u>曰：廣韻、御覽引無“而”字。

9　地不生物曰鹵。鹵，爐也，如爐火處也。<u>畢沅</u>曰：

爐,水經注引作"盧",今加火旁,俗。王啟原曰:書禹貢:"海濱廣斥。"鄭注:"斥,謂地鹹鹵。"世本作篇:"宿沙作煮鹽。"說文:"古者宿沙初作煮海鹽。"煮則用鑪,此海鹽也。左襄二十五年傳:"表淳鹵。"賈逵注:"淳鹹也。天生曰鹵,人生曰鹽,鹽在正東方,鹵在正西方也。"王粲洛都賦:"東有鹽池,玉潔冰鮮,不勞煮沷,成之自然。"晉地太原一名大鹵,以其生鹽也。河東鹽池,不假煮治,此賈所謂天生者。他鹽須鑪而成,此則不湅治,如經鑪成,故云"如鑪火處也"。

10 徐州貢土五色,畢沅曰:出尚書禹貢。色有青黃赤白黑也。畢沅曰:今本"色"字不重。據御覽引增。土青曰黎,似藜草色也。畢沅曰:今本"藜"作"黎",御覽引作"藜"。說文:"藜,艸也,從艸,黎聲。"則作"藜"爲是。皮錫瑞曰:案史記作"厥土青驪"。驪亦青黑之色。成國據今文,與史記意同而字異。馬曰:"黎,小疏也。"古文說不以黎爲色。土黃而細密曰埴。埴,膩也,黏胒如脂之膩也。畢沅曰:今本"膩"作"膩",據莊子馬蹄篇釋文引作"膩",之食反。一切經音義三引:一引作"膩",一引作"膩",一引作"埴"。膩是也,餘皆譌。膩字從戠,戠亦黏。尚書禹貢曰:"厥土赤埴墳。"埴謂黏土。鄭康成注考工記弓人云:"檄讀如脂膏腷敗之腷。"腷亦黏也。說文作"殖",云:"殖,脂膏久殖也。"皮錫瑞曰:案今本尚書作"埴",據成國所引,今文尚書作"埴"則僞,孔蓋從今文尚書。釋文云:"徐、鄭、王皆讀曰熾。"熾,赤也,與黏土訓異。蓋古文說與成國所引今文義不同。蘇輿曰:御覽地部二引無"黏胒"二字。土赤曰鼠肝,似鼠肝色也。葉德炯曰:莊子大宗師:"以汝爲鼠肝乎?"葉石君影宋本釋文引向云:"似委棄土壤面色。"按此言子來之病色,疑古本以鼠肝爲顏色字,如後世羊脂、白雞、血赤之類。今徐 盧二刻，“面色”作“而已”，上無“似”字，此淺人刪改。
孫詒讓曰：管子 地員篇：“五弘之狀如鼠肝。”即此。土白曰漂。
漂，輕飛散也。孫詒讓曰：漂即周禮 草人之“輕㯺”。先鄭注：
“輕㯺，輕脆者。”説文：“漂，漂浮也。”玉燭寶典引四民月令云：
“三月可葍沙白輕土之田。”土黑曰盧，盧然解散也。皮錫瑞
曰：説文：“壚，黑剛土也。”鄭注：“壚，疏也。”古文尚書作“壚”。
成國據今文，不從土。孫詒讓曰：盧即草人“埴壚”也，先鄭注：
“壚，黏疏者。”

釋山第三

1　山，産也，産生物也。畢沅曰：北堂書鈔、初學記、爾雅
疏皆引作“言産生萬物也”。説文：“山，宣也，宣氣散生萬物，有
石而高。象形。”義似勝此。蘇輿曰：御覽 地部三引作“山，産
也，言産萬物”。土山曰阜。阜，厚也，言高厚也。畢沅曰：
爾雅云：“大陸曰阜。”説文作“𨸏”，云：“𨸏，大陸，山無石者，象
形。”大阜曰陵。畢沅曰：爾雅同。説文亦云：“陵，大𨸏也。”
陵，隆也，體隆高也。畢沅曰：隆，廣韻引作“崇”，唐時避明皇
帝諱也。先謙曰：陵、隆雙聲，漢 林慮避諱，改隆慮，亦用雙聲字
改也。陵、林音同。

2　山頂曰冢。畢沅曰：爾雅亦云：“山頂冢。”冢，腫也，言
腫起也。王啟原曰：説文：“冢，高墳也。”左僖十年傳：“祭地，
地墳。”晉語 韋注：“墳，起也。”穀梁傳云：“覆酒於地，而地賁。”
范注：“賁，沸起也。”又三墳五典，漢 王政、張納碑俱云“典、
賁”。是墳有賁義，冢亦宜有腫義。故廣雅亦云：“冢，腫也。”

3　山旁曰陂，言陂陁也。葉德炯曰：説文：“陂，阪
也。”“阪”下云：“坡者曰阪，一曰澤障，一曰山脅也。”山脅即山

旁之異訓。

4 山脊曰岡。畢沅曰：爾雅亦云：“山脊，岡。”岡，亢也，在上之言也。先謙曰：岡、亢疊韻，説文：“亢，頸也。”頸於人身在上。廣雅 釋詁：“亢，高也，極也。”易：“亢龍。”王肅 注：“窮高曰亢。”後漢 梁冀傳 注：“亢，上極之名也。”

5 山旁隴間曰涌。涌猶桶，桶狹而長也。王先慎曰：“涌”當爲“甬”。史記 項羽紀：“築甬道而輸之粟。”甬道，長而狹之道也，義與此近。

6 山大而高曰嵩。畢沅曰：爾雅“嵩”作“崧”，皆非，古當作“崇”。嵩，竦也，亦高稱也。畢沅曰：嵩字説文未有，新附字中乃有之。徐鉉稱：韋昭 國語注云：“古通用崇字。”漢書 郊祀志作“崈”。師古曰：“古崇字。”案字體小變耳，當以崇爲正[1]。

7 山小而高曰岑。畢沅曰：今本脱“而”字，據初學記、御覽引補。爾雅亦云：“山小而高，岑。”岑，嶄也，嶄嶄然也。畢沅曰：嶄，俗字也，當作“漸”。詩 小雅：“漸漸之石。”毛 傳：“漸漸，山石高峻。”釋文：“漸，士銜反。”然則古通借漸字爲之。葉德炯曰：唐卷子本玉篇 山部引孟子“可使高于岑樓”劉熙 注：“岑樓，小山鋭頂者也。”與此義合。

8 山鋭而高曰嶠。畢沅曰：今本作“土鋭而長曰嶠”。爾雅：“鋭而高嶠。”初學記、御覽皆引作“山鋭而高曰嶠”，與爾雅合，據改。嶠字在説文新附字中，其下注云：“古通用喬。”然則不當復加山旁。蘇輿曰：下云“形似橋”，則此“喬”字當作“橋”。史記 五帝紀：“葬橋山。”正義引爾雅云：“山鋭而高曰橋。”則爾雅亦有作“橋”者。成國沿之，故訓爲橋形也。形似橋也。

————————————

[1]　釋名疏證補坿有補充。見本書 344 頁。

9 山上大下小曰甗。畢沅曰：今本作"小山別大山曰
甗"，據御覽引改。甗，甑也，甑一孔者，甗形孤出處似之
也。畢沅曰：郭璞注爾雅云："甗，甑也，山形狀似之，上大下小，
因以名云。"王啟原曰：吳校删"甗"下"甑也"二字。又按"小
山別大山，鮮"，郭注："不相連。"詩 皇矣 傳"小山別大山，鮮"，
用雅訓也。而公劉 傳則云"巘，小山別於大山"，是鮮、巘一也。
又爾雅云："重甗隒。"郭注："謂山形如累兩甗。"甗則孫炎所謂
甗山，基有重岸者；鮮則合二山之大小言者也。玉篇及公劉正義
引爾雅"甗"作"巘"，是甗、巘又本一義，山之疊巘，自有大小之
別。孫、郭本爾雅既作"甗"，玉篇又自有"山嶺曰甗"一訓。釋
名甗甑之説，或所見爾雅亦是"重甗隒"，字既作甗，故以甑釋爾
雅之鮮也。春秋 左 定四年傳："自小別至于大別。"小別今在安
陸府 漢川縣，南北朝謂之甑山，於其地立甑山郡，爲南北爭戰之
地。其由小別而名甑山，與釋名義合。當時必有取義，然則今本
殆不誤，未可據御覽所引以改之。呂本與今本同，吳校此獨不輕
改，此其善亦不可没者。

10 山多小石曰磝。畢沅曰：説文："嶅，山多小石也，從
山，敖聲。"此從石旁作，非。磝，堯也，每石堯堯，獨處而出
見也。畢沅曰：御覽引無"見"字。蘇輿曰：堯堯，猶嶤嶤。廣雅
釋詁："堯，嶢也。"白虎通 號篇："堯，猶嶤嶤也，至高之貌。"

11 山多大石曰礐。畢沅曰：礐，當從山作"嶨"。説文：
"嶨，山多大石也，從山，學省聲。"礐，學也，大石之形，學學
然也。畢沅曰：然，今本誤作"形"，據初學記、御覽引改。蘇輿
曰：釋山釋文："礐，或作确，又作嶨。"嶨即學之後起字。

12 山有草木曰岵。畢沅曰：詩："陟彼岵兮。"爾雅："多
草木，岵。"説文："岵，山有艸木也。"蘇輿曰：毛傳："山無草木曰

岵,山有草木曰屺。"與爾雅異。邢疏以爲傳寫誤。據此則成國所見爾雅與今本同,又與說文合,未可據毛傳改爾雅也。岵,怙也,人所怙取,以爲事用也。

13 山無草木曰屺。畢沅曰:屺,北堂書鈔、初學記、御覽皆引作"峐",是因爾雅"無草木,峐"之文而誤也。峐字說文所無,峐則誼別。說文:"屺,山無艸木也,从山己聲。"詩曰:"陟彼屺兮。"屺,圮也,無所出生也。

14 山上有水曰垺。畢沅曰:垺,今本譌作"浮"。爾雅:"山上有水,垺。"據改。垺,脫也,脫而下流也。蘇輿曰:釋山郭注"垺,有停泉",與此下流義不合。列子湯問篇:"壺領正頂有水涌出,一源分爲四垺,注於山下。"張湛云①:"山上水流曰垺。"與釋名義同。

15 石載土曰岨。岨臚然也;土載石曰崔嵬,因形名之也。畢沅曰:載即戴,古通用。毛詩卷耳傳:"崔嵬,土山之戴石者。石山戴土曰岨。"說文:"岨,石戴土也。"皆與此合。惟爾雅云:"石戴土謂之崔嵬,土戴石爲岨。"正與此反,蓋寫爾雅者誤也。王啟原曰:岨臚然者,言若駔盧也。周禮典瑞:"駔圭、璋、璧、琮、琥、璜之渠眉。"注:"鄭司農云:駔外有捷盧也。"疏云:"捷盧若鋸牙。"然石之載土正似之。

16 山東曰朝陽,山西曰夕陽,隨日所照而名之也。畢沅曰:卷阿詩云:"于彼朝陽。"毛傳:"山東曰朝陽。"公劉詩云:"度其夕陽。"毛傳:"山西曰夕陽。"爾雅:"山西曰夕陽。"孫炎注:"夕乃見日。"又曰:"山東曰朝陽。"孫炎云:"朝先見日也。"

17 山下根之受霤處曰甽。畢沅曰:說文:"甽,古文く,

---

① 湛,原誤作"堪"。

从田从巛。畖，田之巛也。畎，篆文く，从田，犬聲。”甽，吮也，吮得山之肥潤也。蘇輿曰：書皋陶謨：“濬畎澮。”鄭注：“畎，田間溝也。”（畎甽同）。漢書食貨志顔注：“甽，壟也。”彼以人功所濬，自田間言之。此以自然所造，就山下言之。其爲溝壟之稱則一。今俗亦並呼爲甽，雷深而土融，漸成溝形，受滴處，土色光潤，形如吮物，故云“吮得山之肥潤”。甽、吮雙聲。

18 山中叢木曰林。畢沅曰：説文：“平土有叢木曰林，从二木。”林，森也，森森然也。畢沅曰：説文：“森，木多皃，从林从木。”

19 山足曰麓。畢沅曰：毛詩旱麓傳：“麓，山足也。”周語引詩作“旱鹿”。穀梁僖十四年傳“林屬於山爲鹿”，與易“即鹿無虞”皆以鹿爲麓，古通用。麓，陸也，言水流順陸燥也。

20 山體曰石。石，格也，堅捍格也。畢沅曰：捍，俗扞字。蘇輿曰：御覽地部十六引作“山體曰石，石硌硌也，堅捍硌也”。硌與落同。道德經言“落落如石”，義亦通。禮學記：“扞格而不勝。”鄭注：“格讀如凍洛之洛，扞堅不可入之貌。”石體堅不可入，故云然。小石曰礫。畢沅曰：説文：“礫，小石也。”礫，料也，小石相枝柱，其間料料然出内氣也。畢沅曰：御覽引無“出内氣”三字[1]。

釋水第四

1 天下大水四，謂之四瀆，江、河、淮、濟是也。畢沅曰：濟，當爲“泲”，説見下。瀆，獨也，各獨出其所而入海也。畢沅曰：爾雅：“江、河、淮、濟爲四瀆。”四瀆者，發原注海者也。

---

[1]　御覽地部引作“小石曰礫。礫，析也，小石相支，其間析析然”。

2　<u>江</u>,公也,諸水流入其中所公共也。<u>畢沅</u>曰:今本
“諸”作“小”,又無“所”字,據<u>初學記</u>引改增。<u>水經注</u>引作“江,
共也,小水流入其中,所公共也”。<u>文選 江賦</u>注引作“江者,公
也,出物不私,故曰公也”。<u>北堂書鈔</u>引作“江者,公也,小水流
入其中,出物不私,所以公共也”。<u>御覽</u>引作“江,公也,小水流
入其中,所公共也”。<u>蘇輿</u>曰:<u>風俗通</u>:“江者,貢也,珍物可貢獻
也。”江、公取疊均,江、貢取雙聲。

3　<u>淮</u>,圍也,<u>畢沅</u>曰:<u>説文</u>:“圍,守也。”“囗,回也,象回帀
之形。”據下圍繞之義,字當作囗。然諸書鮮有用者,仍之。<u>水
經注</u>又作“淮,韋也”。<u>漢書 成帝紀</u>:“大風拔<u>甘泉</u>中大木十韋曰
上。”<u>師古</u>曰:“韋與圍同。”是音同亦得相通也。**圍繞揚州北
界東至海也。**<u>畢沅</u>曰:<u>北堂書鈔</u>引“北界”上有“自”字。<u>水經</u>
注引“東至”下有“于”字,皆可不從。

4　<u>河</u>,下也,隨地下處而通流也。<u>畢沅</u>曰:<u>初學記</u>引作
“河者,下也,隨地下流而通也”。<u>蘇輿</u>曰:<u>春秋説題辭</u>:“河之爲
言荷也。荷精分布、懷陰引度也。”<u>廣雅</u>:“河,何也。”聲較近。

5　<u>濟</u>,<u>畢沅</u>曰:<u>説文</u>:“濟水,出<u>常山 房子 贊皇山</u>,東入<u>泜</u>。”
然則別是一水,非泲水東流所爲也。據此云“濟河而南”,則實
是沛水。<u>説文</u>:“沛,泲也,東入于海。”今經典多通用濟字。<u>蘇
輿</u>曰:<u>水經 濟水</u>注引<u>風俗通</u>云:“濟出<u>常山 房子縣 贊皇山</u>。”蓋
以<u>常山</u>之濟當四瀆之濟。<u>酈道元</u>已駁之。<u>徐鍇 説文繫傳</u>云:<u>漢
書</u>:“<u>房子縣 贊皇山</u>,濟水所出,東至<u>廮陶</u>入<u>泜</u>。”此非四瀆之濟,
四瀆之濟古皆作“沛”。今人多亂之。辨沛、濟二字甚悉。<u>漢書
地理志</u>:“<u>河東</u>,<u>垣縣</u>,<u>禹貢 王屋山</u>在東北,沇水所出。”其前載<u>禹
貢</u>導沇水文,並作“沛”字。又<u>房子縣</u>下云:“<u>贊皇山</u>石,濟水所
出。”<u>説文</u>水部:“濟水,出<u>常山 房子 贊皇山</u>。”(濟上當從<u>漢志</u>加

石字，段氏玉裁以爲志衍石字，似非。）又云："沛，沇也，東入于海。"班許二書，其於濟、沛二字尚存古人之真。尚書、周禮、春秋三傳、爾雅、史記、風俗通及此書並作"濟"，蓋相亂已久。春秋説題辭："濟之爲言齊也。齊者，度也；度者，員也。"風俗通亦云："濟者，齊也。齊其度量也。"義各別。吕覽有始篇："河、濟之間爲兖州。"高注："河出其北，濟經其南。"與此合。**濟也，言源出河北濟河而南也。**畢沅曰：今本無"言"字。據北堂書鈔、初學記、御覽引增。尚書禹貢曰："導沇水東流爲濟，入于河，溢爲滎。"是"濟河而南也"。

6 **川，穿也，穿地而流也。**畢沅曰：廣韻引作"川者，穿也"。説文："川，貫穿通流水也。"

7 **山夾水曰澗。**畢沅曰：説文："澗，山夾水也。"爾雅："山夾水，澗。"在釋山篇。**澗，間也，言在兩山之間也。**畢沅曰：藝文類聚引無"之"字。王先慎曰：廣雅釋詁："澗，間也。"易："鴻漸于干。"釋文云："荀爽、王肅干作澗。"注："山間澗水也。"

8 **水正出曰濫泉。**畢沅曰：爾雅："濫泉正出。"**正出，涌出也。濫，銜也，如人口有所銜，口闔則見也。**畢沅曰：當云"口闔則歠也"，乃合涌出之義。

9 **縣出曰沃泉。**畢沅曰：爾雅："沃泉縣出。"**縣出，下出也。水從上下，有所灌沃也。**蘇輿曰：詩曹風："冽彼下泉。"毛傳："泉下流也。"疏引李巡云："水泉從上溜下出。"説文："沃，溉灌也。"泉溜高縣，從上而下，若有所灌溉，故云然。

10 **側出曰氿泉。**畢沅曰：爾雅："氿泉穴出。"**穴出，仄出也。**案説文："厬，仄出泉也，从厂，晷聲，讀若軌。"其氿字則説文引爾雅曰："水醮曰氿。"今爾雅作"水醮曰厬"。則厬、氿二字互易，錯用久矣。蘇輿曰：玉篇："仄出曰氿泉。"與此合。説文又云："滎，側出水也。"是側出之水又名滎。**氿，軌也，流狹而長，如車軌也。**

11 **所出同、所歸異曰肥泉。**畢沅曰：爾雅："歸異出同流肥。"毛詩 泉水 傳："所出同、所歸異爲肥泉。"蘇輿曰：爾雅 郭注引毛 傳云："所出同，所歸異爲肥。"與此合。水經注引犍爲舍人云："水異出流行合同曰肥。"別一義。水經注言："美溝水東南注淇水，爲肥泉。"蓋本此爲名。**本同出時所浸潤少，所歸各枝散而多，似肥者也。**王啟原曰：呂本肥字俱作"淝"。

12 **水從河出曰雍沛。**畢沅曰：爾雅："水自河出爲灉。"**言在河岸限内，時見雍出，則沛然也。**

13 **水上出曰涌泉、濆泉，並是也。**畢沅曰：李巡 爾雅注："水泉從下上出曰涌泉。"王啟原曰：濆泉，吳校作"瀵泉"。

14 **水泆出所爲澤曰掌。**畢沅曰：說文："泆，水所瀿泆也。"案沛水入河，泆出河南爲滎澤，茲言掌未聞。**水停處如手掌中也。**畢沅曰：亭加人旁，俗字也。御覽引"停"上有"所"字。**今兖州人謂澤曰掌也。**畢沅曰：一切經音義兩引皆作"兖州人謂澤爲掌，言水渟處如掌中也"。王啟原曰：水停處如掌中，掌坦而易泄，則潴水無多，如今南方之塘，非藪澤之澤也。掌即棠之轉音。春秋 隱三年："公矢魚于棠。"棠，漢爲方與縣，在兖州部 山陽郡，今之魚臺縣也。棠又爲唐。續漢志："方與有武唐亭。"劉昭 注引桓二年"盟于唐"。唐、棠一地，字亦通。淮南子 主術訓："發城決唐。"注："所以蓄水。"廣雅 釋地："塘，池也。"漢志："會稽 錢唐。"今爲錢塘。是塘、唐一字。列子 黃帝篇："被髮行歌而游於棠行。"盧重元注："本作塘下。"水經 濟水注引何承天曰："鉅野湖澤廣大，南通洙 泗，北連清 濟。"又云："濟水東北出鉅澤。"則鉅野亦濟水所溢，棠是鉅野支流所分，因而障之。

鉅野，禹貢屬徐州，漢屬兗州。蓋時有謂棠爲掌者，成國因有兗州謂澤曰掌之説耳。

15 水決復入爲汜。畢沅曰：爾雅及毛詩 江有汜 傳皆云："決復入爲汜。"説文："汜，水別復入也。"王啟原曰：吳校"爲"作"曰"。汜，已也，如出有所爲，畢已而還入也。

16 風行水波成文曰瀾。畢沅曰：爾雅："'河水清且瀾漪'，大波爲瀾。"瀾或作漣。毛詩 伐檀 傳："風行水成文曰漣。"瀾，連也，波體轉流相及連也。畢沅曰：一本"轉"作"泛"，譌。皮錫瑞曰：説文"瀾"或作"漣"。瀾、漣古同聲通用。水小波曰淪。畢沅曰：爾雅："小波爲淪。"説文："小波爲淪。從水，侖聲。"詩曰："河水清且淪猗。"淪，倫也，水文相次有倫理也。畢沅曰："水文"今本譌作"小文"，據御覽引改。王啟原曰：呂氏春秋 古樂篇 "伶倫氏"，漢書 人表作 "泠淪"。皮錫瑞曰：詩 伐檀 釋文引韓詩云："順流而風曰淪；淪，文貌。"文選 謝希逸 月賦 注引薛君 韓詩章句："從流而風曰淪。"

17 水直波曰涇。畢沅曰：詩 伐檀之二章云："河水清且直猗。"毛 傳："直，直波也。"爾雅："直波爲涇。"涇，俓也，言如道俓也。畢沅曰："俓"當爲"徑"，而此書皆从人，姑仍其舊。蘇輿曰：爾雅釋文涇作俓，云："字或作徑。"則此俓字非誤。

18 水草交曰湄。畢沅曰：爾雅："水草交爲湄。"李巡注："水中有草木交會曰湄。"案"湄"或通作"麋"。巧言詩云："居河之麋。"毛傳："水草交謂之麋。"是假借"麋"爲"湄"也。湄，眉也，臨水如眉臨目也，水經川歸之處也。吳翊寅曰：吳校作"水經川所歸之處曰海"，并下爲一條。案淮南 汜論訓："百川異流皆歸於海。"今連"湄"條顯然謬誤。王氏引之以此爲至當不易之説，當從之。

19 海，晦也，主承穢濁，畢沅曰：初學記引"承"作"引"。其色黑而晦也。畢沅曰：今本"而"作"如"，據初學記、御覽引改。雖古者如、而字通，據誼當以"而"字爲正。王啟原曰：博物志引尚書考靈曜云："海之言昏晦無所睹也。"白虎通言："瀆者濁也，中國垢濁發源東注海。"故此言海主承穢濁也。

20 水注谷曰溝。畢沅曰：本爾雅。田間之水亦曰溝。畢沅曰：考工記匠人："井間廣四尺深四尺謂之溝。"溝，搆也，縱橫相交搆也。畢沅曰："搆"當作"冓"。說文："冓，交積材也，象對交之形。"今加手旁，字俗。

21 注溝曰澮。畢沅曰：亦本爾雅。澮，會也，小溝之所聚會也。畢沅曰：御覽引無"聚"字。周禮遂人"以澮寫水"鄭注："澮，田尾去水大溝。"

22 水中可居者曰洲。畢沅曰：亦本爾雅，毛詩關雎傳亦云然。案說文，州从重川，俗作州傍加水，非。洲，聚也，人及鳥獸所聚息之處也。畢沅曰：當云："州，匊也，水匊繞其外也。""鳥獸"今本作"鳥物"，據一切經音義改。小洲曰渚。畢沅曰：亦本爾雅。渚，遮也，體高能遮水，使從旁回也。畢沅曰：御覽引無"使"字。蘇輿曰：渚从者聲，遮从庶聲，古音同部。廣雅："渚，處也。"亦疊均爲訓，爾雅"渚"作"陼"。小渚曰沚。畢沅曰：亦本爾雅。沚，止也，小可以止息其上也。畢沅曰：蒹葭詩云："宛在水中沚。"小沚曰坻。畢沅曰：今本"坻"作"泜"，據御覽引改。爾雅："小沚曰坻。"說文："坻，小渚也。从土，氏聲。"蒹葭詩云："宛在水中坻。"毛傳："坻，小渚也。"與此異者，蓋同是水中之地，大小非有定限，小渚曰沚，則坻爲小沚，亦即小渚矣。坻，遲也，能遏水使流遲也。畢沅曰：御覽引"遏"上有"小"字，不從。人所爲之曰潏。畢沅曰：亦本爾雅。說文：

“水中坻人所爲爲澓。”澓，術也，偃水使鬱術也。畢沅曰:今本
“偃”作“堰”，俗字也。左氏傳:“規偃瀦。”兹據正。又今本“使”
在“水”上，據誼易置之。魚梁、水碓之謂也。畢沅曰:謂，御覽
引作“類”。周禮廞人:“掌以時廞爲梁。”鄭仲師注:“梁，水偃也。
偃水爲關空，以笱承其空。”水碓者，於急流水中偃水爲之，設轉
輪於其中，爲機以碓米，以代舂也。魚梁、水碓，皆人所爲也。

23 海中可居者曰島。畢沅曰:説文:“海中往往有山可
依止，曰島，从山鳥聲，讀若詩曰‘蔦與女蘿’。”島，到也，人所
奔到;亦言鳥也，人物所趣如鳥之下也。畢沅曰:今本無
“人”字，又“趣”作“赴”，據一切經音義引增改。

釋丘第五

1 丘一成曰頓丘。畢沅曰:邶詩云:“至于頓丘。”毛傳云:
“丘一成爲頓丘。”爾雅作“敦丘”。一頓而成，無上下大小之
殺也。畢沅曰:水經注淇水下引“上”作“高”。

2 再成曰陶丘。畢沅曰:爾雅同。李巡注云:“再成其形。
再，重也。”説文:“陶，再成丘也，在濟陰，从𨸏，匋聲。夏書曰:東
出于陶丘。陶丘有堯城，堯嘗居之，故堯號陶唐氏。”於高山上
一重作之，如陶竈然也。

3 三成曰崑崙丘。畢沅曰:爾雅同。如崑崙之高而積
重也。蘇輿曰:水經注引崑崙説云:“崑崙之山三級。”故凡丘三
重者，爲崑崙丘。水經注又言:“三累山，其山層密三成。故俗以
三累名山。”三成猶三累矣。

4 前高曰旄丘。畢沅曰:詩邶風曰:“旄丘之葛兮。”爾雅
曰:“前高，旄丘。”旄與旐古字通。如馬舉頭垂旄也。

5 中央下曰宛丘。畢沅曰:毛詩宛丘傳:“四方高、中央

下曰宛丘。"爾雅:"宛中,宛丘。"又曰:"丘上有丘爲宛丘,陳有宛丘。"李巡、孫炎皆以爲中央下;惟郭璞爲異説,謂中央隆高,非也。有丘宛宛如偃器也,涇上有一泉水亦是也。畢沅曰:"涇"當爲"陘"字之誤。説文:"陘,山絶坎也。"或又疑爲"丘"字。王啟原曰:吳校"涇"作"丘","泉"作"淵"。

6 偏高曰阿丘。畢沅曰:爾雅、毛詩 載馳 傳並同。阿,何也,如人儋何物,一邊偏高也。畢沅曰:儋何,今本作"擔荷",字俗。王啟原曰:擔,吳校作"檐"。

7 畝丘,丘體滿一畝之地也。畢沅曰:蒼伯詩曰:"猗于畝丘。"爾雅:"如畝,畝丘。"李巡 注:"謂丘如田畝曰畝丘。"孫炎注云:"方百步也。"案司馬法曰:"步百爲畝。"

8 圜丘、方丘,就其方圜名之也。畢沅曰:周禮 大司樂:"有地上之圜丘,澤中之方丘。"圜丘禮天神,方丘禮地祇。

9 鋭上曰融丘。畢沅曰:爾雅曰:"再成鋭上曰融丘。"融,明也;明,陽也。凡上鋭皆高而近陽者也。王先慎曰:史記楚世家 集解引虞翻云:"融,明也。"詩 "昭明有融" 傳:"融,高也。"[1] 説文:"陽,高明也。"

10 如乘曰乘丘。畢沅曰:爾雅:"如乘者乘丘。"案春秋 莊十五年[2]:"公敗宋師于乘丘。"蓋因丘以爲地名也。漢書 地理志:"乘丘,屬泰山郡。"王啟原曰:"如乘"下吳校補"者"字。四馬曰乘。一基在後似車,四列在前似駕馬車之形也。畢沅曰:馬車,一本作"車馬"。案此"車"字疑是衍文。

11 如陼者曰陼丘。畢沅曰:爾雅:"如陼者陼丘。"形似

---

[1] 詩 大雅 既醉 "昭明有融" 毛傳實作 "融,長也"。

[2] 十五年,當爲十年。

水中之高地，隆高而廣也。畢沅曰：説文：“如陼者陼丘，水中高者也。”王啟原曰：吴校之下有“陼”字，上“高”字作“言”。

12 水潦所止曰泥丘。畢沅曰：爾雅亦云。案“泥丘”當作“𡐤丘”。説文：“𡐤，反頂受水𡐤也，从𠂢，泥省，泥亦聲。”據此當作“𡐤”。其止汙水，留不去成泥也。王啟原曰：其止，吴校作“其上”。

13 澤中有丘曰都丘。畢沅曰：爾雅亦云。言蟲鳥往所都聚也。蘇輿曰：廣雅釋詁：“都，聚也。”文選西京賦薛注：“都，謂聚會也。”

14 當途曰梧丘。畢沅曰：爾雅亦云。梧，忤也，與人相當忤也。畢沅曰：梧本有忤音。

15 道出其右曰晝丘。畢沅曰：爾雅：“途出其右而還之，晝丘。”人尚右，凡有指畫皆用右也。

16 道出其前曰載丘。畢沅曰：爾雅：“途出其前戴丘。”古戴、載字通，見前，又見釋姿容篇。在前故載也。畢沅曰：據此誼則“載”讀爲“戴”。王啟原曰：吴校“載”上有“言”字。

17 道出其後曰昌丘。畢沅曰：爾雅：“途出其後，昌丘。”蘇輿曰：此及下“營丘”無義，疑奪文。

18 水出其前曰沮丘。畢沅曰：爾雅作“渚丘”。沮，基沮也，王啟原曰：吴校作“如基沮也”。言所出然。

19 水出其後曰阻丘。畢沅曰：爾雅作“沮丘”。背水以爲險也。畢沅曰：背，今本誤作“此”，據誼改。王啟原曰：此水，吴校作“北阻水”。

20 水出其右曰沚丘。畢沅曰：爾雅作“正丘”。沚，止也，西方義氣有所制止也。王啟原曰：按呂覽：“水泉東流。”東流，水之性也。古人背陰向陽，以南向爲正，故以西爲右。水出右西流,則流不及遠當止也。爾雅"正"當"止"之譌,阮氏云然^①。

21 水出其左曰營丘。畢沅曰:爾雅亦云。案水經 淄水注引爾雅曰:"水出其前左爲營丘。"禮記 檀弓 正義及史記 周本紀 集解皆引爾雅曰:"水出其前而左曰營丘。"案孫炎 爾雅注:"今齊之營丘,淄水過其南及東。"過其南及東,則是出其前而左也。是今本及爾雅皆脱"前而"二字。

22 丘高曰陽丘,體高近陽也。先謙曰:左 文十六年傳:"楚大饑,戎伐其西南,至于陽丘。"

23 宗丘,邑中所宗也。畢沅曰:僖十五年左傳曰:"敗于宗丘。"先謙曰:禮 王制:"至于岱宗。"疏:"宗者,尊也。"丘形高大爲一邑所宗,故曰宗丘。左昭十四年傳:"楚子使然丹簡上國之兵於宗丘。"亦一宗丘也。

釋道第六

1 道一達曰道路。畢沅曰:自此一達以下至九達,皆本爾雅。爾雅以附入釋宮篇。"曰"字爾雅皆作"謂之"。其稱號悉同,茲不録。道,蹈也;路,露也,言人所踐蹈而露見也。畢沅曰:今本無"言"字,據初學記引增。

2 二達曰岐旁。畢沅曰:説文:"跂,足多指也。"則兩"岐"似當作"跂",世俗或以跂爲企望,而以岐爲兩岐,蓋音同假借。物兩爲岐,在邊曰旁,此道並通出似之也。畢沅曰:一切經音義兩引:一作"此道並之也",一作"物兩爲岐,此道似之"。皆不從。

3 三達曰劇旁。畢沅曰:説文:"勮,務也,从力,豦聲。"據

---

① 釋名疏證補垪有補充。見本書344—345頁。

下“用功”云云，則字當作“劀”，而今皆从刀矣。**古者列樹以表道。**王先愼曰：周語：“周制，列樹以表道。”**道有夾溝，以通水潦，恒見修治，此道旁轉多，用功稍劇也。**畢沅曰：孫炎注爾雅云：“旁出岐多，故曰劇。”

4 四達曰衢。**齊、魯間謂四齒杷爲欋。**畢沅曰：今本脱“間”字，據廣韻引增。説文無欋字，案當作榘。説文：“榘，枲耒也，从木，入象形，眀聲。”**欋杷地則有四處，此道似之也。**畢沅曰：一切經音義引“似之”下有“因以名焉”四字。皮錫瑞曰：趙德麟侯鯖録引釋名云：“齊、魯謂四齒杷爲躍，躍抛地則有四處，此道似之，因名焉。”

5 五達曰康。**康，昌也；昌，盛也：車步併列並用之，言充盛也。**蘇輿曰：初學記引孫炎云：“康，樂也，交會樂道也。”義與此近。

6 六達曰莊。**莊，裝也，裝其上使高也。**王啓原曰：漢明帝諱莊，後漢書中凡言辨裝，皆爲辨嚴，裝、莊通故也。吳校云：“當有誤。”蘇輿曰：初學記引孫炎云：“莊，盛也。道煩盛。”與此義別。

7 七達曰劇驂。**驂馬有四耳，今此道有七，比於劇也。**畢沅曰：於，疑當作“之”。初學記：“比之方驂劇。”王啓原曰：“比於劇也”，吳校“劇”上補“驂”字。按三馬爲驂，四馬爲駟。故詩采菽云：“載驂載駟。”秦策：“魏桓子驂乘。”高誘注：“三人共載曰驂。”亦曰參乘。是言驂多取義於三也。今此云“驂馬有四”者，詩小戎：“騏駵是中，騧驪是驂。”箋：“中，中服也；驂，兩騑也。”正義：“車駕四馬，在内兩馬謂之服，在外兩馬謂之騑。春秋時，鄭公子騑字子駟，是有騑乃成駟也。”以兩騑之驂言之，則驂有四馬之義，合三馬本義，則驂義一爲三，一爲四，合則爲七也。"比於劇"者，郭注爾雅"劇驂"云："今北海劇縣有此道。"齊滅紀，其國都春秋時爲齊之劇邑，見晏子春秋。此言比於劇縣之道也。

8 八達曰崇期。崇，充也。畢沅曰：爾雅釋詁："崇，充也。"道多所通，人充滿其上，如共期也。王啟原曰：崇者，重也。禮記明堂位："殷之崇牙。"注："崇，重也。"爾雅釋詁："崇，重也。"本書釋天："四時，四方各一時。時，期也。"此期義取四，期而重之爲八，故八達爲崇期，亦備一義。

9 九達曰逵。畢沅曰：説文："馗，九達道也，似龜背，故謂之馗，從九首。或作逵，从辵坴。"齊、魯謂道多爲逵師，此形然也。王啟原曰：逵師，吳校作"逵市"。

10 城下道曰豪。畢沅曰：豪，俗字也。初學記引作"豪"。王啟原曰：按文選魏都賦"豪徼互經"，注："豪，微道也。"豪當爲城下道，如釋名所説也。漢晉冠蓋於都邑餞送多於城門。漢二疏致仕，群公送於東都門；龐統還南，顧、陸等並會昌門；古人行必祖道，故餞送期於城下。孫楚征西官屬送於陟陽候作詩，蓋在豪徼之間。候即徼也。豪，翱也，言都邑之内人所翱翔，祖駕之處也。畢沅曰：今本無"言"字，據初學記、御覽引增。又無"人所"二字，據一切經音義引增①。

11 步所用道曰蹊。蹊，俟也，言射疾則用之，故還俟於正道也。畢沅曰：今本"俟"作"係"，無"言"字，據初學記引增改。"射疾"者，"射侯"也，侯與疾形相似。秋官大行人："諸侯之禮，朝位賓主之間七十步，立當前疾。"詩蓼蕭傳引作"前侯"。大射儀："司馬命量人量侯道，與所設乏以狸步。"即此所

---

① 本書354頁釋名補遺列有此條，文字小異，可參。

云步所用道也。孫詒讓曰：畢説大繆。周禮 野廬氏："禁野之横
行徑踰者。"鄭 注："徑踰，射邪趨疾越渠隄也。"此云射疾即謂射
邪趨疾，蓋蹊非常行之涂，惟趨射急疾乃用之耳。云"步所用"
者，亦明陝陀不容牛馬也。

　　12 徑，經也，人所經由也。蘇輿曰：徑，古讀如經。本書
釋典藝："經，徑也。"互相訓。

　　13 鹿兔之道曰亢。畢沅曰：亢，當作"迒"。説文："迒，
獸迹也。"蘇輿曰：淮南 地形訓 高 注："常山人謂伯爲亢。"説文：
"趙 魏謂伯爲阬。"亢與阬通，亦與迒通，不必定改爲迒。伯即陌
字。廣雅："迒，道也。"爾雅 釋獸 疏引字林云："迒，兔道也。"行
不由正，亢陌山谷草野而過也。畢沅曰：陌字説文所無，蓋
古通用百。左傳云："距躍三百。"

　　14 涂，度也，人所由得通度也。畢沅曰：初學記引"人"
作"言"。

釋名疏證補　卷第二

釋州國第七　釋形體第八

釋州國第七葉德炯曰：州國之制，言人人殊。禹貢所紀，夏制也；職方之文，周制也。爾雅釋地改青州爲營州，餘與禹貢合，故孫炎、郭璞皆以爲殷制。漢書地理志云："武帝南置交趾，北置朔方之州，兼徐、梁、幽、并、夏、周之制。改雍曰涼，改梁曰益，凡十三部。"此所據者，西漢之制。司馬彪續漢書郡國志首司隸終交州亦十三部。此所據者，東漢之制，與成國合。則成國所釋蓋時制矣。惟志有交州無雍州，成國有雍州無交州，文小異。按分涼爲雍始於獻帝，此時漢已將亡，非其定制。司馬續志實據往籍言之，不足爲異。成國之不名交州者，漢末時交趾、交州時有分併，故無定稱。知者，晉書地理志云："桓帝分立高興郡，靈帝改曰高涼。建安八年，張津爲刺史，士燮爲交趾太守，共表立爲州，乃拜津爲交州牧。十五年移居番禺，詔以邊州使持節，郡給鼓吹，以重城鎮。吳黃武五年，割南海、蒼梧、鬱林三郡立廣州，交趾、日南、九真、合浦四郡爲交州，戴良爲刺史，值亂不得入。呂岱擊平之，復還并交州。"是交州之名至吳始定，此時漢亡已七年。合下涼、雍二事觀之，則成國箸釋名，當在獻帝建安以後。至十八年又復改爲九州，益不能與此合矣。三國吳志程秉傳云："避亂交州，與劉熙考論大義。"薛綜傳亦云："避地交州，從劉熙學。"是成國晚年講學交州，史有明證。釋名果成

於入吳以後,豈有舍所居地不釋之理? 可見此書之成必在建安
十八年以前也。成國事蹟不見於陳志、范書,以所自箸書推之,
亦可得其大略矣。

1 青州在東,畢沅曰:周禮 職方:"正東曰青州。"説文:
"青,東方色也。"葉德炯曰:藝文類聚 地部引太康三年地記云:
"青州,東方少陽,其色青,其氣清,歲之首也,事之始也,故以爲
名。"周之建國,表齊東海,居於青州。取物生而青也。州,注
也,郡國所注仰也。皮錫瑞曰:成國本青州人,故釋州國以青
州居首。王先慎曰:説文:"水中可居曰州,周繞其旁,昔堯遭洪
水,民居水中高土,故曰九州。"州高於水,故可注仰,耳目所屬
曰注。老子云"百姓皆注其耳目"是也。

2 徐州。徐,舒也,土氣舒緩也。畢沅曰:爾雅:"濟東
曰徐州。"李巡 注:"濟東,其氣寬舒,稟性安徐,故曰徐。徐,
舒也。"

3 揚州。州界多水,水波揚也。畢沅曰:爾雅:"江南曰
揚州。"李巡 注:"江南,其氣燥勁,厥性輕揚,故曰揚州。"李匡乂
資暇集乃云:"地多白楊,故曰楊州。"非古訓也。葉德炯曰:漢
書 地理志:"東南曰揚州,川曰三江,浸曰五湖。"此本周禮職方
文。鄭注周禮云:"五湖,在吳南。浸,可以爲陂澤灌漑者。""三
江"無注。初學記 地部引鄭 尚書注:"三江,左合漢爲北江,會彭
蠡爲南江,岷江居其中則爲中江。"書正義亦引鄭 尚書注云:"三
江,分於彭蠡爲三孔,東入海。"據此,則揚州之域濱江濱湖,故
云多水。以今輿地約之,江南江淮、蘇松、安徽三布政司所轄,及
江西、浙江,西則河南之汝甯、湖北之黃州府,皆古揚州之域。諸
地今皆在江、淮、湖水之間,益信揚州界多水之説爲不謬。蘇輿
曰:揚,古本從木。據此云"水波揚",而無"楊揚也"之釋,則成

國乃从手旁取義。資暇集所云"地多白楊"與春秋元命苞所云"地多赤楊，故取名焉"，並从木旁取義，蓋相傳舊訓，畢駁殆非。楊揚之辨，王氏念孫讀漢書雜志言之甚悉。

4 荆州，取名於荆山也。畢沅曰：尚書禹貢："荆及衡陽惟荆州。"鄭注："荆州界自荆山，南至衡山之南。"必取荆爲名者：畢沅曰：藝文類聚、爾雅釋文及疏引，皆無此句。荆，警也，南蠻數爲寇逆，其民有道後服，無道先彊，常警備之也。畢沅曰：公羊僖四年傳："楚有王者則後服，無王者則先叛。"鄭注禹貢云："荆楚之域，國有道則後服，國無道則先彊。"皮錫瑞曰：李巡注爾雅云："漢南，其氣慘剛，稟性强梁，故曰荆。荆，强也。"楊雄荆州牧箴曰："江、漢朝宗，其流湯湯，風慓以悍，氣銳以剛，有道後服，無道先彊。"

5 豫州，地在九州之中，京師東都所在，畢沅曰：漢始都長安，光武皇帝中興都雒陽，稱東漢。雒陽，豫州分也，故曰"京師東都所在"。王啟原曰：後漢都河南，是爲東都。河南尹係司隸校尉所部，不屬豫州，今成國云"豫州京師東都所在"，與漢制不符，當以建安元年遷都許，許爲潁川郡屬縣，在豫州部。雒陽在長安之東，故長安爲西都，雒陽爲東都。許又在雒陽之東，故漢末許又爲東都，猶周世鎬京爲西周，敬王後徙雒陽，則雒陽爲東周，河南又爲西周也。知此非成國駁文。常安豫也。畢沅曰：爾雅："河南曰豫州。"李巡注："河南，其氣著密，厥性安舒，故曰豫。豫，舒也。"皮錫瑞曰：成國據漢制言之，若古義當從李巡説爲允。又春秋元命苞曰："豫之言序也，言陽氣分布，各得其處，故其氣平靜多序也。"王先慎曰：安豫，釋詁文。

6 涼州，西方所在，寒涼也。畢沅曰：御覽引作"西方寒涼。或云：河西土田薄，故曰涼"。葉德炯曰：後漢書郡國志，涼

州刺史部,郡十二:"隴西、漢陽、武都、金城、安定、北地、武威、張
掖、酒泉、燉煌、張掖屬國、張掖居延屬國"。案以今輿地約之,在
甘肅 蘭州、狄道、鞏昌、階州、平涼、寧夏、涼州、甘州、肅州、安西
等處,實兼雍州之域。志不云雍州者,雍舊制并於涼。獻帝時,
涼州數有亂,河西五郡去州隔遠,乃別以爲雍州。河西五郡者:
張掖、酒泉、武威、燉煌、金城是也。説見晉書 地理志。其事則
在興平元年,見後漢 獻帝紀,但紀言分西涼四郡爲雍州,説與晉
志異。然晉志云,其後又置金城郡。是其先無金城郡,則仍四郡
矣。此時涼州屬郡爲隴西、武都、北地、漢陽、安定,與雍州屬郡
平分其地,當九州之正西,河西五郡則偏西北矣。成國專以涼州
爲西方所在,正據當時地圖言之。

　　7 雍州,在四山之内。雍,翳也。畢沅曰:李巡注爾雅
云:"雍,壅也。"王啟原曰:御覽百六十四引春秋元命苞曰:"雍,
壅也,東距殽阪,西有漢中,南合嵩山、北阻句庸。"嵩山不應言
雍之南境,故成國兼取元命苞及李巡義,而不實言四山。爾雅音
義言南商於,近之,或御覽之誤。又漢無雍州,涼州即古雍州,至
獻帝 興平元年,始分涼州爲雍州,故成國先涼後雍。葉德炯曰:
四山者:合黎、三危、鳥鼠同穴、積石。史記索隱 夏本紀引鄭注禹
貢云:"合黎山在酒泉 會水縣東北。"史記正義引括地志云:"三
危山在河州 燉煌。"漢書 地理志云:"隴西郡首陽,鳥鼠同穴山在
西南。"又:"金城郡 河關,積石山在西南。"今以輿地約之,河西
五郡正在此四山之内。四山爲禹貢導水名山,其地適當西北,如
元命苞説是古雍州之域,非成國 雍州之域也。先謙曰:吳校"雍
州"上有"古曰"二字,合上爲一條。

　　8 并州。并,兼并也。畢沅曰:今本作"并州,曰土無
也",謬甚。據御覽引改正。蘇輿曰:爾雅釋文引元命苞云:"并

之言併也，陽合交併，其氣勇壯，抱誠信也。"太康地記云："并州不以衡水爲號，又不以恒山爲稱，而言并者，以其在兩谷之閒也。"別一義。先謙曰：吳校"并，兼并也"作"西土兼北"。其州或并或設，故因以爲名也。畢沅曰：唐虞十二州有并州，禹貢、爾雅皆無并州，蓋夏、商并并於冀也。周禮職方："正北曰并州。"則周時復設之也，故曰其州或并或設。

9 幽州，在北，幽昧之地也。畢沅曰：周禮職方："東北曰幽州。"爾雅："燕曰幽州。"蘇輿曰：後漢，幽州領涿郡、廣陽、代郡、上谷、漁陽、右北平、遼西、遼東、玄菟、樂浪、遼東屬國，其地北贏而東縮，故此直云在北。爾雅郭注："自易水至北狄。"係括并州言之，與此不同。又爾雅釋文引李巡云："燕其氣深要，厥性㓄疾，故曰幽。幽，要也。"太康地記以爲因於幽都爲名。或云北方太陰，故以幽冥爲號。二者相依也，並與此義合。

10 冀州，亦取地以爲名也。畢沅曰：藝文類聚引無"亦"字。先謙曰：吳校下有"冀易也"句。其地有險有易。先謙曰：吳校有"也又"二字。帝王所都，亂則冀治，弱則冀彊，荒則冀豐也。畢沅曰：此解冀爲希冀之義。李巡注爾雅云："兩河間，其氣清，厥性相近，故曰冀。冀，近也。"王啟原曰：周爲晉國，晉郤缺食邑於冀，謂之冀缺，而其父芮已稱冀芮，因爲氏。是冀者冀州之地，州所由名也。晉書地理志引春秋元命苞云："昂畢散爲冀州，分爲趙國，其地有險有易，帝王所都，亂則冀安，弱則冀彊，荒則冀豐。"此全本之。葉德炯曰：禹貢"冀州"，公羊莊十七年傳疏引鄭注："兩河間曰冀州。"不書其界者，時帝都之，使若廣大，然此時帝指堯，言堯以後夏、殷均都於此，故成國云"帝王所都"。

11 兗州，取兗水以爲名也。畢沅曰：爾雅釋文及疏皆引作"取兖水之義"。王啟原曰：兖水即沇水，沇，故濟也。禹貢：
"導沇水東流爲濟。"是沇、濟隨地異名。兖州別無兖水，唯濟水
足當之。禹貢："濟、河惟兖州。"史記夏本紀作沇州，説文亦然。
後漢何進兄苗封濟陽侯，而華陽國志"景毅爲沇陽侯相"，即何
苗所封之國相也。則漢時固猶有謂濟爲沇者。濟水本沇水，沇
通爲兖，故云兖取兖水爲名。成國此義亦本春秋元命苞，見晉書
地理志。葉德炯曰：説文："㕣，山間陷泥地，从口，从水敗兒。讀
若沇州之沇，九州之渥地也，故以㕣名焉。㳂，古文㕣。"此古文
蓋尚書古文，其讀若則今文字也。漢碑書兖作㝅，≢即沇旁之
水，橫書作≡，而略有增配，再省則爲兖矣。成國九州多本今文
家説，此可證也。蘇輿曰：爾雅釋文引李巡云："濟、河間其氣專
質，厥性信謹，故曰兖。兖，信也。"此未釋兖字之義。

　　12 **司州**，司隸校尉所主也。畢沅曰：續漢書郡國志，司
隸校尉所部："河南、河内、河東、宏農、京兆、馮翊、扶風"。凡七
郡，未有司州名目。晉書地理志云："魏氏受禪，即都漢宫，司隸
所部：河南、河東、河内、宏農并冀州之平陽，合五郡，置司州。"
案劉成國乃東漢時人，已知有司州，則司州當非魏篡漢後始置
矣。皮錫瑞曰：潛研堂跋釋名曰："近時校書家以司州之名曹魏
始有之，而釋州國篇有司州，疑其爲魏初人。以予考之，殆非
也。""漢雖無司州之名，而百官志稱司隸校尉'建武中復置，并
領一州'。又稱'刺史十二人各主一州。其一州屬司隸校尉'。
則司隸部亦可云州。左雄傳稱'司、冀復有大水'。司、冀對舉，
蓋當時案牘之文，稱其地則曰司部，亦曰司州，稱其官則曰司隸。
雖未著於甲令，不得謂漢無此名也。若以司州刺史名官，則自
晉南渡始。魏時尚沿漢制，以司隸校尉領州，如邢顒、徐宣、徐
邈、崔林、孫禮諸人皆除司隸校尉，不稱司州刺史也。晉書地理

志謂魏以河南、河內、河東、恒農、平陽五郡置司州者,乃是史家追稱之。在當時不過以平陽改屬司隸,以京兆、馮翊、扶風改屬雍州耳,非竟定爲司州也。此書釋天篇一云豫、司、兗、冀,一云兗、豫、司、冀,與左雄傳文正同。釋州國篇言‘司州司隸校尉所主’,不言何義,明司州之名出於流俗相沿,未可執此單詞,即以爲魏初人也”。

13 **益州。益,阸也,所在之地險阸也。**王先慎曰:春秋元命苞:“益之爲言阸也。”管子山權數云:“阸者,所以益也。”葉德炯曰:後漢書 益州部郡國十二,以今輿地約之,在四川、雲南、貴州三行省所轄,皆險阸之地。蜀志諸葛亮傳:“益州險塞,沃野千里,天府之土。”亦以益州爲險塞。

14 **古有營州,**畢沅曰:郡國志無營州,言古有者,見東漢時無有也。**齊、衛之地於天文屬營室,取其名也。**畢沅曰:爾雅:“齊曰營州。”不言衛也。齊之分野於天文爲玄枵之次,營室則諏訾之次之宿,諏訾乃衛之分野,非齊也。禮記檀弓云:“太公封於營丘。”則營丘之名自古有之,在齊地。營州,蓋取名於營丘也。王啟原曰:爾雅“齊曰營州”,而無青州,是青州即營。而鄭康成言分青爲營,則成國以古十二州之營州爲言,非謂殷制也。齊、衛分野誠如畢説,而齊、衛之地原有接壤者。唐一行云:“營室東壁娵訾也,初危十三度,終奎一度。”自太行、王屋而東,得漢 河內至北紀之東隅,北負漳、鄴,東及館陶、聊城,又自河、濟之交,涉熒波濟水而東,得東郡之地,又循河、濟而東,接玄枵爲營室之分,以後漢時東郡十五城言之,强半爲衛地,戰國時多入於齊。其齊地亦原自屬齊者,而濮陽猶屬衛。成國意以東郡亦營州之域,故云“齊、衛之地”,豈必盡舉齊國全域,而謂於天文屬營室乎?畢氏殆所未喻。葉德炯曰:漢書 地理志:“衛地營室、東壁之分野也。"今之東郡及魏郡 黎陽,河内之野王、朝歌,皆衛分也。齊地,虛、危之分野也,東有菑州、東萊、瑯琊、高密、膠東,南有泰山、城陽,北有千乘、清河以南勃海之高樂、高城、重合、陽信,西有濟南、平原,皆齊分也。以今地考之,班志之衛地,在今山西 解州、河南 彰德、懷慶府治,分野正當室壁觜參星度;齊地在今山東 登、萊、青三州,及臨清、東昌一帶,分野正當女虛危星度;營州既因營室得名,不應兼涉齊地,且爾雅明稱"齊曰營州",則又並不屬衛。成國此釋,蓋虞十二州之制也,故特以古有明之,以別於他州之釋今地。爾雅釋文引鄭注尚書云:"舜以青州越海,分齊爲營州。"班志:"齊地千乘、勃海、濟南、平原一帶,在今地爲濟南、泰安、臨清、東昌府治,分野爲虛危與室壁鄰度。"虞制,齊地多,衛地少。鄭言青州越海,即今登、萊、青等處也。其實爾雅之營州實爲青州。雖蒙虞稱,並非舊地,故李巡、郭璞目爲殷制,以自岱東至海釋之。岱以東亦登、萊、青諸處也,與鄭注青州越海相合。郭不及岱以西者,殷時虞地營州已并入兗故也。蘇輿曰:"古有"二字統上下言之,以明上釋九州皆今地。下營、燕之類,據古制言之,不專指營州也。公羊疏引李巡注爾雅云:"齊其氣清舒,受性平均,故曰營。營,平也。"今爲青州。爾雅釋文:"營者,取營丘以爲號。"與此別。

15　燕,宛也,北方沙漠平廣,此地在涿鹿山南,宛宛然以爲國都也。畢沅曰:御覽引作"宛宛然以名之"。蘇輿曰:此春秋時之北燕也。召公封於此,武王又封堯後於此,故云"以爲國都"。詩 甘棠注云:"燕,國名,在周禮 幽州之域,今涿郡 薊縣也。"郡蓋因涿鹿得名,宛當讀如大宛之宛,從玉篇音鴛。燕、宛疊韻。

16　宋,送也。王先慎曰:說文"宋,尻也,讀若送"。地接

淮、泗而東南傾。葉德炯曰:漢書 地理志:"宋地,房心之分野
也,今之沛、梁、楚、山陽、濟陰、東平,及東郡之須昌、壽張,皆宋
分也。"志又云:"沛郡 梁國屬豫州,楚國屬徐州、山陽、濟陰、東
平,東郡屬兖州。"禹貢 淮、泗二水在徐州之西北境,此云"東南
傾",明宋與徐州之西北連界。以爲殷後,若云澤藪所在,送
使隨流東入海也。葉德炯曰:夏書禹貢:"導淮自桐柏,東會於
泗、沂,東入於海。"

　17 鄭,町也,其地多平,町町然也。皮錫瑞曰:詩 東門
之墠 傳:"除地町町者。"一切經音義 華嚴經第八引韓詩:"墠,猶
坦也,謂除地平坦。"①

　18 楚,辛也。畢沅曰:"辛"下當有"楚"字。觀下云"辛
楚"可見。先謙曰:吳校作"楚,楚也"。其地蠻多,葉德炯曰:
此專據春秋時楚論之。楚蠻有羅、弦、貳、軫、絞、州、六、蓼、黃、
麋、宗、巢、庸、道、柏、房、舒蓼、舒庸、舒鳩、盧戎、蠻戎、群蠻二十
餘國。均見左傳,故云多也。而人性急,數有戰爭,相爭相
害,先謙曰:吳校無"相爭"二字。辛楚之禍也。畢沅曰:此
"辛"字當爲"苦"。成蓉鏡曰:"辛"字不誤,"楚"當爲"苦"。葉
德炯曰:漢書 地理志:"楚與巴、蜀同俗,汝南之別皆急疾,有氣
埶。"案,埶,勢古字,正言楚好爭也。蘇輿曰:"辛楚"二字無煩
改易,正釋上辛字之義,辛楚常語,即苦楚。陸機詩:"俯仰悲林
薄,慷慨含辛楚。"文人多承用之,亦或言楚辛。

　19 周,地在岐山之南,其山四周也。畢沅曰:當云:
"周,匊也,地在岐山之南,其山四匊也。"葉德炯曰:漢書 地理志:
"周地,柳、七星、張之分野也。今之河南 雒陽、穀成、平陰、偃師、

———

① 釋名疏證補坿有補充。見本書 345 頁。

鞏、緱氏是其分也。"以今地考班志，正當今河南府雒陽、偃師、鞏、孟津四縣之地，左距嵩山，右輴二崤，前枕首陽，後趾空同，故云"其山四周"。"地在岐山之南"，謂都會建於岐山之南，非謂岐山四周也。知其然者，志又云："封畿東西長而南北短。"短長相覆爲千里，則岐山不能四周明矣。先謙曰：吳校作"周，周也。地在岐山之南，其山四周也"。

20　秦，津也，其地沃衍，有津潤也。王先慎曰：戰國策："秦沃野千里。"説文："秦地宜禾。"周禮大司徒注："津，潤也。"

21　晉，進也，王先慎曰：本易象辭。其地在北，有事於中國，則進而南也。蘇輿曰：晉初封唐，後都絳，獻公以後滅虞、虢等國，據桃林以西，阻三河以與秦、楚各國爲難，遂跨有東南之地。以今地考之，自山西平陽、太原以東至北直廣平、大名之間，又蔓延於陝西、河南之境(春秋經所載，雍榆、百泉等地，並在今河南省)。故成國云然。又取晉水以爲名，其水迅進也。畢沅曰：晉始封爲唐侯，南有晉水，叔虞子燮改爲晉侯。

22　趙，朝也，本小邑，朝事於大國也。王啟原曰：漢人言分野，後人多訾之，雜舉春秋戰國時地，吳滅於春秋之末，趙未爲國，大抵仍主春秋言之。以晉地大，分而爲三，鄭兼韓、晉包魏，以造父始封趙城，故別出趙，趙有小義，故言本小邑。

23　魯，魯鈍也。畢沅曰：説文㐡部云："㐡，古文旅，古文以爲魯、衛之魯。"甶部云："魯，鈍詞也。"此當云"㐡，魯鈍也"。王先慎曰：檀弓："容居，魯人也。"注："魯，魯鈍也。"又："其妻魯人也。"注："言雖魯鈍，其於禮勝。"國多山水，民性樸魯也[①]。

24　衛，衛也。王先慎曰：説文："衛，宿衛也，从韋从行。

行,列衛也。"既滅殷,立武庚爲殷後,三監以守衛之也。葉德炯曰:事見史記衛康叔世家。鄭氏詩邶鄘衛譜云:"武王伐紂,以其京師封紂子武庚爲殷後,三分其地,置三監,使管叔、蔡叔、霍叔尹而教之。"

25 齊,齊也,地在勃海之南,勃齊之中也。王先慎曰:史記封禪書:"齊之所以爲齊,以天齊也。"蘇林注:"當天中中齊。"小司馬引解道彪齊記云:"臨菑城南有天齊泉,五泉並出,有異於常,言如天之腹臍也。"[1]先謙曰:吳校下"勃"作"如",是。

26 吳,虞也,畢沅曰:古吳、虞字通。蘇輿曰:虞與娛同,吳亦娛也。詩絲衣"不吳不傲",衡方碑作"不虞不揚"。先謙曰:吳校句上有"吳越"二字。太伯讓位而不就,歸,封之於此,虞其志也。畢沅曰:鄭氏三禮目録云:"虞,安也。"葉德炯曰:事見史記吳太伯世家。先謙曰:吳校乙"就歸"二字。

27 越,夷蠻之國,畢沅曰:此下今本有一"也"字,衍。先謙曰:吳校合上爲一條。度越禮義,無所拘也。王先慎曰:説文:"越,度也。"此上十三國,上應列宿。畢沅曰:鄭注周禮保章氏,説十二次之分野云:"星紀,吳、越也;玄枵,齊也;娵訾,衛也;降婁,魯也;大梁,趙也;實沈,晉也;鶉首,秦也;鶉火,周也;鶉尾,楚也;壽星,鄭也;大火,宋也;析木,燕也。"先謙曰:"此上十三國",吳校作"此十二國"。各以其地及於事宜,制此名也,至秦改諸侯置郡縣。畢沅曰:漢書地理志:"秦并兼四海,以爲周制微弱。終爲諸侯所喪,故不立尺土之封,分天下爲郡縣。"説文:"秦初兼天下,置三十六郡,以監其縣。"先謙曰:"至秦"下吳校別自爲一條。隨其所在山川土形而立其名。蘇

---

[1]　史記天官書"齊之所以"作"齊所以","臍"作"齊"。

興曰："秦改"至"其名"，御覽引在"郡，群也"條下。**漢就而因之也。**

28 **河南，在河之南也。**畢沅曰：漢書 地理志："河南郡，故秦 三川郡，高帝更名。"劉昭注續漢書 郡國志云："世祖都雒陽，建武十五年改曰河南尹。"葉德炯曰：續漢志屬司隸校尉部，前漢志同，今河南 雒陽縣東北二十里。

29 **河內，河水從岐山而南，**畢沅曰："岐山"當是"梁山"之譌。**從雷首而東，從譚首而北，郡在其內也。**王啟原曰：譚首者，譚山之首，譚山蓋太行之別稱。名譚者，取覃延之義。詩 碩人："譚公維私。"白虎通 宗族篇引作"覃公"，是譚、覃通也。覃公當食采山下邑，而爲王三公，非東平陵之譚，説文作鄆者也。續漢志："河內郡 野王有太行山。"元和郡縣圖志引述征記曰："太行山首始於河內，自河內北至幽州。"是河內爲太行之首。禹貢："覃、懷底績。"注家不詳覃之所在，司馬貞疑覃、懷共爲一地，竊以爲覃即譚首山下之地，周以爲覃國，與邘國相近，與懷各自一地也。葉德炯曰：續漢志屬司隸校尉部，前地理志同，今河南 懷慶府 武陟縣西南。先謙曰：吳校"譚首"作"覃懷"。

30 **河東，在河水東也。**葉德炯曰：續志屬司隸校尉部，前志同，今山西 解州 夏縣北。

31 **河西，在河水西也。**畢沅曰：地理志及郡國志皆無河西郡，止有西河郡。此言河西，蓋即謂西河郡也。王啟原曰：漢時張掖、酒泉、武威、敦煌、金城爲河西五郡，故并及之，亦未必果爲西河之譌。又篇中歷舉河南、河東、河西，而不及河北，以河北爲縣，屬河東郡，釋郡國例不能及縣也。知此亦足知後汝陰之非縣矣。葉德炯曰：此河西五郡之河西，亦以時制言，即前十二州中雍州之域，今甘肅 甘州、涼州、西甯、嘉峪關一帶。

32 上黨。黨，所也，在山上，其所最高，故曰上黨也。
畢沅曰：今本作“故曰上也”。案當有“黨”字，增。皮錫瑞：公
羊文十三年傳：“往黨，衛侯會公于沓；反黨，鄭伯會公于斐。”注：
“黨，所也。”所，猶時，齊人語也。葉德炯曰：續志屬并州刺史部，
前志同，今山西潞州府長子縣西。蘇輿曰：御覽引上黨記云：“高
平赤壤，其地山阻，百姓不居。”即此郡也。

33 潁川，因潁水以爲名也。葉德炯曰：續志屬豫州刺史
部，前志同，今河南開封府禹州治。

34 汝南，在汝水南也。葉德炯曰：續志屬豫州刺史部，
前志同，今河南汝甯府汝陽縣東南六十里。

35 汝陰，在汝水陰也。畢沅曰：地理志：汝陰爲縣，名屬
汝南郡，郡國志同，汝陰非郡也。水南曰陰，在汝水陰，即在汝水
南矣。疑本是“汝南，在汝水陰也”，後人妄增“在汝水南也，汝
陰”七字。王啟原曰：晉書地理志：汝陰郡魏置，後廢，泰始二年
復置。通典亦云：魏置汝陰郡，司馬宣王使鄧艾屯田於此，後廢。
晉武帝泰始二年復置。如二書所云，則漢世無汝陰郡。成國避
地交州，即使卒於魏文既立之後，無由知汝陰析置之故，則漢末
自已立汝陰郡。而諸書言魏置者，若夏侯湛東方朔畫像贊，言
魏建安中分厭次以爲樂陵郡。顏師古漢書敍例，言文穎魏建安
中爲甘陵府丞，汝陰殆亦建安中置，以政出曹氏，故渾云魏置也。
後漢書陳球傳：“子瑀，吳郡太守；瑀弟琮，汝陰太守；弟子珪，沛
相；珪子登，廣陵太守。並知名。”此漢末有汝陰郡之證。魏志
明帝紀：“景初二年，分沛國、蕭相、竹邑、符離、蘄、銍、龍亢、山
桑、洨、虹十縣爲汝陰郡。”此雖魏分立汝陰郡之明文，然郡應
以縣得名，而汝南之汝陰縣不與。錢氏大昕謂晉志汝陰郡統八
縣，與此無一同者，疑魏志有誤。是亦未可取爲汝陰立於魏世之

徵，至畢氏疑汝陰非郡，而謂後人有增改，斯亦泥矣。葉德炯曰：
今安徽潁州府阜陽縣治。

36 **東郡、南郡，皆以京師方面言之也。**畢沅曰：京師謂
雒陽也。東郡在雒陽東八百餘里，南郡在雒陽南千五百里。王
啟原曰：東郡、南郡，秦及西京之舊，洛京因而不改。後漢書：彭
城靖王恭建初三年徙封江陵王，改南郡爲國。元和二年，三公
上言江陵在京師正南，不可以封，乃徙爲六安王。是南郡以方面
名之證，而東郡可知。又案續漢志："張掖郡，獻帝分置西郡。"
故晉書地理志西郡下云："漢置。"則此郡漢末置，至晉不改，成
國不之及者。東郡、南郡二京之舊，西郡之立，則成國未及知，或
亦未及見也。若成國果事魏，不應置而不言。葉德炯曰：東郡，
續郡國志屬兗州刺史部，前志同，今直隸大名府開州南。南郡，
續郡國志屬荊州刺史部，前志同，今湖北荊州府江陵縣治。後
漢建都雒陽，由雒陽計之，東郡在雒陽極東，南郡在雒陽極南，故
云方面。若今京師在順天，以盛京、吉林、黑龍江爲東三省，以江
南爲南京也。

37 **北海，海在其北也。**葉德炯曰：前志屬青州，續志爲
國，屬青州刺史部，今山東青州府壽光縣東南三十一里。

38 **西海，海在其西也。**畢沅曰：郡國志："北海郡屬青
州，南海郡屬交州，東海郡屬徐州。"西海郡則未有見，惟劉昭注
郡國志於張掖居延屬國之居延下注云："獻帝建安末，立爲西海
郡。"考建安之末，接魏黄初之始，此言西海，則劉熙蓋逮事魏
朝，故其書有魏所置之司州也。成蓉鏡曰：古所稱西海有五：一
爲今之青海，漢書王莽傳"元始五年，羌豪良願獻鮮水海允谷鹽
池爲西海郡"，是也；一爲今之昌甯湖，水經注"休屠澤俗謂之西
海"，是也；一爲今之博斯騰泊，水經注"敦薨之水，自西海徑尉犂

國",是也;一爲今之裏海,漢書 西域傳"于闐之西,水皆西流注
西海",是也;一爲今之地中海,西域傳"犂軒條支國臨西海",是
也。晉書 地理志:"西海郡故屬張掖,興平二年,武威太守張雅
請置。"考漢時居延故縣,即今額濟納旗,在居延海西南,故漢書
地理志云:"張掖郡 居延,居延澤在東北。"以地望測之,青海在
旗南,魚海在旗東,而博斯騰泊、裏海、地中海相距更遠,旗之西
境絶無池澤可以當西海之目者,然則興平中立西海郡,亦衹借
以爲名,并無實指。成國謂海在其西,尚未確。皮錫瑞曰:元始
五年已立西海郡,豈可據建安末所立以證成國曾仕魏朝? 畢説
非也。

39 南海,在海南也。畢沅曰:南海郡在交州,與中國隔
海,是在海南。宜言海南,欲同四海名,故言南海。葉德炯
曰:續志屬交州刺史部,前志同,今在廣東 廣州府 南海縣治。

40 東海,海在其東也。葉德炯曰:續志屬徐州刺史部,
前志同,今山東 沂州府 郯城縣西南三十里。蘇輿曰:十道志云:
"海州 東海郡置,在朐山縣。"禹貢 徐州之域,春秋 魯國之東境,
七國時屬楚,爲薛郡地,後分薛郡爲郯,漢改郯爲東海郡。

41 濟南,濟水在其南也。畢沅曰:此下六"濟"字皆當
作"泲",濟乃別是一水,音同字別,辯已詳釋水篇。葉德炯曰:續
志屬青州刺史部,前志同,今山東 濟南府 歷城縣東七十五里。

42 濟北,濟水在其北也,義亦如南海也。葉德炯曰:
續志屬兗州刺史部五城,前漢分隸泰山、東郡、北海三郡,今山東
濟南府 長清縣西三十里。

43 濟陰,在濟水之陰也。葉德炯曰:續志屬兗州刺史
部,前志同,今山東 曹州府 定陶縣西北。

44 南陽,在中國之南,而居陽地,故以爲名也。畢沅

曰：今本作"在國之南，而地陽也"，據史記 秦本紀 正義及御覽引增改。廣韻引亦有"故以爲名"四字。凡若此類郡國之名，取號於此，則其餘可知也，縣邑之名亦如之。葉德炯曰：續志屬荆州刺史部，前志同，今南陽府 南陽縣治。

　　45 大曰邦。畢沅曰：鄭注周禮 大宰："大曰邦，小曰國。"吳翊寅曰：吳校"大"下有"邑"字。案此下疑脱"小曰國"一條。邦，封也，畢沅曰：邦，從邑，丰聲。音近封也。封有功於是也。皮錫瑞曰：邦、封字通。論語："而謀動干戈于邦内。"釋文引鄭本作封。周語："邦内甸服，邦外侯服。"漢書 嚴助傳云："封内甸服，封外侯服。"即其證。

　　46 國城曰都。都者，畢沅曰：今本少一"都"字，據御覽引增。國君所居，畢沅曰：史記 項羽本紀"立諸將爲某侯王"下輒云"都某地"。是都爲國君所居也。先謙曰：吳校"國君"上有"言"字，無上"都者"二字。人所都會也。畢沅曰：穀梁 僖十六年傳云："民所聚曰都。"

　　47 周制：九夫爲井，其制似井字也。畢沅曰：周禮 小司徒："九夫爲井。"鄭注："采地制井田，小司徒爲經之，立其五溝五涂之界，其制似井之字，因取名焉。"

　　48 四井爲邑。畢沅曰：亦小司徒文。邑，猶偪也，畢沅曰：今本"偪"作"悒"。初學記、御覽皆引作"偪"。案説文"悒"訓不安，誼與此無涉。莊子 天地篇云："偪偪乎耕而不顧。"釋文云："偪，耕人行貌。"其誼似與此近，因據改，但説文無偪字。邑人聚會之稱也。

　　49 四邑爲丘。畢沅曰：亦本小司徒文。丘，聚也。王先慎曰：尚書孔安國序："丘，聚也。"家語 正論注九："丘，國聚也。"

　　50 四丘爲甸。畢沅曰：亦本小司徒文。甸，乘也，畢沅曰：鄭注小司徒云："甸之言乘也，讀如衷甸之甸。"出兵車一乘。畢沅曰：小司徒鄭注："甸方八里，旁加一里，則方十里爲一成。"司馬法："成，出革車一乘。"

51 鄙，否也，畢沅曰：古鄙、否同字。尚書堯典："否德忝帝位。"史記作"鄙德"。論語"予所否者"，王充論衡引作"予所鄙者"。蘇輿曰：文選楊雄羽獵賦注引尚書大傳鄭注云："否，不也。"下"不能遠通"即釋"否"字義。本書釋言語："否，鄙也。"互相訓。小邑不能遠通也。

52 縣，畢沅曰：于絹反。縣也，畢沅曰：縣，于弱反，俗作懸。下同。縣係於郡也。畢沅曰：逸周書作洛解曰："縣有四郡。"然則周制縣大而郡小，故哀二年左氏傳云："克敵者，上大夫受縣，下大夫受郡。"及秦并天下置三十六郡。以監其縣，則縣始縣係於郡矣。蘇輿曰：風俗通云："縣，玄也，言當玄靜平徭役。"黃恭十四州記云："縣者，絃也，言施繩用法，狀如絃，絃聲近縣，故以取名。"案縣、玄、絃並疊均爲訓。

53 郡，群也，葉德炯曰：藝文類聚六引風俗通云："郡，群也。"人所群聚也。葉德炯曰：唐釋湛然止觀輔行傳宏決四之三引此句，下有"天子制地千里，分爲百郡"十字。

54 五家爲伍，以五爲名也，又謂之鄰。鄰，連也，相接連也。又曰比，相親比也。畢沅曰：小司徒及黨正皆云："五人爲伍。"非五家也，茲言五家爲伍，誤矣。又周禮有六鄉六遂，六遂之中五家爲鄰，六鄉之中五家爲比，茲不分晰，亦未安。

55 五鄰爲里，居方一里之中也。畢沅曰：遂人云："五家爲鄰，五鄰爲里。"則里乃二十五家之稱，非道里之里也。曷言之？孟子曰："方里而井，井九百畝。"此三三而九也，實則縱橫皆徑三百畝，是爲方一里之地，今試以二十五家家各五畝之宅計,則凡百二十五畝開方置之,則縱橫皆徑二十五畝。然則二十五家於方一里之中,僅居百四十四之一爾,言居方一里之中,是未核實細數也。

56 五百家爲黨。畢沅曰:六鄉之中,五家爲比,五比爲閭。則二十五家;四閭爲族,則百家;五族爲黨,則五百家矣。黨,長也,一聚所尊長也。畢沅曰:今本“所”上有“之”字,據廣韻、御覽引删。蘇輿曰:史記五帝紀正義:“聚,村落也。”後漢書劉平傳注:“小於鄉曰聚,有黨則有長。”周官:“黨正,掌其黨之政令教治。”是也。聚附於黨,故云“一聚所尊長”。

57 萬二千五百家爲鄉。畢沅曰:五黨爲州,則二千五百家。五州爲鄉,故萬二千五百家。鄉,向也,衆所向也。先謙曰:論語陽貨篇“鄉原”,集解引周生烈云:“鄉,向也。”

釋形體第八

1 人,仁也。畢沅曰:中庸:“仁者,人也。”仁生物也。故易曰:“立人之道曰仁與義。”畢沅曰:周易 説卦文也。王啟原曰:繁露 人副天數篇:“天地之精所以生物者,莫貴於人,人受命乎天也,故超然有以倚,物庆疾,莫能爲仁義,唯人獨能爲仁義。”

2 體,第也;骨肉、毛血、表裏、大小,相次第也。葉德炯曰:孟子:“則具體而微。”文選 運命論注引劉熙注云:“體者,四支股脚也。”與此異。

3 軀,區也,是衆名之大總,王先慎曰:説文:“軀,體也,體總十二屬也。”若區域也。

4 形,有形象之異也。葉德炯曰:説文:“形,象形也,从彡,幵聲。”

5 身，伸也，可屈伸也。　王先慎曰：周禮 大宗伯：“侯執信圭。”注：“信，當爲身，聲之誤也。信，古伸字。”荀子 儒效 注：“伸，讀爲身。”身、伸二字聲同而義通。説文：“伸，屈伸也。”

6 毛，貌也，冒也，在表所以別形貌，且以自覆冒也。先謙曰：説文：“毛，眉髮之屬。”又云：“須，面毛也。”此皆所以別形貌也。覆冒之義，當專屬髮言之。

7 皮，被也，被覆體也。　先謙曰：説文：“被，寢衣也。”引伸爲被覆衣著之名。見左襄三年疏，此特借同聲爲訓。

8 膚，布也，布在表也。　葉德炯曰：“膚”本字作“臚”。説文：“臚，皮也，從肉，盧聲。膚，籀文臚。”古書多借爲臚陳字。周禮 司儀 鄭 注：“臚，陳之也。”漢書 禮樂志 集注引應劭云：“臚，陳也。”然則臚引申爲陳，又引申爲布，皆一義也。

9 肌，懻也，膚幕堅懻也。　畢沅曰：玉篇：“北方名堅曰懻。”説文無此字，當止作“冀”。

10 骨，滑也，骨堅而滑也。　王啟原曰：説文：“滑，利也，從水，骨聲。”而墨子 公輸篇“禽滑釐”，列子 楊朱篇作“禽骨釐”。高注淮南 原道：“滑讀曰骨。”是骨、滑聲義相同。説文：“骨，肉之覈也。”“體，骨間黄汁也。”惟覈故堅，有汁故滑。先謙曰：吳校删下“骨”字。

11 胑，畢沅曰：説文：“胑，體四胑也。”重文作“肢”。枝也，畢沅曰：孟子 梁惠王篇云：“爲長者折枝。”趙岐 注云：“折枝，按摩折手節解罷枝也。”是則古者胑、枝字通也。似木之枝格也。畢沅曰：“木”今本譌作“水”，據誼改。蘇輿曰：御覽 人事十六引正作“似木枝格”，但誤在“骨堅而滑也”句下。

12 肉，柔也。　王先慎曰：説文：“腬，嘉善肉也。”蘇輿曰：此下應言其義，本書之例在於段聲以定義，未有空陳其聲而無其義者。諸如此類，疑並奪文，發凡於此，以後不贅。

13 筋，靳也。畢沅曰：今本誤作“力也”。案力聲不近筋，據下“靳固”之言，當改爲“靳”，則音誼皆合矣。肉中之力，畢沅曰：説文：“筋，肉之力也，从力、肉、竹；竹，物之多筋者，从力象筋也。”先謙曰：吳校删“中”字。氣之元也，先謙曰：吳校删“也”字。靳固於身形也。先謙曰：後漢崔寔傳：“悔不小靳。”注：“靳，固惜之也。”是靳有固義。固惜猶言堅，不肯堅固，義亦同也。素問五藏生成論注：“筋，氣之堅結者。”堅結即靳固意，靳固蓋漢世恒言。人身骨大則生筋，所以結束百骸，故云“靳固於身形也”。

14 膜，幕也，幕絡一體也。畢沅曰：膜，御覽引作“脈”，非。先謙曰：説文：“膜，肉間胲膜也。”在皮裹肉間，周於一體，故云“幕絡一體”。幕絡疊韻爲訓，二字意亦相近。文選嘯賦注：“幕，漫也。”西都賦注引方言：“絡，繞也，言胹膜漫繞於一身也。”本書釋衣服：“幕，絡也。”又釋牀帳：“幕，幕絡也，在表之稱也，亦作絡幕。”文選蜀都賦劉注：“絡幕，施張之貌也，又作絡縸。”見後漢馬融傳注，皆二字連文。

15 血，濊也，出於肉，流而濊濊也。葉德炯曰：詩碩人：“施罟濊濊。”釋文引韓詩云：“濊濊，流貌。”説文作“瀫”，云：“水多貌，从水，歲聲。”水多故流也。廣韻“濊”泰、末二韻兩見，一他蓋切，一莫割切。此當讀如莫割，與血疊韻。

16 膿，釀也，汁釀厚也。葉德炯曰：説文血部：“衊，瘇血也，从血，農省聲。膿，俗衊，从肉，農聲。”今成國正用俗字。又説文酉部：“釀，厚酒也，從酉，農聲。”此云汁釀厚，以釀釋膿也，與瘇血之義相近。

17 汁，涕也，涕涕而出也。畢沅曰：汁聲不近涕，恐誤也,疑當爲"涕"。先謙曰:吴校"涕汁"二字互乙,删上"也"字。
津,畢沅曰:當作"盡",今通作"津"。進也,汁進出也。先謙
曰:一切經音義二十五引三蒼云:"津,液汁也。液汁出在外,洒
可見。"周禮大司徒:"其民黑而津。"注:"津,潤也。"津進、津潤
並疊韻爲訓。

18　汋,澤也,有潤澤也。畢沅曰:人身無所謂汋者,汋字
蓋誤也,疑當爲液。王啓原曰:本篇後文"自臍以下曰水腹,水汋
所聚也"。又云:"胕,䠊也,主以虚承水汋也。"凡二見,是成國
專以汋爲胕中之水。釋宫室篇:"井一有水一無水曰瀱汋。"胕
水時有時無,引申取義,實非誤字。

19　汗,涆也,畢沅曰:説文無涆字。出在於表,涆涆然
也。畢沅曰:表,御覽引作"衣"。先謙曰:漢書劉向傳:"汗,出
而不反者也。"涆字字書所無,疑是涣涣之誤,易言涣汗,又疊
韻字。説文:"涣,流散也。"詩溱洧:"方涣涣兮。"傳:"涣涣,盛
也。"以釋汗字,於義亦安。

20　髓,遺也。遺,瀢也。畢沅曰:説文無瀢字,廣韻:"魚
盛皃。"集韻始有"膏液"一釋,本或作㳂,更譌。先謙曰:吴校作
"髓,瀢也,瀢瀢然也"。

21　髮,拔也,拔擢而出也。先謙曰:説文:"拔,擢也。"一
切經音義三引蒼頡篇:"拔,引也。"拔擢而出,猶言引而出之。

22　囟,峻也,所生高峻也。畢沅曰:囟,今本誤作"鬠"。
案後別有"其上聯髮曰鬠",不應兩見。説文:"囟,頭會匘蓋也。"
則是人頭之頂,與高峻之誼合,且囟、峻同音,茲當作囟無疑矣。
先謙曰:吴校"囟"作"顖"。

23　髦,冒也,覆冒頭頸也。畢沅曰:"髦"當作"髳"。案
説文:"髳,髮也。"上既釋髮,則不必復釋髦。又案説文"髳,髮

至眉也，从彡孜聲”。詩曰：“紞彼兩髦。”今詩毛傳誼同説文。而詩文作兩髦，是可知世俗相承，以髦爲鬆也，此文亦然矣。鄭注儀禮既夕記云：“兒生三月，前髮爲鬌，男角女羈，否則男左女右，長大猶爲飾存之，謂之鬆。”是覆冒頭頸者也①。

24　眉，媚也，有嫵媚也。畢沅曰：嫵，今本作“斌”，亦俗字。王啟原曰：案漢仲定碑：“不眉近戚。”以眉爲媚。蜀有峨眉山，劉向列仙傳：“陸通在蜀娥媚山上。”又以媚爲眉，是眉、媚可通用。

25　頭，獨也，於體高而獨也。畢沅曰：廣韻引同。御覽引作“處體高而獨尊也”。

26　首，始也。畢沅曰：釋詁：“首，始也。”先謙曰：吳校此上有“又曰首”三字，合上爲一條。

27　面，漫也。畢沅曰：説文無“漫”字，疑當作“㒼”。皮錫瑞曰：漢書食貨志注，如淳曰：“民盜摩漫面。”臣瓚曰：“摩錢漫面。”蘇輿曰：文選甘泉賦注：“漫漫，無厓際之貌，又與曼同。”封禪文引音義云：“曼羨，廣散也。”是漫爲廣大之義，面受眉目鼻口耳，其體廣大，故訓爲漫。古人稱面爲大宅，即漫字之旨也。見文選七發劉良注。

28　額，鄂也，有垠鄂也，故幽州人謂之鄂也。畢沅曰：今本作“故幽州人則謂之鄂也”，據御覽引删。皮錫瑞曰：潛夫論斷訟篇云：“晝夜鄂鄂，慢遊是好。”鄂鄂即額額也，額、鄂聲相近②。

29　角者，生於額角也。葉德炯曰：漢書諸侯王表：“厥角

---

① 釋名疏證補坿有補正。見本書 345 頁。
② 釋名疏證補坿有補充。見本書 345 頁。

頯首。"注引應劭曰:"角者,額角也。"即此額角字。又論語撰考識:"顏回有角額似月。"均此義也。蘇輿曰:後漢書光武紀注引鄭玄尚書中候注云:"日角謂中庭骨,起狀如日。"案額角即中庭骨。先謙曰:吳校删"者"字。

30 頞,鞍也,偃折如鞍也。畢沅曰:說文:"頞,鼻莖也,从頁,安聲。"蘇輿曰:後漢書揚雄傳云:"顝頤折頞。"吳志諸葛恪傳:"折頞廣額。"折頞即取偃折之義。

31 目,默也,默而内識也。畢沅曰:廣韻引同,御覽引"默而"上有"謂"字。王啟原曰:周語:"國人莫敢言,道路以目。"韋注:"不敢發言,以目相眄而已。"是目有默意。

32 眼,限也,童子限限而出也。葉德炯曰:按考工記:"望其轂,欲其眼也。"鄭司農云:"眼讀爲限切之限。"音讀與此正同。先謙曰:限限不見它書,限訓阻止,與出義不合,童子亦非可出者,疑本作"童子限而不出也",傳寫致誤耳。

33 睞,畢沅曰:此"睞"字當作"睞"。說文:"睞,目旁毛也,从目,夾聲。"插也,接也,插於眼匡而相接也。畢沅曰:今本作"睞,插接也",少一"也"字,則合兩訓爲一矣。廣韻"睞"下引釋名曰:"睞,插也,插於眶也",并引說文"睞",又云:"睞同睞。"御覽引曰:"睞,接也,插於匡而相接也。"據此兩引,則插接當分作兩誼。一切經音義三引"睞"皆作"趁","目旁毛也"。

34 童子。童,重也,畢沅曰:說文:"童,从辛,重省聲。"膚幕相裹重也;子,小稱也,主謂其精明者也。或曰牟子。牟,冒也,相裹冒也。畢沅曰:今本童字牟字皆加目旁,俗字也。說文:"矇,盧童子也。"又云:"瞳,目童子精瞳也。"又云:"眣,目童子不正也。"又云:"盲,目無牟子。"童、牟皆不从目。蘇輿曰：眸與牟同。禮內則鄭注：“牟讀曰堥。”荀子成相篇楊注：“牟讀曰務。”是牟有務音，務、冒同聲字也。本書釋首飾亦云：“牟，冒也。”又左昭十二年傳“王孫牟”，杜預春秋世族譜作“髦”。牟、髦亦同聲，故上文髦、毛並訓爲冒。孟子離婁趙注：“眸子，瞳子也。”

35　鼻，嘒也，出氣嘒嘒也。王先慎曰：説文“鼻”下云：“引氣自畀也，從自畀。”畀、嘒聲近。又“嘒”下云：“小聲也。”嘒嘒者，氣徐出有聲。

36　口，空也。王啟原曰：易頤“自求口實”。鄭注：“頤中有物曰口實。”則無物其口之本體，故口云空也。説文：“𦞤，小蟲也，從肉，口聲，一曰空也。”此亦聲而兼義者①。

37　頰，夾也，面旁稱也，亦取挾斂食物也。畢沅曰：“面”今本譌爲“兩”，據御覽引改。王先慎曰：今本“兩”上脱“面”字，御覽引“面”下脱“兩”字。急就篇顏注：“面兩旁曰頰。”即本此，可證。畢改非是。

38　舌，泄也，舒泄所當言也。畢沅曰：“泄”當作“渫”，音誼乃合。御覽引作“洩”，唐以後改也。王啟原曰：田光吞舌以明不泄，泄義較渫爲長。

39　齒，始也，少長之別始乎此也，以齒食多者長也，畢沅曰：此“也”字御覽引無。食少者幼也。先謙曰：禮文王世子：“古者謂年齡，齒亦齡也。”詩蝃蝀序：“國人不齒也。”箋云：“不齒者，不與相長稚。”牙，櫹牙也，隨形言之也。畢沅曰：今本“牙，櫹牙也”以下誤入於下條“以養人也”之下，似錯亂無倫次。説文：“牙，壯齒也。”則牙當承齒下，今更正之，則齒、牙、

_____

① “𦞤”上部是口字，大徐本注：“口音韋。”

頤、輔各以類相從矣。先謙曰：案説文"牙"下云："象上下相錯
之形。""齬"下云："齘齒也。""齘"下云："齒不相值也。"此榰
即齬之誤字，榰是似梨而酢之果。榰牙二字義不相屬，齬牙則
狀其相錯之形，故云："隨形言之。"齬俗變爲齟，漢書東方朔傳：
"齟者，齒不正也。"張晏注："齟音榰梨之榰。"益可證此文音形
譌變之由。

40 頤，養也。先謙曰：吳校句首有"頤，頤也"三字。動
於下，止於上，上下咀物，以養人也。畢沅曰：易卦震下艮
上爲頤，震動艮止，動於下止於上也。序卦曰："頤者，養也。"王
啟原曰：鄭注周易云："口車動而上因輔嚼物以養人，故謂之頤。"
或曰輔車，畢沅曰：今本無"或曰"字，而以"輔車"提行別起。
左傳五年傳："輔車相依。"正義引作"頤，或曰輔車"云云，御覽
引亦同，則輔車當承"頤"下，遂據以增"或曰"二字。言其骨
強所以輔持口也。畢沅曰：今本無"言"字，據一切經音義引
增。左傳正義引作"可以輔持其口也"，今不從。蘇輿曰：御覽
人事九引，亦無"言"字，作"所以輔持其口"，無"也"字。易艮：
"六五，艮其輔。"虞翻云："輔，面頰骨上頰車者也。三至上體，
頤象艮爲止，在坎車上。故艮其輔謂輔車相依。"亦見頤輔頰車
互相爲名之義。或曰牙車，牙所載也。先謙曰：左傳杜注：
"輔頰，輔車，牙車。"或曰領車。畢沅曰：今本誤脱"車"字。
領，含也，口含物之車也。畢沅曰：説文："頷，面黃也。""領，
頸也。""顄，臣也。"然則頷字義別，茲當作"領"，或作"顄"亦
可。或曰頰車，畢沅曰：説文："輔，人頰車也。"先謙曰：靈樞經
脈篇："循頰車上耳前。"亦所以載物也。或曰鼸車，鼸鼠之
食，積於頰，王啟原曰：爾雅釋獸"鼸鼠"，郭注："以頰裹藏食
也。"墨子非儒篇"鼸鼠藏而羝羊視"，謂此。説文："嗛，口有所

衘也。"故爾雅釋獸又云:"寓鼠曰嗛。"夏小正云:"田鼠者,嗛鼠
也。"人食似之,故取名也。凡繫於車,畢沅曰:一切經音義
引作"凡取於車者"。皆取在下載上物也。

41 耳,耴也,耳有一體,屬著兩邊,耴耴然也。先謙
曰:漢書高紀注:"耴,頰旁毛也。"耳亦在頰兩旁,故借疊韻之耴
字狀之。

42 脣,緣也,口之緣也。葉德炯曰:説文:"脣,口耑也,
从口,辰聲。"按古先、真韻通,訓緣訓耑均取疊韻也。

43 吻,免也,先謙曰:文選文賦注引蒼頡篇:"吻,脣兩邊
也。"説文:"吻,从勿聲。"凡从勿从免之字音近義通,故禮禮
器、祭義注云:"勿勿,猶勉勉也。"成國以免訓吻,亦取聲近字。
人之則碎,出則免也。畢沅曰:説文無"免"字。然晚、冕、
勉等字皆以免爲聲,固應有免。蘇輿曰:御覽人事九引無"之"
字。又取扻也,畢沅曰:説文有捪無扻,解云:"捪,撫也。一曰
摹也。"案此當作"捪"字。漱唾所出,畢沅曰:説文:"漱,盪口
也。""唾,口液也。""漱"御覽引作"吹",譌。恒加扻拭,畢
沅曰:説文亦無拭字,然手部之摌、又部之㪍,皆訓拭也,則是本
有脱耳。因以爲名也。先謙曰:吳校無"因以爲名"四字。或
曰口卷也,可以卷制食物,使不落也。畢沅曰:卷,巨圓反,
卷曲之義,與㪍舒之㪍異。今本"因以爲名也"之下提行別起作
"舌卷也"云云。案舌已見前,不應重出。鄭注周禮考工記梓人
云:"吻,口勝也。"今本"舌卷"蓋"口卷"之譌,口卷即吻,當承
"吻"下,故併爲一,而以"或曰"字聯合之。

44 鼻下曰立人,取立於鼻下,狹而長,似人立也。葉
德炯曰:按此皇甫謐甲乙經所云:"水溝在鼻柱下也,一名人中。"

45 口上曰髭。畢沅曰:説文作頾,云:"口上須也,从須,

此聲。"髭，姿也，爲姿容之美也。畢沅曰：姿容之容，古本作頌，辯説詳下篇。蘇輿曰：御覽 人事十五引"美也"作"美色"，非。

46 口下曰承漿，承水漿也。畢沅曰："承水漿也"今本作"漿水也"三字，據御覽引增改。王啟原曰：按皇甫謐 鍼灸甲經，"承漿"一名"天池"，在頤前脣之下，足陽明任脈之會。御覽引鍼灸經："承漿，一名懸漿。"

47 頤下曰鬚。畢沅曰：説文作"須"，云："面毛也，從頁彡。""鬚"乃俗字。鬚，秀也，物成乃秀，人成而須生也，亦取須體幹長而後生也。畢沅曰：當云"亦取頾也，頾體幹長而後生也"。

48 在頰耳旁曰髯，畢沅曰：髯，俗字。説文作"䫇"，云："頰須也，從須冄，冄亦聲。"隨口動摇，冄冄然也。畢沅曰：今本作"髯髯然也"，謁。案説文亦從冄爲義。因據改之。

49 其上連髮曰鬢。鬢，濱也；濱，厓也，畢沅曰：濱，俗字也。説文："瀕，水厓也，人所賓附，頻戚不前而止，從頁從涉。"則當爲瀕。詩 采蘋："南澗之瀕。"今亦通作濱字，姑仍之。爲面額之崖岸也。

50 鬢曲頭曰距。距，矩也，言曲似矩也。王啟原曰：呂本"曲"上有"其"字。葉德炯曰：皇甫謐 甲乙經云："曲鬢在耳上，入髮際曲隅。"此云曲頭，語有轉變耳。古距、矩二字本通。考工記 輪人 注："故書矩爲距。"可證。成國以曲尺之矩釋曲頭之距，亦取其聲義相近也。

51 項，确也，堅确受枕之處也。畢沅曰：确，胡角反，項轉入聲則近确，故曰："項，确也。"説文："确，磬石也；磬，堅也。"故曰"堅确"。廣韻引此，确字作石旁甬，謁。葉德炯曰：畢説非也,項之入聲不成字,成國此釋蓋取雙聲言之。今以華嚴字母推之,項、角同出匣紐,是喉音中之全濁等。成國時此二字音讀當亦與華嚴近也。説文:"煩,項枕也。"即此處。皇甫謐甲乙經謂之玉枕。

52 頸,俓也,俓挺而長也。畢沅曰:俓,當作"徑",而此書通卷皆从人,姑仍其舊。御覽引無"而"字。蘇輿曰:"俓"字非誤,説見前。"挺"亦作"侹"。爾雅釋水釋文云:"俓,侹直也。"

53 咽,咽物也。先謙曰:此文疑當云:"咽,咽也,言咽物也。"脱去"咽也,言"三字,則文義不完,與本書例亦不合。説文:"咽,嗌也。"漢書息夫躬傳注:"咽,喉嚨。因食物由咽入,故吞物亦謂之咽。"蘇武、匈奴二傳並云:"咽,吞也。"是其證矣。史記扁鵲倉公傳正義云:"咽,嚥也,言咽物也。"即用此文。後世以咽爲喉嚨專稱,別造嚥字爲吞物之名,古書所無。或謂之纓,畢沅曰:説文無此字。先謙曰:吳校"纓"作"嬰"。在頤下纓理之中也。畢沅曰:説文:"纓,冠系也。"蓋以一條組系於左笄上,繞頤下右相向上系於笄也,無笄者以二條組爲纓,兩相屬於頰,所垂之條於頤下結之,頤下咽也。今本"在頤"脱"下"字,案文義增。孫詒讓曰:纓與嬰通,後釋長幼云:"胸前曰嬰。"此謂在頤下嬰上文理之中。釋車又云:"喉下稱嬰。"畢説未塙。先謙曰:喉下一義是也。釋首飾云:"纓,頸也。"此借嬰爲纓,而訓曰頸也。釋疾病云:"瘿,嬰也;在頸嬰喉也。"以嬰喉爲咽喉,與此咽謂之嬰義可互證。恐人不明其部位,故增"頤下"二字明之。若釋爲胸前,則去頤下太遠矣。青、徐謂之脰,物投其中,受而下之也。畢沅曰:"物投其中"之上,當有"脰投也"三字。又謂之嗌,氣所流通,阨要之處也。畢沅曰:説文:"嗌,

咽也，從口，益聲，籀文作𧗁，上象口，下象頸脈理也。"蘇輿曰:御
覽人事九引"所"下有"以"字，"流通"作"通流"。先謙曰:"氣
所流通"上，當有"嗌阨也"三字，段氏音均表益聲、厄聲之字同
在古音十六部。

54　胡，互也，畢沅曰:周禮:"鼈人掌取互物。"鄭注:"互
物，謂有甲蚏胡。"則胡、互音義皆相近。在咽下垂，畢沅曰:
胡，牛顄垂也。因而謂人咽下垂爲胡也。"能斂互物也。畢沅
曰:文選洞簫賦注引作"胡，咽下垂也"。一切經音義引作"胡，
在咽下垂者也"。

55　胸，畢沅曰:説文:"匈，膺也，從勹，凶聲。"或從月作
胸[1]。猶啌也，啌氣所衝也。蘇輿曰:御覽人事十二引無兩
"也"字，啌音許江切。先謙曰:"啌"字説文所無，疑當爲"空"。
説文:"空，竅也。"廣雅釋詁:"衝，當也。"

56　臆，畢沅曰:説文:"肊，胸肉也，從肉，乙聲。"重文作
"臆"。猶抑也，抑氣所塞也。畢沅曰:抑當從反印作𢑏，今俗
皆作抑。先謙曰:臆從意聲，意、抑音義古通，故以抑訓臆。

57　膺，壅也，氣所壅塞也。畢沅曰:一切經音義引:"膺，
齊塞也，謂氣至壅塞也。"蘇輿曰:廣雅"臆、膺、匈"三字義同，成
國分釋其名耳。

58　腹，複也，富也，腸胃之屬以自裹盛，畢沅曰:御覽引
"以"作"已"。復於外複之，其中多品，似富者也。王啟原
曰:月令:"水澤腹堅。"呂氏春秋季冬紀"腹"作"復"，高注:"或
作複。"

---

[1]　説文小徐本原有:"肯，匈或從肉作。"此處乃撮取説文大意，"肉"寫
作異體"月"。疏證補一書，從肉字或作月，或作肉。

59 心，纖也，所識纖微，無物不貫也。畢沅曰：今本
"貫"下有"心"字，據御覽引刪。廣韻引作"無不貫也"。葉德
炯曰：心，說文引博士說，"以爲火藏"，火者陽精，故所識纖微，無
物不貫也。阮元釋心云"釋名此訓最合本義"，蓋纖細而銳者，
皆可名曰心，但言心，而其纖銳纖細之意見矣。說文心部次於思
部，思部次於囟部，系部"細"字即从囟得聲得意。今人俗書尖
字，古作鑯，鑯與纖同意。易說卦云："坎，其于水也，爲堅多心。"
虞翻云："堅多心者，棗棘之屬。"按棗棘之屬初生未有不先見尖
刺者，尖刺即心也。說文朿字即今刺字，解曰"木芒也"，故重朿
爲棗，並朿爲棘，皆歸朿部，皆有尖心之木也。

60 肝，幹也。於五行屬木，畢沅曰：今本脱"於"字，據
御覽引增。說文："肝，木臟也。"蘇輿曰：五經異義云：今文尚書
歐陽說："肝，木也；心，火也；脾，土也；肺，金也；腎，水也。"古文
尚書說："脾，木也；肺，火也；心，土也；肝，金也；腎，水也。"成國
以肝屬木，腎屬水，即用今文說之顯證。廣雅亦云："肝，幹也。"
肝、幹雙聲。故其體狀有枝幹也，凡物以木爲幹也。畢沅
曰："木"今本譌作"大"，據御覽引改。王啟原曰：白虎通引樂動
聲儀曰："肝所以仁者何？肝，木之精也。仁者好生。東方者陽
也，萬物始生，故肝象木，色青而有枝葉。"先謙曰：吳校"凡物"
上有"亦取"二字。

61 肺，勃也，蘇輿曰：說文肺从市聲，市讀若輩，此本音也。
亦讀如弗，則雙聲轉變。詩桑柔釋文："肺，又作胇。"作胇者明
從弗音。經傳茇、芾多通用，迺以聲近通轉。市又讀普活切，亦
從雙聲轉變也。本書釋肺爲勃及太玄注："肺之爲言敷也。"並
依弗聲取訓。白虎通："肺之爲言費也。"則讀如本音。今人讀
肺如疿，較輩音又微變矣。言其氣勃鬱也。畢沅曰：御覽引無

"言"字。王先慎曰：史記 扁鵲倉公傳 正義："肺重三斤三兩，六葉兩耳，凡八葉，主藏魂魄。"注："肺，孛也，言其氣孛，故短也鬱也。"按孛、勃字通。

62　脾，裨也，在胃下，裨助胃氣主化穀也。蘇輿曰：廣雅："脾，卑也。"脾、裨並從卑聲。

63　腎，引也，蘇輿曰：白虎通："腎之爲言寫也，以竅寫也。"又云："竅爲之候何？竅能瀉水，亦能流濡。"[①] 引、瀉同義，腎、引疊均。腎屬水，畢沅曰：説文："腎，水臧也。"主引水氣灌注諸脈也。

64　胃，圍也，葉德炯曰：胃、圍疊韻。白虎通："胃者，穀之委也。"胃、委亦疊韻字。圍受食物也。葉德炯曰：説文："胃，穀府也，从肉，囟象形。"素問 五藏別論云："胃者，水穀之海，六府之大源也。"

65　腸，暢也，通暢胃氣，去滓穢也。王先慎曰：白虎通："腸爲胃紀。"素問："大腸者，傳道之官，變化出焉。"

66　臍，劑也，蘇輿曰：劑當讀子隨反（見周禮釋文）。爾雅："劑，齊也。"限劑猶限齊，劑、齊並同聲字。腸端之所限劑也。自臍以下曰水腹，水汋所聚也。又曰少腹。少，小也，比於臍以上爲小也。畢沅曰："自臍以下"云云，今本列於"胳鞭也"一條之後，別爲一條。據云"自臍以下"，自當承接"臍"下，故易置合併之。蘇輿曰：御覽 人事十二引"自臍以下"云云，在腹門以自臍二句，併于"腹複也"條下，"以"並作"已"，"比"下無"於"字。

---

①　白虎通 情性："水陰，故腎雙竅。爲之候何？竅……"蘇輿補上"竅"字，是爲了便於理解。

67 脬,鞄也。畢沅曰:"脬"今本作"胞"。案說文:"胞,兒
生裹也。"乃別一字,俗以音同,便借用。晉 稽康 與山巨源絶交
書云:"每常小便而忍不起,令胞中略轉乃起耳。"是魏、晉人即
以胞爲脬也。鞄,空虛之言也,先謙曰:說文:"鞄,柔革工也。"
柔革所爲物,治鼓之用最大,鼓體空虛,故以鞄爲空虛之言,蓋
漢世常語也。主以虛承水沒也。蘇輿曰:史記 扁鵲倉公傳 正
義云:"膀,横也;胱,廣也。體短而又名胞。胞,虛空也,主以虛
承水液。"本此爲義。或曰膀胱,畢沅曰:說文:"脬,膀光也。"
言其體短而横廣也。畢沅曰:古字廣與光通。襄十八年 左
傳:"塹防門,而守之廣里。"據京相璠 春秋土地名,廣里即光里,
齊地名也。蘇輿曰:淮南 說林訓 高注:"膀胱,胞也。"素問 靈蘭
秘典論云:"旁光者,州都之官津液出焉。"旁光與膀胱同。又案
史記 扁鵲倉公傳 正義釋各臟名義全本此書。其釋膽云:"膽,敢
也,言人有膽氣而能果敢也。"釋喉嚨云:"喉嚨,空虛,言其中空
虛可以通氣息焉。"釋肛云:"肛,釭也,言其處似車釭,故曰釭
門,即廣腸之門,又名膵也。"並本書所無。

68 陰,蔭也,言所在蔭翳也。葉德炯曰:陰、蔭聲義相
通。說文:"蔭,草陰地,从艸,陰聲。"本書釋車云:"陰,蔭也,横
側車前,所以蔭笭也。"與此一例。又說文:"也,女陰也,象形。"
也、陰亦一聲之轉,但許止訓女,此則兼男女言之。

69 脅,挾也,在兩旁,臂所挾也。畢沅曰:說文:"脅,兩
膀也。"

70 肋,勒也,所以檢勒五臟也。畢沅曰:今本脱"所以"
二字,據廣韻引增。臟字俗古但用藏。

71 膈,畢沅曰:鬲加月旁作俗字也,當作"鬲"。塞也,先
謙曰:吳校"塞也"作"隔也"。隔塞上下,畢沅曰:今本脱"隔"

字,據御覽引增。**使氣與穀不相亂也。**蘇輿曰:"使氣與穀不相亂"語意不詞,當作"使不與穀氣相亂"。説文:"匈,心上鬲也。"鬲在匈間,與下焦隔,故云然。今本倒互其文,則不可通矣。御覽人事十二正作"使不與穀氣相亂"。

72 **腋,繹也,言可張翕尋繹也。**畢沅曰:案説文:"亦,人之臂亦也,从大,象兩亦之形。"徐鉉云:"今别作腋,非是。"又:"掖,从手,夜聲。一曰人臂下也。"① 則亦可作手旁之掖。

73 **肩,堅也。**畢沅曰:於此當云"髆肩甲也",乃後接"甲闔也"云云,未便擅增,附識愚見。王啟原曰:釋詁:"肩,勝也。"書 盤庚:"朕不肩好貨。"傳云:"肩,任也。"堅可任物,故肩有堅義。史記 仲尼弟子傳"公堅定",漢書 古今人表作"公肩子"。**甲,闔也,與胸脊背相會闔也。**畢沅曰:背,今本譌作"皆",據御覽引改。蘇輿曰:御覽 人事十八引"甲"作"胛"。説文:"髆,肩甲也。"案單言之爲肩,重言之爲肩甲,今俗猶沿此稱。甲正,胛俗。

74 **臂,裨也,在旁曰裨也。**蘇輿曰:臂、裨雙聲,古音同在一部。説文:"臂,手上也。"又云:"裨,接也,益也。"廣韻:"裨,附也,助也。"凡物相附助者多在旁,臂在身兩旁,與手有相爲附助之形,故云然。文選 爲袁紹檄豫州文 注:"裨師,偏師也。"訓裨爲偏,偏亦旁也。俗以裨益之裨作裨,以偏裨之裨别造爲裨字,而在旁爲裨之義幾晦矣。

75 **肘,注也,可隱注也。**先謙曰:从主聲之字多與肘合韻,妵、紸是也。肘、主雙聲,故以注訓肘。莊子 齊物論 釋文:"隱,馮也。"秦策 注:"注,屬也。"隱几者必屬之肘,所謂曲肱枕

---

① 　此采小徐本,大徐本無"人"字。

之，故曰肘可隱注。

76 腕，畢沅曰：此俗字也，當作"掔"。宛也，言可宛屈
也。蘇輿曰：御覽人事十引"言"下無"可"字。

77 掌，言可以排掌也。畢沅曰：當云"掌，爪也，言可以
排爪也。"揚雄河東賦曰："爪牟蹭衰。"説文："爪，从反爪。"

78 手，須也，葉德炯曰：手須爲雙聲字，以字母求之，手在
正齒音之審字紐，須在齒頭音之心字紐，於音切爲類隔，於五音
爲角牙，但分輕清重濁，不分異同也。事業之所須也。葉德炯
曰：左傳成公二年疏引服注云："今河南俗語。治生求利，少有
所得。"皆言可用藉手矣。此云事業所須，亦是此義。

79 節，有限節也。畢沅曰：指附於手，爪附於指，不應有
手有爪而獨無指。此當云：指，節也，有限節也。

80 爪，紹也，畢沅曰：爪，依説文當爲"叉"。説文云："叉，
手足甲也，从又，象叉形。"筋極爲爪，畢沅曰：黄帝素問曰："爪
爲筋之餘。"紹續指端也。

81 背，倍也，在後稱也。王啟原曰：背與面違，字从北。
説文："北，乖也，从二人相背。"指事。故背引申爲乖違之義。
呂氏春秋尊師篇："尊師聽從，不盡力，命之曰背。"背又作倍。
荀子大略篇："教而不稱師，謂之倍。"孟子："師死而遂倍之。"左
昭二十四年傳："倍奸齊盟。"皆背義也。古人坐立皆嚮明，故必
南向，而南爲前，北爲後。詩伯兮："言樹之背。"傳："北堂也。"
北堂在後，直謂之背，是背有後義。廣雅亦云："背，後也。"

82 脊，積也，積續骨節，終上下也。葉德炯曰：説文：
"呂，脊骨也，象形。"皇甫謐甲乙經："背脊有二十一椎骨。"故
云"積續骨節"也。終讀如始終之終。一本作"脈絡上下也"，
非是。御覽人事部十二引亦作"終上下，明脈絡"。爲淺人所增

竄矣。

83 尾，微也，畢沅曰：説文："尾，微也，从到毛，在尸後。"
皮錫瑞曰：尚書："鳥獸孳尾。"史記作"字微"。戰國策"尾生
高"，高誘以爲即論語之"微生高"。承脊之末稍微殺也。葉
德炯曰：此説文所云："骺，臀骨也。"素問骨空論王冰注："尾穷
謂之橛骨。"即此處。

84 要，約也，在體之中約結而小也。畢沅曰：説文：
"𦥛，身中也，象人𦥛自臼之形，从臼，交省聲。"古文作𢍱。蘇輿
曰："御覽人事十二引作"腰，約也，在體之後，約體大而小也"。
案腰俗字。要、約一聲之轉，古亦通用。淮南主術訓高注：
"約，要也。"漢書禮樂志顔注："約讀曰要。"是其證。今人形
體之約讀於消切，簡約之要讀於笑切，實則一誼。人體惟要較
小，古人尤重細要，墨子載"楚靈王好細要，而國多餓人"是也。
文選曹子建洛神賦："要如約素。"唯要尚細約，故成國以約釋
要耳。

85 髋，緩也，其腴皮厚而緩也。葉德炯曰：説文："髋，髀
上也，从骨，寬聲。"吳語韋昭注："寬，緩也。"髋从寬得聲，故義
亦訓緩。

86 臀，殿也，葉德炯曰：説文："𡰪，髀也，从尸，从丌居几。
臀，或从骨，殿聲。"[1] 周禮鄉師："巡其前後之屯。"故書屯作臀，
鄭大夫讀爲課殿，杜子春讀爲在後曰殿。此義所本。高厚有殿
逤也。畢沅曰：當作"殿鄂"，又見釋宮室篇。葉德炯曰：當讀如
宮殿之殿。初學記居處部引蒼頡篇云："殿，大堂也。"高厚即大

---

[1]　从丌居几，説文作"下丌居几"，"或从骨"上有"𡰪"字。段玉裁以爲
　　"居"當作"尻"。

義。説文:"殿,擊聲也。"此軍殿之殿,別是一義。

87 尻,廖也,畢沅曰:廖,當作"廫",下同。尻所在廖牢
深也。畢沅曰:於此當有"又樞也"三字,乃能使上下文相聯
屬。蘇輿曰:御覽人事十七引"所在"上無"尻"字。説文:"脽,
尻也。"先謙曰:吳校删"尻"字。

88 樞,機也,要髀股動搖如樞機也。葉德炯曰:此脊
骨之一也。皇甫謐甲乙經云:"懸樞在弟十三椎節下,間督脈氣
所發。"

89 髀,卑也,在下稱也。葉德炯曰:此即在後曰殿之義。
蘇輿曰:髀從卑聲,故訓爲卑。説文:"髀,股外也。古文作𨂂。"①
鄭司農注典同云:"鍾形下當𨂂。"(據余本嘉靖本)。段玉裁云:
"𨂂當是庳之叚字。"庳亦卑也。

90 股,固也,爲强固也。葉德炯曰:詩采菽:"赤芾在
股。"箋云:"脛本曰股。"説文:"木下曰本。"脛本故有堅固
之義。

91 膝,伸也,葉德炯曰:膝字本作厀。説文:"厀,脛頭卪
也。"可屈伸也。蘇輿曰:伸從申聲,膝從㭉聲。段氏音均表申
聲、㭉聲之字同在古音十二部。

92 腳,卻也,以其坐時卻在後也。王啟原曰:古人席地
而坐,故記言授坐不跪,必先跪而後坐,故兩足比並,欹蹠向後。
水經注言太公釣渭水,兩膝跡猶存,即復坐榻亦然。高士傳言管
甯常坐一木榻,未賞箕股,其榻上當膝處皆穿。此漢、魏時猶如
此,今闕里所存至聖四配像皆坐腳向後者。

---

①　本書引説文對重文的解釋,有時略有變動,此例即是。下文一般不
　　出注。

93 脛，莖也，直而長似物莖也。畢沅曰：一切經音義三
引，兩引同，一引作"直而正如物莖也"。

94 膝頭曰膊。畢沅曰：說文 肉部云："膊，切肉也。"口部
云："團，圜也。"據誼此當作"團"，弟團、膊同是專聲，容可假借。
膊，團也，畢沅曰：團，今本作"圍"，御覽引作"圓"，案下文是
"團"字。因形團而名之也。畢沅曰：今本"團"下有"圜"字，
衍。或曰蹁。蹁，扁也，亦因形而名之也。蘇輿曰：說文：
"蹁，足不正也，從足，扁聲。或曰徧。"詩 白華："有扁斯石。"毛
傳："扁扁，乘石貌。"案膝頭之形，磽確不正，故亦或名爲蹁，與
說文之蹁取身雖異，詁義實同。

95 足，續也，言續脛也。王啟原曰：列子 楊朱篇："以
日足夜。"雖引伸義，亦見足有續義。然書傳如此者甚多，亦常
語也。

96 趾，畢沅曰：說文無"趾"字，當作"止"。止也，蘇輿曰：
易 艮："初六，艮其趾。"荀作"止"。趾、止字通。言一進一止
也。畢沅曰：一本"言"下有"行"字。一切經音義引作"足一
進一止，因以名焉"。又引作"因以爲名也"。

97 蹠，底也，足底也，王啟原曰：說文："蹠，足也。"淮南
修務篇、墨子"跌蹠而趨"，與釋名皆主人言，自廣雅 釋獸訓蹠爲
足，自是無屬之人者。

98 踝，确也，居足兩旁，磽确然也，亦因其形踝踝然
也。蘇輿曰：玉篇："磽，堅硬也。"本書"項"下云："堅确受枕之
處。"是磽确二字並取堅義。御覽 人事十三引作"踝，跖踊也"。
亦因其形踝踝也。

99 足後曰跟，在下方著地，一體任之，象木根也，又
謂之踵。畢沅曰：說文作腫，解云："腫，跟也。"又云："跟，足腫

也。”王啟原曰：吕本無“又謂之踵”一句。先謙曰：吴校“方”作“旁”，無“又謂之踵”四字，下另爲一條。**踵，鍾也，鍾聚也，體之所鍾聚也。**畢沅曰：一本作“上體之所鍾聚也”。蘇輿曰：御覽人事十三引作“上體之所鍾聚也”。

釋名疏證補　卷第三

王先謙譔集

釋姿容第九　釋長幼第十　釋親屬第十一

釋姿容第九

1 姿，資也。資，取也，葉德炯曰：易："乾元資始。"釋文鄭注云："資，取也。"形貌之禀，取爲資本也。葉德炯曰：此讀如資財之資，故以爲資本。説文："資，貨也，從貝，次聲。"

2 容，畢沅曰：古作"頌"，今經書皆作"容"。用也，合事宜之用也。畢沅曰：周禮保氏："乃教之六儀：一曰祭祀之容，二曰賓客之容，三曰朝廷之容，四曰喪紀之容，五曰軍旅之容，六曰車馬之容。"鄭康成云："祭祀之容，齊齊皇皇；賓客之容，穆穆皇皇；朝廷之容，濟濟翔翔；喪紀之容，纍纍顛顛；軍旅之容，暨暨詻詻；車馬之容，匪匪翼翼。"然則事各有容，容各有宜，故曰"合事宜之用"。

3 妍，研也，研精於事宜，則無蚩繆也。葉德炯曰：説文："妍，技也，讀若研。"是妍、研聲義相通。先謙曰：廣雅釋詁："妍，好也。"方言郭注："俗通呼好爲妍。"説文："研，礦也。"引申之爲凡事研審之義。文選東京賦："研覈是非。"即研精事宜之謂。無蚩繆則妍好矣。

4 蚩，癡也。畢沅曰：今本皆連上。案蚩與妍對，當別爲一條。玉篇訓同此，又曰"亂也"，即上所云"蚩繆"意同。

5 兩腳進曰行。行，抗也，抗足而前也。王先慎曰：説文:"行,人之步趨也。"行必舉足。詩 賓之初筵:"大侯既抗。"傳:"抗,舉也。"

　　6 徐行曰步。步,捕也,如有所司捕,畢沅曰:司,相吏反,俗作伺,非。務安詳也。畢沅曰:周禮 射人:"若王大射,則以貍步張三侯。"鄭注:"貍,善搏者也,行則止而擬度焉,其發必獲,是以量侯道法之也。"據此,則步有司捕之義。

　　7 疾行曰趨。趨,赴也,畢沅曰:説文:"赴,趨也。"赴所期也。畢沅曰:期,今本作"至",據御覽引改。

　　8 疾趨曰走。走,奏也,畢沅曰:奏,正作"㞴",俗通作"奏"。促有所奏至也。畢沅曰:詩 大雅 緜云:"予曰有奔走。"釋文:"奏,本又作走。"然則走與奏音義同。

　　9 奔,變也,有急變奔赴之也。畢沅曰:軍事有奔命,禮有奔喪,是聞急變而奔赴之也。

　　10 仆,踣也,頓踣而前也。畢沅曰:釋言:"斃,踣也。"郭注:"前覆。"説文:"仆,頓也。"踣、仆同,是此之"仆"與爾雅之"斃"義同。

　　11 超,卓也,舉腳有所卓越也。畢沅曰:一切經音義兩引:一引同,一引"舉"上有"言"字。先謙曰:説文:"超,跳也。""卓,高也。""越,度也。"舉足高而度越人前,此超之本義。

　　12 跳,條也,如草木枝條務上行也。蘇輿曰:廣雅 釋詁:"跳,上也。"漢書 地理志:"艸縣木條。"顏注:"條,修暢也。"草木之暢生,自下而上,人之跳躍亦自下而上,故以爲喻。

　　13 立,林也,如林木森然各駐其所也。王先慎曰:説文:"立,住也,從大在一之上。"(段本)。大,人也。一,地也。周禮 地官注:"竹木生平地曰林。"立、林二字皆會在地上意。説文無"住"字,"駐"下云"馬立也"。本篇:"駐,株也,如株木不動也。”

14 騎，支也，兩腳枝別也。畢沅曰：枝，御覽引作“跂”。葉德炯曰：説文：“騎，跨馬也。”按跨馬必兩腳枝別。

15 乘，陞也，畢沅曰：陞，俗升字。登亦如之也。葉德炯曰：詩 七月：“亟其乘屋。”傳：“乘，升也。”釋詁：“登，陞也。”乘、升、登三字疊韻。

16 載，戴也，戴在其上也。畢沅曰：戴也，今本譌作“載也”，又脱第二“戴”字，據禮記正義引改增。釋山云：“石載土曰岨，土載石曰崔嵬。”是載即戴也。

17 儋，畢沅曰：今本譌作“檐”。任也，任力所勝也。畢沅曰：御覽引作“力所勝任也”。

18 負，背也，置項背也。王先慎曰：釋邱：“邱背有邱爲負邱。”明堂位 注：“負之爲言背也。”本書釋車：“負，在背上之言也。”

19 駐，株也，如株木不動也。葉德炯曰：莊子 達生篇：“承蜩者處身若橛株枸。”史記 平準書 注引文穎曰：“凡鬭雞勝者爲株。”此列子載周宣王養鬭雞所云，望之如木雞是也。二説足證駐立如木之義。

20 坐，挫也，骨節挫詘也。王先慎曰：古人坐，以兩膝向後，如今跪形，故骨節挫詘。下文“跪，危也，兩膝隱地，體危阢也”。

21 伏，覆也。葉德炯曰：禮 曲禮“寢毋伏”，鄭 注：“伏，覆也。”

22 偃，安也。葉德炯曰：荀子 儒效篇：“偃然如固有之。”注：“偃然猶安然也。”

23 僵，正直畺然也。畢沅曰：吴越春秋，要離謂吴王曰：

“臣迎風則僵，負風則伏。”左定八年傳正義引作“迎風則偃，背風則仆”。然則偃與僵亦相似，故息偃亦云僵臥。先謙曰：説文：“畕，界也，從田，三其界畫也。”僵臥不動，疑若有界畫限止之而不過者，故曰畕然。本書釋用器：“齊人謂鋤柄曰橿，橿然正直也。”下“橿”字亦當爲“畕”。

24 側，偪也。葉德炯曰：文選上林賦：“偪側泌㴂。”注引司馬彪：“偪側，相迫也。”字本與仄通。考工記車人：“山行者仄輮。”仄輮正言其偪也。

25 據，居也。畢沅曰：説文：“居，蹲也。”是即踞字。先謙曰：晉語：“今不據其安。”韋注：“據，居也。”左僖五年傳：“神必據我。”杜注：“據，猶安也。”是據爲安居之義。畢説似非。

26 企，啟也。啟，開也，言自延竦之時，樞機皆開張也。畢沅曰：今本作“企，啟，開也，自延竦之時，諸樞機皆開張也”。據一切經音義引改。

27 竦，從也，體支畢沅曰：今本作“皮”，譌。皆從引也。葉德炯曰：説文：“竦，敬也，從立從束。束，自申束也。”又：“從，相聽也，從二人。”公羊宣十二年傳“告從”，何休解詁：“從，服從。”均與此義相合。

28 視，是也，察其是非也。畢沅曰：一切經音義引作“言察其是非也”。今本脱“其”字。此條又重見言語篇，彼有“其”字，今據增。

29 聽，靜也，靜然後所聞審也。先謙曰：説文：“靜，審也。”楚詞招魂王注：“無聲曰靜。”

30 觀，翰也，望之延頸翰翰也。葉德炯曰：易賁：“白馬翰如。”釋文引黃注：“翰，馬舉頭高印也。”即此義也。

31 望，茫也，遠視茫茫也。葉德炯曰：説文：“望，出亡在外，望其還也，从亡，朢省聲。"又孟子公孫丑："茫茫然歸。"注："茫茫，罷倦之貌。"

32　跪，危也，兩膝隱地，體危阢也。畢沅曰：古人危坐乃跪也，故管寧坐榻，當膝處皆穿。阢，今本作"倪"，據一切經音義引改。

33　跽，忌也，見所敬忌，不敢自安也。葉德炯曰：說文："跽，長跪也，从足，忌聲。"故跽作忌訓。又史記范雎蔡澤傳："秦王屏左右，宮中虛無人，秦王跽而請。"

34　拜，於丈夫爲跌，跌然詘折下就地也；畢沅曰：說文手部云："捧，首至手也。"重文作"拜"，佀"揚雄說：拜从兩手下"。於婦人爲扶，自抽扶而上下也。畢沅曰：禮記少儀云："婦人吉事雖有君賜，肅拜，爲尸坐則不手拜，肅拜。"鄭注云："肅拜，拜低頭也；手拜，手至地也，婦人以肅拜爲正。"案肅拜者，頫首正立，斂兩裦於胸前，而低印之，故曰"抽扶而上下"。抽扶，胡本作"曲扶"。御覽引作"相扶"，皆不從。先謙曰：吳校"扶"作"拔"。

35　攀，畢沅曰：古作𢪷。翻也，連翻上及之言也。畢沅曰：今本脫"之"字，據一切經音義引增。先謙曰："連翻上及"謂攀援也。

36　掣，畢沅曰字俗，本應作"瘛"，下同。葉德炯曰：說文本作"瘛"，云："引縱曰瘛，从手，瘛省。"引縱即使之順已也。制也，制頓之使順已也。先謙曰：掣，引也；頓，亦引也。續史記滑稽傳："當道掣頓人車馬。"鹽鐵論散不足篇："吏捕索掣頓，不以道理。"掣頓，即制頓也。成國依聲立訓，故必釋掣爲制以明之。

37　牽，弦也，使絃急也。王啟原曰：弦，當爲"趚"。說文：“趑，急走也，从走，弦聲。”

38 引，演也，使演廣也。畢沅曰：使，今本作“徒”，譌。以上下文例之，是“使”字。葉德炯曰：文選 西京賦 注引蒼頡篇云：“演，引也。”與此轉注。詩 楚茨 毛 傳：“引，長也。”説文：“演，長流也。”二字古訓一義。

39 捄，畢沅曰：本字應作匊。局也，使相局近也。畢沅曰：毛詩 椒聊 傳云：“兩手曰匊。”然則使相局近，謂使兩手相局近，以承受物也。

40 撮，捽也，撃捽取之也。畢沅曰：撃，今本譌作“暫”，據一切經音義引改。先謙曰：説文：“撮，兩指撮也。”漢書 律厤志 注引應劭云：“三指撮之也。”一切經音義引字林云：“撮，手小取也。”漢書 貢禹傳 顏注：“捽，拔取也。”

41 擄，叉也，畢沅曰：擄，今本譌从木。説文：“挹，挹也，从手，且聲，讀若樐棃之樐。”然則此當作“挹”。五指俱往叉取也。畢沅曰：今本脱“叉取”二字，據一切經音義引增。

42 捉，促也，使相促及也。蘇興曰：説文：“捉，搤也。”捉、促字通。莊子 庚桑楚 釋文：“捉，崔本作促。”是其證。

43 執，攝也，使畏攝己也。葉德炯曰：説文：“執，捕罪人也。”按罪人畏法，故攝己也。

44 拈，黏也，兩指翕之，黏著不放也。葉德炯曰：説文：“拈，揶也。”“黏，相箸也。”二字均从占得聲。釋詁：“翕，合也。”一切經音義十四引蒼頡篇：“黏，亦云合也。”故拈、黏、翕三字音義均得相成。

45 扶，鐵也，其處皮熏黑，色如鐵也。畢沅曰：説文：“扶，笞擊也。”此當指所笞擊之處。孫詒讓曰：熏，吳校作“薰”。案熏黑無義，“熏”當爲“爨”。墨子 兼愛篇：“朝有爨黑之色。”

黧字亦見玉篇。後釋長幼云："八十曰耋,耋,鐵也,皮膚變黑,色如鐵也。"

46 蹋,榻也,榻著地也。畢沅曰:説文無榻字,唯遝音義與蹋相近,或當作"遝"字。

47 批,畢沅曰:字俗,當作"捭"。説文:"捭,兩手擊也。"正與下義合。裨也,兩相裨助,共擊之也。先謙曰:相,吳校作"指",據下云"四指廣博",作"指"是①。

48 搏,博也,四指廣博,亦以擊之也。畢沅曰:以,今本誤作"似",一切經音義引作"以",無"亦"字。案:上文有"擊之"語,此"亦"字當仍之。

49 挾,夾也,在傍也。先謙曰:吳校下句作"夾在旁也"。吳語韋注:"在腋曰挾。"

50 捧,逢也,兩手相逢以執之也。葉德炯曰:穆天子傳:"捧饋而哭。"郭注:"捧,兩手持也。"説文無"捧"字,正當作"奉"。廾部:"奉,承也,從手從廾,丰聲。""承"下云:"奉也,受也。從手從卩從廾。"兩相互訓,而皆從廾;廾,兩手相共也。

51 懷,回也,本有去意,回來就己也。先謙曰:方言:"來,自關而東,周鄭之郊,齊魯之間,或曰懷。"説文:"回,轉也。"成國借回聲定懷義,故云"本有去意"。亦言歸也,來歸己也。王先慎曰:詩南山鼓鐘、匪風傳:"懷,歸也。"

52 抱,畢沅曰:本當作"裦"。保也,相親保也。葉德炯曰:方言:"北燕朝鮮洌水之間,謂伏鷄曰抱。"説文:"保,養也,從人,從采省。采,古文孚。"而"孚"下云:"卵孚也,從爪從子,一曰信也。采,古文孚。"是保、孚古同作采。抱,古訓爲伏鷄。

① 釋名疏證補坿有補充。見本書 345 頁。

保,古字爲孚卵,義本相近,故成國取以爲訓。説文"抱"本作
"裒",云"裒也",别是一義。

53 戴,載也,載之於頭也。畢沅曰:此與前又互相訓。

54 提,地也,臂垂所持近地也。葉德炯曰:説文:"祇,地
祇,提出萬物者也。"此提字最初之義。手部:"提,挈也。"

55 挈,結也;結,束也,束持之也。葉德炯曰:説文:
"挈,縣持也。""縣,繫也。""結,締也。"義本一貫。先謙曰:吴
校删"束也"二字。

56 持,跱也,跱之於手中也。畢沅曰:説文"跱"從止不
從足。玉篇有"跱"字,引爾雅曰:"室中謂之跱。跱,止也。"案
持之手中,亦止義也。今爾雅"跱"作"時"。

57 操,鈔也,手出其下之言也。葉德炯曰:説文:"鈔,又
取也,從金,少聲。"此本字也,俗借用抄。一切經音義二引服虔
通俗文"遮取謂之抄掠"是也。又取、遮取皆從後襲取之詞,手
出其下,正鈔之本義。

58 攬,斂也,斂置手中也。葉德炯曰:攬,正本作"擥"。
説文:"擥,撮持也。"漢書變作"擥"。陳湯傳:"擥城郭之兵。"
王莽傳:"故務自擥衆事。"皆謂總持一切也。此云斂置手中,即
其義。

59 擁,翁也,翁撫之也。王啟原曰:漢鐃歌"擁離",宋
書樂志作"翁離",其辭"擁離趾中"則仍作"擁離"。郭茂倩樂
府集引古今樂録云:"擁離亦曰翁離。"蓋擁、翁義通也。翁擁之
翁,義當如蓊。玉篇:"蓊,木茂也。"木茂則蔽護。漢書司馬相
如傳:"觀衆樹之蓊薆兮,覽竹林之榛榛。"集解師古曰:"蓊薆,
蔭蔽貌。"是翁撫之猶云擁護之。若云如翁之撫,恐不其然。先
謙曰:史記夏侯嬰傳集解引蘇林云:"南陽謂抱小兒曰雍樹。"

雍、擁字同，正翁撫之義。

60　撫，敷也，敷手以拍之也。畢沅曰：郭璞注爾雅釋訓云："撫掩，猶撫拍。"

61　拍，搏也，以手搏其上也。畢沅曰：今本脱"以"字，據一切經音義引增。

62　摩娑，猶末殺也，手上下之言也。畢沅曰：周禮司尊彝："鬱齊獻酌。"鄭注引郊特牲曰："汁獻涗於醆酒。獻讀爲摩莎之莎。煮鬱和秬鬯，以醆酒摩莎，泲之，出其香汁。"摩娑即摩莎也。漢書谷永傳："末殺災異。"葉德炯曰：集韻引字林作"抹摋"，云"滅也"。蘇輿曰：方言："摩，滅也。"莊子徐無鬼釋文引王注云①："摩，消滅也。"末殺亦有滅義。凡物以手摩之，則消滅。故摩娑、末殺互相取訓，此以雙字釋雙字者。先謙曰：今人讀末殺爲平聲，乃摩撫之意。其音即爲摩娑，知聲義通轉也。

63　蹙，畢沅曰：字俗，古通用戚。遒也，遒迫之也。畢沅曰：戚，子六反，又千六反。周禮考工記云："不微至，無以爲戚速也。"鄭注："齊人有名疾爲戚者。春秋傳曰：'蓋以操之爲已戚矣。'"是其證也。操之已戚，猶迫之義也。諸本"遒"皆作"遵"，字之誤也。戚與遵音誼皆遠。蘇輿曰：説文："遒，迫也。"或作遒②。楚辭招魂："遒相迫些。"本書釋天："秋，緧也，緧迫萬物。"緧、遒並通。廣雅："蹙遒，迫急也。"又云："蹙遒，迫也。"與此義同。釋訓："速速蹙蹙，惟述鞠也。"郭璞音義："述，迫也。"述、遒同聲。

64　踐，殘也，使殘壞也。畢沅曰：尚書敘云："成王東伐

_____

① 無，莊子作"无"。

② 或作遒，説文作"遒，遒或从酋"。

淮夷,遂踐奄。"史記 周本紀:"東伐淮夷,殘奄。"是則踐有殘
誼矣。

65 踖,藉也,以足藉也。葉德炯曰:説文:"踖,長脛行
也,从足,昔聲。一曰跞踖。"此云"足藉"即一曰之義。先謙曰:
吳校"足藉"下有"之"字。

66 履,以足履之,因以名之也。葉德炯曰:履本訓爲屨,
此則引申爲踐履字。詩生民:"履帝武敏歆。"傳:"履,踐也。"禮
文王世子"行不能正履"注:"履,蹈地也。"皆从引申之義。

67 蹈,道也,以足踐之,如道路也。畢沅曰:一切經音
義引無"路"字。案"如道路者",如之言往也。

68 跐,弭也,足踐之,使弭服也。畢沅曰:説文無"跐"
字,玉篇有之,祖解、子爾二切,云"蹋也"。

69 躡,攝也,登其上使攝服也。畢沅曰:攝,本或作
"懾",今從施本、胡本。

70 匍匐,小兒時也。畢沅曰:生民詩云:"誕實匍匐。"謂
后稷幼小時也。匍,猶捕也,藉索可執取之言也。畢沅曰:
小兒初學步時,恐其蹎跋,必以帶圍繞其胸腋,而結於背後,乃曳
之以行,故曰"藉索可執取"。説文:"匍,裹也,手裹行也。"匐,
伏也,伏地行也。畢沅曰:説文:"匐,伏墜也。"[1]人雖長大,
及其求事盡力之勤,猶亦稱之。詩曰"凡民有喪,匍匐救
之"是也。畢沅曰:詩邶風谷風文也。鄭箋:"匍匐,言盡力也,
凡於民有凶禍之事,鄰里尚盡力往救之。"

71 偃蹇。偃,偃息而卧不執事也。畢沅曰:北山詩
云:"或息偃在牀。"蹇,跛蹇也。畢沅曰:説文:"跛,行不正

---

[1] "匍、匐"二字的釋義是采用了小徐本,大徐本無兩"裹"字。

也。""蹇，跛也。"先謙曰：吳校删"也"字。**病不能作事，今託病似此也。**畢沅曰：衆本皆作"偃，蹇也"，其下"蹇，跛蹇也"又别爲條。今案自上"匍匐"以迄下"貸貣"，皆總目二字於上，下乃析其字，而分釋之。今本"偃蹇也"之"也"，乃"偃"字之誤。又末句"今託病似此"下，衆本有"而不宜執事役"六字，義贅詞複，今皆據一切經音義引改删。先謙曰：郭璞客傲："莊周偃蹇於漆園。"即偃卧不事事之意。後漢蔡邕傳："董卓聞邕名，辟之，稱疾不就，卓怒曰：'我力能族人。'蔡邕遂偃蹇者不旋踵矣。"此偃蹇正謂其託病也。左哀六年傳杜注："偃蹇，驕傲。"又引申之義。

72 望羊。畢沅曰：本皆作"望佯"，非也。史記孔子世家云："眼如望羊。"與下云"舉頭高，似若望之"之誼合，據改。**羊，陽也。**畢沅曰：古羊、陽字通。**言陽氣在上，舉頭高，似若望之然也。**蘇輿曰：洪範五行傳鄭注："羊畜之遠視者屬視。"故望遠取義於羊。家語辨樂篇注："望羊，遠視也。"莊子秋水篇："望洋向若。"釋文作"盳洋"，引司馬、崔云："盳洋，猶望羊，仰視貌。"論衡骨相篇："武王望陽。"言望視太陽也。望陽即望羊，與此義合。

73 沐秃。畢沅曰：本有"也"字，誤衍。**沐者髮下垂，**畢沅曰：説文"沐，濯髮也"。**秃者無髮，**畢沅曰：與説文同。**皆無上貌之稱也。**先謙曰：本書釋疾病："秃，無髮沐秃也。"據此，沐、秃二字雖可分疏，在漢時俗諺仍總言秃耳。顔氏家訓云："或問：俗名傀儡子爲郭秃，有故實乎？答曰：風俗通云：諸郭皆諱秃。當是前代有病秃者，滑稽戲調，故後人爲其象。"先謙案，今傀儡皆無髮，然則郭秃即沐秃，沐、郭音轉字變耳。

74 卦賣。卦，挂也，自挂於市而自賣邊，畢沅曰：段疑是之字。先謙曰：易乾卦疏引易緯云："卦者，挂也。言懸挂物象以示於人，故謂之挂。"繫辭："再扐而後掛。"釋文："掛，京本作卦。"特牲饋食禮注："古文挂作卦。"是卦、挂字義並通。故卦可訓挂。卦、賣又疊韻字。自可無慙色，言此似之也。先謙曰：自可，自許可也。

75 倚筵。倚，伎也；筵，作清筵也，言人多技巧，尚輕細如筵也。畢沅曰：清，讀絜清之清，才性反。去其粗留其精曰作清。孫詒讓曰：作清筵者，清謂清酒也。（釋飲食云："酒言蒼梧。"）説文："筵箄，竹器也。"急就篇顔注："筵，所以籭去粗取細者也。"蓋筵亦可以用漉濁酒之糟，取其清。毛詩小雅伐木傳："以筐曰釃，以藪曰湑。"筵即筐之屬。畢注失其義。吳校删"作清"二字，尤繆。

76 寠數，猶局縮。皆小意也。畢沅曰：漢書東方朔傳："著樹爲寄生，盆下爲寠數。"又楊惲傳云："鼠不容穴，衘寠數。"先謙曰：寠，吳校作"窶"。

77 齧掣。掣，卷掣也；齧，噬齧也，語説卷掣，與人相持齧也。成蓉鏡曰：淮南原道："短袂攘卷。"攘卷猶卷掣也。先謙曰：吳校作"與人相持如噬齧也"。

78 岻摘，猶譎摘也，先謙曰：吳校"猶譎摘也"作"言詗摘"。如醫別人岻，知疾之意，畢沅曰：別字本作兆，分異也，兵列反，今通作別。見事者之稱也。王啟原曰：方言："讁，過也，南楚以南，凡相非議人謂之讁，或謂之岻，岻又慧也。"即此。以二義併一，猶釋飲食之"黏敊"連文，此本書通例。

79 貸駯。先謙曰：貸俗音轉作獃，字書不載。廣雅釋詁："駯，癡也。"貸者，言以物貸予。葉德炯曰：大戴禮記："千乘以物投長曰貸。"駯者，言必棄之，不復得也，先謙曰：吳校無

“言”字。**不相量事者之稱也。**葉德炯曰：一切經音義六引蒼
頡篇：“騃，不曉事之稱也。”**此皆見於形貌者也。**畢沅曰：言
“此皆”者，皆“匍匐”以下諸條總結之也。

80　**臥，化也，**畢沅曰：變化字當作化，今多與教化字通用。
精氣變化，畢沅曰：御覽引作“其精神變化”。**不與覺時同也。**
畢沅曰：覺，古孝反。

81　**寐，謐也，靜謐無聲也。**王啟原曰：說文：“謐，靜語
也。一曰無聲也。”

82　**寢，權假臥之名也。寢，侵也，侵損事功也。**葉德
炯曰：說文：“寢，臥也。”此統訓寢字。文選高唐賦注引論語“宰
予晝寢”鄭注云：“寢，臥息也。”與此權假之義合。下文“朽木
糞牆”正戒其侵損事功也。

83　**眠，**畢沅曰：俗字也。說文：“瞑，翕目也。”與睡連文，當
從之。蘇輿曰：御覽人事三十四引正作“瞑”。**泯也，無知泯
泯也。**畢沅曰：泯，亦說文新附字，若上作瞑，下俱作冥，爲允
愜矣。

84　**覺，告也。**先謙曰：說文：“覺，寤也。”此臥覺本義，引
申之，爲凡有發悟之稱。孟子“使先覺覺後覺”是也。臥覺之
後，昭然明悟，與告語使覺者同意，故訓覺爲告，亦取疊韻字。

85　**寤，忤也，**畢沅曰：忤，俗字，當作啎。**能與物相接忤
也。**畢沅曰：說文無“忤”字。詩東門之池云：“可與晤歌。”毛
傳：“晤，遇也。”則晤之義爲接晤。又邶風柏舟云“寤辟有摽”，
說文引作“晤辟有摽”。則寤、晤義同，故當定作晤。王啟原曰：
經傳言夢寤必言驚。春秋隱元年傳：“莊公寤生，驚姜氏。”逸周
書：“寤儆。王曰：今朕寤，有商驚予。又太姒夢見商之庭產棘，
寤驚，以告文王。”見朱右曾逸周書校釋。又史記：“王召左史戎

夫曰:今夕朕寤遂事,其驚予。"凡此皆與物接忤者。

86 欠,欽也;畢沅曰:今本"欽"上加山,乃俗書之無誼理者。説文"欽,欠皃",故云"欠,欽也"。開張其口,屑欽欽然也。畢沅曰:今本"口"下衍"聲"字,"欽欽"下無"然"字,據御覽引增删。先謙曰:吳校作"開張其口作聲,欽欽然也"。廣雅釋訓:"欽欽,聲也。"

87 嚏,疐也,聲作疐而出也。畢沅曰:今本"疐"皆作"疌",俗譌字也。毛詩 終風云:"願言則疐。"陸氏 釋文乃云:"疌,本又作啑,本又作疐。"據此,則知疐一誤而爲疌,再誤而爲啑;今本作疌者,又因啑而譌也。説文:"嚏,从口,疐聲。"鄭君箋詩云:"疐,讀爲不敢嚏欬之嚏。"然則此當云"嚏,疐也"。説文 叀部云:"疐,礙不行也。"氣欲出而有礙,則歆涌而出有聲,故曰聲作疐而出也。

88 笑,鈔也,頰皮上鈔者也。畢沅曰:笑當作关,本是艸,从艸,夭聲,借爲歊瘶相关之关。作艸書者,凡艸頭輒作兩點一畫,而夭文又或書似大字。以兩點一畫加大字上,遂成关字。顏師古注漢書 薛宣傳,以关爲古笑字。據師古注,則可知关字从艸不从竹矣。徐鉉案:"孫愐 唐韻引説文从竹从夭,云'喜也'。"[1]遂於竹部增一"笑"字。又案五經文字从竹下犬,今俗間皆依徐作笑字矣。蘇輿曰:此鈔字非本義,蓋取斂撮之意,本書釋首飾云:"綃,鈔也,鈔髮使上從也。齊人謂之㡿,言斂髮使上從也。"是鈔斂義同,人笑則頰皮斂撮,故云。今俗猶呼物相斂著者爲鈔。

---

[1] 説文 大徐本:"臣鉉等案:孫愐 唐韻引説文云:'喜也。'从竹从夭。"

釋長幼第十

1 人始生曰嬰兒，胸前曰嬰，抱之嬰前，畢沅曰：抱，褱字之俗。先謙曰：嬰無胸前義，此借嬰爲膺。説文：“膺，胸也。”詩采芑傳：“鉤膺，樊纓也。”禮内則：“衿嬰綦屨。”釋文：“嬰，又作纓。”是嬰、纓、膺三字義訓相通，故嬰可借爲膺。乳養之也。畢沅曰：一切經音義引作“投之胸前，以乳養之，故曰嬰兒”。皮錫瑞曰：侯鯖録引釋名云：“人始生曰嬰兒，胸前曰嬰，抱之嬰前而乳養之，故曰嬰兒。”葉德炯曰：禮記雜記鄭注：“嬰兒，嬰猶鷖彌也。”鷖彌即嬰兒之轉聲。或曰嫛婗。嫛，是也，言是人也。婗，其嗁聲也，故因以名之也。先謙曰：説文“嫛”下云“婗也，從女，殹聲”。“婗”下云“嫛婗也，從女，兒聲”。嫛婗總謂小兒耳。廣雅釋親：“婗，子也。”亦作繄倪。孟子梁惠王下：“反其旄倪。”注：“倪，弱小繄倪者也。”詩雝雝箋：“繄，猶是也。”此借嬰爲繄。荀子富國篇“呢嘔之”，楊注：“呢嘔，嬰兒語聲也。”此又借婗爲呢也。

2 男，任也，典任事也。畢沅曰：白虎通嫁娶篇云：“男者，任也，任功業也。”説文：“男，丈夫也，從田、力，言男用力於田也。”用力於田，典任事之義也。皮錫瑞曰：案尚書“二百里男邦”，史記作“任國”。白虎通書“侯甸男衛”爲“侯甸任衛”。男、任字通。

3 女，如也，婦人外成，如人也。畢沅曰：説文女部：“如，從隨也。”故三從之義，少如父教，嫁如夫命，老如子言。畢沅曰：白虎通嫁娶篇云：“女者，如也，從如人也，在家從父母，既嫁從夫，夫殁從子。”傳曰：“婦人有三從之義也。”青、徐州曰娪。娪，忤也，始生時，人意不喜，忤忤然也。畢沅曰：姁、忤皆俗譌字。説文：“午，啎也。”“啎，屰也。”當據以改正。王啟原曰：魏志 崔季珪傳：“諺言，生女耳。”耳非善辭，當是生時其父母告人之辭中含有不喜之意。故孟德云：“耳非善辭，以其時不以生女爲喜，所謂忤忤然也。”孫詒讓曰：姁，疑與管子海王、國蓄兩篇“吾子”吾字同。尹知章注：“吾子，謂小男小女也。”蓋吾子本爲小男小女之通稱，後世語變，遂專以稱小女，猶孺子爲小兒之通稱，秦 漢古書亦或以專稱女子也。漢青、徐於周爲齊地，故與管子書合。畢欲改爲啎，失之。先謙曰：吳校“州”作“人”。

4 兒始能行曰孺子。畢沅曰：今本脱“子”字，據御覽引增。哀六年左傳云：“女忘君之爲孺子牛，而折其齒乎？”孺，濡也，言濡弱也。蘇輿曰：二句御覽人事二十五引作“孺，弱也”。先謙曰：凡从需之字，多有弱義，孺弱、儒弱、懦弱、濡弱皆是。濡則未有不弱者。禮儒行疏亦云：“儒者，濡也。”

5 七年曰悼。悼，逃也，知有廉恥，隱逃其情也；亦言是時而死，可傷悼也。畢沅曰：後説非是。禮記 曲禮 鄭注：“悼，憐愛也。”

6 毀齒曰齔。齔，洗也，毀洗故齒，畢沅曰：洗，當爲“洒”，今本皆作“洗”，蓋西、先同音，故輒以洗爲洒。更生新也。畢沅曰：説文：“齔，毀齒也，男八月生齒，八歲而齔；女七月生齒，七歲而齔。从齒，七聲。”[1]

7 長，畢沅曰：丁丈反，三字舊音。萇也，言體萇也。畢沅曰：詩“長楚”亦作“萇楚”，可通用。

8 幼，少也，畢沅曰：説文：“幼，少也，从幺从力。”言生曰

---

[1] 大徐本作“从匕”，小徐本作“七聲”。段注説文改爲從“匕”。

少也。<u>畢沅</u>曰:曲禮曰:"人生十年曰幼。"

9 **十五曰童**,<u>畢沅</u>曰:說文 人部云:"僮,未冠也。"辛部云:"男有辠曰奴,奴曰童。"此文皆當作僮,然二字世俗亂之已久。<u>禮記</u> 內則曰:"成童舞象。"<u>鄭</u> 注云:"成童十五以上。"**故禮有陽童**,<u>畢沅</u>曰:禮記 雜記上曰:"有父母之喪,尚功衰,而附兄弟之殤,則練冠,附於殤,稱'陽童某甫',不名神也。"<u>鄭</u> 注:"此兄弟之殤,謂大功親以下之殤也。斬衰、齊衰之喪練,皆受以大功之衰,此之謂功衰。以是時而祔大功親以下之殤,不易服。陽童謂庶殤也,宗子則曰陰童。童,未成人之稱也。"**牛羊之無角者曰童**,<u>畢沅</u>曰:易曰:"童牛之牿。"詩云:"俾出童羖。"<u>毛</u> 傳:"羖,羊不童也。"<u>鄭</u> 箋:"使出無角之羖羊,脅以無然之物。"是羊無角者曰童也。**山無草木亦曰童**,<u>畢沅</u>曰:今本無"亦"字,據御覽引增。<u>鄭</u>注周禮 司書云:"山林川澤童枯,則不稅。"**言未巾冠似之也**,<u>畢沅</u>曰:未,御覽引作"無"。**女子之未笄者亦稱之也。**<u>畢沅</u>曰:鄭語:"府之童妾,未既齓而遭之,及笄而孕。"是女子未笄亦稱童也。禮記 喪服小記:"男子冠而婦人笄。"故女子之未笄者與男子未冠者同稱。

10 **二十曰弱,言柔弱也。**<u>畢沅</u>曰:曲禮:"二十曰弱冠。"一切經音義引亦有"冠"字,下云:"言雖成人而冠體尚弱也。"今案下文但"曰壯、曰強、曰艾",不連餘文,又"言丁壯也、言堅強也",與此文句正相似,故不從彼所引改。

11 **三十曰壯**,<u>畢沅</u>曰:曲禮亦云然。**言丁壯也。**

12 **四十曰強**,<u>畢沅</u>曰:曲禮亦云然。**言堅強也。**

13 **五十曰艾。艾,乂也;乂,治也,治事能斷割芟刈,無所疑也。**<u>畢沅</u>曰:今本止云"艾,治也",無"乂也乂"三字,據一切經音義引增。案說文:"辥,治也。""乂,芟也。"重文作

“刈”，云：“乂或从刀。”則訓治訓乂故是兩字，今經典多不作嬖，而艾與刈又通用。月令“毋艾藍”，呂紀作“刈藍”。孟子“自怨自艾”，艾訓治。而周頌“奄觀銍艾”，與刈同。此乂刈之刈，疑亦本是艾字。曲禮：“五十曰艾，服官政，服官政則治事矣。”

14 六十曰耆。耆，指也，不從力役，指事使人也。畢沅曰：一切經音義引作“耆，指也，謂指事使人，不自執役也”。曲禮：“六十曰耆，指使。”鄭注：“指事使人也。”

15 七十曰耄，頭髮白耄耄然也。畢沅曰：曲禮：“七十曰老。”而傳八十、九十曰耄，今云七十曰耄者，蓋耄者髮白兒，人生七十尟有不白髮者，故七十、八十、九十可通稱耄也。蘇輿曰：御覽人事二十四引無“白”字。

16 八十曰耋。畢沅曰：説文：“年八十曰耋，从老省，至聲。”今本皆不省。耋，鐵也，皮膚變黑，色如鐵也。王先慎曰：釋親孫炎注：“耋，老人面如鐵也。”

17 九十曰鮐背，背有鮐文也。畢沅曰：詩行葦云：“黃耇台背。”鄭箋：“台之言鮐也，大老則背有鮐文。”説文：“鮐，海魚也。”或曰黃耇，鬢髮變黃也。畢沅曰：詩南山有臺云：“瑕不黃耇。”毛傳：“黃，黃髮也。”吳翊寅曰：吳本“鬢”上有“黃”字。案此分釋“黃耇”二字，與“耇垢也”同例，當補。耇，垢也，皮色驪顇，恒如有垢者也。蘇輿曰：御覽人事二十四引無“者”字。或曰胡耇，咽皮如雞胡也。畢沅曰：左僖廿二年傳：“雖及胡耇，獲則取之。”葉德炯曰：周書謚法解：“彌年壽考曰胡。胡，大也。”此胡耇二字所本。成國此訓及舍人爾雅注“赤黑如狗”之説，皆近穿鑿。蘇輿曰：御覽人事二十四引無“咽”字。或曰凍梨，畢沅曰：鄭注儀禮士冠記云：“耇，凍梨也。”説文：“耇，老人面凍梨若垢。”皮有班點，畢沅曰：點，今本誤作"黑",據御覽引改。案此所謂耆也。説文："耆,老人面如點也。"先謙曰:吳校"班"作"斑"。**如凍梨色也。或曰齯齒,**畢沅曰:今本"齒"亦誤作"齯",據藝文類聚、御覽引改。蘇輿曰:御覽 人事二十四引"齯"作"兒"。**大齒落盡,更生細者,如小兒齒也。**畢沅曰:詩 閟宮云:"黃髮兒齒。"説文:"齯,老人兒齒也。"釋詁:"黃髮、齯齒、鮐背、耇老,壽也。"舍人曰:"黃髮,老人髮白復黃也。"郭璞曰:"齯齒,齒墮更生細者。"舍人曰:"鮐背,老人氣衰,皮膚消瘠,背若鮐魚。耇,覯也,血氣精華覯竭。言色赤黑如狗矣。"孫炎曰:"耇,面如凍梨,色如浮垢,老人壽徵。"蘇輿曰:御覽 人事二十四引"細者"作"細齒"。**或曰眉壽。**畢沅曰:今本無此句,據藝文類聚引補。案既有此文,下必更有申説眉壽之名誼云云,惜引者不具引,今不可得聞矣。姑爲證明之。詩 南山有臺云:"遐不眉壽。"毛 傳:"眉壽,秀眉也。"鄭箋閟宮詩云:"秀眉亦壽徵。"

18 **百年曰期頤。頤,養也,老昏不復知服味善惡,孝子期於盡養道而已也。**畢沅曰:御覽引無"而已"二字。曲禮:"百年曰期頤。"鄭注:"期,猶要也;頤,養也,不知衣服食味,孝子要盡養道而已。"周易 序卦:"頤者,養也。"

19 **老,朽也。**葉德炯曰:蔡邕 獨斷云:"老,謂久也,舊也,壽也。"續漢 禮儀志 注引應劭 漢官儀云:"老者,久也,舊也。"二説並同。按凡物之久舊者,皆易朽毀,故老亦訓朽也。

20 **老而不死曰仙。仙,遷也,遷入山也,故其制字人傍作山也。**畢沅曰:仚,説文"人在山上兒",本不同僊。"僊,長生僊去也,从人,䙴聲。"此當云"老而不死曰僊;僊,䙴也;䙴,升高也,僊能超升也"。

釋親屬第十一

1 親，襯也，言相隱襯也。蘇輿曰：襯，疑當作“儭”。釋親釋文引說文云：“親，至也。”蒼頡篇云：“親，愛也，近也。”一切經音義四：“儭，且吝反，又義覣反。”①“儭，至也，近也，又作窺。”說文：“窺，至也，從宀，親聲。”是儭與親聲義並近。隱，痛也，相隱儭猶言相痛愛。白虎通九族篇云：“一家有吉，百家聚之，合而爲親。”生相親愛，死相哀痛，即此隱儭之義。襯、儭形近易譌。廣雅釋詁：“儭，仞也。”影宋本作“儭”，各本皆作“襯”，其誤正與此同。

2 屬，續也，恩相連續也。王先慎曰：說文：“屬，連也。”淮南說林訓：“親莫親於骨肉。節族之屬連也。”

3 父，甫也，始生己也。畢沅曰：甫有始誼。葉德炯曰：父古與甫通。詩“亶父”王充論衡初禀引作“亶甫”。先謙曰：吳校“始”上有“甫始也”三字，是。

4 母，冒也，含生己也。葉德炯曰：御覽引易說卦傳陸績注：“母，取含養也。”即此義。又說文：“母，牧也，從女，象裹子形。一曰象乳子也。”按廣韻引蒼頡篇云：“母，其中有兩點，象人乳形。”此許君所本。然則母之取義含生，乃故訓相傳如此也。先謙曰：吳校“含”上有“冒含也”三字，此以意增之，但冒無含義，無此三字，上下文又不貫，俟考。

5 祖，柞也。畢沅曰：柞，俗字，當作胙。柞，物先也。畢沅曰：御覽引無“物”字。先謙曰：柞、胙同字，畢說是也，祖、胙一聲之轉，故釋祖爲胙。說文：“胙，祭福肉也。”祭餘之物，人方

---

① 義，“又”之譌。玄應一切經音義卷四“儭身”條作“又又覣反”。

食之,故胙爲物之先,猶祖爲人之先。又謂之王父。畢沅曰:爾雅:"父之考爲王父。"王,暀也,家中所歸暀也。畢沅曰:歸暀,止當作往,又有作洭字者,見漢書揚雄傳,皆後來所增。葉德炯曰:説文:"王,天下所歸往也。"則此"暀"字當是"往"字。畢説是也。王母亦如之。畢沅曰:爾雅:"父之妣爲王母。"

6 曾祖,從下推上,祖位轉增益也。畢沅曰:爾雅:"王父之考爲曾祖王父。"説文:"曾,益也。"

7 高祖。高,皋也,最在上,皋韜諸下也。畢沅曰:爾雅:"曾祖王父之考,爲高祖王父。"葉德炯曰:禮明堂位:"天子皋門。"注:"皋之爲言高也。"與此轉注。先謙曰:皋韜猶皋牢也。荀子王霸篇:"睪牢天下而制之。"睪與皋同。後漢馬融傳:"皋牢陵山。"皋牢、皋韜並雙聲疊韻字,皆覆冒意也。皋又與纍通,纍韜亦覆冒意。二字見毛詩彤弓傳,士喪禮、大司徒鄭注。

8 兄,荒也;荒,大也。畢沅曰:荒,大。釋詁文。故青、徐人謂兄爲荒也。王啟原曰:楚辭:"怳忽兮遠望。"祭義:"以其慌惚,以與神明交。"均彷忽之異文,一從兄,一從荒,以兄亦荒也。漢書司馬相如傳:"西望崑崙之軋沕荒忽兮。"後漢書下邳惠王傳:"衍病荒忽。"則慌直可爲荒。詩鶉奔以"兄"協"姜、彊",是讀如荒。葉德炯曰:古兄音近況,詩:"倉兄填兮。"可證。兄、荒於西域字母皆屬曉紐,青、徐人以跗口開脣推氣言之,如風讀放之例。

9 弟,弟也,相次弟而生也。畢沅曰:生,今本譌作"上",據御覽引改。説文:"弟,韋束之次弟也。"然則本誼爲次弟,假借以爲兄弟,取次弟之誼,以爲後生者之稱,故云"弟,弟也,相次弟而生也"。是則兄弟次弟非有異字,乃俗書次弟之弟,輒加竹於上,以別於兄弟字,謬甚矣。

10 子,孳也,相生蕃孳也。<u>王先慎</u>曰:<u>白虎通</u>:"子者,孳也,孳孳無已也。"

11 孫,遜也,遜遁在後生也。<u>畢沅</u>曰:"生"字疑衍。<u>爾雅</u>:"子之子爲孫。"<u>郭</u>注:"孫,猶後也。"<u>王啟原</u>曰:説文:"遜,遁也。"詩<u>狼跋</u>:"公孫碩膚。"箋:"孫之言遜遁也。"<u>後漢楊倫傳</u>:"遜遁不行。"遜遁猶逡巡也。

12 曾孫,義如曾祖也。<u>畢沅</u>曰:"義如曾孫",言亦取曾益之意。<u>爾雅</u>:"孫之子爲曾孫。"

13 玄孫。玄,縣也,上縣於高祖,最在下也。<u>畢沅</u>曰:<u>爾雅</u>:"曾孫之子爲玄孫。"

14 玄孫之子曰來孫。<u>畢沅</u>曰:<u>爾雅</u>亦云。此在無服之外,其意疏遠,呼之乃來也。

15 來孫之子曰昆孫。<u>畢沅</u>曰:<u>爾雅</u>亦云。昆,貫也,恩情轉遠,以禮貫連之耳。

16 昆孫之子曰仍孫。<u>畢沅</u>曰:<u>爾雅</u>亦云。以禮仍有之耳,恩意實遠也。

17 仍孫之子曰雲孫。<u>畢沅</u>曰:<u>爾雅</u>亦云。言去己遠,如浮雲也,皆爲早娶晚死壽考者言也。

18 父之兄曰世父,言爲嫡統繼世也。<u>畢沅</u>曰:<u>爾雅</u>:"父之晜弟,先生爲世父,後生爲叔父。"又曰伯父。伯,把也,把持家政也。<u>王啟原</u>曰:按王霸之霸,先秦書多作伯,公羊"分陝之伯",即霸也。茲言"伯,把也",則亦讀如霸。尚書中候有霸免篇,詩甫田序正義引其篇鄭注:"霸,猶把也,把天子之事也。"

19 父之弟曰仲父。仲,中也,位在中也。<u>王先慎</u>曰:説文:"仲,中也,从人从中,中亦聲。"韓詩:"仲氏任只。"注:"仲,中也,言位在中也。"

20 仲父之弟曰叔父。叔,少也。王先慎曰:白虎通:
"叔者,少也。"儀禮覲禮:"同姓小邦則曰叔父,其異姓小邦則曰
叔舅。"叔古有少小義。

21 叔父之弟畢沅曰:今本脱"父"字,據御覽引增。曰季
父。畢沅曰:史記項羽本紀:"其季父項梁。"季,癸也,甲乙之
次,癸最在下,季亦然也。畢沅曰:周家積叔,故文王十子,伯
邑考已下皆稱叔,唯聃季稱季,以處末也。

22 父之世叔父母曰從祖祖父母,畢沅曰:舊脱一"祖"
字,若從祖父母,則父之從父罷弟與其妻於己爲父母行也。爾
雅:"父之世父叔父爲從祖祖父,父之世母叔母爲從祖祖母。"
今依此補之。言從己親祖別而下也,亦言隨從己祖以爲
名也。

23 父之姊妹曰姑。畢沅曰:爾雅亦云。姑,故也,言於
己爲久故之人也。王啟原曰:爾雅孫炎注:"姑之言古,尊老
之名也。"不訓爲故。然姑從古聲,古有故義。詩:"古訓是式。"
即故訓也。又有久義,詩"古公亶父"傳:"古,久也。"戴侗引
唐本説文:"故,從久,古聲。"故成國訓姑爲故,且申言"久故之
人"。又淮南子時則:"律中姑洗。"訓云:"姑,故也;洗,新也。"
則姑原有故訓,非成國剙説。

24 姊,積也,猶日始出,積時多而明也。王啟原曰:漢
書地理志:"南郡有秭歸縣。"水經注江水篇引盛宏之荆州記言:
"屈原歸姊來省而名。"是姊、秭通。廣雅:"秭,積也。"姊歸可爲
秭歸,則姊義亦得云積。

25 妹,昧也,畢沅曰:莊子釋文引作"末也"。猶日始入,
歷時少,尚昧也。畢沅曰:案日出日入二義殊不允帖,又甚舛
鑿。王啟原曰:按易"豐其沬"釋文鄭作"昧,微昧之光也"。書

酒誥："明大命于妹邦。"鄭本作沬,與詩 "沫邦" 合,王弼 易略例
"明微故見昧",釋文本作妹,又作沫,是妹、昧、沫三字通用。昧
有昧爽昧旦之義,所謂 "歷時少" 也。莊子釋文引 "末" 作 "末",
與白虎通合,恐非成國原文。先謙曰:吳校 "始入" 作 "始出",詳
語意作 "出" 是。

26 姑謂兄弟之女爲姪。姪,迭也,共行事夫,更迭
進御也。畢沅曰:爾雅:"女子謂晜弟之子爲姪。"儀禮 喪服 傳:
"謂吾姑者,吾謂之姪。"皆兼男女言之。左傳十五年傳:"姪其
從姑。"則應在子圍,竟專言男矣。此所言唯指娣姪之從嫁者,
亦當有不從事一夫者,何可鑿定?此誼亦未爲允矣。

27 夫之父曰舅。畢沅曰:爾雅:"婦稱夫之父曰舅。"舅,
久也,久老稱也。畢沅曰:御覽引作 "舅,言久也,久老之稱
也"。王啟原曰:白虎通 親屬云:"舅者,舊也。"爾雅 孫 注亦云:
"舅之言舊,尊長之辭。"舊有久義。小爾雅云:"舊,久也。"詩
"告爾舊止" 箋:"舊,久也。"論語 "久要不忘平生之言",孔 注:
"久要,舊約也。"又久與舊通。書 無逸:"舊勞於外。"史記 魯周
公世家舊作久。久、舊音近。班、孫言舊,成國言久,一也。

28 夫之母曰姑,畢沅曰:爾雅稱夫之母曰姑。亦言故
也。畢沅曰:亦者,亦前文 "父之姊妹曰姑" 也。蘇輿曰:"亦"
上當有 "姑" 字。御覽 宗親七引作 "姑,言故也"。御覽脫 "亦"
字,此脫 "姑" 字耳。

29 母之兄弟曰舅,亦如之也。畢沅曰:亦如夫之父曰舅
之義。爾雅曰:"母之晜弟爲舅,母之從父晜弟爲從舅。"孫叔然
注云:"舅之言舊,尊長之稱。"

30 妻之父曰外舅,母曰外姑,畢沅曰:爾雅亦云。言
妻從外來,謂至己家爲歸。畢沅曰:歸,本皆作 "婦",茲從

段玉裁改。故反以此義稱之，先謙曰：吳校無"義"字。夫妻匹敵之義也。畢沅曰：説文："妻，婦與己齊者也。"① 故曰匹敵之義。

31 妻之䣧弟曰外甥，畢沅曰：爾雅："妻之䣧弟爲甥。"其姊妹女也，來歸己內爲妻，故其男爲外姓之甥。畢沅曰：外姓，今本作"外甥"，譌。若上作"外甥"，則下"之甥"二字當衍。甥者，生也，先謙曰：吳校無"者"字。他姓子本生於外，不得如其女來在己內也。

32 姊妹之子曰出，畢沅曰：爾雅："男子謂姊妹之子爲出。"左氏 成十三年傳："康公我之自出。"公羊 定八年傳云："臨南者，陽虎之出也。"出嫁於異姓而生之也。畢沅曰：司儀注："異姓昏姻也。"

33 出之子曰離孫，畢沅曰：爾雅謂出之子爲離孫。言遠離己也。

34 姪之子曰歸孫，畢沅曰：爾雅謂姪之子爲歸孫。婦人謂嫁曰歸，畢沅曰：語本公羊傳。姪子列，故其所生爲孫也。畢沅曰：喪服 傳曰："婦人雖在外，必有歸宗。"故謂姪之子爲歸孫也。

35 妻之姊妹曰姨。畢沅曰：今本"姨"誤作"娣"，據下條"母之姊妹曰姨亦如之"則此當爲"姨"可知矣。爾雅："妻之姊妹同出爲姨。"詩 碩人："邢侯之姨。"姨，弟也，言與己妻相長弟也。畢沅曰：案當云："姨，夷也，言與己妻等夷也。"王啟原曰：姨、弟音近，此亦以音成義，畢說非也。易："明夷夷於左股。"釋文："夷，子夏本作睇，又作眱。"又渙"匪夷所思"。釋文："荀

---

① 説文小徐本作"己"，大徐本作"夫"。

本作弟。”釋草：“薾似稗，布地生，穢草。”① 釋文：“薾本作薆。”據
此，孟子“不如薆稗”，薆正字，薾或字也。 又廣雅：“鯑，鮎也。”
集韻云：“鮇、鯑、鯤同。”說文：“俤，古文雉，从弟。”故春秋感精
符云：“雉之爲言弟也。”春秋傳：“五雉爲五工正。”疏引服虔云：
“雉，夷也。”凡从夷从弟之字無不相通者，唯涕、洟二字，自目曰
涕，自鼻曰洟，異義。而史記宋微子世家曰：“涕曰霧。”② 集解：徐
廣曰：“一曰洟，曰被。”索隱曰：“徐廣所見本，義通而字變。”此
皆夷、弟相通之證。姨弟猶姨夷也，不煩改字。葉德炯曰：說文：
“妻之女弟，同出爲姨。”呂覽長攻：“吾妻之姨也。”高注：“妻之
女弟爲姨。”此姨弟義訓之古者，畢說不可據。

　　36 母之姊妹曰姨，亦如之。畢沅曰：亦如之者，亦言與
己母相長弟也。蘇輿曰：據此，則呼母黨爲姨，自漢已然，蓋子效
父言，古無是稱也，故成國別之云“禮謂之從母”。今俗呼爲姨
母。禮謂之從母，畢沅曰：爾雅：“母之姊妹爲從母。”爲娣而
來則從母列也，故雖不來，猶以此名之也。畢沅曰：喪服小
功章云：“從母，丈夫婦人報此，不爲娣而來。”亦名從母也。

　　37 姊妹互相謂夫曰私，畢沅曰：爾雅：“女子謂姊妹之夫
爲私。”詩碩人：“譚公維私。”言於其夫兄弟之中，此人與己
姊妹有恩私也。

　　38 舅謂姊妹之子曰甥，畢沅曰：爾雅：“謂我舅者，吾謂之
甥也。”吳翊寅曰：吳校刪“舅”字，合上爲一條。案上稱姊妹之
子曰出。則此甥係對從母而言，即今所謂姨甥也。“舅”字衍，與

① 王啟原所引爾雅釋草非正文。釋草：“薾，芺。”郭璞注：“薾似稗，布地
　生，穢草。”
② 史記宋微子世家原作“曰涕，曰霧”。此處引文不確。

出義複，非是。甥，亦生也，出配他男而生，故其制字男傍作生也。王啟原曰：因甥亦生，故漢魏或謂甥爲外生。吳志陸遜傳："遜外生顧譚、顧承、姚信並以親附太子，枉見流徙。"御覽引諸葛亮誡外生。

39 妾謂夫之嫡妻曰女君，畢沅曰：喪服齊衰期不杖章云"妾爲女君"，鄭注："女君，君適妻也。"夫爲男君，畢沅曰：喪服斬衰三年章云"妾爲君"，鄭注："妾謂夫爲君者，不得體之，加尊之也，雖士亦然。"故名其妻曰女君也。

40 嫂，叟也；叟，老者稱也。畢沅曰：鄭注喪服傳云："嫂者，尊嚴之稱。嫂猶叟也，叟，老人稱也。"葉德炯曰：史記魏世家集解引劉熙注："叟，長老之稱。"義與此同。按説文："叟，老也。"此成國所本。蘇輿曰：御覽宗親七引作"嫂，叟也，老稱也"。先謙曰：吳校"老"上無"叟"字。叟，縮也，人及物老，皆縮小於舊也。蘇輿曰：本書釋疾病："瞍，縮壞也。"叟、瞍同聲字，故並訓縮。叟縮聲之轉。

41 叔，少也，幼者稱也。畢沅曰：爾雅："夫之弟爲叔。"叔，亦俶也。先謙曰：吳校作"亦言俶也"。見嫂，俶然卻退也。蘇輿曰：俶與踧同，俶然猶云踧然。一切經音義十三引字林："踧踖，不進也。"不進即卻退之義。嫂叔別嫌，故見而卻退。葉德炯曰：禮曲禮"嫂叔不通問"，注："通問，謂相稱謝也。"此云見嫂卻退，蓋本禮意。

42 夫之兄曰公。吳翊寅曰：吳校"公"上有"兄"字，案依爾雅當有"兄"字，各本誤脱。公，君也。君，尊稱也。先謙曰：釋詁："公，君也。"聘禮鄭注："今文公爲君。"是公、君字亦通。説文："君，尊也。"施之於家，遂有嚴君、男君、女君之稱，皆奉爲宗主之義。俗間曰兄章。章，灼也，章灼敬奉之也。

先謙曰：上文"青、徐人謂兄爲荒"。荒、章疊韻。呂覽 勿躬篇
"名號已章矣"，高 注："章，明也。"廣雅 釋訓："灼灼，明也。"據
爾雅 郭 注，以俗呼兄鍾爲兄伀之轉。顏師古又以呼鍾爲章之轉
（見下），實則兄伀、章鍾皆雙聲遞變，成國緣文定訓耳。又曰兄
伀。畢沅曰：今本"伀"作"忪"，據一切經音義引改正。爾雅：
"夫之兄爲兄公。"郭 注云："今俗呼兄鍾，語之轉，伀與鍾同音。"
又"伀"本一作"妐"，下同。皮錫瑞曰：廣韻三鍾①："妐，夫之兄
也。職容切。"禮 昏義"和於室人"注："謂女妐、女叔諸婦也。"
正義："女妐，謂壻之姊也。"是夫之姊曰女妐，當從女夫之兄，不
當從女，此作伀，是。廣韻非也。言是己所敬忌，畢沅曰：今
本脫"言"字"忌"字，據一切經音義引增。見之怔忪，畢沅曰：
今本作"怔忡"，據一切經音義引改。案方言作"怔忪"，云"遑
遽也"。蘇輿曰：怔忪與征伀同。廣雅 釋詁："征伀，懼也。"王褒
四子講德論："百姓征伀，無所措其手足。"潛夫論："乃復怔忪如
前。"並取惶懼之義。廣雅 釋訓又云："屏營，征伀也。"漢書 王
莽傳"人民正營"，顏 注："正營，惶恐不安之意也。"正營即怔忪
語之轉。此云見之怔忪，言見兄伀則心爲惶恐起，自肅齊，故上
云"是己所敬忌"。以兄伀字例之，此宜一律作征伀。自肅齊
也。俗或謂舅曰章，又曰伀，畢沅曰：一切經音義引作"俗謂
舅章爲伀"。先謙曰：漢書 廣川王去傳"背尊章、嫖以忽"，顏 注：
"尊章，猶言舅姑也。"今關中俗婦呼舅姑爲鍾。鍾者，章聲之轉
也。據此則呼舅者並以之呼姑，視漢俗又微變矣。亦如之也。
畢沅曰：亦如兄章兄伀，取章灼伀遽之意。

　　43 少婦謂長婦曰姒，言其先來，己所當法似也。畢

---

① 鍾，當作"鍾"。

沇曰：爾雅："娣婦謂長婦爲姒婦。"

44 長婦謂少婦曰娣。娣，弟也，己後來也。畢沇曰：
爾雅："長婦謂穉婦爲娣婦。"喪服 小功章："娣姒婦報。傳曰：娣
姒婦者，弟長也。"鄭 注：娣姒婦者，兄弟之妻相名也。先謙曰：
此主長婦謂之者，言己後來也。疑本作"後己來"也，文誤倒耳。
或曰先後，以來先後弟之也。畢沇曰：史記 封禪書："見神於
先後宛若。"孟康注漢書 郊祀志云："兄弟妻相謂先後。"王啟原
曰："弟之也"吕本作"言之也"。先謙曰：弟之謂次弟之也。吕
本非。

45 青、徐人謂長婦曰稙長。禾苗先生者曰稙，取名
於此也。畢沇曰：閟宮詩云："稙穉菽麥。"毛 傳："先種曰稙，後
種曰穉。"長婦曰稙長，故少婦稱穉婦，皆取於此。先謙曰：吳校
"稙"下無"長"字，是。此衍。荆、豫人謂長婦曰孰。孰，祝
也。先謙曰：本書釋言語："祝，屬也。"祝、孰屬皆同聲字，故取
以轉訓。祝，始也。王先慎曰：鄭語"祝融"，韋 注："祝，始也。"

46 兩壻相謂曰亞，畢沇曰：爾雅亦云然。節南山詩云：
"瑣瑣姻亞。"毛 傳亦云："兩壻相謂曰亞。"言一人取姊，畢沇
曰：詩 正義引"言"下有"每"字。一人取妹，相亞次也。又
並來至女氏門，畢沇曰：詩 正義引無"至"字、"門"字。姊夫
在前，畢沇曰：詩 正義引句上有"則"字。妹夫在後，亦相亞
也。畢沇曰：今本作"亦相亞，而相倚共成其禮也"。案文義贅
甚，似後人所羼入，據詩 正義引無此七字，從之。成蓉鏡曰：漢書
霍光傳："延見姊夫昌邑關内侯。"吳志 吕蒙傳："依姊夫鄧當。"
蜀志 來敏傳："敏隨姊夫奔荆州。"漢書 王子侯表："陸侯 延壽坐
女妹夫亡命，笞二百，首匿罪免。"謝承 後漢書："胡母班，王匡之
妹夫。"吳志 孫奐傳："皆壹之妹夫也。"兩漢、三國通用此稱，故

釋名亦云爾。又曰友壻,言相親友也。王先慎曰:漢書嚴助傳:"家貧,爲友壻所苦。"此成國所本。

47 婦之父曰婚,畢沅曰:當云婦之父曰婚;婚,昏也。爾雅:"婦之父爲婚。"説文:"婚,婦家也。"言壻親迎用昏,畢沅曰:儀禮士昏禮記親迎詞曰:"吾子命某以兹初昏,使某將請承命。"鄭目録云:"日入三商爲昏。"又恒以昏夜成禮也。畢沅曰:藝文類聚引作"婚,昏時成禮也"。案白虎通云:"昏時行禮,故謂之婚也。"先謙曰:吴校"又"作"女"。

48 壻之父曰姻。畢沅曰:爾雅亦云。姻,因也,女往因媒也。畢沅曰:藝文類聚引作"姻,因也,女因媒也"。案説文:"姻,壻家也,女之所因故曰姻。"白虎通云:"婦人因夫而成,故曰姻。"

49 天子之妃曰后。后,後也,言在後,不敢以副言也。畢沅曰:禮記曲禮:"天子之妃曰后。"鄭注云:"后之言後也。"

50 諸侯之妃曰夫人。夫,扶也,扶助其君也。畢沅曰:曲禮:"諸侯曰夫人。"鄭注:"夫之言扶。"卿之妃曰内子。畢沅曰:魯語云:"卿之内子爲大帶。"子,女子也,在閨門之内治家也。

51 大夫之妃曰命婦。畢沅曰:魯語云:"命婦成祭服。"婦,服也,服家事也。王啟原曰:白虎通嫁娶云:"婦者,服也,服於家事,事人者也。"説文:"婦,服也,从女,持帚灑埽也。"夫受命於朝,妻受命於家也。畢沅曰:鄭仲師注内宰云:"外命婦卿大夫之妻,王命其夫,后命其婦。"喪服傳曰:"夫尊於朝,妻貴於室矣。"

52 士庶人曰妻。畢沅曰:曲禮:"士曰婦人,庶人曰妻。"

鄭注："婦之言服。妻之言齊。"是則士庶人之匹耦名稱不同，今云士庶人曰妻者，蓋士與庶人之爲尊卑也。微庶人有事，通用士禮，則其妃耦不妨同稱。魯語："列士之妻。"是士之妃亦曰妻也。**妻，齊也，夫賤不足以尊稱，故齊等言也。**蘇輿曰：白虎通："妻者，齊也，與夫齊禮也。"廣雅："妻，齊也。"

53 **天子妾有嬪。**畢沅曰：天官有九嬪。嬪，賓也，諸妾之中見賓敬也。蘇輿曰：周禮太宰鄭注："嬪，故書作賓。"嬪、賓字同。嬪爲婦官，次於三夫人後，故云於"諸妾之中見賓敬"。

54 **妾，接也，以賤見接幸也。**畢沅曰：一切經音義引曰："孼，卑賤，婢妾媚以色事人得幸者也。"蘇輿曰：禮內則："娉則爲妻，奔則爲妾。"鄭注："妾之言接也，聞彼有禮，走而往焉，以得接見於君子也。"

55 **姪娣曰媵。**畢沅曰：公羊莊十九年傳："媵者何？諸侯娶一國，則二國往媵之，以姪娣從。"**媵，承也，承事嫡也。**畢沅曰：今本脫"承也"二字，據一切經音義引增。先謙曰：說文無"媵"字，經文或借"騰"爲之，然此字當有，疑說文脫也。媵從朕聲，故與承音近。

56 **妃，**畢沅曰：配同。**耦也，一人獨處，一人往輩耦之也。**葉德炯曰：詩桑柔箋："其鹿相輩耦行。"是輩古有妃義，相輩，猶言相配也。

57 **匹，辟也，往相辟耦也。**蘇輿曰：白虎通爵篇云："庶人稱匹夫者，匹，偶也，與其妻爲偶，陰陽相成之義也。一夫一婦成一室，明人君者不可使男女有過失時，無匹偶也。"耦、偶同，辟耦猶上云輩耦。廣雅釋詁："匹，輩也。"先謙曰：莊子庚桑楚篇："形之與形亦辟矣。"釋文引崔注："辟，相著也。"與此辟義近，今則但知匹耦，無言辟耦者矣。

58 耦,遇也,二人相對遇也。葉德烱曰:偶、遇古字本
通。史記 佞倖傳 集解引徐廣曰:"遇,一作偶。"是也。華嚴經音
義上引國語 賈逵 注云:"偶,對也。"漢書 高帝紀 集注引應劭曰:
"耦,對也。"偶、耦字通。

59 嫡,敵也,與匹相敵也。畢沅曰:匹,謂夫也。詩 鄘風
柏舟:"實維我儀""實維我特"。毛傳皆訓爲"匹",是也。

60 庶,摭也,拾摭之也,謂拾摭微陋待遇之也。先謙
曰:説文:"庶,屋下眾也。""摭,拾也。"即拓之或體。方言:"摭,
取也。"庶妾取之甚易,故以摭釋之。

61 無妻曰鰥。畢沅曰:孟子:"老而無妻曰鰥。"鰥,昆
也。先謙曰:説文:"昆,同也。從日從比。"又:"晜,周人謂兄曰
晜,從弟從眔。"鰥亦"從魚,眔聲",故取從眔聲同之字爲訓。此
"昆"字當作"晜"。昆,明也;先謙曰:本書釋親屬同。王制:"昆
蟲未蟄。"注亦云:"昆,明也。"愁悒不寐,畢沅曰:王制 正義引
作"愁悒不能寐"。目恒鰥鰥然也。先謙曰:吳校"然"下補
"明"字,是。故其字從魚,魚目恒不閉者也。畢沅曰:一切
經音義引作"言鰥人愁悒不寐,目常鰥鰥然"。如魚目不閉,故字
從魚也。

62 無夫曰寡。畢沅曰:王制:"老而無夫者謂之寡。"寡,
踝也,踝踝單獨之言也。畢沅曰:説文:"踝,足踝也。"與單獨
無涉。王制 正義引作倮,誼似近之,但説文無倮字,不便遽易。
踝踝,王制 正義引作"倮然"。

63 無父曰孤。畢沅曰:王制:"少而無父者謂之孤。"孤,
顧也,顧望無所瞻見也。王啟原曰:孤,從子,瓜聲。續漢書
五行志:"瓜者,外延離本根而實。"孤從瓜,義應取此。虞翻注
易"睽孤"亦云:"孤,顧也。"

64 老而無子曰獨。畢沅曰：王制：“老而無子者謂之獨。”獨，隻獨也，言無所依也。畢沅曰：王制 正義引作“獨，鹿也；鹿鹿，言無所依也”。

釋名疏證補　卷第四

王先謙譔集

釋言語第十二

1 道，導也，所以通導萬物也。葉德炯曰：淮南繆稱訓："道者，物之所導也。"①

2 德，得也，得事宜也。畢沅曰：德，説文作"悳"，云："外得於人，内得於己也，从直从心。"然則今通作德，别也。王啟原曰：禮樂記："德者，得也。"賈子新書道術："施行得理謂之德。"

3 文者，畢沅曰：當云：文，彣也。會集衆采以成錦繡，會集衆字以成詞誼，畢沅曰：誼本皆作義，乃威義字也。説文："義，己之威義也，从我从羊。"鄭注周禮肆師云："故書儀爲義。"鄭司農云："義讀爲儀。"古者書儀但爲義，今時所謂義爲誼，然則此當作誼。如文繡然也。

4 武，舞也，征伐動行如物鼓舞也。故樂記曰："發揚蹈厲太公之志也。"畢沅曰：樂記鄭注："發揚蹈厲，所以象威武時也。"

5 仁，忍也，好生惡殺，畢沅曰：説文引商書"無有作政"。然則此"好"當作"政"。俗通用好字，無别矣。善含忍也。畢

---

① 釋名疏證補坿有補充。見本書 346 頁。

卷第四·釋言語第十二 119

沉曰:廣韻引作"善惡含忍也",一切經音義引作"善惡含忍之也",御覽引曰:"仁,忍也,性惡殺,好善,含忍之也。"

6 誼,畢沅曰:本皆作"義",辯説見上。**宜也,裁制事物,使合宜也。**畢沅曰:説文:"誼,人所宜也,从言宜,宜亦聲。"案春秋繁露仁義法篇曰:"春秋之所治,人與我也,所以治人與我者,仁與義也,以仁安人,以義正我,故仁之爲言人也,義之爲言我也,言名以别矣。"據董子所言,義从我,我亦聲。漢人説字亦有異同,義字不必定非,但此訓宜,自與説文合,漢書凡義字多作誼,故今定作誼。

7 禮,**體也,得事體也。**畢沅曰:廣韻引作"得其事體也",御覽引作"言得事之體也"。又禮記禮器曰:"禮也者,猶體也。"體不備,君子謂之不成人,設之不當,猶不備也,得事體,乃所謂當,乃所謂備也。

8 智,畢沅曰:説文㣥从白亏知,今省作智。**知也,無所不知也。**

9 信,**申也,言以相申束,使不相違也。**畢沅曰:御覽引無"言以"二字。皮錫瑞曰:儀禮士相見禮注:"古文伸作信。"穀梁范甯解云:"信申字,古今所共用。"

10 孝,**好也,愛好父母,**畢沅曰:説文:"㤅,从心,旡聲。"俗皆作愛,别。如所説好也。畢沅曰:爾雅:"善父母爲孝。"孝經説曰:孝,畜也,**畜養也。**畢沅曰:禮記祭統曰:"孝者,畜也,順於道不逆於倫,是之謂畜。"此所引孝經説,蓋孝經緯援神契之文,曰:"庶人孝曰畜。"畜者,含畜爲義,庶人含情受樸,躬耕力作,以畜其德,則其親獲安,故曰畜也。

11 慈,**字也。字,愛物也。**王先慎曰:説文:"慈,愛也。""字,乳也,愛也。"徐鍇云:左傳:"大不字小。"字,愛也。

12 友,有也,相保有也。王先慎曰:荀子 大略篇:“友者,
所以相有也。”楊注:“友與有同義。”白虎通 三綱六紀篇:“友
者,有也。”左傳“季友”,鹽鐵論 殊路篇引作“季有”,論語 學而、
顏淵 釋文並云:“有本作友。”二字義同,故通用。公羊 定四年
傳:“朋友相衛。”相衛即相保也。

13 恭,拱也,自拱持也,亦言供給事人也。畢沅曰:御
覽引作“亦言供給事人,恭,警也”①。案説文:“龔,給也。”後人皆
作供,不作龔,或以龔代恭字用。

14 悌,弟也。畢沅曰:説文無“悌”字,古通用弟,古孝經
有弟字,見汗簡。

15 敬,警也,恒自肅警也。王先慎曰:毛詩 大雅“既敬
既戒”,鄭注周禮 夏官 序用韓詩作“既儆既戒”(儆即警字,見一
切經音義)。雞鳴 序:“夙夜警戒。”釋文:“警本作敬。”是敬、警
二字古通用。常武 箋云:“敬之言警也。”説文:“敬,肅也。”

16 慢,漫也,畢沅曰:説文無“漫”字,當借用“曼”。漫
漫,心無所限忌也。蘇輿曰:詩 蕩 傳:“滔,漫也。”釋文本又
作慢。慢、漫同。漫漫爲無涯際之皃(見文選 甘泉賦 注)。故云
“心無所限忌”。

17 通,洞也,無所不貫洞也。葉德炯曰:淮南 原道訓:
“與天地鴻洞。”高注:“洞,通也。”王充 論衡 超奇:“上通下達,
故曰洞歷。”

18 達,徹也。葉德炯曰:説文:“通,達也。”漢書 高帝紀:
“通侯諸將。”注引應劭云:“通亦徹也。”此因達有通訓,故又以
徹訓達。

---

① 御覽人事部引作“恭,供也,自持也,亦言供給人事”。

19 敏，閔也，進敘無否滯之言也，故汝、潁言敏如閔也。畢沅曰：如，本皆作“曰”，從段校本改。蘇輿曰：説文：“敏，疾也。”即無否滯之義。又禮 中庸 注云：“敏，勉也。”凡事勉則疾速無滯，義相成。書君奭 僞孔 傳：“閔，勉也。”是敏、閔同有勉意。閔又同亹，亹勉連文，亹亦勉也。進敘，當作“進取”。進取亦亹勉之意，取、敘形近而譌。先謙曰：吳校“敘”作“取”。

20 篤，畢沅曰：篤，古作竺。築也；築，堅實稱也。蘇輿曰：釋詁：“篤，厚也。”厚則堅實，義相成。説文：“築，擣也。”凡擣築務堅實，故云。

21 厚，畢沅曰：古作𠈉。後也，有終後也。先謙曰：俗薄則罔終。惟厚者能有終後也。故青、徐人言厚如後也。畢沅曰：如，本皆作“曰”，亦從段校本改。王啟原曰：禮記 檀弓有后木，注謂魯孝公子惠伯鞏之後。據世本，則惠伯名鞏字厚，左傳之厚成叔，其後也。禮記作后，左氏或又作郈字，皆假借字。經典多假后爲後，故厚、後音訓相通。

22 薄，迫也，單薄相偪迫也。畢沅曰：偪，从人，畐聲，俗書从辵，非。先謙曰：輕少之薄與偪近之薄本二義，此通爲一。

23 懿，優也，言奧優也。畢沅曰：胡本作“優奧”。蘇輿曰：小爾雅 廣詁：“懿，深也。”詩 七月 毛 傳：“懿筐，深筐也。”孔疏：“懿者，深邃之言。”此以奧優釋懿，蓋取深邃之義。本書釋天：“陰，蔭也，氣在内奧蔭也。”奧蔭即深邃之旨。説文：“優，彷彿也。”禮 祭義 釋文：“優，音愛，微見兒。”正義：“優，髣髴見也。”爾雅 釋言：“薆，隱也。”優、薆字同，並與深邃義合。

24 良，量也，葉德炯曰：海内北經：“大封國有文馬，名曰吉量。”注：“量一作良。”是良、量字通。量力而動，不敢越限也。先謙曰：賈子 道術篇：“安柔不苛謂之良。”與此義近。

25 言,宣也,宣彼此之意也。<u>先謙</u>曰:<u>大戴記 四代篇</u>:“發志爲言。”<u>説文</u>:“直言曰言,論難曰語。”宣達彼此之意,是直言也。

26 語,敘也,敘己所欲説也。<u>畢沅</u>曰:<u>藝文類聚</u>引同,<u>御覽</u>引作“敘己所説述也”。

27 説,述也,宣述人意也。<u>畢沅</u>曰:今本作“序述之也”,據<u>廣韻</u>、<u>御覽</u>引改。

28 序,抒也,抴抒其實也。<u>畢沅</u>曰:今本抒作杼,抴作拽,從<u>段</u>校本改。<u>蘇輿</u>曰:“序”與“敘”同,本書<u>釋典蓺</u>:“敘,抒也,抒洩其實,宣見之也。”抴抒猶抒洩。

29 抴,泄也,發泄出之也。<u>先謙</u>曰:此以世聲之字通訓。<u>荀子 非相篇</u>:“牽引則用抴。”<u>説文</u>:“抴,捈也。”“捈,卧引也。”“發泄出之”亦引而伸之之意,故抴、泄義可相通。<u>一切經音義</u>廿五引<u>廣雅</u>云:“泄,發也。”<u>文選 魏都賦</u>注:“泄,猶出也。”

30 發,撥也,撥使開也。<u>葉德炯</u>曰:<u>説文</u>“茇”下云:“春艸根枯,引之而發土爲撥。”此義所本。<u>禮 曲禮</u>:“衣毋撥。”<u>鄭</u>注:“發揚也。”與此轉注。又發、撥古字本通。<u>詩 長發</u>“玄王桓撥”,<u>釋文</u>引<u>韓詩</u>作“玄王桓發”。

31 撥,播也,播使移散也。<u>畢沅</u>曰:移,古作“迻”。<u>先謙</u>曰:<u>吳</u>校作“亦言播也,播使移散也”,合上爲一條。

32 導,陶也,陶演己意也。<u>蘇輿</u>曰:<u>史記 司馬相如傳 正義</u>:“導,導引也。”本書<u>釋姿容</u>:“引,演也。”下文演訓延,延亦引也。是導、演同義。<u>文選 七發</u>注引<u>韓詩章句</u>云:“陶,暢也。”暢與引義相屬,陶演己意,猶云暢引己意。

33 演,延也,言蔓延而廣也。<u>葉德炯</u>曰:<u>説文</u>:“演,長流也。”“延,長行也。”二字同一義訓。

34 頌,容也,畢沅曰:古容皃之容亦作頌。史記 樂書:"物之頌也。"漢書 儒林傳:"魯 徐生善爲頌。"又:"頌禮甚嚴。"後人乃以容盛之容爲儀容,不能變矣。敘説其成功之形容也。畢沅曰:詩敘曰:"頌者,美盛德之形容,以其成功告於神明者也。"

35 讚,畢沅曰:此説文所無。古者贊美之贊不从言。漢書紀傳之贊可證。諸本加言傍者,蓋讀字之誤。此實當作"讀",讀與録聲相近也。葉德炯曰:畢説非也。贊古音近醛,周禮酒正注"如今鄭白矣",釋文"鄭亦作醛",是也。録古音近角,禮記 喪大記注"緑當爲角,聲之誤也",是也。贊、録雙聲,故取以爲訓。録也,省録之也。

36 銘,畢沅曰:説文無"銘"字。鄭康成注儀禮 士喪禮曰:"今文銘爲名。"又注周禮 小祝云:"銘,今書或作名。"然則銘乃古文名也。名也,記名其功也。畢沅曰:周禮 司勳云:"凡有功者,銘書於王之大常。"禮記 祭統:"銘者,自名也。自名,以稱揚其先祖之美,而明著之後世者也。"葉德炯曰:此鐘鼎銘之"銘"。左 襄公十九年傳"作林鐘而銘魯功焉",是也。與典藝篇之"銘"別。

37 勒,刻也,刻識之也。葉德炯曰:禮月令:"物勒工名。"鄭注:"勒,刻也。"書序 疏引易通卦驗 鄭注:"刻,謂刻石而記識之也。"

38 紀,記也,記識之也。葉德炯曰:紀、記二字古通。廣雅 釋詁二均訓"識也"。此與後釋經典"記,紀也""紀,誌之也"爲轉注。

39 識,幟也,畢沅曰:幟乃説文新附字,非古也。詩 小雅云:"織文鳥章。"箋云:"織微織也。"然則古通用織,昌試反。有章幟可按視也。<u>蘇輿</u>曰：<u>史記</u> <u>高祖紀</u> <u>索隱</u>："幟或作識，或作志。"是識、幟字同。幟之本義爲旌旗之屬，軍事以旌旗爲幖識也（<u>史記</u> <u>索隱</u>又引字詁云："幟，幖也。"）。引申爲凡有幖記者之稱。

40　視，是也，察其是非也。<u>畢沅</u>曰：此重出，已見<u>釋姿容</u>。惟少一"其"字。<u>王先慎</u>曰：古視、示二字通用，此視蓋即示字。<u>説文</u>："示，天垂象，見吉凶，所以示人也。"吉凶既著，是非自明，則示有明察是非之義，與<u>釋姿容</u>"視，是也，察是非也"説同義别。後人示皆改視，並此作示之本字，亦誤改之。<u>畢</u>云重出，疑非。<u>先謙</u>曰："視，是也"吳校作"亦言是也"，合上爲一條。

41　是，嗜也，人嗜樂之也。<u>蘇輿</u>曰：<u>顔氏家訓</u> <u>音辭篇</u>："南人呼是爲舐。"此訓是爲嗜，音亦近舐。

42　非，排也，人所惡排去也。<u>葉德炯</u>曰：<u>説文</u>："非，違也。""排，擠也。"而<u>淮南</u> <u>脩務訓</u>："立是廢非。"注："非，惡也。"又："而非學者多。"注："非者，不善之詞。"均足與此相發明。

43　基，據也，在下，物所依據也。<u>葉德炯</u>曰：<u>詩</u> <u>南山有臺</u>傳："基，本也。"<u>説文</u>："基，牆始也。"本與牆均从下至上，故此云"物所依據"。

44　業，捷也，事捷乃有功業也。<u>蘇輿</u>曰：<u>論語</u>："敏則有功。"<u>何晏</u> <u>集解</u>引<u>孔氏</u>云："應事疾，則多成功。"與此義合。

45　事，偉也。偉，立也，凡所立之功也，故<u>青</u>、<u>徐</u>人言立曰偉也。<u>畢沅</u>曰：偉字本皆作"偉"，誤。<u>周禮</u> <u>天官</u> <u>太宰</u>："六曰事典，以富邦國，以任百官。"注："任，猶偉也。"<u>陸德明</u>云："偉，側吏反，猶立也。"疏云："東齊人物立地中爲偉。"案<u>史記</u> <u>張耳傳</u>："莫敢偉刃公之腹中。"<u>正義</u>云："東方人以物亩地中爲偉。"皆與此云"青、徐人言立"合，故定爲"偉"字。<u>王啟原</u>曰：

按禮記 仲尼燕居:"雖在畎畝之中,事之聖人已。"注:"事之,謂立置於位也。"郊特牲:"信事人也。"注:"事,猶立也。"此二事皆傳義,以事爲之。漢書 蒯通傳:"不敢事刃公之腹者。"注:"李奇曰:東方人以物臿地中爲事。"亦秖作事。後漢書 張衡傳 思玄賦:"丁厥子而事刃。"則作事。蓋事有數義,後人別制事字。皮錫瑞曰:考工記 輪人 鄭司農 注:"泰山、平原所樹立物曰菑,聲如戠。"管子 輕重篇:"春有以剚耕。"又:"事戟十萬。"是事、事、剚、菑聲近義同。管子 齊人,泰山、平原齊地,正與青、徐言合。

46 功,攻也,攻治之乃成也。 王啟原曰:周 齊侯鎛鐘銘:"肇敏於戎攻。"此義當爲功而作攻。秦 嶧山刻石:"功戰日作。"此義當爲攻而作功。功、攻二字通。

47 取,趣也。 蘇輿曰:莊子 齊物論:"趣舍不同。"釋文:"趣,本或作取。"趣、取字同。事之有可取者,人爭趣之,故訓取爲趣。趣與趨同。先謙曰:吳校云:"下脱'舍'一條。"

48 名,明也, 畢沅曰:莊子釋文引作"鳴也"。先謙曰:荀子 正名篇:"制名以指實,上以明貴賤,下以辨同異。"是名訓爲明之義也。作"鳴"亦通。繁露 深察名號篇:"鳴而命施謂之名,名之爲言鳴與命也。"據下文作"明"爲是。**名實使分明也。** 王啟原曰:呂本"名實"下有"事"字。

49 號,呼也, 葉德炯曰:越語 韋昭 注:"號,呼也。"以其善惡呼名之也。 葉德炯曰:白虎通 號篇:"號者,功之表也,所以表功明德,號令臣下者也。"

50 善,演也,演盡物理也。 先謙曰:善、演疊韻。左昭二年傳孔疏:"演謂爲其辭以演説之。"文選 西都賦 注引蒼頡篇:"演,引也。"其言引伸物理,莫不曲盡,斯爲善矣。

51 惡,抏也,抏困物也。 葉德炯曰:説文:"亞,醜也,象人局背之形。"與困扼義近，惡从亞得聲，故有此義也。

52 好，巧也，蘇輿曰：月令鄭注："淫巧，謂奢僞怪好也。"以怪好釋巧，與此轉注。如巧者之造物，無不皆善，人好之也。先謙曰：説文："巧，技也。"專主造物者言。

53 醜，臭也，如物臭穢也。畢沅曰：今本脱"物"字，據廣韻引增。穢當作薉，从艸，歲聲，俗作禾傍箸歲，非。

54 遲，穨也，不進之言也。先謙曰：説文："遲，徐行也。"易繫辭下傳虞注："穨，安也。"

55 疾，截也，有所越截也。葉德炯曰：説文："越，度也。""截，斷也。"此云"越截"，蓋疾行居人之先也。

56 緩，浣也，斷也，持之不急則動搖浣斷，自放縱也。孫詒讓曰：莊子天下篇云："椎拍輐斷，與物宛轉。"又云："而不免於魭斷。"郭注云："魭斷，無圭角也。"史記陸賈傳集解引孟康云："刓，刓斷，無復廉鍔也。"浣斷與輐斷、魭斷、刓斷並聲近字通。

57 急，及也，畢沅曰：公羊隱元年傳："及，猶汲汲也。"則及亦有急意。王啟原曰：説文："彶，急行也，从彳，及聲。"毛詩新臺序"公子伋"即春秋傳之"急子"。説文："急，从心，及聲。"是从及者多有急義，故急得爲及。操切之，使相逮及也。畢沅曰：初學記、御覽引"操切"上皆有"言"字。

58 巧，攷也，畢沅曰：攷，今通作"考"，假借字也。據義當爲"攷"。攷合異類，共成一體也。畢沅曰：異，漢魏叢書本作"意"，非。王啟原曰：巧、攷古通。書金縢："予仁若考。"史記魯周公世家"考"作"巧"，是其證。周禮冬官："述百工之事，謂之考工記。"亦取攷合衆類之義。

59 拙，屈也，使物否屈不爲用也。畢沅曰：屈，當作

"诎"。蘇輿曰:墨子 貴義篇:"不利於人謂之拙。"案物否屈不爲
用,即不利於人。

60 燥,焦也。畢沅曰:焦,本皆作"燋",俗。蘇輿曰:廣雅
釋詁:"燥,乾也。"乾亦焦也。春秋繁露 循天之道篇:"爲熱則焦
沙爛石。"亦燥爲焦之義。

61 溼,湆也。畢沅曰:説文云:"湆,溼也。"

62 彊,畺也。王先慎曰:彊,强之本字也。説文:"彊,弓
有力也。"强,彊之借字也。説文:"强,蚚也。"此爾雅 釋蟲所云
"强,醜螱"也。畺,説文:"界也,從田,三其界畫也。"此別一義,
而其字實相通用。説文:"强,籀文從蚰從彊。"左襄二十四年傳
"蓮啟彊",楚語又作"蓮啟疆"。詩"萬壽無疆",白石神君頌作
"萬壽無畺"。蓋古强弱字只用彊,疆界字則用畺。自隸俗行,而
彊畺之本字俱廢矣。先謙曰:吳校"畺"作"僵"。

63 弱,衄也,又言委也。畢沅曰:本多脱"又"字,今從
胡本。蘇輿曰:廣雅 釋言:"衄,縮也。"本書:"辱,衄也,言折衄
也。"折衄即縮衄,並與弱義合。説文:"委,隨也。"楚詞 哀時命:
"欲愁悴而委惰兮。"委隨、委惰並弱意。

64 能,該也,無物不兼該也。葉德炯曰:説文:"能,
熊屬,足似鹿,從肉,㠯聲。能獸堅中,故稱賢能;而彊壯,稱能
傑也。"按賢能能傑,故能兼該,此本義也。能古音同台,與該
疊韻。

65 否,鄙也,畢沅曰:尚書 堯典"否德忝帝位",史記作"鄙
德忝帝位"。論語"予所否者",論衡引作"予所鄙者"。然則否
與鄙音義同。鄙劣不能有所堪成也。

66 躁,燥也,物燥乃動而飛揚也。畢沅曰:一切經音
義再引,一引作"言物燥即動而飛揚也",一引作"如物燥則飛

揚也"。

67 靜,整也。王先慎曰:說文:"整從正,正亦聲。"故整有正義。禮月令注:"整,正列也。"莊子人間世:"正則靜。"史記老子列傳:"清靜自正。"故靜訓爲整。

68 逆,畢沅曰:說文:"逆,迎也,從辵,屰聲。""屰,不順也,從干下凵屰之也。"此當作"屰",而俗通作"逆"。遻也,遻不從其理,先謙曰:吳校作"言不從其理"。則生殿遻不順也。畢沅曰:三"遻"字亦別,當作"罬"。說文:"罬,從叩屰,屰亦聲。"然則罬有屰意,且得屰聲。史記趙良曰:"千人之諾諾,不如一士之諤諤。"謂逆耳之言也。亦當作"罬罬"。先謙曰:"殿遻"二字,又見本書釋姿容。釋宮室篇亦作"殿鄂"。鄂、遻字同。

69 順,循也,循其理也。畢沅曰:說文:"順,理也。"王啟原曰:說文:"循,行順也。"廣雅:"理,順也。"三文義同。皮錫瑞曰:儀禮大射儀:"順左右限。"注:"今文順爲循。"月令"順彼遠方",呂氏春秋"順"作"循"。

70 清,青也,葉德炯曰:清、青古通。白虎通八風:"清明者,青芒也。"呂覽"序意青芊",水經注六引作"清洴"。去濁遠穢,色如青也。葉德炯曰:說文:"澂水之皃。"按水澂則色青也。

71 濁,瀆也,汁滓演瀆也。畢沅曰:瀆亦黷字之別。王啟原曰:瀆即川瀆之瀆,海瀆俱以承流惡濁爲義。前云:"海,晦也,主承穢濁。"風俗通云:尚書大傳、禮三正記:"江、河、淮、濟爲四瀆。瀆者,通也,所以通中國垢濁,民陵居,殖五穀也。"白虎通云:"四瀆。瀆者,濁也,中國垢濁發源東注海,其功著大,故稱瀆也。"由此言之,溝瀆亦以納濁而名之,故濁轉訓瀆也。

72 貴，歸也，物所歸仰也，汝、潁言貴，聲如歸往之歸也。葉德炯曰：歸、貴古聲同。論語先進"詠而歸"鄭注本作"詠而饋"是也。以西域字母求之，貴、歸同出見字紐，見爲牙音之全清等。成國書在神珙以前，而汝、潁之聲豫合如此，則字母者乃中土之正聲也。

73 賤，踐也，卑下見踐履也。蘇輿曰：廣雅釋言："賤，卑也。"案人居卑下爲人指使，猶地居卑下爲人踐履，此以譬況成義者。

74 榮，猶煢也；煢煢，照明貌也。畢沅曰：一切經音義引作"榮猶煢煢然，照明之貌"。言其光潤者也，又引作"榮猶煢煢然，照明之貌也"。

75 辱，衄也，言折衄也。先謙曰：説文："衄，鼻出血也。"引伸爲凡挫傷之稱。文選吳都賦注："衄，折傷也。"奏彈曹景宗注："衄，折挫也。"辱人者，挫傷之，亦謂之折辱。史記項羽紀"輕折辱秦吏卒"是也。故辱言折衄矣。

76 禍，毀也，言毀滅也。先謙曰：禍之爲毀，其義自明，或以二字聲不近爲疑。案詩汝墳釋文："齊人謂火曰燬。"釋言孫炎注："方言有輕重，故謂火爲燬也。"案毀、燬聲同，火、禍聲同。火、燬、禍、毀齊人並以爲聲近字，故取以爲訓。成國用其鄉音也。

77 福，富也，畢沅曰：禮記郊特牲："富也者，福也。"其中多品如富者也。畢沅曰：禮記祭統："福者，備也。""多品"故云備也。皮錫瑞曰：説苑引河間獻王曰："五福以富爲首。"是。今文尚書作"九五福，一曰富也"。王引之説尚書"惟訖于富"當作"惟訖于福"，則富可假借爲福。

78 進，引也，引而前也。畢沅曰：前，漢魏叢書本作

“進”,非。先謙曰:詩常武箋:“進,前也。”説文:“丨,上下通也,引而上行讀若囟,引而下行讀若退。”徐鍇云:“中,從丨,引而上行,音進。”①案非特音同,義亦與此文相發。

79 退,墜也。畢沅曰:禮記檀弓:“退人若將隊諸淵。”隊本字,俗加土。

80 羸,累也,恒累于人也。畢沅曰:累,本作“纍”,从糸,畾聲,俗省畾爲田,失其聲矣。皮錫瑞曰:易大壯:“羸其角。”釋文鄭、虞作“纍”。古纍、羸通。禮玉藻:“喪容纍纍。”注:“羸憊貌也。”

81 健,建也,能有所建爲也。先謙曰:秦策韋昭注:“健者,強也。”廣雅釋詁:“建,立也。”立功、立事皆謂之立(見後漢周章傳注)。古人強而仕,謂年力有爲也。

82 哀,愛也,愛乃思念之也。皮錫瑞曰:吕氏春秋報更篇:“人主胡可以不務哀士。”高誘注:“哀,愛也。”詩序“哀窈窕”,哀字亦當訓愛。

83 樂,畢沅曰:勒各反。樂畢沅曰:五教反。下同。也,使人好樂之也。葉德炯曰:樂字古有二音:一讀如禮樂之樂,此正音也,引申之,則爲喜樂之樂;一讀如樂山樂水之樂,此變音也。凡音之轉變,皆以音之疾徐輕重爲之,後世四聲之法,蓋即昉此。詩溱洧“樂”與“謔、藥”均,揚之水“樂”與“襮、沃”均②,晨風“樂”與“櫟、駮”均,此讀如喜樂之樂也。關雎“鐘鼓樂之”與“左右芼之”均,南有嘉魚“嘉賓式燕以樂”與“烝然罩罩”均,韓奕“莫如韓樂”與“靡國不到”均,正月“樂”與“詔、炤、虣、虐”

---

① 説文繫傳徐鍇注:“屮中字從丨,音進。”
② 詩唐風揚之水實爲“樂”與“鑿、襮、沃”韻。

均①,抑抑威儀"樂"與"慘、薿、教、虐"均②,此讀如樂山樂水之樂也。此二字亦當析爲二音,證之於詩,知均書相承,樂一讀五教反者,皆本周秦均矣。

84 委,萎也,萎薐就之也。葉德炯曰:説文:"委,隨也。"周語四曰:"薐賓。"韋昭注:"薐,委薐,柔兒也。"淮南 天文訓:"音比薐賓。"高誘注:"薐賓,五月也,陰氣委薐,在下似人主。"委薐猶萎薐。

85 曲,局也,相近局也。王啟原曰:詩 正月:"不敢不局。"傳:"局,曲也。"方言五:"所以行基謂之局,或謂之曲。"詩 采綠:"予髮曲局。"曲局連文。義同。先謙曰:陶靖節詩:"隻雞招近局。"近局二字本此。案局即近也。文選 魏文帝 與吳質書:"塗路雖局,官守有限。"李注 爾雅曰"局,近"(蓋小爾雅文)。局訓近,曲亦訓近,故成國以局釋曲。靖節 遊斜川詩序云:"與二三鄰曲同遊斜川。"又詩云:"鄰曲時時來。"鄰曲若今言鄰近矣。

86 蹤,畢沅曰:足傍箸從,亦俗字。説文:"樅,車迹也。"當作"樅"。從也,人形從之也。蘇輿曰:詩 羔羊傳:"委蛇,行可從跡也。"釋文:"從,字又作蹤。"漢書 張湯傳:"上問變事從跡安起。"顏注:"從讀曰蹤。"是蹤、從字同。人行形隨,則有蹤可見。公羊隱八年傳何注:"從,隨行也。"

87 跡,積也,積累而前也。畢沅曰:説文無"跡"字,當

---

① 詩 小雅 正月實爲"樂"與"沼、炤、慘、虐"韻。此處"詔"爲"沼"之譌,"慘"一般以爲不入韻。
② 抑抑威儀,當作抑。"慘"唐 開元 五經文字作"懆",見吳棫 韻補卷四 嘯韻"慘"字注。詩 大雅 抑实爲"樂"與"昭、懆、薿、教、虐、耄"韻。

作"迹"。蘇輿曰：説文："迹，步處也。从辵，亦聲，或从足責。"字作蹟。積，説文："聚也，从禾，責聲。"是蹟、積並从責得聲。荀子勸學篇："故不積蹞步，無以至千里。"即此積累而前之意。

88 扶，傅也，傅近之也。蘇輿曰：傅與附同。漢書天文志注引晉灼云："扶，附也。"方言："扶，護也。"下云："將，救護之也。"亦從扶聲近之字取義。

89 將，畢沅曰：案説文牂訓扶，此當作"牂"，俗通作"將"。救護之也。蘇輿曰：詩 樛木："福履將之。"鄭箋："將，猶扶助也。"廣雅 釋言："將，扶也。"荀子 成相篇："吏請將之。"楊注："將，持也。"扶助、扶持並與救護義近。但以本書例之，"將"下疑有奪文。

90 縛，薄也，使相薄著也。畢沅曰：著，當作"箸"。蘇輿曰：説文："縛，束也，从糸，尃聲。"本書："薄，迫也，單薄相偪迫也。"相偪迫即束縛之義。易 説卦 釋文引陸注云："薄，相附薄也。"薄著猶云附著。

91 束，促也，相促近也。先謙曰：説文："促，迫也。""迫，近也。"廣雅 釋詁："促，近也。"是促、近義通，束縛則見迫於人，故束訓爲促。晉 司馬彪詩："倥傯見迫束。"迫束猶束促也。唐 韓愈詩："豈必局束爲人鞿。"局之言近，局束猶促近也。

92 覆，孚也，如孚甲之在物外也。葉德炯曰：釋器："罦，覆車也。"此亦覆有孚義之證。蘇輿曰：周語 韋昭注："孚，覆也。"與此轉注。詩 大田箋："方謂孚甲始生。"孔疏："孚者，米外之粟皮甲者，以在米外，若鎧甲之在人表。"案莩爲葭裏白皮（見漢書 中山王勝傳注），桴爲木表麤皮（見詩 角弓箋）。孚與莩桴同聲，字並爲在物外之稱。覆者，覆物之具，物在覆内，則覆在物外，故以孚釋之。

93 蓋,加也,加物上也。蘇輿曰:本書釋車:"蓋,在上覆蓋人也。"蓋有覆義,故訓爲加。説文:"蓋,覆也。"此承上爲義。

94 威,畏也,可畏懼也。葉德炯曰:詩 巧言:"昊天已威。"毛傳:"威,畏也。"又賈子 容經:"有威可畏謂之威。"

95 嚴,儼也,葉德炯曰:嚴、儼二字古通。書 無逸:"嚴恭寅畏。"釋文引馬融作"儼"。儼然人憚之也。葉德炯曰:論語 堯曰篇:"儼然人望而畏之。"

96 政,正也,下所取正也。畢沅曰:御覽引"政"下有"者"字,"所"下有"以"字。先謙曰:説文:"政,正也。"論語 爲政 皇疏:"政謂法制也。"周禮 夏官 序官 注:"政,所以正不正者也。"

97 教,效也,下所法效也。畢沅曰:説文:"教,上所敀下所效也。"諸本"效"作"傚",別。

98 侍,時也,尊者不言,常於時供所當進者也。蘇輿曰:論語 先進 皇疏:"卑者侍尊者之側曰侍。"廣雅 釋言"時,伺也",與論語"孔子時其亡也"之時義同。卑侍尊側,專爲伺候,先意承志,相諭無言,如曲禮所云"視於無聲聽於無形",内則所云"若飲食之雖不欲,必嘗而待加之;衣服雖不欲,必服而待"之類,是其事也。時有伺義,故侍可訓時。侍時並从寺聲,成國依聲爲訓,故云然。

99 御,語也,尊者將有所欲,先語之也。亦言其職卑下,畢沅曰:今本脱"其"字、"下"字,據一切經音義引增。尊者所勒御,如御牛馬然也。蘇輿曰:天官 序官 注云:"御,猶進也,侍也。"春秋 桓公十四年"鄭伯使其弟語來聘"。穀梁"語"作"禦",禦、御同,是御、語字通也。説文:"御,使馬也,从彳从卸。"與後説同。

100 雅,畢沅曰:説文佳部云:"雅,楚烏也。"其疋部解
"疋"字有云"古文以爲詩大疋字",然則此當作"疋"。雒也,爲
之難,人將爲之,雒雒然憚之也。畢沅曰:"雒"與"疋"音不
相近,蓋誤也,疑當作"雅"。葉德炯曰:畢改"雒"爲"雅",是。
雅雅即啞啞。淮南原道訓"烏之啞啞",蓋烏聲。説文:"雅,
楚烏也。"今南楚之間,俗以聞雅聲爲事不成,蓋本古諺。

101 俗,欲也,俗人所欲也。王啟原曰:孝經:"移風易
俗。"正義引韋昭云:"隨其趨舍之情欲,故謂之俗。"後漢書班彪
傳注:"隨君上之情欲,謂之俗。"

102 艱,根也,如物根也。畢沅曰:尚書咎繇謨:"奏庶艱
食。"釋文:"艱,馬本作根,云:根生之食,謂百穀。"

103 難,憚也,人所忌憚也。先謙曰:説文:"憚,忌難也。
一曰難也。"廣雅釋詁:"憚,難也。"轉相訓。

104 吉,實也,有善實也。先謙曰:吉、實疊韻爲訓。文
選東京賦薛注:"吉,福也。"太祝"三曰吉祝",先鄭注:"吉祝,
祈福祥也。"爲善得吉,是有善實,故訓吉爲實。古稱積善餘慶,
作善降祥,即此義也。因善必獲吉,故吉善又互相訓。説文:
"吉,善也。""善,吉也。"

105 凶,空也,就空亡也。王啟原曰:説文:"凶,惡也,象
地穿交陷其中也。"墨子七患篇:"三穀不收謂之凶。"是凶歲亦
取空亡之義。

106 停,定也,定於所在也。畢沅曰:停爲亭字之俗。説
文:"亭,民所安定也。"此亭館之亭有亭止之義,即以爲亭止字,
不當有人傍。

107 起,啟也;啟,一舉體也。吳翊寅曰:吳校作"啟,舉
一體也"。案爾雅:"啟,跪也。"李巡注:"小跪也。"詩:"不遑啟

處。"毛傳與雅訓同。論語"啟予手,啟予足。"說文作"跻",無舉一體之訓。從原本作"一舉體",與小跪義合。

108 翱,敖也,言敖游也。先謙曰:淮南覽冥訓高注:"翼一上一下曰翱。"此翱、敖疊韻爲訓。說文:"敖,出游也。"廣雅釋訓:"翱翔,浮游也。"

109 翔,佯也,言仿佯也。畢沅曰:說文無"佯"字。莊子山木篇:"孔子徐行,翔佯而歸。"後漢書東平憲王蒼傳:"消搖仿佯。"亦與此同。案左氏十七年傳:"如魚窺尾,衡流而方羊。"作方羊爲古。毛詩載驅傳云:"翱翔,猶彷徉也。"又從彳,皆後來字譌變。

110 出,推也,推而前也。先謙曰:凡物之出,若有推而前進者,故以推訓出。廣韻出在六術,推在六脂,段氏音韻表同在十五部①,蓋古音讀出若吹,與推音叶,吹、出雙聲。詩雨無正以"出"韻"瘁",後人故有尺偽一切也。

111 入,内也,内使還也。畢沅曰:内,本皆作"納"。案說文:"入,内也。""内,入也,從冂,自外而入也。"其糸部云:"納,絲溼納納也。"然則納乃別是一義,此當作"内"。

112 候,護也,司護諸事也。畢沅曰:司,息吏反。蘇輿曰:說文:"候,伺望也。"廣雅釋詁:"候,覢也。"即司護意。畢讀是。

113 望,惘也,視遠惘惘也。畢沅曰:心傍箸罔,亦俗字。案釋姿容篇有云:"望,茫也,遠視茫茫也。"義與此同,亦以守望爲義,與候對文。

---

① 音韻表,即六書音均表。下文116"始"、118"息"、154"罵"詞條下同。本書或作"均",或作"韻"。

114 狡,交也,與物交錯也。王啟原曰:狡,當作“佼”。説文:“佼,交也。”

115 夬,決也,畢沅曰:周易有夬卦,彖傳曰:“夬,決也。”有所破壞,決裂之於終始也。畢沅曰:案下四字不可曉,疑誤。下文言始,則對文當言終,其訓釋不可考矣。

116 始,息也,言滋息也。先謙曰:漢書宣紀注:“息,謂生長也。”律曆志①:“陽氣伏於地下,始著爲一。”萬物萌動,有生長之義,故以息訓始。段氏音韻表始、息同在弟一部。

117 消,削也,言減削也。蘇輿曰:消、削俱從肖聲。易剥釋文:“削本作消。”消、削同。廣雅釋詁:“削,減也。”

118 息,塞也,言物滋息塞滿也。畢沅曰:今本無“言物滋息”四字,據一切經音義引增。吳翊寅曰:滋息乃始下之訓,畢依一切經音義引,蓋併二義爲一,非本書舊文。先謙曰:段氏音韻表息、塞同在弟一部。

119 姦,奸也,言奸正法也。葉德炯曰:説文:“姦,私也,從三女。”“奸,犯淫也,從女,干聲。”字異而義相通假。

120 宄,佹也,佹易常正也。蘇輿曰:説文:“宄,姦也。外爲盜,内爲宄,從宀,九聲,讀若軌。”此與姦相承爲義,佹與詭同,佹、宄疊韻。

121 誰,推也,畢沅曰:推,舊本皆作“相”,誤。案史記淮陰侯傳:“始爲布衣時,貧無行,不得推擇爲吏。”正與此合,今改正。有推擇,言不能一也。畢沅曰:莊子天運篇:“子生五月而能言,不至乎孩而始誰。”郭象注:“誰者,别人之意也。”案别人,即與此擇之義同。葉德炯曰:左昭十三年傳:“請待於郊,以

———————————

① 曆,原作“歷”,爲照顧今人閲讀習慣而改。下同,不再出注。

聽國人。"楚世家注引服虔云："聽國人欲爲誰。"此誰字正作推訓，言聽國人之推擇也。

122 往，旺也，歸往於彼也，故其言之印頭以指遠也。畢沅曰：今本"印"上有"於"字，據下條義刪。葉德炯曰：旺，本書兩見，前釋親屬"王，旺也，家中所歸旺也"，案説文"旺，美也"，釋詁"旺旺，光美也"，與此義不相近。惟詩泮水："烝烝皇皇。"箋云："皇皇當作旺旺，旺旺，猶往往也。"是漢時旺一作往訓。

123 來，哀也，使來入己哀之，故其言之，低頭以招之也。畢沅曰：哀，似當爲"依"，亦讀烏皆反。蘇輿曰：此"哀"字與悲哀義別，當訓爲依，哀、依字通義亦同，不必改字爲依。説文："哀，從口，衣聲。"心部引孝經"哭不哀"作"哭不悠"，云："從心，依聲。"日本古文孝經"哀"又作"依"，則知哀、依本通，故悲哀之哀亦可作依。説文："依，倚也。"此云"使來入己哀之"，猶言"使來入己依之"耳。

124 麤，錯也，相遠之言也。蘇輿曰：荀子正名篇楊注："麤，疏略也。"下訓"疏"爲"獲索相遠"，即此義。

125 細，畢沅曰：本皆作"納"，誤也。此篇皆兩兩反對，麤之對當作細。弲也，弲弲兩致之言也。王先慎曰：本書釋兵："弓末謂之弲，以骨爲之，滑弲弲也。"則弲弲是光滑之義。致同緻，詩斯干箋"堅致"，彼都人士箋"密致"，釋文並云："致本作緻。"禮聘義注："縝，致也。"釋文同。今俗言細緻，即其義。兩無義，蓋譌字。

126 疏，索也，獲索相遠也。蘇輿曰：廣雅釋詁："疏，遠也。"疏、索一聲之轉。獲索未詳，蓋其時方語。禮檀弓"吾離群而索居。"注："索，猶散也。"淮南俶真訓高注："疏，躍布散也。”皆相遠之義。

127 密，蜜也，如蜜所塗無不滿也。<u>先謙</u>曰：密字經典有數義，此則密比之謂也，故云“如蜜塗皆滿”。

128 甘，含也，人所含也。<u>蘇輿</u>曰：本書釋飲食：“含，合也，合口亭之也。”<u>說文</u>：“甘，美也，从口含一。”<u>淮南 覽冥訓 高注</u>：“甘，猶耆也，物之甘美者人所耆，推之於事亦然。”甘、含疊韻。

129 苦，吐也，人所吐也。<u>蘇輿</u>曰：<u>說文</u>：“苦，大苦苓也。”因之，凡物之苦者皆謂之苦，又引伸爲厭苦之義。<u>一切經音義</u>十一引<u>倉頡</u>云：“吐，棄也。”苦、吐疊韻。

130 安，晏也，晏晏然和喜無動懼也。<u>皮錫瑞</u>曰：<u>尚書</u>“文思安安”，今文尚書作“文塞晏晏”。<u>春秋傳</u>“安孺子”亦作“晏孺子”。

131 危，阢也，阢阢不固之言也。<u>蘇輿</u>曰：阢與杌同。<u>書泰誓僞孔傳</u>：“杌陧，不安言危也。”

132 成，盛也。<u>先謙</u>曰：成、盛聲義互通，見於經典者甚多，故成訓爲盛。

133 敗，潰也。<u>蘇輿</u>曰：說文潰訓漏，誼微別。此說文之殨，歹部云：“殨，爛也。”辵部云：“退，敷也。”敷、爛義近，故可互訓。後世言軍事不勝曰敗潰，二字亦爲恒言通誼矣。

134 亂，渾也。<u>蘇輿</u>曰：<u>說文</u>：“渾，溷流聲也。”“溷，亂也。”二字義本相因。<u>素問 三部九候論 王注</u>：“渾，渾亂也。”與此互訓。

135 治，值也，物皆值其所也。<u>蘇輿</u>曰：值，當也。言物皆當其所。<u>漢書 韓安國傳</u>：“公等足與治乎？”<u>顏注</u>：“治，謂當敵也。”今人猶云對治，然則治有當義，故訓值。治、值疊韻。凡事治則條理秩然，物皆得所矣。

136　煩，繁也，物繁則相雜撓也。王先慎曰：大戴少間篇："列五王之德，煩煩如繁諸乎？"注："煩，衆也。如繁者，言如萬物之繁蕪也。"煩、繁義相因。一切經音義十四引字林："撓，擾也。"

137　省，瘦也，矅瘦約少之言也。畢沅曰：今本作"省，嗇也，矅嗇約少之言也"。案御覽人事部"瘦人類"引曰："省，瘦也，矅雀約少之言也。"唯雀字譌，餘盡是，彼文之矅，足正此矅字之誤，今皆從之。或疑當入姿容篇，則何以不云"瘦，省也"。況此省與煩對文，益知本在此篇明矣。先謙曰：吳校"瘦"作"瞢"。

138　閒，簡也，事功簡省也。先謙曰：漢書公孫宏傳："今事少閒。"注："閒，謂有空隙也。"鄒陽傳："乘閒而請。"注："閒謂空隙無事之時。"曲禮"少閒"疏："閒，謂清閑也。"皆與事功簡省之義相應。説文："閒，隙也。""閑，闌也，從門中有木。"非閑暇之義。今人分間、閒爲二字，又讀閒隙之閒爲去聲，而以清暇之閒爲閑，皆非古義。

139　勮，巨也，事功巨也。畢沅曰：勮，諸本皆從刀，乃説文新附字。今案當從力，説文："勮，務也。"此義與之同。

140　貞，定也，精定不動惑也。葉德炯曰：周書諡法："大慮克就曰貞。"蔡邕獨斷："清心自守曰貞。"皆貞定之義。

141　淫，浸也，浸淫旁人之言也。葉德炯曰：説文："淫，浸淫隨理也。"論語："浸潤之譖。"鄭注："譖人之言，如水之浸潤，以漸成其禍也。"

142　沈，澹也，澹然安著之言也。蘇輿曰：澹當讀如論語"澹臺"之澹，音談，沈、澹同聲。史記陳涉世家："夥頤，涉之爲王沈沈者。"索隱引劉伯莊云："沈沈猶談談，謂故人呼爲沈

沈，猶俗云談談，深也。"是沈音近談之證。文選 海賦 注："澹沱，
澄深也。"凡事深則安著矣，義相比傅。

　　143 浮，孚也，孚甲在上稱也。蘇輿曰："孚甲在上"與
上云"孚甲在物外"相應爲義，浮从孚聲。禮坊記 注："在上曰
浮。"故取在上之孚甲爲況。

　　144 貪，探也，探取入他分也。畢沅曰：今本脱"取"字，
據御覽引增。蘇輿曰：説文："探，遠取之也。"物非己有，而妄意
取之，故云"探取入他分"。

　　145 廉，斂也，自檢斂也。蘇輿曰：説文："廉，仄也，从
广，兼聲。"案凡物偪仄則斂著，是仄亦有斂義，引申爲立行清
廉，能自攝斂之稱。書 伊訓 孔 疏："檢，謂自攝斂也。"人廉潔則
知檢斂矣。先謙曰：吳校"廉"下補"檢也"二字。

　　146 潔，確也，確然不群貌也。畢沅曰："潔"本無水旁，
"確"亦俗字。案説文："隺，高至也，从隹上出冂。"是則不群之
意也，然則此當作"隺"。

　　147 污，洿也，如洿泥也。蘇輿曰：説文："洿，濁水不流
也。一曰窊下也。"左 文六年傳 孔 疏："洿者，穢之別名，不絜之
稱也。"荀子 性惡篇 楊 注："洿，穢行也。"案此污與潔對，專自人
之品類言之。賈子 道術篇："放理潔清謂之行，反行爲污。"水停
洿泥則穢濁，人行不潔亦如之。論語 子張篇："君子惡居下流，天
下之惡皆歸。"亦其義也。污、洿字同。

　　148 公，廣也，可廣施也。蘇輿曰：周書 謚法："立制及衆
曰公。"太子晉伯能移善於衆，與百姓同，謂之公，皆廣施之義。
公、廣雙聲。

　　149 私，畢沅曰：説文引韓非子曰"自營爲厶"，韓子則作
"自環爲厶"。營、環字通也。俗作"私"，別。恤也，所恤念也。

蘇輿曰:離騷:"皇天無私阿兮。"王注:"竊愛爲私。"竊愛即恤念
意。晉傅咸詩:"進則無云補,退則恤其私。"亦此私恤之義。廣
韻私在六脂,恤在六術。

150 勇,踊也,遇敵踊躍,畢沅曰:遇,御覽引作"見"。欲
擊之也。葉德炯曰:淮南本經訓:"甬道相連。"高誘注:"甬,讀
踊躍之踊。"而説文"勇"下云:"勇,氣也,从力,甬聲。"故勇可
訓踊。

151 怯,脅也,見敵恐脅也。蘇輿曰:廣雅釋詁:"脅,怯
也。"與此互訓。一切經音義十四引公羊劉兆注:"脅,畏迫也。"
淮南本經訓高注:"脅,恐也。"與此合。

152 斷,段也,分爲異段也。葉德炯曰:説文:"斷,截
也。""段,椎物也。"皆與分異義近。

153 絶,截也,如割截也。王先慎曰:説文:"絶,斷絲
也",古文作䋏,"象不連體絶二絲。"是絶之本義爲絲之斷,引申
爲凡割斷之通稱。説文:"截,斷也。"絶、截二字皆取斷義,故成
國釋絶爲截。穆天子傳注:"絶,猶截也。"

154 罵,迫也,以惡言被迫人也。先謙曰:罵从馬聲,迫
从白聲,段氏音韻表皆在古音弟五部,足證漢音去古不遠。廣雅
釋詁:"被,加也。"

155 詈,歷也,以惡言相彌歷也。亦言離也,以此挂
離之也。先謙曰:詈、歷、離並以聲轉之字爲訓,彌歷未詳何
語,蓋淩藉意。漢書司馬相如傳下:"碻歷之坻。"注:"碻歷,不
平也。"惡言者,不平之語。彌歷或與碻歷義近。本書釋天:"霝
霖,小雨也。言霝歷霑漬。"惡言如雨之霑漬人。彌歷或即霝歷
之音變字。挂疑詿之誤。説文:"詿,誤也。"廣雅釋詁:"詿,欺
也。"以惡言欺誤人而離之。

156 祝，屬也，以善惡之詞相屬著也。畢沅曰：一切經音義一引同，一引無“著”字。葉德炯曰：白虎通號篇：“祝者，屬也。”又五行篇：“祝者，屬續也。”

157 詛，阻也，使人行事阻限於言也。畢沅曰：一切經音義兩引，“使人”上皆有“謂”字。葉德炯曰：周禮：“詛，祝。”鄭注：“詛，謂祝之使沮敗也。”

158 盟，明也，告其事於神明也。畢沅曰：一切經音義引無“其”字。周禮司盟：“北面詔明神，既盟則貳之。”襄九年左傳：“昭大神要言焉。”是盟必告事於神明也。

159 誓，制也，葉德炯曰：廣雅釋言：“誓，制也。”義本此。以拘制之也。畢沅曰：拘，或“約”字誤。葉德炯曰：說文：“誓，約束也。”案約束猶拘制。

160 佐，左也，在左右也。畢沅曰：佐，俗字也。輔佐之佐本作左，今之左右本作𠂇、𦥑。

161 助，左也，左往相助，非長久也。畢沅曰：相助，本皆作“相阻”，譌，今從段校本改。先謙曰：助從且聲，與左聲之字，段氏音韻表皆在古音弟五部。今助字開口呼之，則得與左叶之音矣。如詩“將伯助子”之助，是有左義；若孟子“莫善於助、守望相助”之助，亦非左義也？

162 飾，拭也，物穢者拭其上使明，由他物而後明，猶加文於質上也。王啟原曰：周禮司尊彝注：“況酌者，挩飾勺而酌也。”釋文：“飾，本作拭。”又封人：“飾其牛牲。”注：“謂刷治潔清之也。”禮記：“雍人拭羊。”注：“靜也。”然則飾、拭一也。大戴禮記勸學篇：“遠而有光者飾也。”故曰“拭其上使明”。

163 蕩，盪也，排盪去穢垢也。葉德炯曰：禮昏義：“蕩天下之陽事。”鄭注：“蕩，蕩滌，去穢惡也。”

164 啜,惙也,心有所念,惙然發此聲也。畢沅曰:段
云此"啜"字當是"咄"之誤。先謙曰:"啜"非"咄"字之誤。詩
中谷有蓷:"啜其泣矣。"毛傳:"啜,泣貌。"成國正爲此詩作注。
説文:"惙,憂也。"

165 嗟,佐也,言之不足以盡意,故發此聲以自佐也。
畢沅曰:此"佐"字加人傍,非也,辯見上。詩關雎敍云:"言之不
足,故嗟歎之。"王啟原曰:嗟,古音如嗟,故與佐音近。

166 噫,憶也,憶念之,故發此聲噫之也。畢沅曰:噫
之,本皆作"憶之",誤,今從段校本改。先謙曰:吳校删"噫之"
二字。書金縢疏:"噫者,心不平之聲。"亦通作懿。詩瞻卬箋:
"懿,有所痛傷之聲也。"

167 嗚,畢沅曰:本作烏,加口傍,俗。舒也,氣憤懣,畢沅
曰:本皆作"滿",據説文云:"憤,懣也。"則此當作"懣"。故發
此聲以舒寫之也。畢沅曰:説文:"孔子曰:烏,盱呼也,取其助
氣,故以爲烏呼。"是烏爲舒氣之聲也。王啟原曰:説文:"歍,心
有所惡若吐也。"舒寫之烏宜爲此。

168 念,黏也,意相親愛,心黏著不能忘也。葉德炯
曰:説文:"念,常思也。"釋訓:"勿念,勿忘也。"

169 憶,意也,恒在意中也。

170 思,司也,畢沅曰:司,相吏反,下同。凡有所司捕,
必靜,思忖亦然也。王啟原曰:周禮司市:"上旌於思次。"注:
"思,若今市亭也。"此假思爲司,即伺字也。

171 克,刻也,畢沅曰:克,説文作"亨",云:"肩也,象屋下
刻木之形。"刻物有定處,人所克念有常心也。

172 慮,旅也。旅,眾也。易曰:"一致百慮。"慮及
眾物,以一定之也。畢沅曰:引易者下繫文也。王啟原曰:無

慮,都凡之辭,亦有衆義。

釋飲食第十三

1 飲,奄也,以口奄而引咽之也。<u>葉德炯</u>曰:説文:"歙,歠也,从欠,酓聲。""奄,覆也,大有餘也。又欠也,从大从申。申,展也。"按二字義本相近,故飲可訓奄,申展尤與引咽之義無異。

2 食,殖也,所以自生殖也。<u>王啟原</u>曰:管子地員篇:"弘土之次曰五殖。"禮記 檀弓:"則擇不食之地而葬我焉。"不食猶不殖也。

3 啜,絶也,乍啜而絶於口也。<u>葉德炯</u>曰:説文:"啜,嘗也。"禮檀弓 鄭注:"嘗,試也。"此與乍啜之義正合。

4 餐,乾也,乾入口也。<u>畢沅</u>曰:説文:"餐,吞也。"此乾字當爲吞。吞與入口之義正合。

5 吮,循也,不絶口,稍引滋汋,循咽而下也。<u>蘇輿</u>曰:吮从允聲,循从盾聲,允、盾疊韻。本書釋形體:"汋,澤也。"

6 嗽,促也,用口急促也。<u>畢沅</u>曰:説文:"欶,吮也,从欠,束聲。"此加口傍字,俗。漢書 佞幸傳:"文帝嘗病癰,鄧通常爲上嗽吮之。"師古注:"嗽音山角反。"一切經音義、御覽皆引作"用力急促",非。

7 含,合也,合口亭之也,銜亦然也。<u>蘇輿</u>曰:"亭"與"停"同。本書釋宮室:"亭,停也。"釋言語:"停,定也。"含物必合口,故云。説文:"含,嗛也,从口,今聲。"含、合聲轉。

8 咀,藉也,以藉齒牙也。<u>先謙</u>曰:一切經音義廿二引三蒼云:"咀,含味也。"文選 遊天台山賦注:"以草薦地曰藉。"含物在齒牙之上,故亦曰藉也,猶言在口中謂之藉口矣(見左 成二年傳）。

9 嚼，削也，稍削也。　先謙曰：一切經音義六引通俗文：
"咀齧曰嚼。"易"剥牀以辨"，疏云："初六蔑貞，但小削而已。"小
猶稍。

10 鳥曰啄，如啄物上復下也。　畢沅曰：啄物之啄疑當
作琢。

11 獸曰齚。齚，齧也，所臨則禿齚也。　蘇輿曰：説文：
"齚，齒缺也。"禿齚猶云禿缺。廣韻："鳥食之餘爲齚。"與此同，
蓋引申義。

12 餅，并也，溲麪使合并也。　畢沅曰：初學記引"麪"上
有"麥"字，御覽引"麪"字作"麥"。胡餅作之，大漫沍也，畢
沅曰：説文無"漫"字，此當作"㒼胡"。案鄭注周禮鼈人云："互
物，謂有甲㒼胡龜鼈之屬。"則㒼胡乃外甲兩面周圍蒙合之狀，
胡餅之形似之，故取名也。葉德炯曰：漫沍即麪䴵之轉聲也。原
本玉篇食部"餰"下云："餰，䴵也。"即此沍字。蘇輿曰：御覽飲
食十八引"漫沍"作"漫汗"。亦言以胡麻著上也。畢沅曰：
上，初學記引作"之"。成蓉鏡曰：胡餅，藝文類聚七十二引三輔
決録云："趙岐避難至北海，於市中販胡餅。"（魏志畧同。）御覽
八百六十引續漢書云："漢靈帝好胡餅，京師皆食胡餅。"又引
英雄記云："作萬枚胡餅，先持勞客。"而初學記二十六合璧事
類四十六引崔鴻前趙録（"前"當作"後"）："石季龍諱胡，改胡
餅曰麻餅。"尤與本書後一義合。蒸餅、湯餅、蝎餅、髓餅、畢
沅曰：齊民要術云："截餅，一名蝎子，蓋即蝎餅也。"齊民要術有
"作髓餅法"："以髓脂蜜合和麪，厚四五分，廣六七寸，便著胡餅
鑪中，令熟，勿令反覆。餅肥美，可經久。"成蓉鏡曰：蒸餅，晉書
何曾傳："帝輒命取共食，蒸餅上不坼作十字，不食。"御覽引晉

陽秋云:"王歡躭學貧窶,或人惠蒸餅一顆,以充一日。"又引繆襲祭儀云:"夏祀以蒸餅、湯餅。"藝文類聚七十二引束皙餅賦云:"充虛解戰,湯餅爲最。"御覽引語林云:"何平叔面絶白,魏文帝疑其著粉,正夏月,唤來與熱湯餅。"(世説畧同。)荆楚歲時記云:"六月伏日,並作湯餅、蝎餅、髓餅。"初學記引盧諶祭法云:"春祠用曼頭、湯餅、髓餅、牢九,夏秋冬亦爲之。"御覽引作"湯餅、髓餅、牢丸"。事文類聚續集十七引作"餲餅、餳餅"。餲餅、餳餅皆蝎餅之誤。御覽引雜五行書云:"食經有髓餅法,以髓脂合和麪。"金餅、索餅之屬,成蓉鏡曰:索餅,疑即水引餅,今江淮間謂之切麪。**皆隨形而名之也。**畢沅曰:"皆"一切經音義引作"各"。

　　13 糝,黏也,畢沅曰:今人所謂飯糝,亦或曰飯黏子。**相黏敿也。**畢沅曰:案説文無敿字,"敿"疑當作"䬪"。御覽引作"黍,敿也,相黏敿也"。蓋別是一條而亡逸者與?不敢據改,而以入補遺中可也。王啟原曰:方言:"𩜁敿,黏也。齊、魯、青、徐,自關而東,或曰𩜁,或曰敿。"廣雅:"敿、䬪,黏也。"成國青州人,其方言如此。

　　14 餌,而也,相黏而也。成蓉鏡曰:本書以"溲麪使合并"訓餅,而此文云:"餌,而也,相黏而也。"蓋謂溲麥屑蒸之曰餅,溲米屑蒸之曰餌,劃然爲二。説文:"餅,麪餈也,从食,并聲。""餈,粉餅也,从弼,耳聲。"餌或从食耳,麪謂麥麪,粉謂米粉也。方言:"餅謂之飥,或謂之餦餭。"廣雅:"餛飩,餅也。"(從疏證本)。皆謂麥麪所爲。方言:"餌謂之餻,或謂之餈,或謂之䬵,或謂之䭁,或謂之飰。"廣雅:"餻、餻、䬵、䭁、飰,餌也。"皆謂米粉所爲。釋名以餅爲溲麥麪,則餌爲溲米粉可知。故小顏注急就章"餅餌"云:"溲米而蒸之則爲餌,餌之言而也,相黏而也。

溲麭而蒸熟之則爲餅，餅之言并也。"自賈思勰著齊民要術，米粉麥麭皆入之餅法，而後世言食經者，鮮知其分矣。兖、豫曰溏浹，畢沅曰：二字説文所無，鄉俗之語，未詳何義。就形名之也。成蓉鏡曰：案"溏浹"疑即"餹餭"之譌。集韻："餦，餌也，兖、豫謂之餹餭。"當本此。御覽八百六十引本書"兖、豫曰溏浹"。注："或作夷。"蓋餦或省作弟，而弟又誤作夷也。葉德炯曰：溏，疑"餹"之假借，"浹"謂融浹。説文："而，須毛也。"此當是齊民要術之繭糖，一名窠絲糖者，故云"就形名之"①。

15 餈，漬也，烝燥屑，使相潤漬畢沅曰：今本"烝"譌作"丞"，據御覽引改。餅之也。畢沅曰：周禮籩人："羞籩之實，糗餌粉餈。"康成注："此二物皆粉，稻米黍米所爲也，合烝曰餌，餅之曰餈。糗者擣粉熬大豆爲餌，餈之黏著以粉之爾。"餌言糗，餈言粉，互相足。

16 饋，分也，衆粒各自分也。畢沅曰：詩泂酌正義引説文："饋，一烝米也。"案米纔一烝則未黏合，故曰"衆粒各自分"。御覽引作"飯，分也，使其粒各自分也"。飯字誤。

17 飧，散也，投水於中解散也。畢沅曰：御覽引作"投飯於水中各散也"。詩伐檀正義引説文："飧，水澆飯也，从夕食。"

18 羹，汪也，汁汪郎也。畢沅曰：羹，今本譌作"歝"，據初學記、御覽引改。儀禮士昏禮："有大羹湆。"湆，汁也，則羹多汁者也，故曰汁汪郎。廣雅："羹謂之湆。"蘇輿曰：釋器："肉謂之羹。"御覽飲食十九引爾雅舊説："肉有汁曰羹。"

19 脏，蒿也，香氣蒿蒿也。畢沅曰：今本"脏"作"膈"，

---

① 釋名疏證補坿有補充。見本書346頁。

俗字也。御覽引作"臑"，據改。葉德炯曰：禮祭義："焄蒿悽愴。"注："蒿謂氣蒸出貌也。"

20 糜，煮米使糜爛也。畢沅曰：説文："𪎭，爛也。"此當云"糜，𪎭也，煮米使𪎭爛也"。

21 粥，濁於糜，粥粥然也。畢沅曰：今本"濁"作"濯"，據御覽引改。葉德炯曰：釋言："鬻，糜也。"釋文引孫炎注："鬻，淖糜也。"禮儒行："粥粥，若無能也。"疏云："是柔弱專愚之貌。"正取此義①。

22 漿，將也，飲之，寒温多少與體相將順也。先謙曰：孝經："將順其美。"注："將，行也。"廣雅釋詁："將，養也。"

23 湯，熱湯湯也。先謙曰：説文："湯，熱水也。"

24 酪，澤也，畢沅曰：酪於説文在新附字中，疑古者借用洛字。葉德炯曰：御覽飲食部引服虔通俗文"㷱羊乳曰酪"，是漢時有酪字，許書未收。乳汁所作，使人肥澤也。畢沅曰：乳汁所作，今本誤作"乳作汁所"，據藝文類聚、御覽引改。

25 齏，濟也，與諸味相濟成也。畢沅曰：鄭注周禮醢人云："凡醯醬所和，細切爲齏，全物若䐑爲菹。"是齏必用醯醬諸味相濟成也。葉德炯曰：北堂書鈔酒食部五引作"齊，濟也，與諸味相濟成也"。案齊、齏本通。周禮醢人"五齊"注："齊當爲齏。"

26 菹，阻也，生釀之，遂使阻於寒温之間，不得爛也。畢沅曰：禮記少儀："麋鹿爲菹，野豕爲軒，皆聶而不切；麕爲辟雞，兔爲宛脾，皆聶而切之；切葱若薤實之，醯以柔之。"鄭注："此軒、辟雞、宛脾，皆菹類也。其作之狀以醯與葷菜，淹之殺肉

---

① 釋名疏證補坿有補充。見本書 346 頁。

及腥氣也。"是生釀之者也。

27　醬，投也，味相投成也。畢沅曰：説文："醬，醢醬也。""醢醬，榆醬也。"齊民要術有"作榆子醬法"："治榆子仁一升，擣末篩之，清酒一升，醬五升，合和，一月可食之。"

28　醢，晦也。畢沅曰：晦，今本譌作"海"，據義改。晦，冥也，封塗使密冥乃成也。畢沅曰：鄭注周禮醢人云："作醢及臡者，必先膊乾其肉，乃後剉之，雜以粱麴及鹽，漬以美酒，塗置甀中，百日則成矣。"醢多汁者曰醓。畢沅曰：鄭注周禮醢人云："醓，肉汁也。"今本"醓"作"醢"，誤。王啟原曰：説文："胦，肉汁滓也，从肉，尤聲。"則字當作"胦"。醓，血醢也，別一義。然詩行葦："醓醢以薦。"周禮醢人："深蒲醓醢。"儀禮公食大夫禮："醓醢昌。"本皆假醓爲胦。醓，瀋也，宋、魯人皆謂汁爲瀋。畢沅曰：説文："瀋，汁也。"哀三年左傳："無備而官辦者，猶拾瀋也。"此魯大夫富父槐之言也。醢有骨者曰臡。畢沅曰：爾雅："肉謂之醢，有骨者謂之臡。"臡，昵也，骨肉相傅昵無汁也。

29　豉，嗜也，畢沅曰：説文尗部："尗，配鹽幽尗也。"今本作"豉"，俗。五味調和，須之而成，乃可甘嗜也。畢沅曰：御覽引作"頃之而成"。博物志云："外國有豉法，以苦酒浸豆，曝令極燥，以麻油蒸，蒸訖，復曝三過乃止，然後細擣椒屑，隨多少合之；中國謂之康伯，能下氣調和者也。"故齊人謂豉，聲如嗜也。畢沅曰：如，何本作"而"，北堂書鈔、御覽皆引作"如"，雖如、而字通，毋寧從如。

30　麴，朽也，鬱之，使生衣朽敗也。畢沅曰：齊民要術説作女麴"如作麥麴法"，"以青蒿上下奄之，置牀上"，"三七二十一日開看，徧有黄衣則止，三七日無衣乃停，要須衣徧乃止。出，日日曝之，燥則用”。

31 糵,缺也,漬麥覆之,使生芽開缺也。畢沅曰:齊民
要術有“作糵法”:“八月中作,盆中浸小麥,即傾去水,日曝之,
一日一度著水,即去之,腳生,布麥於席上,厚二寸,一日一度以
水澆之,芽生便止。”①

32 鮓,畢沅曰:說文無鮓字,以音求之,疑當借用鲝。菹
也,畢沅曰:今本作“滓也”,據廣韻、御覽引改。以鹽米釀魚
以爲菹,畢沅曰:今本作“以鹽米釀之如菹”,據廣韻引改。蘇輿
曰:御覽飲食二十亦作“以鹽米釀之如菹”。熟而食之也。畢
沅曰:齊民要術有作裹鮓、蒲鮓、魚鮓、乾魚鮓等法:用魚籬切之,
乃以鹽散之,又炊秔米飯爲糝,并茱萸橘皮好酒以合和之。

33 腊,乾昔也。畢沅曰:說文:“昔,乾肉也,从殘肉,日以
晞之,與俎同意。”籀文昔下从肉。

34 脯,搏也,乾燥相搏著也。畢沅曰:搏,義當爲“傅”,
初學記、御覽皆作“搏”,姑仍之。又曰脩。脩,縮也,乾燥而
縮也。畢沅曰:說文:“脯,乾肉也。”“脩,脯也。”王啟原曰:周
禮腊人注:薄析曰脯,捶之而施薑桂曰殷脩。”搏即薄也。詩中
谷有蓷:“暵其脩矣。”傳云:“脩,且乾也。”

35 膊,迫也,薄椓肉迫著物使燥也。畢沅曰:說文:
“膊,薄脯,膊之屋上,从肉,尃聲。”葉德炯曰:此暴肉也。方言
七:“膊,暴也,燕之外郊、朝鮮洌水之間,凡暴肉發人之私,披牛
羊之五藏,謂之膊。”說文“薄脯,膊之屋上”,謂切薄肉暴之屋
上也。淮南繆稱訓有云:“嗜厚膊。”則此有薄膊矣,亦有以火炙
者,淮南說林訓“一膊炭熯”是也。椓,說文“擊也”。蘇輿曰:儀

————————

① 齊民要術卷八“厚二寸”下原有“許”字,“芽”作“牙”。

禮士喪禮"兩胉亞"，鄭注："今文胉爲迫。"周禮醢人："豚拍，魚醢。"司農注："鄭大夫、杜子春皆以爲拍爲膊。"[1]膊、胉、迫、拍並同字。

36　膾，會也，細切肉，令散分其赤白異切之，已乃會合和之也。畢沅曰：禮記內則曰："肉腥，細者爲膾，大者爲軒。"鄭注："言大切細切異名也。膾者必先軒之，所謂聶而切之也。"又少儀曰："牛羊與魚之腥，聶而切之爲膾。"鄭注："聶之言牒也，先霍葉切之，復報切之，則成膾。"蘇輿曰：御覽飲食二十引"散"上無"令"字，末句作"乃會和之也"。說文："膾，細切肉也。"

37　炙，畢沅曰：之夜反，火熟之肉也。後"脯炙、釜炙、胏炙、衒炙、貊炙"皆同。炙也，畢沅曰：炙，之亦反，下"炙於火上"及後"炙之"皆同。炙於火上也。畢沅曰：說文："炙，炮肉也，從肉在火上。"

38　脯炙，以餳蜜豉汁淹之，脯脯然也。先謙曰：脯脯無義，"淹之"六字吳校作"淹而炙之如脯然也"。

39　釜炙，於釜汁中和熟之也。蘇輿曰：御覽飲食二十一引作"於釜中汁和熟之也"。

40　胏炙。畢沅曰：今本無此二字，據前後諸條，並據下文釋"胏"爲"衒"，合增此二字。胏，衒也。衒炙，細密肉[2]，先謙曰：吳校云："衒炙"二字衍，"密"作"切"。和以薑椒鹽豉，

---

[1]　這裏所引有誤。周禮天官醢人原注："鄭司農云：'脾析，牛百葉也。蠯，蛤也。鄭大夫、杜子春皆以拍爲膊。'"可見後文非鄭司農注中語，而是鄭玄所引，蘇輿誤置；又引文非"以爲"連用。

[2]　密，御覽飲食部引作"掾"。

已乃以肉銜,裹其表而炙之也。<u>畢沅</u>曰:<u>齊民要術</u>有"銜炙法":"取極肥子鵝一隻,淨治,煮令半熟,去骨剉之,和大豆酢五合,瓜菹三合,薑、橘皮各半合,切小蒜一合,魚醬汁二合,椒數十粒,作屑,合和,更剉,令調,取好白魚肉細琢,裹作弗,炙之。"

41 貊炙,全體炙之,各自以刀割,出於胡貊之爲也。<u>畢沅</u>曰:貊,<u>說文</u>作貉。<u>蘇輿</u>曰:<u>御覽</u>八百五十九引<u>搜神記</u>云:"羌煮貊炙,翟之食也,自<u>太始</u>以來,中國尚之。"<u>先謙</u>曰:即今之燒猪。

42 膾,細切。細切猪羊馬肉,使如膾也。<u>畢沅</u>曰:膾已見上,此則名"膾,細切",或"膾"字爲衍。"細切"二字舊不重,今案當重,上舉其名,下言其法,下文云"一分膾,二分細切",則細切之爲名審矣。

43 生脡,以一分膾,二分細切,合和挺攪之也。<u>畢沅</u>曰:<u>說文</u>:"脡,生肉醬也,从肉,延聲。"<u>齊民要術</u>有"作生脡法":"羊肉一斤,猪肉白四兩,豆醬清漬之,縷切生薑雞子,春秋用蘇蓼著之。"

44 血胒,<u>畢沅</u>曰:<u>說文</u>:"䘓,羊凝血也,从血,臽聲。"今本作"胒",別也。<u>蘇輿</u>曰:<u>御覽</u>飲食十七引"胒"作"衈",音苦濫反,引<u>說文</u>云:"羊血曰衈。"以血作之,增其酢豉之味[1],使甚苦以消酒也。

45 膏饡,<u>畢沅</u>曰:今本脫此二字,案下文有如膏饡之語,即謂此也,今據補。消膏,而加菹其中,亦以消酒也。<u>畢沅</u>曰:<u>御覽</u>引上條"以消酒也"誤作"以消膏而加菹其中,亦以消酒也",是有脫誤,而合二條爲一矣。據上條云"以消酒也",此云

----

① 酢,<u>御覽</u>飲食部引作"酸"。

"亦以消酒也",文正相承,當分爲二條,使相從。

46 生瀹蔥薤曰兌,言其柔滑兌兌然也。畢沅曰:御覽引"兌"皆作"瓮",未知孰是。孫詒讓曰:一切經音義一引通俗文云:"淹韭曰齏,淹薤曰䪥。"兌疑即䪥,音近字通①。

47 韓羊、韓兔、韓雞,本法出韓國所爲也,先謙曰:此三韓國所爲,若今言高麗肉之比。猶酒言宜成醪、蒼梧清之屬也。畢沅曰:周禮酒正疏引曹植酒賦云:"宜城醴醪,蒼梧縹清。"文選陸韓卿詩注引陳思王酒賦云:"酒有宜城濃醪,蒼梧漂清。"又七命注引張華輕薄篇云:"蒼梧竹葉清,宜城九醞酒。"

48 腜,畢沅曰:奧加月傍,俗字也。禮記內則有"鴇奧"。鄭注云:"脆脛也。"奧不從肉。奧也,藏肉於奧內,畢沅曰:藏,本作"臧",俗加艸。稍出用之也。畢沅曰:禮記正義云:"奧謂藏之深奧處。"正與此合。然則奧以深奧爲名,字不當從肉。孫詒讓曰:荀子大略篇:"曾子食魚有餘,曰:'泔之。'門人曰:'泔之傷人,不如奧之。'"賈思勰齊民要術及段公路北戶錄引南朝食品,並有奧肉法。

49 脬,赴也,夏月赴疾作之,久則臭也。畢沅曰:說文:"脬,旁光也。"淮南說林訓:"旁光不升俎。"今人亦不以旁光供食,茲以列飲食篇,當別是一物。先謙曰:今取脬吹張實肉,和香味其中,乾之,名香肚,蘇州、粵東皆有之,當是也。

50 分乾,切豬肉以梧,分乾其中,而和之也。畢沅曰:梧,疑當作"牾"。說文:"午,牾也。"案午有交橫之義。儀禮特牲饋食禮:"心舌皆去本末,午割之。"此當與之同。"其中"上似有脫文。葉德炯曰:畢說非是,梧當讀爲枝梧之梧,謂斜解也。

---

① 釋名疏證補坿有補充。見本書346頁。

史記項羽紀:"莫敢枝梧。"集解引臣瓚曰:"斜柱曰梧。"

51 肺䐹。畢沅曰:今本"䐹"作"䐈",俗譌字也,據御覽引改。說文:"䐹,切熟肉內於血中和也。讀若遜。"䐹,饡也,以米糝之,如膏饡也。畢沅曰:禮記內則云:"取稻米舉糔溲之,小切狼臅膏,以與稻米爲酏。"鄭注:"狼臅膏,臆中膏也,以煎稻米,則似今膏䭣矣。"案膏䭣即膏饡也。蘇輿曰:御覽飲食十七引無"䐹"字,"以"作"全"。盧諶祭法云:"四時祠皆用肺䐹。"亦見御覽引。

52 雞纖。細擘其腊,令纖,然後漬以酢也,兔纖亦如之。王啟原曰:此云細擘,則纖其本義;下云漬酢,則又當爲瀸。說文:"瀸,漬也。"本無正名,隨所命之,舉一則義不全,故齊民要術別謂之"雞臇"。其言云:"腤雞一名焦雞,以渾鹽豉蔥白中,截乾蘇微火炙,生蘇不炙,與成治渾雞俱下水中熟煮,出雞及蔥,漉出汁中蘇豉,澄令清,擘肉廣寸餘,奠之,以煖汁沃之。肉若冷,將奠蒸令煖,滿奠。"又云:"蔥蘇鹽豉汁與雞煮,既熟,擘奠與汁,蔥蘇在上,莫按下,可增蔥白,令細也。"其言作法至詳,而不言漬酢。漢至後魏經時已久,故法小異,名亦微變。廣雅始出"臇"字,云:"美也。"玉篇則訓"臇"爲"羹"。

53 餳,洋也。煮米消爛,洋洋然也。葉德炯曰:急就章云:"棗杏瓜棣饊飴餳。"說文:"餳,飴和饊者也。"方言十三:"餳謂之餦餭。"

54 飴,蘇輿曰:此下當有"怡也"二字。小弱於餳,形怡怡然也。葉德炯曰:說文:"飴,米糵煎也。"即此物。方言十三:"凡飴謂之餳。"

55 餔,哺也,如餳而濁可哺也。畢沅曰:齊民要術有"煮白餳黑餳法",又有"煮餔法",大略相同。成蓉鏡曰:御覽八百五十二引四王起事云："惠帝到華陰,河間王遣上甘蔗甘餔二百幡。"

56 酒,酉也,畢沅曰:説文:"酒,就也,从水从酉,酉亦聲。"酉亦訓就。釀之米麴酉澤,畢沅曰:酉澤,酉繹也。説文"酉"下訓云:"繹酒也,从酉,水半見於上。"禮記郊特牲曰:"猶明清與醆酒,於舊澤之酒也。"是澤亦繹義也。初學記"澤"引作"懌",誤。久而味美也。畢沅曰:初學記引無"久"字,非。亦言踧也,能否皆强相踧,持飲之也。畢沅曰:持,今本譌作"待",據初學記引改。蘇輿曰:御覽飲食一引無"飲之"二字。又入口咽之,皆踧其面也。

57 緹齊,色赤如緹也。畢沅曰:周禮酒正辨五齊之名,其四曰"緹齊"。鄭注:"緹者成而紅赤,如今下酒矣。"説文:"緹帛,丹黄色。"案丹黄色近赤矣。

58 盎齊,盎滃也,畢沅曰:今本無"滃也"二字,據周禮注增。注見下。滃滃然濁色也。畢沅曰:鄭注周禮酒正云:"盎,猶翁也,成而翁翁然蔥白色,如今酇白矣。"

59 汎齊,浮蟻在上汎汎然也。畢沅曰:周禮作"泛齊"。鄭注:"泛者,成而滓浮泛泛然。如今宜成醪矣。"説文:"汎,浮貌。""泛,浮也。"汎、泛義相近。葉德炯曰:此元酒也。書顧命:"麻冕蟻裳。"御覽服章部引鄭注:"蟻,謂色玄也。"

60 沈齊,濁滓沈下,汁清在上也。畢沅曰:鄭注周禮"沈齊"云:"沈者成而滓沈,如今造清矣。"

61 醴齊,醴,禮也,釀之一宿而成禮,有酒味而已也。畢沅曰:"禮"當皆爲"體"字之誤也。鄭注周禮:"醴,猶體也。成而汁滓相將,如今恬酒矣。"説文:"醴,酒一宿孰也。"

62 醳酒,久釀酉澤也。畢沅曰:此禮記所謂"舊繹之酒"

也。醳,當作"繹",从糸,睪聲,俗从酉,非。酉澤,從說文當作"酋繹"。

63 事酒,有事而釀之酒也。 畢沅曰:周禮酒正云:"凡爲公酒者。"鄭注:"謂鄉射飲酒,以公事作酒者。"此有事而釀之酒也。酒正又云:"辨三酒之物,一曰事酒。"

64 苦酒,淳毒甚者酢苦也。 畢沅曰:御覽引作"淳毒者,酢且苦也"。 成蓉鏡曰:案晏子春秋:"蘭本三年而成,湛之苦酒。則君子不近,庶人不佩。"御覽六百六十六引魏名臣奏曰:"今官販苦酒,與百姓爭錐刀之末。"苦酒即醯也。故吳錄地理志曰:"吳王築城以貯醯,今俗呼苦酒城。"(亦見御覽。)賈思勰齊民要術九引陸璣草木鳥獸蟲魚疏云:"接余以苦酒,浸之爲菹。"

65 寒粥, 畢沅曰:字本作鬻,今本省。末稻米投寒水中育育然也。 畢沅曰:御覽引作"寒粥,投米寒水中也"。

66 干飯, 畢沅曰:干與乾音同,得相假借,御覽引即作"乾"。 飯而曝乾之也。 成蓉鏡曰:司馬彪續漢書:"羊陟拜河內尹,常食乾飯。"謝承後漢書:"左雄爲冀州刺史,常食乾飯","羊茂爲東郡太守,常食乾飯","胡劭爲淮南太守,使鈴下閤外吹曝,作乾飯。"並見御覽八百五十,亦通作"干飯"。後漢書獨行傳:"明堂之奠,干飯寒水。"

67 糒,䬳也,飯而磨散之,使䬳碎也。 畢沅曰:今本脫"散"字,據御覽引補。齊民要術有"作杭米糗糒法":"取杭米沃灑作飯,曝令燥,擣細,磨,粗細作兩種折。"

68 餱,候也,候人飢者以食之也。 葉德炯曰:說文:"餱,乾食也。""糇,餱也,陳、楚之間相謁食麥飯曰糇,楚人相謁食麥曰飵,秦人謂相謁食麥曰饟饟。"據此,是古人以麥食作乾糧矣。魏志袁術傳注引吳書云:"袁術士衆絕糧,問廚下,尚有

麥屑三十斛,時盛暑,欲得蜜漿,又無蜜,坐櫑牀上歎息。"此亦
以麥爲乾糧之證。云"候人飢者食之",即相謁食麥之義也。相
謁留食,正以其行道阻飢耳。詩:"民之食德,乾餱以愆。"正謂
相謁而不設食,遂爲愆尤也。

69 煮麥曰麱。麱亦齲也,煮熟則齲壞也。畢沅曰:今
本"麱"作"鏵",訛,據御覽引改。説文:"麱,麥甘鬻也。"與煮
麥義亦合[①]。

70 柰油,擣柰實,和以塗繒上,燥而發之,形似油也,
杏油亦如之。畢沅曰:今本末句"杏油"亦作"柰油",誤也。
據御覽引改正。案柰實不聞可爲油,據齊民要術説"棗油法"
稱:"鄭康成云:"棗油,擣棗實,和以塗繒上,燥而形似油也,乃成
之。"與此相似,雖非引本書,亦得證此之誤。又齊民要術引本
書云:"杏可以爲油。"蓋據此文"杏油亦如之"之言而云,然本書
實未有杏可以爲油之言也。

71 桃濫,水漬而藏之,其味濫濫然酢也。畢沅曰:鄭
注禮記內則説"濫"云:"以諸和水也,紀、莒之間名諸爲濫。"釋
文:"乾桃乾梅皆曰諸。"然則桃濫以水漬桃諸爲之也。

72 柰脯,切柰曝乾之,如脯也。畢沅曰:齊民要術説
"棗脯法":"切棗曝之,乾如脯也。"又説"作柰脯法":"柰熟時,
中破,曝乾,即成矣。"二法相仿,此似當作棗脯,據御覽引則實
是柰脯。

73 鮑魚。鮑,腐也,埋藏淹使腐臭也。畢沅曰:説文:
"鮑,饐魚也。"鄭注周禮籩人云:"鮑者,於楅室中糗乾之,出於
江淮也。"顔注漢書貨殖傳云:"鮑,今之鮑魚也,秦始皇載鮑,亂

---

①　釋名疏證補坿有補充。見本書 346 頁。

臭,則是鮑魚耳。"鄭説非也。先謙曰:吴校"淹"作"奄",下有"之"字。

74 蟹胥,取蟹藏之,使骨肉解,胥胥然也。畢沅曰:今本"解"下有"之"字,據義似衍,删之。説文:"胥,蟹醢也。"鄭康成注周禮庖人"供祭祀之好羞"云:"若青州之蟹胥。"字林云:"蟹醬也。"①

75 蟹虀,去其匡虀,熟擣之,令如虀也。畢沅曰:"匡"下"虀"字衍,據北堂書鈔、御覽引皆無。段云當作"加虀",脱"加"字。

76 桃諸,藏桃也。諸,儲也,藏以爲儲,待給冬月用之也。畢沅曰:禮記内則有"桃諸、梅諸"。然則"梅諸"亦藏以待用者也。"用之"疑當作"之用"。

77 瓠,蓄皮瓠以爲脯,畢沅曰:剥其皮曰皮。説文:"剥取獸革者謂之皮。"戰國策:"聶政皮面抉眼。"成蓉鏡曰:晉書祖逖傳:"耆老歌元酒,忘勞甘瓠脯。"蓄積以待冬月時用之也。畢沅曰:齊民要術所引,月下無"時"字,"用"下無"之"字。

釋采帛第十四

1 青,生也,象物生時色也。葉德炯曰:考工記:"繢畫之事,東方謂之青。"素問 玉機真藏論:"東方木也,萬物之所以始生也。"

2 赤,赫也,太陽之色也。葉德炯曰:易 説卦:"離,爲火,爲日。"説文:"赤,南方色也。""赫,火赤貌。""日,實也,太陽之精。""火,燬也,南方之行。"先謙曰:吴校"太陽"上補"赫

赫"二字。

3 黄，晃也，猶晃晃，象日光色也。葉德炯曰：廣雅 釋訓："晃晃，光也。"案説文無晃字，本作煌。御覽 天部三引易傳云："日煌煌似黄。"

4 白，啟也，如冰啟時色也。王啟原曰：爾雅："馬前足皆白啟。"以色名之，是有白義。説文启訓開，啟訓教，經典無別，引申之，二字義通。山濤之"啟事"即"白事"也。漢、晉人書牘首尾云某白，猶後人之言某啟也。先謙曰：冰啟，禮月令所謂開冰薦廟也。白、啟聲不近，俟考。

5 黑，晦也，如晦冥時色也。葉德炯曰：説文："黑，火所熏之色也。"公羊 成十六年傳："晦者何？冥也。"莊子 逍遥遊 釋文引東方朔 十州記："水黑色謂之冥。"先謙曰：黑則未有不晦者。本書釋水："海，晦也，其色黑而晦也。"

6 絳，工也，染之難得色，以得色爲工也。畢沅曰：鄭注儀禮 士冠禮云："纁裳，淺絳裳，凡染絳一入謂之源，再入謂之頳，三入謂之纁，朱則四入與。"三入猶爲淺絳，故曰染之難得色。説文："絳，大赤也。"絑，純赤也。"此篇不別出朱文，蓋朱即絳也。

7 紫，疵也，非正色。五色之疵瑕以惑人者也。畢沅曰：論語 陽貨篇云："子曰：惡紫之奪朱也。"葉德炯曰：説文："紫，白青赤色。"漢書 王莽傳注引應劭曰："紫，間色。"

8 紅，絳也，白色之似絳者也。畢沅曰：説文："紅，帛赤白色，从糸，工聲。"工、莽聲相近，故前文云："絳，工也。"此云："紅，絳也。"吳翊寅曰："紅，絳也。"吳校作"紅，亦工也"。案紅从工聲，依本書例，當以聲近字爲訓，絳既訓工，故云"紅，亦工也"。

9 緗，桑也，如桑葉初生之色也。畢沅曰：御覽引曰：
"緗，桑。花初生色也。"説文無"緗"字，意古者假借"湘"字爲
之。孫詒讓曰：周禮內司服有"鞠衣"，鄭注："鞠衣，黃桑服也，
色如鞠塵，象桑葉始生者。"急就篇："鬱金半見緗白魿。"顏注：
"緗，淺黃也。"

10 綠，瀏也，荊泉之水，於上視之，瀏然綠色，此似之
也。畢沅曰："荊泉之水"蓋即"滄浪之水"也，滄浪亦以其色名
之。王啟原曰：荊泉當是荊淵，唐人避諱改，非。本文當謂今湖
南之水。漢時荊州刺史治武陵索縣。瀏然綠色，唯湘中水足以
當之。長沙郡之瀏水，亦以邑名之。滄浪水，孺子歌清濁並言，
非全清者。

11 縹，猶漂也，畢沅曰：今本脫"漂也"二字，據一切經音
義引增。漂漂淺青色也。畢沅曰：説文："縹，帛青白色也。"
先謙曰：爾雅"翠微"邢疏："山氣青縹色，故曰翠微也。"有碧
縹，有天縹，有骨縹，各以其色所象言之也。先謙曰：説文：
"碧，石之青美者。"漢書司馬相如傳注："謂石之青白色者也。"
天縹，若今俗言天青色。骨縹，則青黃色矣。隋禮儀志所謂"黃
縹"也。

12 緇，滓也，泥之黑者曰滓，此色然也。畢沅曰：説文：
"緇，帛黑色也。"

13 皁，畢沅曰：説文作"草，草斗，櫟實也。一曰象斗，从
艸，早聲"。後來相承以草爲艸字，遂別造白下十，或白下七之
字，以爲草字。早也，日未出時早起，視物皆黑，此色如
之也。

14 布，布也，布列眾縷爲經，畢沅曰：眾，御覽引作"諸"。
以緯橫成之也。又太古衣皮，畢沅曰：禮記禮運云："食鳥獸

之肉，飲其血，茹其毛，未有麻絲，衣其羽皮。”女工之始，始於是，施布其法，使民盡用之也。

15　疎者，言其經緯疎也。**畢沅曰**：“疎”爲“疏”之俗體。**後漢書 文苑傳**：“禰衡著布單衣疎巾。”後人又改作練，皆**說文**所無。**吳翊寅曰**：吳校作“亦言疏也，其經緯疎也”，合上爲一條。案布、疎一聲之轉，布又與絹對文，別爲條，非。**先謙曰**：下別有疏一條①。

16　絹，絸也，其絲絸厚而疎也。**畢沅曰**：今本“絸”皆作“絙”，譌。**段云**：“絸，古堅字，當从糸臣聲。”**玉篇**引**成公四年**“鄭伯絙卒”，今**春秋**作“鄭伯堅”。絙亦絸之譌。**玉篇**音古千、古兩二切，**初學記**一音古費切，費乃賢之譌也。**先謙曰**：**廣雅 釋器**：“綃謂之絹。”**說文**：“綃，生絲也。”**一切經音義**十五引**通俗文**云“生絲繒曰綃，合並絲繒曰縑”之訓，證以本書，可知絹、縑之別。**漢書 外戚傳注**：“縑，即今之綃也。”解殊未晰。

17　縑，兼也，其絲細緻，數兼於絹，染兼五色，細緻，不漏水也。**畢沅曰**：今本作“縑，兼也，其絲細緻，數兼於布絹也。細緻，染縑爲五色，細且緻，不漏水也”。據**御覽**引改。**說文**：“縑，并絲繒也。”

18　練，爛也，煮使委爛也。**蘇輿曰**：**說文**：“練，涷絹也，从糸，柬聲。”**華嚴經音義**引**珠叢**云：“煮絲令熟曰練。”此練之本義，引申爲凡事練熟之稱。**漢書 薛宣傳**：“練國制度。”**顏注**：“練猶熟也。”**文選 韋孟 諷諫詩**：“瞻惟我王，時靡不委。”**李注**：“委，練也。”練熟、練委並原於此訓。

19　素，朴素也，已織則供用，不復加功飾也。**畢沅曰**：

---

①　**釋名疏證補**垞有補充。見本書 347 頁。

今本“功”作“巧”，據御覽引改。藝文類聚引作“不復加飾也”。又物不加飾，皆目謂之素，此色然也。畢沅曰：今本“目”誤作“自”，據義改。説文：“素，白緻繒也。”先謙曰：“皆目謂之素。”吳校作“皆目之爲素”。

　　20 綈，似蝃蟲之色，綠而澤也。畢沅曰：蝃謂螗蝃，小蟬也。郭注方言“蟪蝭”云：“江南呼螗蜓。”蝃、蜓二字，説文皆無之。説文：“綈，厚繒也。”御覽引説文云：“綈，赤黃色也。”蓋別有一義，今脱佚矣。先謙曰：急就篇顔注：“綈，厚繒之滑澤者。”漢書外戚傳有“綠綈方底”，與成國所言“綠而澤”相證合。漢文帝衣皁綈，後世則絳紺青白緋紫黃，綈不一其色，成國舉一狀之耳。

　　21 錦，金也，作之用功重，其價如金。畢沅曰：今本“其”上衍“於”字，據廣韻引删。葉德炯曰：漢時錦名最多，有斜文錦、蒲桃錦，見西京雜記；有虎文錦，見漢官儀；有走龍錦、翻鴻錦、雲鳳錦，均甘泉宮招仙靈閣物，見郭子元洞冥記；有鴛鴦萬金錦、蛟文萬金錦，均成帝賜後宮物，見博物要覽；有綠地五色錦，見吳淑事類賦引西京雜記；有雲錦、紫錦，見漢武内傳。至三國名目尤緐，如御覽布帛部二載魏志：絳地交龍錦、紺地句文錦、暴文雜錦。又載魏武詔：如意虎頭連璧錦、金薄、蜀薄等。大都隨織文命名，如下條“綺”之例。因成國未及，補注於此。故其制字從帛與金也。畢沅曰：今本脱“從”字，據廣韻引增。案説文：“錦，襄邑織文也，从帛，金聲。”是諧聲字。从帛與金，説爲會意，非制字之本旨矣。

　　22 綺，攲也，其文攲邪，不順經緯之縱橫也。畢沅曰：説文：“綺，文繒也。”案織文繒必二人，一人於機中投杼，一人居於機上，提絜其經，而操縱之，使經緯間錯成文，故曰“不順經緯之縱橫"。有杯文，形似杯也，有長命，其綵色相間，皆橫終幅，此之謂也。畢沅曰：御覽引無此四字。成蓉鏡曰：御覽八百十六引東宮舊事云：太子納妃：有七綵杯文綺被一；絳石杯文綺被一；七綵杯文絳袴；長命杯文綺袴。言長命者服之，使人命長，葉德炯曰：玉燭寶典"五月"引董勛問禮俗云："夏至，上長命縷。"又引荆楚歲時記云："士女取練葉捶頭，綵絲繫臂，謂爲長命縷。"又引沈約宋書云，元嘉四年，"禁斷夏至日五絲長命縷之屬"①。知長命縷爲六朝通用之物。而藝文類聚歲時部中引風俗通云："五月五日，以五綵絲繫臂者，辟兵及鬼，令人不病温。"又云："五月五日續命縷，俗説以益人命。"西京雜記："取綵絲就北斗星求長命。"二説尤與使人命長之説合，蓋漢時風俗有此語也。本造者之意也。畢沅曰：造者，今本譌作"造意"，據御覽引改。有綦文，方文如綦也。畢沅曰：今本"綦文"下有"者"字，以杯文長命二句例之，則不當有。御覽引無"者"字，據删。

23 綾，凌也，其文望之如冰凌之理也。蘇輿曰：説文："東齊謂布帛之細者曰綾，从糸，夌聲。"綾、凌疊均。初學記引風俗通："積冰曰凌，以其文理細淨有似冰凌之色，故云。"

24 繡，修也，文修修然也。葉德炯曰：詩終南："黻衣繡裳。"毛傳："五色備謂之繡。"禮記禮運："義之修而禮之藏。"注："修猶飾。"荀子儒效："脩脩分其用統類之行也。"脩脩即修修之假借。

25 羅，文羅疎也。畢沅曰：今本作"文疎羅"，初學記、藝文類聚、御覽皆引作"文羅疎"，據改。審字義當爲"羅疏"。蘇

---

① 禁，光緒二十二年本譌作"楚"。

輿曰:"文羅"下當更有"羅"字,初學記諸書引並脱。羅羅,疎貌,言文理羅羅而疎也,上云"文脩脩然"此云"文羅羅疎",正一例。本書釋宮室:"籬,離也,疎離離然也。"羅、離聲近,"羅羅疎"猶彼云"疎離離"矣。世説:"司馬太傅爲二王目曰,孝伯亭亭直上,阿大羅羅清疎。"足證羅羅二字之義。先謙曰:吴校作"文疎羅羅也"。

26 纚,筵也,龗可以筵物也。葉德炯曰:説文:"纚,冠織也。"案假借當爲籭。説文:"籭,可以取粗去細。"即此義也。此蓋羅之極稀者。

27 筡辟,經絲貫杼中,一閒并,一閒疎,疎者筡筡然,并者歷辟而密也。葉德炯曰:案此今之五絲羅七絲羅也。筡讀如車筡之筡,辟讀如辟析之辟。一閒并猶言一格合并,一閒疎猶言一格稀疎。廣雅釋器:"筡,籠也。"今織熏籠者,亦是如此。蘇輿曰:本書釋天:"歷辟,析也,所歷皆破析也。"亦此歷辟之義。析其絲令細織之,故密也。

28 紡龗絲織之曰疎。疎,寥也,寥寥然也。先謙曰:與上條"言其經緯疎也"同意。説文"寥"作"廫",云"空虚也"[①]。

29 穀,粟也,畢沅曰:急就篇補注引作"沙也"。其形歐歐,畢沅曰:今本作"其形足足而趿",御覽引作"其形歐歐",據改。歐讀如迫促之促。絲縷急歐,則起縐文如粟矣。俗書歐字下安足,非也。蘇輿曰:御覽布帛三引"穀"作"縠",云:"縠,粟也,其形戚戚如也。"無以下文。吴翊寅曰:吴校作"趿趿",下同。案原本誤"足足",御覽作"戚戚",可悟皆"蹙蹙"之譌,依

---

① 釋名疏證補坿有補充。見本書347頁。

本書例,作"氎氎"爲是,原不必盡依説文也。**視之如粟也。
又謂之沙,亦取賦賦如沙也。** 畢沅曰:今本"沙"下有"縠"
字,衍。又"賦賦"作"蹴蹴",今案"亦"者亦上文也,當從上作
"賦賦"。鄭注周禮內司服云:"今世有沙縠者,兼而名之也。"皮
錫瑞曰:漢書江充傳:"紗縠禪衣。"師古曰:"紗縠,紡絲而織之
也。"續漢書輿服志亦有"紗縠單衣"。文選七啟:"紗縠之裳。"①

30 **繐,惠也**,畢沅曰:今本脱此二字,據御覽引補。**齊人
謂涼爲惠,言服之輕細涼惠也。** 畢沅曰:儀禮喪服有"繐
縗裳",傳曰:"繐縗者何? 以小功之縷也。"鄭注云:"治其縷如
小功,而成布四升半。凡布細而疏者謂之繐,今南陽有鄧繐。"
喪服記曰:"繐,縗四升有半。"蘇輿曰:御覽布帛七引"惠"作
"慧"。惠、慧同。

31 **紈,煥也,細澤有光,煥煥然也。** 畢沅曰:今本"煥"
作"渙",御覽引作"煥",亦説文新附字。

32 **蒸栗,染紺使黃,色如蒸栗然也。** 王先慎曰:急就
篇:"蒸栗絹紺縟紅燃。"注:"蒸栗,黃色,若蒸熟之栗也。"

33 **紺,含也,青而含赤色也。** 畢沅曰:一切經音義引
"青"上有"謂"字。説文:"紺,帛深青揚赤色。"

34 **縣,猶湎湎,柔而無文也。** 先謙曰:禮玉藻疏:"好者
爲縣,惡者爲絮。"湎本訓爲沈於酒,此假以爲狀。詩蕩疏:"湎
者,顏色湎然齊一之辭。"漢書敘傳:"湎湎紛紛。"借義亦同。

35 **綸,倫也,作之有倫理也。** 畢沅曰:説文:"侖,理也。"
則不當用人傍之倫,後人多通用。先謙曰:本書釋水:"淪,倫也,
水文相次有倫理也。"與此同,知本書不盡依説文。

---

① 釋名疏證補坿有補充。見本書 347 頁。

36 絮，胥也，胥久能解落也。王啟原曰：能，吕本作
“故”。先謙曰：説文：“絮，敝緜也。”胥與須同。詩桑扈疏：“胥、
須古今字。”宋陳道人刊本“能”亦作“故”。

37 紬，抽也，抽引絲端出細緒也。畢沅曰：説文：“紬，
大絲繒也。”又謂之絓。絓，挂也，挂於杖端，畢沅曰：杖，直
賞反。振舉之也。畢沅曰：今本“杖”作“帳”，據御覽引改。此
皆言繰絲之法也。案説文：“絓，繭滓絓頭也。一曰以囊絮練也。
从糸，圭聲。”説與此異。

38 煮繭曰莫。莫，幕也，畢沅曰：此七字今本作“繭幕
也”三字，據御覽引增。貧者著衣，可以幕絡絮也。畢沅曰：
御覽引無“絡”字。或謂之牽離，煮熟爛牽引，使離散如緜
然也。畢沅曰：御覽無“然”字。案御覽引説文曰：“絓，繭滓絓
頭也。一曰牽離。”然則説文之所謂絓與此同，與上異也。今人
以繭之不堪爲絲者乃爲緜，其作之法與此所言無異。著衣之著，
音竹吕反。禮記玉藻：“纊爲繭，縕爲袍。”鄭注：“繭，袍衣有著
之異名也。纊，新緜；縕，謂今纊及舊絮也。”蓋貧者衣不能純緜，
但用新緜幕絡於舊絮之上。又今人以古貝著衣，亦以緜幕絡之，
知此古今同也。成蓉鏡曰：王隱晉書曰：洛中歌何德貞：“二人共
披一幡，牽離奈何？”見御覽八百十九。吳翊寅曰：“或謂之牽
離”以下三句，當合紬絓爲條，合本皆誤。

釋首飾第十五

1 冠，貫也，所以貫韜髮也。畢沅曰：説文：“冠，絭也，
所以絭髮，弁冕之總名也，从冂元，元亦聲。冠有法制，从寸。”
案“貫”當作“毌”，説文貫乃泉貝之貫，毌則穿物持之也，从一
横毌，讀若冠。今則通用貫字。蘇輿曰：白虎通冠絻篇：“所以有

冠者何？冠者，卷也，所以卷持其髮者也。"汪繩祖云："卷當作
卷。"卷與貫聲義通。

2 纓，頸也，自上而下繫於頸也。畢沅曰：今本脫"下"
字，據御覽引增。案纓，冠系也，鄭注儀禮士冠禮云："有笄者，屈
組爲紘，垂爲飾；無笄者，纓而結其條。"賈公彥疏："屈組，謂以
一條組於左笄上繫定，繞頤下，右相向上，仰屬於笄屈繫之，有餘
因垂爲飾也；無笄則以二條組爲纓，兩相屬於頦，其所垂條於頤
下結之，故云纓而結其條也。"此言自上而下繫於頸，則是二條
組兩相垂下者也。

3 笄，係也，所以係冠，使不墜也。畢沅曰：士冠禮有
"皮弁笄、爵弁笄"。鄭注："笄，今之簪。"

4 祭服曰冕。畢沅曰：天子冕服有六，皆祭服也。詳周
禮司服。冕，猶俛也；俛，平直貌也。蘇輿曰：御覽服章三引
"俛"下無"也"字。白虎通論冕制云："禮曰：周冕而祭。"又云：
"十一月之時，陽氣俛仰，黃泉之下，萬物被施如冕，前俛而後仰，
故謂之冕也。"後漢書明帝紀注引三禮圖云："冕以十三升布染
而爲之，廣八寸，長尺六寸，前圓後方，前下後高，有俯伏之形，故
謂之冕，欲人之位彌高而志彌下，故以名焉。"亦言文也，蘇輿
曰：御覽服章三引無此句。玄上纁下，前後垂珠，有文飾也。
畢沅曰：周禮："弁師掌王之五冕，皆玄冕，朱裏，延，紐，五采繅十
有二就，皆五采玉十有二，玉笄，朱紘。"是有文飾者也。玄上，
謂延上色玄；纁下，謂朱裏也。此所言珠，亦以玉爲之。續漢書
輿服志："乘輿，冕係白玉珠，三公諸侯青玉爲珠，卿大夫黑玉爲
珠，蓋袞冕用玉二百八十八，其形僅如珠，始不過重耳。"晉書輿
服志云："漢以來，天子之冕前後旒，用真白玉珠。魏明帝好婦人
之飾，改以珊瑚珠。"是知珠蓋通稱耳。蘇輿曰：御覽服章三引

應劭 漢官儀云：“周冕與古冕略等，周加垂旒，天子前後垂，真白珠各十二。”據此，則垂真白珠不始於漢。又蔡邕 獨斷云：“漢明帝採尚書 皋繇及周官、禮記以定冕制，皆廣七寸，長尺二寸，係白珠於其端，十二旒，三公及諸侯九旒，卿七旒。”**有袞冕。袞，卷也，畫卷龍於衣也。**畢沅曰：鄭仲師注司服云：“袞，卷龍衣也。”卷，渠緣反。蘇輿曰：御覽 服章三引摯氏 決疑要注云：“秦除六冕之制，明帝 永平中，使諸儒案古文始復造袞冕。”**有鷩冕。鷩雉，山雉也。**畢沅曰：今本作“鷩，雉之憋惡者，山雞是也”，據御覽引改。**鷩，憋也，**畢沅曰：説文 心部無“憋”字。列子 力命篇“憋憋”乃急速之貌。廣雅 釋詁：“憋，惡也。”曹憲音埤列、芳列二切。**性急憋，不可生服，必自殺，故畫其形於衣，以象人執耿介之節也。**畢沅曰：鄭康成注司服云：“鷩，畫以雉，謂華蟲也。”又注大宗伯云：“雉取其守介而死，不失其節。”**毳冕。毳，芮也，畫藻文於衣，象水草之毳芮，温暖而潔也。**畢沅曰：康成注司服云：“毳，畫虎蜼謂宗彝也，以冕服五等之章差之。”鄭説爲長。孫詒讓曰：芮疑即頧之假字，吕氏春秋 必已篇云“不衣芮温”（高 注云“芮，絮也”。未塙）。**黻冕。黻，紩也，畫黻紩文采於衣也。**畢沅曰：黻冕，當爲“黹冕”，黹，紩也。“畫黻”二字疑衍文。黹冕，衣刺粉米一章，無畫，裳刺黼黻二章，故得黹名。周禮作“希冕”。康成 注：“希刺粉米，無畫也。”又有玄冕，康成云：“玄者，衣無文，裳刺黻而已，是以謂玄焉。”案此乃所謂黻冕，今并合二冕無分別，似非。**此皆隨衣而名之也，所垂前後珠轉減耳。**畢沅曰：周制，王之五冕，袞冕之旒，十有二就，鷩冕九就，毳冕七就，黹冕五就，玄冕三就，其玉則五，冕皆每就十有二，後亦如之，公侯以下，自九就以至三就，凡四等，其前後用玉多寡，各視其就數以尊卑爲差也。此言所垂前後珠轉減，亦如是，用玉之數爾。

5 章甫，<u>殷</u>冠名也。甫，丈夫也，服之所以表章丈夫也。<u>畢沅</u>曰：御覽引作"殷以之表章丈夫也"。儀禮土冠記："章甫，<u>殷</u>道也。"<u>鄭</u>注："章，明也，殷質，言以表明丈夫也。"<u>蘇輿</u>曰：丈夫，御覽服章二引並作"大夫"。

6 冔，亦<u>殷</u>冠名也。冔，幠也，幠之言覆，言以覆首也。<u>畢沅</u>曰：本無此條。案周弁、殷冔、夏收等爾，不應有弁收而無冔。<u>鄭</u>注土冠記曰："冔，名出於幠。幠，覆也，言所以自覆飾也。"今仿<u>鄭君</u>注義以增此條，惟是説文無冔字，蓋後人鈔寫有脱落也。説文"冕"字解説云"冕也，周曰冕，殷曰冔，夏曰收"。則説文必本有冔字。冔，從月，吁聲，當增入月部。

7 牟追。牟，冒也，言其形冒髮追追然也。<u>畢沅</u>曰：牟追，土冠記、郊特牲皆作毋追。<u>鄭</u>注土冠記："毋，發聲也；追，猶自也，夏后氏質，以其形言之。"案毋，讀亦爲牟。説文："牟，牛鳴也。"則解牟爲發聲亦可。<u>蘇輿</u>曰：追追，大貌。白虎通 冠絻篇："夏統十三月爲正，其飾最大，故曰毋追，毋追者，言其追大也。"是以追訓大之證。

8 <u>收，夏后氏</u>冠名也，言收斂髮也。<u>畢沅</u>曰：鄭注土冠記亦云："收，言所以收斂髮也。"

9 <u>委貌</u>，冠形委曲之貌，上小下大也。<u>畢沅</u>曰：委曲之貌，今本作"又委貌之貌"，據御覽引改。鄭注土冠記云："委，猶安也，言所以安正容貌。"案鄭義差長。<u>蘇輿</u>曰：白虎通："所以謂之委貌何？周統十一月爲正，萬物始萌，小，故爲冠飾最小，故曰委貌。"委貌者，言委曲有貌也，與此合。土冠禮："委貌，<u>周</u>道也。"

10 弁，<u>畢沅</u>曰：説文作𠔉或覍字。如兩手相合抃時也。

畢沅曰：抃，説文作拚，云："拊手也。"今諸本皆作抃。初學記："音奮，如小弁，亦作小卞。"後人通用無別矣。蘇輿曰：白虎通："弁之爲言攀也，所以攀持其髮也。"士冠禮 鄭注："弁，名出於槃。槃，大也。"拚、攀、槃並聲近字。**以爵韋爲之，謂之爵弁。**畢沅曰：鄭注士冠禮云："爵弁者，冕之次，其色赤而微黑，如爵頭然。"蘇輿曰：白虎通："爵弁者何謂也？其色如爵頭，周人宗廟士之冠也。"御覽 服章三引董巴 輿服志："爵弁，一名冕，廣八寸，長尺二寸，如爵形，前小後大，其上似爵頭色，有收持笄，所謂殷收夏冔者也。"**以鹿皮爲之，謂之皮弁。**畢沅曰：鄭注士冠禮云："皮弁者，以白鹿皮爲冠。"成蓉鏡曰："以鹿皮"九字當在"韋弁"下。聘禮："君使卿韋弁歸饔餼。"注："變皮弁服韋弁，敬也。"疏："案周禮春官 司服，王之吉服有九，祭服之下，先云兵事韋弁服，後云視朝皮弁服，則韋弁尊於皮弁。"是其證。蘇輿曰：白虎通："皮弁者何也？所以法古至質冠之名也。"御覽 服章三引三禮圖云："皮弁以鹿皮淺毛黃白色者爲之，高尺二寸。"左僖二十八年傳："楚子玉自爲瓊弁玉纓。"杜注："弁以鹿子皮爲之。"**以韎韋爲之，謂之韋弁也。**畢沅曰：周禮 司服云："凡兵事韋弁服。"鄭注："韋弁，以韎韋爲弁。"

11 纚，以韜髮者也，以纚爲之，因以爲名。畢沅曰：士冠禮："緇纚，廣終幅，長六尺。"鄭注："纚，今之幘梁也。終，充也。纚一幅長六尺，足以韜髮而結之矣。"釋文："韜本作弢。"先謙曰：吳校句末有"也"字。

12 總，束髮也，總而束之也。畢沅曰：鄭注禮記 內則云："總，束髮也。"

13 幘，蹟也，下齊眉蹟然也。畢沅曰：眉，今本譌作"員"，據御覽引改。蹟，御覽作"蹟"，説文無蹟字，故不從。蘇興曰：後漢書輿服志："幘者，韻也，頭首嚴韻也。"或曰畢沅曰：今本無此二字，據義增。兌，上小下大，兌兌然也。蘇興曰：上小下大，其形尖銳，故象其形而呼爲兌也。兌古通作銳。或曰联，联折其後也。畢沅曰：説文無联字，未考得實，姑仍而不改。通俗文云："帛幘曰帢。"意此本作"帢"與？然説文亦無帢字。成蓉鏡曰：联當作帊，廣韻三十一洽，帢或體作帠、帊。先謙曰：吳校作"帊"。或曰幘，畢沅曰：此正説幘，不應又言或曰幘，蓋幘字上下必有脱字，必不單名幘也。方言曰："覆結謂之幘巾。"意此當作幘巾與。形似幘也，賤者所著曰兌髮，作之裁裹髮也。皮錫瑞曰：蔡邕獨斷云："幘，古者卑賤執事不冠者之所服也。"或曰牛心，形似之也。

14　帽，畢沅曰：此俗字也。説文作"冃"，云："小兒及蠻夷頭衣也。"冒也。先謙曰：漢書雋不疑傳注："冒，所以覆冒其首。"

15　巾，謹也，二十成人，士冠庶人巾，當自謹修四教也。畢沅曰：今本"四教"上有"於"字，據御覽引删。

16　簪，畢沅曰：本作旡，則音反。説文："俗旡，从竹替。"笄也，畢沅曰：笄，子林反，御覽引作"連"，非。以笄連冠於髮也。又枝也，因形名之也。葉德炯曰：文選招隱詩注引蒼頡篇云："簪，笄也，所以持冠也。"

17　搚，畢沅曰：説文無搚字，以音求之，當从手商聲，字作摘。摘也，所以摘髮也。畢沅曰：詩君子偕老云："象之搚也。"毛傳："搚，所以摘髮也。"釋文："摘本又作擿，又作讁，並非。"案説文："擿，搔也。"然則作擿良是。此條兩"摘"字皆當作"擿"。詩釋文反以爲非，陸德明不知，遵説文也。

18　導，所以導櫟鬢髮，使入巾幘之裏也。或曰櫟鬢，

以事名之也。成蓉鏡曰：文選餞呂僧珍詩注引通俗文曰："幘
道曰簮。"道，御覽六百八十八引作"導"。吳均續齊諧記："蔣潛
乃注看之，見有犀導，乃拔取。"諸葛恢集詔答恢曰："今送一犀
導，小物耳。"並見御覽。

19　鏡，景也，言有光景也。畢沅曰：初學記、御覽引皆無
"言"字。葉德炯曰：説文："鏡，景也。"

20　梳，言其齒疏也，數言比。畢沅曰：此貧界反，俗所謂
編箕也。數，密也。所角反。先謙曰：吳校作"數者曰比"。比
於梳，其齒差數也。畢沅曰：此"比"字必履反，下二"比"字
皆貧界反。比，言細相比也。蘇輿曰：御覽服用十六引云：
"枇，言其細相比也。"先謙曰：吳校"比言"作"亦言"。

21　厵，帥也。帥，髮長短皆令上從也。亦言瑟也，厵
髮令上瑟然也。葉德炯曰：説文："荔，草，根可作刷。"又御覽
服用部二十引東宮舊事云："太子納妃有七猪鬃刷。"按此是二種：
一以草根，一以猪毫。又御覽引通俗文："所以理髮，謂之刷。"

22　鑷，畢沅曰：此俗字也，依説文當作籋。籋，尼輒反。攝
也，攝取髮也。葉德炯曰：御覽服飾部二十引通俗文云："披減
髮鬢謂之鑷。"

23　綃頭。畢沅曰：古樂府云："行者見羅敷，脱帽著綃頭。"
方言作"幧頭"。孫楷曰：後漢書逸民傳："周黨著穀布綃頭。"獨
行傳："向栩著絳綃頭。"綃，鈔也，鈔髮使上從也。或謂之
陌頭，畢沅曰：今本作"或曰"，御覽引作"或謂之"，據改。孫楷
曰：方言："絡頭，帞頭也。"廣雅云："帞頭、絡頭，幧頭也。"漢書
周勃傳："太后以冒絮提文帝。"應劭云："帞，額絮也。"帞與陌
同。言其從後橫陌而前也。畢沅曰：説文無"陌"字，據橫陌
之義，字當作"末"。漢書谷永傳曰："末殺災異。"皮錫端曰：禮

問喪"雞斯"注:"雞斯,當爲笄纚,聲之誤也。"今時始喪者,邪巾
貊頭,笄纚之存象也。集韻:"邪巾袙頭,始喪之服。"類篇:"帕,
邪巾也。"陌、貊、帕、袙義同。**齊人謂之幘,**畢沅曰:方言:"幧
頭,趙、魏之間或謂之幘。"**言斂髮使上從也。**畢沅曰:今本
"言"下有"幘"字,係誤衍,删之。

24　**王后**畢沅曰:後漢書烏桓傳注引作"皇后",譌。**首飾
曰副。副,覆也,以覆首。亦言副貳也,兼用衆物成其飾
也。步搖,上有垂珠,步則搖動也。**畢沅曰:今本"步搖"云
云,列於"剔刑人之髮爲之也"之後,提行别起。御覽引曰"后首
飾曰副。副,覆也,以覆於首,上有垂珠,步則搖也"。無"亦言"
至"步搖"十五字。案鄭注周禮追師云:"副之言覆,所以覆首,
爲之飾,其遺象若今步繇矣。"然則副與步搖異名同類,當使相
從,故移於此。"亦言副貳"云云,當依今本存之。"動"字據一
切經音義引增。孫楷曰:續漢志:"以絛。假結,步搖,簪珥。步
搖以黄金爲山題,貫白珠爲桂枝相繆,一爵九華,熊、虎、赤羆、
天鹿、辟邪、南山豐大特六獸,詩所謂'副笄六珈'者。"[1]鄭君詩
箋云:"珈之言加也,副既笄而加飾,如今步搖上飾。"又注明堂
位"副禕"云:"首飾也,今之步搖是也。"蓋兼用衆物成其飾,衆
物即步搖上諸爵獸,此乃飾之最盛者,漢世唯皇后服之。及長公
主見會,衣服亦加焉。蘇輿曰:御覽服用十七引宋玉風賦:"主人
之女,垂珠步搖。"又引晉令云:"步搖蔽髻,皆爲禁物。"然則步
搖漢世貴賤通用,迄晉而廢也。**編,編髮爲之也。**畢沅曰:今
本脱"也"字,從例增。鄭注追師云:"編,編列髮爲之,其遺象若
今假紒矣。"**次,**畢沅曰:今本脱此字,據周禮注增。**次第髮也。**

---

① 後漢書輿服志作"緣以絛",這裏只取"以絛"二字。

畢沅曰：鄭注追師云：“次，次第髮長短爲之，所謂髲髢。”髮，畢沅曰：今本譌作“髢髮”，據義改。被也，髮少者得以被助其髮也。鬀，剔也，剔刑人之髮爲之也。畢沅曰：刑人有當髡者，取其髮以爲鬀。哀十七年左傳云：“衛莊公登城，見己氏之妻髮美，使髡之，以爲吕姜髢。”是非刑人而髡之，故結仇怨，卒爲所殺。

　　25 簂，畢沅曰：説文無簂字，依説文當作㮌。孫楷曰：簂又作蔮。續漢志云：“太皇太后、皇太后以條䚫髲，蔮摘長一尺左右，一横簪之以安蔮。公卿及二千石夫人紺繒蔮。”此即蔮之制。恢也，恢廓覆髮上也。魯人曰頍。畢沅曰：鄭注士冠禮云：“滕、薛名蔮爲頍。”案滕、薛國皆近魯，故其稱名同。説文亦無蔮字①。頍，傾也，著之傾近前也。齊人曰幘，畢沅曰：今本譌作“幌”。案廣雅：“簂謂之帨。”玉篇、廣韻皆云：“帨，簂也，莫教反。”據改。然説文亦無帨字，當止作兒。兒即形貌字也。飾形貌也。

　　26 華勝。畢沅曰：今本脱此二字，據御覽引增。華，象草木華也。勝，言人形容正等，一人著之則勝，王啟原曰：吕本則“勝”下有“也”字。蘇輿曰：玉燭寶典一引云：“花，象草木花也。言人形容政等，著之則勝。”御覽服用二十一引亦云：“花勝，草花也，言人形容正等，著之則勝。”蔽髮前爲飾也。成蓉鏡曰：續漢書輿服志：“簪以瑇瑁爲摘，長一尺，端爲華勝。”孫楷曰：司馬相如大人賦：“覩西王母，暠然白首，戴勝而穴處兮。”師古注：“勝，新婦首飾也。漢代謂之華勝。”荆楚歲時記云：“正月七日，鏤金箔爲人勝，以貼屏風，亦戴之頭鬢，又造華勝以相遺。”

---

① 釋名疏證補坿有補充。見本書 347 頁。

27 釵，叉也，象叉之形，因名之也。畢沅曰：今本脱此
十一字，據御覽引補。藝文類聚引作"叉，枝也，因形名之也"。
爵釵，釵頭施爵也。畢沅曰：今本釵頭下有"及上"二字，據
御覽引删。葉德炯曰：文選二十七曹子建樂府注引"頭"上有
"上"字，又二十八日出東南隅注引有"及上"二字，畢據御覽引
删，非是。蘇輿曰：爵與雀同，曹植美女篇："頭插金爵釵，腰佩翠
琅玕。"晉令六品以下得服爵釵，以蔽髻，三品以上服金釵。是
爵釵男女得通服之矣。

28 瑱，鎮也，皮錫瑞曰：周禮天府注："故書鎮作瑱。"先鄭
云："瑱讀爲鎮。"典瑞云："王執鎮圭。"注："故書鎮作瑱。"先鄭
云："瑱讀爲鎮。"縣當耳傍，不欲使人妄聽，自鎮重也。畢
沅曰：毛詩君子偕老傳云："瑱，塞耳也。"或曰充耳。充，塞
也；畢沅曰：鄭箋旄丘詩云："充耳，塞耳也。"塞耳，亦所以止
聽也。故里語曰："不痴不聾，不成姑公"。成蓉鏡曰：困學
紀聞諸子諺云："不瘖不聾，不能爲公。"見慎子萬氏集證，在亡
篇中，引見御覽三百九十六。今考宋書庾炳之傳"不癡不聾，不
成姑公"。隋書張孫平傳："鄙語：不癡不聾，未堪作大家翁。"趙
璘因話録："郭汾陽子曖尚昇平公主，琴瑟不調。汾陽拘曖，詣朝
堂待罪，上召而慰之曰：諺云：不癡不聾，不作阿家阿翁。"（資治
通鑑作"阿家翁"）。皆漢諺之遺，今江淮間猶有此諺云："不癡
不聾，作不得阿家翁。"

29 穿耳施珠曰璫，葉德炯曰：御覽服用部二十引風俗通
文："耳珠曰璫。"此本出於蠻夷所爲也。蘇輿曰：御覽服用
二十引此句，在上條"自鎮重也"下，合爲一條。蠻夷婦女輕
浮好走，畢沅曰：今本"浮"誤作"淫"，據御覽引改。故以此璫
鍾之也，畢沅曰：今本"璫"上有"琅"字，據一切經音義引删。

今中國人效之耳。蘇輿曰：御覽服用二十引作“今中國用耳
璫，傚之也”。

　　30 脂，砥也，著面柔滑如砥石也。成蓉鏡曰：御覽
七百十九引郭義恭廣志曰：“面脂，魏興以來始有之。”今考史游
急就章：“芬薰脂粉膏澤筩。”是西漢時已尚之，廣志非。

　　31 粉，分也，研米使分散也。胡粉。胡，餬也，脂合
以塗面也。經粉。經，赤也，染粉使赤，以著頰上也。畢
沅曰：“經粉”以下云云，今本列於篇末“第錄也”之後，別爲一
條。茲據御覽引移，以并合於此。經、赬同，御覽音勅真切①。成
蓉鏡曰：説文：“粉，傅面者也。”小徐曰：“古傅面亦用米粉，故齊
民要術有傅面英粉。”段氏難之曰：“傅人面者，胡粉也。”今案據
本書云“研米使分散”，而繫之釋首飾篇，則小徐是也。故急就
章顏注云：“粉謂鉛粉及米粉，皆以傅面取光潔也。”韻會亦云：
“古傅面亦用米粉。”又案抱朴子：“民不信黃丹及胡粉是化鉛所
作。”御覽七百十九引漢官儀曰：“省中以胡粉塗壁。”又引續漢
書云：“李固奏免，百餘人誣固曰：大行在殯，固獨胡粉飾貌。”

　　32 黛，畢沅曰：説文：“黱，畫眉也，从黑，朕聲。”後來皆作
黛字，不能復矣。葉德炯曰：御覽服用部二十引通俗文：“染青
石謂之點黛。”又引後漢書曰：“明德馬后眉不施黛，獨左眉角小
缺，傅之如粟。”代也，滅眉毛去之，以此畫，代其處也。畢
沅曰：戴侗曾見唐本説文“黱”字下注云：“或作代。”案唐本今
不可見，疑是或從代聲。蘇輿曰：御覽服用二十一引作“滅去眉
毛，以此代其處也”。

　　33 脣脂，以丹作之，象脣赤也。畢沅曰：唐人謂之口脂。

---

① 真，當作“貞”，避清諱改。

34 **香澤者**,蘇輿曰:御覽 服用二十一引無"香"字、"者"字,併在"脣脂"條上,是宋時所見本此條在"脣脂"前。**人髮恒枯領,以此濡澤之也。**葉德炯曰:御覽 服用二十一引蔡邕女誡曰:"傅脂則思其心之和,澤髮則思其心之潤。"

35 **彊,其性凝强,以制服亂髮也。**畢沅曰:此似後世之所謂網巾,今優人猶用之。先謙曰:此物與香澤諸物爲類,又舉其性爲言,則非網巾明矣。蓋若今婦女所用刷髮之美人膠,俗稱鉋花者。

36 **以丹注面曰旳。**畢沅曰:今本作"勺",北堂書鈔、御覽皆引作"旳",據改。下同。蘇輿曰:王粲 神女賦:"施華旳,結羽釵。"傅玄 鏡賦:"珥明璫之迢迢,點雙旳以發姿。"則旳本婦人飾容之具。**旳,灼也。**蘇輿曰:説文日部:"旳,明也,從日,勺聲。"火部:"灼,炙也。""焯,明也。"此灼訓明,字當作焯,經傳多叚灼爲焯(如周書"焯見",今本作"灼見"之類)。而二字遂通用無別矣。**此本天子諸侯群妾,當以次進御,**畢沅曰:周禮 九嬪鄭注説群妃御見之法:"卑者宜先,尊者宜後,女御八十一人當九夕,世婦二十七人當三夕,九嬪九人當一夕,三夫人當一夕,后當一夕,十五日而徧,自望後反之。"御覽"群妾"作"有群妾者"。**其有月事者止而不御,**畢沅曰:月事,漢律所謂妷變。**重以口説,**畢沅曰:重,難也。**故注此丹於面,灼然爲識,女史見之,**畢沅曰:周禮天官:"女史八人。"鄭注:"女史,女奴曉書者。"王啟原曰:呂本"此"下無"丹"字。**則不書其名於第録也。**畢沅曰:毛詩 靜女 傳云:"古者后夫人必有女史彤管之法,史不記過其罪殺之。后妃群妾以禮御於君所,女史書其日月,授之以環,以進退之。生子月辰,則以金環退之。當御者以銀環進之,著於左手,既御,著於右手。事無大小,記以成法。"

釋名疏證補　卷第五

釋衣服第十六　釋宮室第十七

釋衣服第十六

1 凡服，上曰衣。衣，依也，人所依以芘寒暑也。下曰裳。裳，障也，所以自障蔽也。畢沅曰：説文：“衣，依也。上曰衣，下曰裳。象覆二人之形也。”又曰：“常，下帬也，从巾，尚聲。又或从衣。”白虎通曰：“衣者，隱也；裳者，障也，所以隱形自障閉也。”説文有“庇”無“芘”。案莊子人間世篇用芘字，與庇同。玉篇芘爲古文比字。

2 領，頸也，王先慎曰：詩 碩人、桑扈 毛 傳並云：“領，頸也。”以壅頸也。亦言總領，衣體爲端首也。先謙曰：荀子 勸學篇：“若挈裘領。詘五指而頓之，順者不可勝數也。”領爲衣之端首，引伸之爲總領事務之稱。此成國以引伸之義釋本字也。漢書 魏相傳：“總領衆職。”楊惲傳：“總領從官。”總領二字漢世恒言。

3 襟，禁也，交於前，畢沅曰：襟，説文作“裣”，云：“裣，交衽也，从衣，金聲。”蘇輿曰：經傳襟、衿通用。方言：“衿謂之交。”文選 陸士衡 贈從兄車騎詩 注：“衿，猶前也。”即此交於前之義。顏氏家訓 書證篇云：“詩言：青青子衿。傳曰：青衿，青領也，學子之服。”案古者斜領下連於衿，故謂領爲衿。孫炎、郭璞注爾雅，曹大家注列女傳並云：“衿，交領也。”案衿即領之下施而交於前

者。顏所引並以衿、領为一,成國則分釋其字義耳。所以禁禦
風寒也。

4 袂,掣也。掣,開也。畢沅曰:説文無"掣"字。易睽
六三爻辭:"見輿曳其牛掣。"爾雅釋訓:"甹夆,掣曳也。"郭注:
"謂牽挽。"釋文:"掣本或作瘈。"説文"引縱曰瘛",是有開之義。
玉篇亦云:"掣同瘛。"開張之,以受臂屈伸也。畢沅曰:禮
記玉藻云:"袂,可以回肘。"先謙曰:袂掣疊韻。左僖五年傳疏:
"袂屬於幅,長於手,反屈至肘。則從幅盡於袖口,總名爲袂。"
禮深衣注:"袂,屬幅於衣,詘而至肘,當臂中爲節。"故云"開張
之,以受臂屈伸"。

5 袪,虛也。畢沅曰:玉藻:"袪,尺二寸。"鄭注:"袪,
袂口也。"先謙曰:案舊説不同。説文:"袪,衣袂也。""袖,袂
也。""袂,袖也。"此渾言之。禮儒行注:"袂二尺二寸,袪尺二
寸。"詩羔裘釋文:"袪,袂末也。"遵大路疏、玉藻疏同。喪服記
注:"袪,袖口也。"案袂末之訓較袖口爲安,末兼肘下言之,不專
指袖口也。左僖五年傳:"披斬其袪。"明是斬袖之一段,不專袖
口,故疏爲調停之詞云:"其袂近口,又別名爲袪也,此一義也。"
説文"袪"下又云:"一曰:袪,褱也。褱者,褢也。"褱下云"褢
也",褢下云"俠也"。俠、挾字通。國語韋注:"在掖曰挾。"證以
"子生三年,然後免於父母之懷",是袪正在肘上掖下,切近胸前,
可褱褢人物之處,與成國"袪,虛也"之訓相合,此又一義也。
自懷抱字行,而褱褢二字幾廢。即説文袪訓褱褢之義,亦莫能
明矣。

6 袖,由也,畢沅曰:説文:"褎,袂也,从衣,采聲。袖,俗
褎,从由。"手所由出入也。亦言受也,以受手也。畢沅曰:
以上三條類也,不應分列。當云"袂,掣也"云云,"亦曰袖,袖,

由也”云云，“袂口曰祛。祛，虛也”。

7 紟，亦禁也，禁使不得解散也。畢沅曰：説文：“紟，衣系也。”蘇輿曰：紟字亦作衿，本書釋喪制亦云：“衿，禁也，禁繫之也。”禮內則：“衿纓綦屨。”鄭注：“衿，猶紟也。”玉篇：“衿，結衣也。”結亦有禁義。

8 帶，蔕也，著於衣，畢沅曰：衣，御覽引作“身”。如物之繫蔕也。葉德炯曰：説文：“帶，紳也。男子鞶革，婦人鞶絲，象繫佩之形，佩必有巾，从巾。”又：“蔕，瓜當也，从艸，帶聲。”按詩有狐：“之子無帶。”毛傳：“帶，所以申束衣。”禮少儀：“葛経而麻帶。”鄭注：“帶所以結束衣。”蓋瓜當繫蔕，猶衣繫帶，蔕字又从帶得聲，故成國取以爲訓。蘇輿曰：御覽服章十三引作“如物蔕也”。

9 系，繫也，相聯繫也。畢沅曰：説文：“系，繫也，从糸，丿聲。”

10 衽，襜也，在旁襜襜然也。畢沅曰：玉藻“衽當旁”。葉德炯曰：玉藻注云：“衽，謂裳幅所交接者也。”深衣：“續衽鉤邊。”注云：“衽，在裳旁者也。”楚詞逢紛：“裳襜襜而含風。”注：“襜襜，搖貌。”

11 裾，倨也，倨倨然直，蘇輿曰：方言四：“褂謂之裾。”郭注：“裾，衣後裾也。”荀子宥坐篇楊注：“裾與倨同。”又子道篇注：“裾裾，衣服盛貌。”裾裾即倨倨。先謙曰：吳校“直”下補“也”字。亦言在後常見踞也。畢沅曰：人坐，則裾常在身下，爲人蹲踞也。

12 玄端，其袖下正直端方，與要接也。畢沅曰：端，説文作“褍”，衣部云：“褍，衣正幅，从衣，耑聲。”先謙曰：吳校“玄端”下補“玄衣也”三字，“袖”作“幅”。案“玄端”見司服、士昏禮,端,即玄衣也。樂記云"端冕",論語云"端章甫"。

13 素積,素裳也,辟積其要中使蹴,因以名之也。畢
沅曰:儀禮士冠禮:"皮弁服素積。"鄭君注:"積,猶辟也,以素爲
裳,辟蹙其要中。"説與此同。蹴字,説文云"行平易也",與此義
不合。論語"蹴踖如也",則有蹙縮之義。蹙字乃説文新附字。
徐鉉謂李善文選注通蹴字,皆當讀子六反。

14 王后之上服曰褘衣,先謙曰:吳校作"王后之六服有
褘衣"。畫翬雉之文於衣也。伊洛而南,雉素質五色皆備
成章曰翬。畢沅曰:"素"今本與下"青"字互譌,據爾雅及周
禮內司服注改正。本又脱"皆"字、"成章"字,案下文有之,此
亦當有,亦據二書補之。搖翟,畢沅曰:周禮作"揄狄",鄭康成
注作"搖翟",聲近字通也。諸本並從爾雅,搖字作鷂,俗書也。
畫搖雉之文於衣也。江淮而南,青質五色皆備成章曰
搖。畢沅曰:五色,諸本作"五采",雖本爾雅,然不應與上互異,
今據周禮注改。闕翟畢沅曰:周禮作"闕狄",禮記玉藻及喪大
記皆作"屈狄"。鄭仲師注周禮引喪大記文而云:"屈者,音聲與
闕相似。"蒭闕繒爲翟雉形以綴衣也[1]。鞠衣,黃如鞠華色
也。襢衣;畢沅曰:今周禮作"展衣"。案本字當作"襄"。襢,
坦也,坦然正白無文采也。畢沅曰:鄭仲師注周禮云:"展衣,
白衣也。"襢音聲與展相似,此即用鄭説。案説文"襄,丹縠衣",
與此異。褖衣,畢沅曰:周禮本作"緣",鄭康成改作"褖",此書
從之。説文無"褖"字,緣亦以象爲聲,似不必改。褖然黑色
也。畢沅曰:周禮內司服:"掌王后之六服:褘衣、揄狄、闕狄、鞠
衣、展衣、緣衣。素沙。"鄭康成曰:"狄當爲翟,翟,雉名。"伊雒

①　釋名疏證補附有補充。見本書347頁。

而南,素質五色皆備成章曰鷩;<u>江</u>淮而南,青質五色皆備成章曰搖;王后之服,刻繒爲之形,而采畫之,綴於衣,以爲文章。褘衣畫鷩者,揄翟畫搖者,闕翟刻而不畫,此三者皆祭服。鞠衣,黃桑服也,色如鞠塵,象桑葉始生。月令:三月,"薦鞠衣於先帝",告桑事。展衣,以禮見王及賓客之服,字當爲襢。襢之言亶,亶,誠也。雜記曰:"夫人復稅衣、揄狄。"又喪大記曰:"士妻以褖衣。"言褖者甚衆。字或作稅,此緣衣者實作褖衣也。褖衣御於王之服,亦以燕居,男子之褖衣黑,則是亦黑也。六服備於此矣。素沙者,今之白縛也。六服皆袍,制以白縛爲裏,使之張顯。<u>沅</u>案此康成之説善矣,而猶有未是者,何以言之? 説文有襃無襢,蓋襢字起於<u>漢</u>世,非古字也。襃字从衣㞢聲,屟字从尸襃省聲,今仍作展者,以便讀耳。<u>爾雅</u>釋詁展、亶同詁,誠然則展亦有誠義,奚必改爲襢,而取亶誠之義乎? 據周禮"緣衣"則可知褖字非古,故説文不收。緣从糸彖聲,固自有土段反之音,不必改从衣也,然則當改禮記之襢爲襃,褖稅皆爲緣,乃反據禮記以改周禮之字,則改是從非矣,甚不可也。然則兹猶錄<u>鄭</u>注何也? 以其説與此書説合,錄以疏證此書耳。

15 韍,韠也。韠,蔽膝也,所以蔽膝前也。<u>畢沅</u>曰:今本作"韠,蔽也,所以蔽膝前也",御覽引作"韍,韠,所以蔽前也"。案説文:"市,韠也。"上古衣蔽前而已,市以象之。韍,篆文市,从韋,友聲。然則此當云:"韍,韠也。韠,蔽膝也,所以蔽膝前也。"蓋本名蔽膝,急言之則兩音合一,遂名韠矣。蔽膝乃爲韠之反語矣。<u>蘇輿</u>曰:禮 玉藻 鄭 注:"韠之言蔽也,凡韠以韋爲之。"又云:"韍之言亦蔽也。"是韍、韠同有蔽義。韍又與紼通。白虎通:"紼者,蔽也,行以蔽前者爾,有事因以別尊卑彰有德也。"韍、韠、蔽从疊韻爲訓。御覽 章服八引五經異義云:"韍者，大帶之飾。”非韠也。與此異。**婦人蔽膝亦如之，**蘇輿曰：漢書東方朔傳：“館陶公主迎武帝，蔽膝登階。”又王莽傳：“母病，公卿列侯遣夫人問疾，莽妻迎之，衣不曳地，布蔽膝，見之者以爲僮，使問，知爲夫人，皆驚。”即此。**齊人謂之巨巾，田家婦女出，至田野，**畢沅曰：至，今本作“自”，據御覽引改。**以覆其頭，故因以爲名也。**王先慎曰：禮玉藻：“韠，下廣二尺，上廣一尺，長三寸，其頸五寸，肩革帶博二寸。”故婦女以覆其頭。方言：“蔽厀，江淮之間謂之褘，或謂之祓，魏宋南楚之間謂之大巾，自關東西謂之蔽厀，齊魯之郊謂之衻。”方言隨時變易，故揚、劉所説不同。巨巾、大巾其義一也。先謙曰：小爾雅：“大巾謂之幂。”正謂覆頭之物也。**又曰跪襜，跪時襜襜然張也。**畢沅曰：案爾雅：“衣蔽前謂之襜。”郭景純云：“今蔽膝也。”

16 **佩，倍也，言其非一物，有倍貳也：有珠，有玉，**畢沅曰：毛詩女曰雞鳴傳云：“雜佩者，珩璜琚瑀衝牙之類。”鄭注周禮玉府引詩傳曰：“佩玉，上有蔥珩，下有雙璜、衝牙、蠙珠，以内其間。”**有容刀，**畢沅曰：芄蘭詩云：“容兮遂兮，垂帶悸兮。”鄭箋：“容，容刀也。遂，瑞也。言惠公佩容刀與瑞，及垂紳帶三尺，則悸悸然行止有節度。”**有帨巾，**畢沅曰：禮記内則：“左佩紛帨。”鄭注：“紛帨，拭物之巾也，今齊人有言紛者。”**有觿**畢沅曰：毛詩芄蘭傳云：“觿所以解結，成人之佩也。”**之屬也。**

17 **襦，煖也，言温煖也。**畢沅曰：説文“襦”字後一解曰“𩏂衣”，𩏂亦温煖之義。

18 **絝，跨也，兩股各跨别也。**先謙曰：説文：“絝，脛衣也。”故云“兩股跨别也”，疑若今俗之套褲。

19 **褶，襲也，**畢沅曰：説文：“褺，重衣也。从衣，執聲。”此“褶”字乃俗作。皮錫瑞曰：周禮賈師注：“故書襲爲習，杜子春云：當爲襲。”儀禮 士喪禮：“襚者，以褶則必有裳。”注：“古文褶爲襲。”左傳 哀十年：“卜不襲，吉。”東晉 古文尚書作“習”。玉篇：“戳，古襲字。”覆上之言也。先謙曰：覆，疑當作“複”，複亦重也。

20 禪衣，言無裏也。畢沅曰：説文：“禪，衣不重也。”葉德炯曰：方言四：“灼襢謂之禪。”郭注：“今又呼爲涼衣也。”案玉篇 衣部：“礿，禪衣。”“繵”下云：“約繵謂之禪。”約繵即礿繵之異文，則方言之“禪”是禪之誤矣。

21 襡，畢沅曰：此俗字也。衣裳上下聯屬，即謂其衣爲屬。世俗以其是衣名，輒加衣旁，類如此者，不一而足，今雖仍之，亦必加以舉正，使古文不盡泯云。葉德炯曰：此禮經“續衽”之類也，深衣“續衽”注：“續，猶屬也；衽，在裳旁者也，屬連之不殊裳前後也。”據注云云，其制略與襡合。蓋禮經有衽名，無襡名，成國分疏，就當時語作釋，其實襡字不見於説文，亦不見於經典，畢説以爲俗字，是也。蘇輿曰：廣雅 釋器：“襡，長襦也。”王氏念孫 疏證云：“或作襡。”案御覽 章服八引亦作“襡”。晉書 夏統傳“服袿襡”，音義引字林云：“襡，連要衣也。”屬也，衣裳上下相聯屬也。畢沅曰：一本“裳”作“服”，非。荊州謂禪衣曰布襡，亦曰襜褕，畢沅曰：“亦曰”今本誤作“亦是”，據義改。“褕”今本作“襦”，據顏師古 急就篇注引改。先謙曰：吳校“亦曰”作“亦是也”，以襜褕字下屬，別爲一條，當從之。言其襜襜宏裕也。吳翊寅曰：説文：“直裾謂之襜褕。”玉篇：“襜褕，直裾也。”急就篇 顏注：“襜褕，直裾禪衣也。謂之襜褕者，取其襜襜而寬裕也。”玉篇：“襜襜，搖動貌；襜褕爲直裾衣，襡爲連腰衣。”漢書“襜褕”屢見，注皆不云“即襡也”。畢連上爲條，誤。

22 韝，畢沅曰：亦俗字也，本韋旁作。説文：“韝，射臂決也。"儀禮鄉射:"祖決遂。"鄭注:"遂,射韝也,所以斂衣。"然則韝者著於左臂,韜袖使直者也,因而謂直袖之衣爲韝,言若著韝然也。先謙曰:漢書東方朔傳:"董君綠幘傅韝。"注:"韝,即今之臂韝。"後漢馬皇后紀注:"韝,臂衣。"今之臂韝,以縛左右手,於事便也。集韻亦從巾,作幩。**襌衣之無胡者也;言袖夾直,形如溝也。**先謙曰:説文:"胡,牛顄垂也。"漢書郊祀志有"龍垂胡",顏注:"胡,謂頸下垂肉也。"本書釋形體:"胡,互也,在咽下垂,成歛互物也。"禮深衣:"袂圜以應規。"注:"謂胡下也。"釋文:"下垂曰胡。"蓋胡是頸咽皮肉下垂之義,因引伸爲衣物下垂者之稱。古人衣袖廣大,其臂肘以下袖之下垂者,亦謂之胡。今袖緊,而直無垂下者,故云無胡也。

23 **中衣,言在小衣之外,大衣之中也。**先謙曰:晉繁欽定情詩:"何以結愁悲,白絹雙中衣。"

24 **裲襠,**畢沅曰:據下云"一當胸一當背",此兩當之義也,亦不當有衣旁。**其一當胸,其一當背也。**畢沅曰:一切經音義引"也"上有"因以名之"四字。皮錫瑞曰:儀禮鄉射禮"韋當"注:"直心背之衣曰當,以丹韋爲之。"聶氏引舊圖:楅長二尺,有足,置韋當於背,韋當長二尺,廣一尺,置楅之背上,以藉前。據此則裲襠字古作兩當。先謙曰:案即唐宋時之半背,今俗謂之背心,當背當心,亦兩當之義也。

25 **帕腹,橫帕其腹也。**畢沅曰:説文有"帛"無"帕",蓋後人移帛上之白置於旁爾。説文新附有"帊"字,云:"帛二幅也。"今人謂與帕同,莫駕反。先謙曰:晉書齊王冏傳:"時謠曰:著布袙腹,爲齊持服。"梁王筠詩:"裲襠雙心共一袜,袙腹兩邊作八襊。"合成國此釋,猶可揣其遺製。南史周迪傳作"袜腹"。

26 **抱腹,上下有帶抱裹其腹上,無襠者也。**畢沅曰:

“襠”本字應作“當”。

27 膺，畢沅曰：今本脱此字，案楚辭 悲回風云：“糺思心以爲纕兮，編愁苦以爲膺。”王逸 注：“膺，絡胸者也。”則知此必當有，下乃爲之釋。心衣抱腹而施鈎肩，鈎肩之間施一襠，以奄心也。先謙曰：奄、掩同。案此製蓋即今俗之兜肚。

28 衫，畢沅曰：此俗字，説文新附字乃有之。芰也，芰末無袖端也。畢沅曰：蓋短袖無袪之衣，故曰“芰末無袖端”。初學記引作“衣無袖端也”，茲不從。葉德炯曰：衫亦名偏襌。方言四：“偏襌謂之襌襦。”郭 注：“即衫也。”

29 有裏曰複，無裏曰襌。葉德炯曰：説文：“複，重衣也。”“襌，衣不重也。”吳翊寅曰：此二句當在前“襌衣”條下，衣襦皆有襌複，不專言衫也。畢依元本，各爲條，非。

30 反閉，襦之小者也，卻向著之，領含於項，畢沅曰：今本脱“含於項”三字，據御覽引補。王啟原曰：漢書 萬石君傳：“石建取親中裙廁牏，身自浣洒。”注：“晉灼曰：今世謂反閉小袖衫爲侯牏。”反於背後，閉其襟也。

31 婦人上服曰袿，畢沅曰：上服，上等之服也。鄭注周禮 内司服云：“今世有圭衣者，蓋三翟之遺俗。”案三翟，王后六服之上也，故圭衣爲婦人之上服。今本圭字加衣旁，俗也。孫楷曰：漢書 元后傳：“衣絳緣諸于。”師古 注：“諸于，大掖衣，即袿衣之類。”又續漢志云：“自皇后以下，皆不得服諸古麗圭襂閨緣加上之服。”此蓋袿衣之制。其下垂者，上廣下狹，如刀圭也。皮錫瑞曰：方言：“袿謂之裾。”郭 注：“衣後裾也。”文選 思玄賦：“揚雜錯之袿徽。”漢書 江充傳：“曲裾後垂交輸。”如淳曰：“交輸，割正幅，使一頭狹，若燕尾，垂之兩旁，見於後。”是禮 深衣“續衽鈎邊”，賈逵謂之衣圭。蘇林曰：交輸，如今新婦袍，上挂全幅,繒角割,名曰交輸裁也。此言"下垂者,上廣下狹",其制蓋同。先謙曰:釋器注釋文:"袿,重繒爲飾。"刀,泉刀也。銳上方下曰圭,言割繒飾袿,其下垂者,或如泉刀形,或如圭形也。

32 襈,畢沅曰:此亦俗字,説文所無。緣也,畢沅曰:今本作"撰也",與下句無涉。廣韻云:"襈,緣也。"義正符,今據改。**青絳爲之緣也。**

33 **裙,下裳也。裙,羣也,聯接羣幅也。**畢沅曰:今本作"裙,下羣也,連接裙幅也"。文有脱誤,據御覽及廣韻參訂補正之。裙亦本作帬。**緝下,橫縫緝其下也。**畢沅曰:今本"緝下"云云,提行別起,據御覽引併入"裙"下。御覽所引此下猶有"緝裙之施緣也"句,似申説"緝下"之義。疑下"緣裙"一條有誤字,意欲據引以改之,而併合於此。然以緣襦一條例緣裙,則緣裙又似不誤,姑仍今本不敢遽改。孫詒讓曰:畢校"緝下"併入"裙下",是也。方言云:"繞袊謂之帬。"郭注:"俗人呼接下,江東通言下裳。"緝下即接下,漢、晉俗語同也。

34 **緣裙,裙施緣也。**

35 **緣襦,襦施緣也。**

36 **帔,披也,披之肩背,不及下也。**葉德炯曰:潛確類書引二儀實録云:"三代無帔説。秦有披帛,以縑帛爲之,漢即以羅。晉永嘉中,制縫暈帔子。是披帛始於秦,帔始於晉也。"愚按説文:"帔,宏農謂帬帔也。"非此物。此云披之肩背,則是今之披肩矣。然則帔實始於漢末,不得云始於晉。

37 **直領,邪直而交下,亦如丈夫服袍方也。**

38 **交領,就形名之也。**皮錫瑞曰:案深衣:"曲袷,如矩以應方。"注:"袷,交領也,古者方領如今小兒衣領。"正義曰:"古者方領,似今擁咽。"後漢書馬援傳:"朱勃衣方領,能矩步。"注引前書音義："頸下施衿,領正方,學者之服也。"儒林傳曰："服方領習矩步者,委蛇乎其中。"注："方領則直領也。"故成國分別言之。

39 曲領,在内,所以禁中衣領,上橫壅頸,其狀曲也。畢沅曰："禁中衣"今本作"中襟",誤也。顔師古注急就篇："曲領者,所以禁中衣之領,恐其上壅頸也。"蓋本諸此,茲據以改正。

40 襌襦,如襦而無絮也。畢沅曰:襌則無裏,安得有絮?不必言無絮矣。"襌"當爲"袷",說文:"袷,衣無絮也。"

41 要襦,蘇輿曰:要襦即腰襦。御覽章服十二引晉令云:"旄頭羽林著韋腰襦。"又舊唐書倭國傳:"婦人衣純色帔、長腰襦。"白居易詩:"妾有繡腰襦,葳蕤自生光。"即此"要"正字。形如襦,其要上翹,下齊要也。

42 半袖,其袂半襦,而施袖也。蘇輿曰:晉書五行志:"魏武帝著繡帽、披縹紈、半袖,常以見。直臣楊阜諫曰:此禮何法服也。"唐書車服志:"半袖裙襦者,東宮女史常供奉之服也。"即此。又酉陽雜俎載:"楚國寺内有楚哀王等身金銅像,哀王繡襖半袖猶在。"則半袖其來已久。

43 留幕,冀州所名大褶,畢沅曰:此"褶"亦當作"襲"。下至膝者也。留,牢也。幕,絡也,言牢絡在衣表也。先謙曰:留、牢雙聲。淮南本經訓注:"楚人讀牢爲雷。"雷從留聲。士喪禮注:"牢讀爲樓。"樓留聲近。皆其證也。絡、幕疊韻。

44 袍,丈夫著,下至跗者也。袍,苞也,苞内衣也。先謙曰:淮南子:"楚莊王裾衣博袍。"續漢志:"或曰:周公抱成王宴居,故施袍。"婦人以絳作衣裳,上下連,四起施緣,亦曰袍,義亦然也。畢沅曰:鄭注周禮内司服云:"婦人尚專一連衣裳,不異其色。"先謙曰:後漢馬后紀:"朔望,諸姬朝請,望見后袍衣疏麤。"續志:"公主貴人妃以上,重綠袍。"又不僅"以絳作"。

45 齊人謂如衫而小袖曰侯頭。侯頭猶言解瀆,臂直通之言也。畢沅曰:解,奚買反。侯與解、頭與瀆,皆聲之轉。王啟原曰:靈帝初嗣,封解瀆亭侯。北堂書鈔百四十五引續漢書:"靈帝好胡服、胡飯。"侯頭之制,小袖則胡服也,民間效之,詭名侯頭。

46 被,被也,所以被覆人也。畢沅曰:今本脫"所以"二字,據北堂書鈔、御覽引增。

47 衾,广也,其下廣大,畢沅曰:説文:"衾,大被。"如广受人也。畢沅曰:説文:"广,因厂爲屋,象對刺高屋之形,讀若儼然之儼。"御覽"如广"下有"之"字。

48 汗衣,近身受汗垢之衣也。詩謂之"澤",受汗澤也。畢沅曰:詩秦風無衣:"與子同澤。"鄭箋:"澤,褻衣,近汗垢。"皮錫瑞曰:周禮玉府注:"燕衣服者,巾絮寢衣,袍襗之屬。"賈疏引詩"與子同襗"。説文:"襗,絝也。"廣雅:"襗袍,長襦也。"廣韻十六鐸:"襗,褻衣。"曲禮疏引崔靈恩三禮義宗云:"凡衣近體,有袍襗之屬。"或曰鄙袒,或曰羞袒,作之,用六尺裁,足覆胸背,言羞鄙於袒,而衣此耳。畢沅曰:説文:"袒,衣縫解也,从衣,旦聲。"

49 褌,貫也,貫兩脚,上繫要中也。畢沅曰:説文:"幝,从巾,軍聲。"重文作褌,从衣。葉德炯曰:史記司馬相如傳:"相如自著犢鼻褌。"集解引韋昭曰:"今三尺布作形如犢鼻矣。"

50 幅,所以自偪束,畢沅曰:幅,今本作"偪",譌。案詩采菽:"邪幅在下。"毛傳:"幅,偪也,以自偪束也。"據此改。先謙曰：吳校句末有“也”字。**今謂之行縢，**先謙曰：以本書例推之，上文“幅”下當有“偪也”二字，此處亦當有“縢，騰也”三字。**言以裹脚，可以跳騰輕便也。**畢沅曰：鄭箋采菽詩：“邪幅，如今行縢也，偪束其脛，自足至膝。”葉德炯曰：吳志呂蒙傳：“爲兵作絳衣行縢。”此軍容取其輕便。古樂府有“雙行纏”詞。“雙行纏”即行縢，是古女子亦用之，蓋歌舞時必跳騰，裹此則輕便耳。

51 **韤，末也，在脚末也。**畢沅曰：説文：“韤，足衣也，从韋，蔑聲。”一切經音義引作“袜”。案玉篇云：“袜，脚衣。”故後人亦以“袜”代“韤”也。

52 **履，禮也，**畢沅曰：周易序卦：“物畜然後有禮，故受之以履。”是履之義禮也。**飾足所以爲禮也。**畢沅曰：初學記引無“以”字。**亦曰屨。屨，拘也，所以拘足也。**畢沅曰：今本無“亦曰屨”三字，御覽引作“亦曰抱也。所以抱足也”，合此比校，則其“抱”字乃“拘”字之譌。即可知“亦曰抱也、亦曰”下脱兩“屨”字爾，因據以增之。又今本“舃”在“履”後，“屨”在“舃”後，各提行別起。御覽引“亦曰”云云，承“爲禮也”之下；“複其下”云云，承“抱足也”之下。案鄭注周禮屨人：“複下曰舃，禪下曰屨。”然則舃是屨之複者，此“複其下曰舃”謂複屨之下也，自當承“所以拘足也”之下，遂據以更正之。王先慎曰：屨人“青句”注：“句當爲絇，聲之誤也。絇謂之拘，著舃屨之頭，以爲行戒。”士冠禮“黑絇”注：“絇之爲言拘也，以爲行戒。”正成國所本，明此當爲“拘”字，御覽作“抱”，誤，畢説是。**複其下曰舃。舃，腊也，行禮久立，地或泥溼，**蘇輿曰：二句御覽服章十四引作“久立地溼”。**故複其下，使乾腊也。**畢沅曰：今本作“故複其末下”，據御覽引删“末”字。古今注云：“舃以木置履下,乾腊不畏泥溼也。"説與此同。**齊人謂草履曰屝。**畢沅曰:今本"草"作"韋"。初學記引作"草",從之。方言:"屝,粗屨也。絲作之曰履,麻作之曰屝。"左僖四年杜注:"屝,草屨。"則作"草"是。今本"齊人"以下提行別起。案説文:"屝,履屬。"則屨、舄、屝同類,不應分異。據御覽引此,上下文皆合爲一,遂從之,併焉。又案,同方同物不合有異名,下有"齊人云搏腊",此"齊人謂"三字蓋衍也,不敢擅删,識疑可也。**屝,皮也,以皮作之。或曰不借,**畢沅曰:"屝,皮也"三字,文有誤,當云"或以皮作之"。又今本無下"或曰"字,無則上下文不屬,故以意增之。孫楷曰:儀禮喪服傳"繩菲"注:"今時不借也。"孟子"猶棄敝蹝也",趙岐注:"蹝,草履,敝喻不惜。"齊民要術引四民月令云:"十月作白履不惜。"惜、借古音同。方言:"菲屨,麻作之者,謂之不借。"急就章云:"裳韋不借爲牧人。"又漢文帝履不借視朝。第諸説或云草履,或云麻作之,惟潛夫論云"以皮作之",與此同。**言賤易有,宜各自蓄之,不假借人也。**畢沅曰:古今注:"不借者,草履也,以其輕賤易得,故人人自有,不假借於人,故名不借也。"葉德炯曰:不借,履之合聲也。此如爾雅"不聿謂之筆"之例。下云薄腊,則不借之輕讀,此皆方音轉變之故,成國就文求義耳。**齊人云搏腊,**畢沅曰:今本"齊人"又提行別起,亦據御覽引併合。孫楷曰:周禮弁師"玉瑱",鄭讀如"薄借綦"之綦,綦古文作綥。説文:"綥不借綥。"許所言"不借綥",猶鄭所云"薄借綦",文異實同。薄借即搏腊之轉音。鄭君、成國皆籍北海,古齊地也。**搏腊猶把作,麤兒也。**畢沅曰:搏腊猶言不借,聲少異爾,恐非"把作"之義。一本作"把鮓",當亦音之轉。**荆州人曰麤,**畢沅曰:今本作"麤",不從屮。説文:"麤,屮履也,从屮,麤聲。"**絲麻韋草,皆同名也。**畢沅曰:今本脱"絲"字,據御覽引增。**麤**,措也,言所以安措足也。葉德炯曰:方言:"屝、屨、麤,履也。徐兖之郊謂之屝,自關而西謂之屨,中有木者謂之複舄,絲作者謂之履,麻作者謂之不借,南楚江沔之間總謂之麤。"成國諸義皆本此,但方言舉齊兖關西南楚江沔,此則兩舉齊人,以雄所采者絕國之離詞,劉所錄者近鄉之古音也。

53　**屩,草履也。**先謙曰:吳校無此句。**屩,蹻也,出行著之,蹻蹻輕便,**畢沅曰:説文:"蹻,舉足行高也。"故曰輕便。**因以爲名也。**畢沅曰:御覽引作"屩,草履也,出行著之"云云,今本作"屩,蹻也,出行著之"云云,兩者一釋其物,一釋其名,義當備存之乃無歉。葉德炯曰:戰國策:"蘇秦羸縢履蹻。"蹻即屩也。古字本通,縢、蹻皆輕便之物。

54　**屐,榰也,爲雨,足榰以踐泥也。**畢沅曰:今本"雨"作"兩",誤也,據御覽引改。案,榰者,柱砥,所以承柱,使不陷入地中,屐以榰足,使可踐泥,雖雨甚泥濘,不陷入泥中也。故曰:"屐,榰也,爲雨,足榰以踐泥也。"榰從木不從手,諸本輒作手旁者,非也。

55　**鞾,跨也,**畢沅曰:説文無"鞾"字,新附有之,云"鞮屬"。**兩足各以一跨騎也,本胡服,趙武靈王服之。**畢沅曰:下九字今本脱,北堂書鈔、廣韻、御覽引皆有,今據補。蘇輿曰:御覽服章部作"鞾,本胡名也,趙武靈王始服之"。

56　**鞁鞨,**畢沅曰:兩字皆説文所無。**鞾之缺前壅者,胡中所名也。鞁鞨猶速獨,**畢沅曰:音亦相似。**足直前之言也。**孫詒讓曰:説文無"鞁鞨"二字。皇象碑本急就篇作"索擇",較爲近古,疑漢人本如此作也。逸周書太子晉篇云:"師曠束躅其足。"孔注:"束躅,踏也。"(束,今本誤"東",據北堂書鈔政術、御覽人事部校正。)此速獨當即束躅,足踏向前,故云"足直前之言"。

57　鞮,解也,著時縮其上,如履然,解其上則舒解也。葉德炯曰:説文革部:"鞮,革生鞮也。"淮南齊俗訓"不亟於爲文句疏短之鞮",作鞮,與此同。先謙曰:吳校"鞮"作"鞾"。

58　帛屐,以帛作之,如屩也。畢沅曰:説文:"屩屐也。""屐,屩也。"王啟原曰:如屩也,吕本作"如屩者"。不曰帛屩者,屩不可踐泥也,屐可以踐泥也,畢沅曰:今本作"屐,踐泥者也",據御覽引改。此亦可以步泥而浣之,故謂之屐也。蘇輿曰:御覽服章十二引云:"帛屐,以帛作屐,如屩者也,不曰帛屩而曰帛屐者,屩不可以踐泥,屐可以踐泥也,故謂之屐。"

59　晚下,畢沅曰:當作"鞔下"。方言云:"自關而東謂之複履,其下單者謂之鞔下。"如爲其下,晚晚而危,畢沅曰:"晚晚"當作"宛宛"。婦人短者著之,可以拜也。

60　鞎韋,履深頭者之名也。鞎,襲也,以其深襲覆足也。畢沅曰:説文:"鞎,小兒履也。"義與此異。

61　仰角,畢沅曰:仰,説文作"䩕",云:"䩕角,鞮屬也,从革,印聲。"方言:"大麤謂之䩕角。"郭注:"今漆履有齒者。"屐上施履之名也,行不得蹶,當仰履角舉足乃行也。王啟原曰:方言已云䩕角,説文引揚雄説,故亦云䩕角。史游急就章:"鞎鞾䩕角褐襪巾。"假䩕爲仰,是有仰角之名。如成國所言,則今湘中之屐,即其遺制。

釋宮室第十七

1　宮,穹也,屋見於垣上,穹隆然也。畢沅曰:御覽引作"屋見垣上,穹隆也"。初學記、爾雅疏引作"言屋見於垣上,穹崇然也”。王啟原曰:按爾雅:“大山宮,小山霍。”宮固環繞之謂,然山大自穹,隆亦自有穹義。曲禮疏:“論其四面穹隆,則謂之宮。”

2 室,實也,人物實滿其中也。畢沅曰:御覽引脱“人”字,爾雅疏引作“言人物實滿於其中也”。王先慎曰:説文:“室,實也。”廣雅同。曲禮正義:“因其財物充實曰室,室之言實也。”

3 室中西南隅曰奥,不見户明,所在祕奥也。畢沅曰:爾雅:“西南隅謂之奥。”孫炎注:“室中隱奥之處也。”西北隅曰屋漏。禮,每有親死者,輒徹屋之西北隅,薪以爨竈煮沐,供諸喪用,畢沅曰:喪用,沐尸之用也。禮喪大記説沐尸之事云:“管人受沐,乃煮之,甸人取所徹廟之西北厞薪用爨之。”時若直雨,則漏,遂以名之也。畢沅曰:爾雅:“西北隅謂之屋漏。”孫注:“屋漏者,當室之白日光所漏入。”説與此異。必取是隅者,禮既祭,改設饌于西北隅。畢沅曰:儀禮特牲篇:“尸謖之後,佐食徹尸薦俎,敦設於西北隅,几在南厞,用筵納一尊,佐食闔牖户,降。”今徹毀之,示不復用也。東南隅曰窔。窔,幽也,亦取幽冥也。畢沅曰:東南隅乃室中出入所由,其南即堂也,明爽之處不得云幽冥。説文:“�户樞聲,室之東南隅也。”則當作�。爾雅:“東南隅謂之窔。”郭注:“窔亦隱闇。”蓋今之爾雅出於郭璞,頗多紕繆,此襲釋名之謬,而又譌�爲窔也。釋文:“窔,本或作�,�乃�字之誤爾。”據此可知古之爾雅實作�,説文之所本也。東北隅曰宧。宧,養也,東北陽氣始出,布養物也。畢沅曰:爾雅:“東北隅謂之宧。”李巡注:“東北者陽氣始起,育養萬物,故曰宧。宧,養也。”説文:“宧,養也,室之東北隅,食所居也。”中央曰中霤,古者覆穴,後室之霤,當今之棟下直室之中,古者霤下之處也。畢沅曰:覆穴,今本作“寢穴”,譌。案鄭注禮記月令:“中霤,猶中室也,土主中央,而神在室,古者複穴,是以名室爲霤。"今據改。

4 宅,擇也,擇吉處而營之也。畢沅曰:初學記、御覽引"擇吉"上有"言"字。

5 舍,於中舍息也。葉德炯曰:公羊襄七年傳:"未至乎舍而卒也。"注:"舍,昨日所舍止處也。"

6 宇,羽也,如鳥羽翼自覆蔽也。葉德炯曰:詩斯干:"如鳥斯革,如翬斯飛。"正以鳥羽比興屋宇。爾雅釋樂:"羽謂之柳。"釋文引劉歆注:"羽,宇也,物聚藏宇覆之也。"是羽、宇古又轉注,均取覆蔽之義。

7 屋,奧也,畢沅曰:今本"奧"上衍"亦"字,據御覽引刪。其中溫奧也。葉德炯曰:易曰:"上棟下宇,以待風雨。蓋取諸大壯。"案大壯卦:"上乾下震。"均陽卦也。陽有溫奧之義,屋、奧本雙聲,於字母同屬影字紐。

8 宗廟。宗,尊也。廟,貌也。先祖形貌所在也。畢沅曰:今本無首五字,據北堂書鈔、藝文類聚、初學記引增。"宗尊也"三字則兼釋宗廟二字矣。此書之中,凡兼釋兩字者,必先總目兩字,乃後析其字而分釋之,釋姿容篇正多此例,茲依仿之,增"宗廟"二字。

9 寢,寢也,所寢息也。葉德炯曰:説文:"寢,臥也。""臥,休也。"均寢息之義。爾雅釋宮室:"有東西箱曰廟,無東西箱有室曰寢。"公羊宣十六年傳注義同此,與上"廟,貌也"爲對文,如宅舍屋宇之例,畢於"廟貌"上增"宗廟宗尊也"五字,非是。

10 城,盛也,盛受國都也。王先慎曰:説文:"城,以盛民也,从土从成,成亦聲。"古今注:"城者,盛也,所以盛受民物也。"

11 **郭，廓也，廓落在城外也。**畢沅曰：郭，説文以爲齊之郭氏，其城郭字作𩫏，从回，象城𩫏之重兩亭相對也。今則通用郭矣。廓字亦不見説文。

12 **城上垣曰睥睨，**畢沅曰：當作“俾倪”。**言於其孔中睥睨非常也。**畢沅曰：一切經音義引作“城上小垣曰睥睨，言於孔中睥睨非常事也”。**亦曰陴。**畢沅曰：説文：“陴，城上女牆俾倪也。从𨸏，卑聲。籀文作𩫖，从𩫏。”左昭十八年傳：“子産授兵登陴。”**陴，裨也，言裨助城之高也。亦曰女牆，言其卑小，比之於城，若女子之於丈夫也。或名堞，**畢沅曰：説文作“𡫊”，云：“城上女垣也，从土，枼聲。”今則省去艸矣。**取其重疊之義也。**畢沅曰：今本脱“或名堞”以下，據一切經音義引增。

13 **寺，嗣也，治事者相嗣續於其内也。**畢沅曰：今本脱“相”字，據一切經音義、廣韻引增。葉德炯曰：後漢和帝紀注引風俗通云：“寺者，嗣也，理事之吏嗣續於其中也。”此義所本。又光武紀注引風俗通云：“寺者，司也，諸官府所止皆曰寺。”别一義。

14 **廷，停也，人所停集之處也。**畢沅曰：今本脱下“停”字，據廣韻引增。“停”當即用“亭”，説見前。葉德炯曰：後漢書郭太傳注引風俗通云：“廷，正也，言縣廷、郡廷、朝廷，皆取平均正直也。”與此義異。

15 **獄，确也，**畢沅曰：説文同。王啟原曰：詩行露傳：“獄，埆也。”正義引鄭駁異義：“獄者，埆也，囚證於角核之處。”釋文引盧植説：“獄相質觳，爭訟者也。”埆、觳與确同。**言實確，人情僞也。**畢沅曰：今本無“言”字，“人”下有“之”字，據初學記引增删。**又謂之牢，**畢沅曰：牢，本所以閑牛馬者，其獄亦謂之

牢。史記天官書:"斗魁中有貴人之牢,杓有賤人之牢。"言所
在堅牢也。又謂之圜土,畢沅曰:周禮大司寇云:"以圜土聚
教罷民。"鄭注:"圜土,獄城也。"言築土表牆,畢沅曰:今本作
"築其表牆"。據初學記、御覽引增改。其形圜也。畢沅曰:鄭
注周禮比長云:"獄必圜者,規主仁。以仁心求其情,古之治獄,
閔於出之。"又謂之囹圄。畢沅曰:明堂月令:"仲春省囹圄。"
鄭注:"囹圄,所以禁守繫者,若今別獄矣。"囹,領也。圄,禦
也。領録囚徒,禁禦之也。蘇輿曰:月令正義引蔡邕云:"囹,
牢也。圄,止也,所以止出入,皆罪人所舍也。"又引崇精問曰:
"獄周曰圜土,殷曰羑里,夏曰均臺,囹圄何代之獄?"焦氏答曰:
"月令秦書,則秦獄名也。漢曰若盧,魏曰司空,是也。"案蔡邕
獨斷及廣雅並云:"周曰囹圄。"據成國以圜土、囹圄並釋,是囹
圄即圜土別稱,一以形言,一以義言,周獄有二名也。焦說非。

16 亭,停也,亦人所停集也。畢沅曰:御覽引無"亦"
字。葉德炯曰:說文:"亭,民所安定也。亭有樓,从高省,丁聲。"
亭、定亦疊韻字。

17 傳,傳也,蘇輿曰:"傳,傳也"當作"傳,轉也"。傳、轉
形近而亂,下轉轉即釋轉字之義。本書釋書契篇:"傳,轉也,轉
移所在,執以爲信也。"正與此同。人所止息而去,後人復
來,轉轉相傳,無常主也。畢沅曰:今本"轉"字不重,據廣韻
引增。主,廣韻、御覽皆引作"人",不從。葉德炯曰:程敦秦漢
瓦當文字有"櫻桃轉舍"瓦,是古傳舍字直作轉舍。

18 瓦,睥也。睥,确堅貌也。葉德炯曰:古瓦有當向外,
瓦與當連,如人足之與睥,近世所傳漢瓦晉瓦,整者尚多,亦其質
之堅确故也。說文:"瓦,土器已燒之總名。"以瓦釋瓦器,與此
義別。亦言睥也,在外睥見也。畢沅曰:"睥"字說文所無,

據外見之義,字當作裸袒之裸。

19 梁,彊梁也。先謙曰:吳校"彊"上有"言"字。釋宮:"宗廟謂之梁。"注:"梁,屋大梁也。"莊子 山木篇 釋文:"彊梁,多力也。"詩 蕩 疏:"彊梁,任威使氣之貌。"梁在屋上有居高負重之象,故以彊梁訓之。説文:"彊,弓有力也。"屋梁、橋梁皆有勁直負重爲能,合之,可得彊、梁二字之誼。

20 柱,住也。畢沅曰:説文無"住"字,當作"逗"。先謙曰:文選 東征賦注引蒼頡篇云:"駐,住也。"是漢世有住字,説文未收。住、駐、柱皆取止而不動之義。本書釋姿容:"駐,株也,如株木不動也。"彼以株訓駐,與此以住訓柱同意。

21 檼,隱也,所以隱桷也。畢沅曰:隱之言安也。或謂之望,言高可望也。畢沅曰:望與甍音亦相近,此下又別出甍。先謙曰:望與甍音似不近,此義它書不見。或謂之棟。畢沅曰:説文:"檼,棼也。""棼,複屋棟也。"棟,中也,居屋之中也。王啟原曰:鄭注鄉射禮記序"則物當棟"云:"正中曰棟。"

22 桷,确也,其形細而疏确也。吳翊寅曰:説文:"桷,角長貌。"疑此當云:"桷,桷也,其形細而疎桷也。"與"獄,确也"之"确"異①。或謂之椽。椽,傳也,相傳次而布列也。或謂之榱,在檼旁下列,衰衰然垂也。畢沅曰:説文:"榱,秦名爲屋椽,周謂之榱,齊 魯謂之桷。"案易 漸 釋文引作"秦曰榱,周謂之椽"。

23 梠,旅也,連旅旅也。蘇輿曰:御覽居處十六引作"連旅之"。或謂之槾。畢沅曰:"槾"今本作"樚",誤也,據御覽引

---

① 釋名疏證補坿有補充。見本書 348 頁。

改。説文:"梠,楣也。""楣,秦名屋櫓聯也,齊謂之檐①,楚謂之梠。"櫓,緜也,緜連榱頭,使齊平也。畢沅曰:説文:"櫓,屋櫓聯也。"緜連猶櫓聯也。上入曰爵頭,形似爵頭也。孫詒讓曰:淮南子 本經訓:"緜聯房植。"高注:"緜聯,聯受雀頭著楣者。"(今本緜誤縣,此從王氏 念孫校正。)方言:"屋梠謂之櫨。"郭注:"雀梠,即屋檐也,亦呼爲連緜,連緜即緜連之倒文,雀梠亦即雀頭也。"(䳄、雀字通。)

24 楣,眉也,近前各兩,若面之有眉也。畢沅曰:今本脱"各兩"二字,據廣韻引增。蘇輿曰:本書釋水:"湄,眉也,臨水如眉臨目也。"湄、楣並依聲取義。説文:"梠,楣也。"廣雅 釋宮:"楣,梠也。"士喪禮 鄭注:"宇,梠也。"室曰楣宇,人曰眉宇,並取雙列下垂之義,故得互稱矣②。

25 棳儒,吳翊寅曰:吳校作"棳檽",是也。檽與栭同。廣韻:"栭,梁上柱,或作檽。"論語:"藻梲。"皇疏:"梁上楹。"即是檽,此及下"棳儒"誤。梁上短柱也。棳儒猶侏儒,短,故以名之也。畢沅曰:爾雅:"梁上楹謂之梲。"孫炎注:"梁上侏儒,柱也。"漢書 東方朔云:"侏儒長三尺餘。"則侏儒短人之偁,遂以名短柱也。葉德炯曰:武梁祠石室畫像弟三層,有殿閣一所,旁有兩柱,刻短人,承屋梠,左柱直立,以二手承之,右柱倒立,以一足承之,殆亦因侏儒而取象。

26 梧,在梁上,兩頭相觸牾也。畢沅曰:"梧"下當有"牾也"二字,今本"梧、牾"皆从牛旁,譌也。文選 長門賦:"離樓梧而相樘。"李善注引漢書音義臣瓚曰:"邪柱爲梧。"又景福

---

① 檐,段玉裁説文注改作"㯇"。
② 釋名疏證補坿有補充。見本書 348 頁。

殿賦："桁梧複疊。"李善注："梧，柱也，音悟。"

27　欒，攣也，其體上曲，攣拳然也。畢沅曰：文選張平子西京賦薛綜注："欒，柱上曲木，兩頭受櫨者"，引此作"欒，柱上曲拳也"。

28　櫨，在柱端，如都盧負屋之重也。畢沅曰：説文："櫨，柱上枅也。"都盧，善緣高者，見漢書，故以相況。先謙曰：淮南本經訓注："櫨，柱上枅，即梁上短柱也。"都盧，見西域傳，亦見文選西京賦。

29　斗，在欒兩頭，如斗也，斗負上員檼也。先謙曰："斗負上員檼也"吳校作"亦言斗上負檼也"。

30　笮，迮也，編竹相連迫迮也。畢沅曰：説文："笮，迫也，在瓦之下，棼上，从竹，乍聲。"葉德炯曰：釋宫"屋上薄謂之筄"郭注："屋笮。"又漢武梁祠畫像，顔淑握火題字，蒸盡，揃苲續之。苲即笮也。事詳詩巷伯傳。先謙曰：屋笮，迫近瓦下，故取迫迮爲義。笮有迮義，故笮、迮互通。詩雨無正箋："其急笮且危急。"釋文"笮，本作迮"，是也。急用竹器，多以笮名。本書釋兵："受矢之器織竹曰笮，相迫笮之名也。"矢是迫急所用，故箙亦受笮名。又作筰。本書釋船："引舟者曰笮。笮，作也。作，起也，起舟使動行也。"起舟，迫急之事，故引舟者亦名笮也。又編竹爲橋以索貫之亦曰笮。唐杜甫詩："連笮動嫋娜，征衣颯飄飄。"余曾過之，急起直行，不容駐足，數事皆與迫迮義證合。

31　屋脊曰甍。甍，蒙也，在上覆蒙屋也。畢沅曰：説文："甍，屋棟也，从瓦，夢省聲。"蘇輿曰：程氏易疇通藝録云："甍者，蒙也，凡屋通以瓦蒙之曰甍，故其字從瓦。"與此訓合，但此專主屋脊言耳。

32　壁，辟也，所以辟禦風寒也。畢沅曰：今本脱"所以"

二字。據御覽引增。蘇輿曰:御覽居處十五引"禦"作"斷"。

33　牆,障也,所以自障蔽也。畢沅曰:説文:"牆,垣蔽也,从嗇,爿聲。"蘇輿曰:左昭元年傳:"人之有牆,以蔽惡也。"

34　垣,援也,人所依阻,以爲援衛也。蘇輿曰:御覽居處十五引無"依"字。

35　墉,容也,所以蔽隱形容也。畢沅曰:"容"之義爲容受,非取形容也。説見前。

36　籬,畢沅曰:離上加竹,俗字,説文所無。離也,以柴竹作之,疏離離然也。畢沅曰:今本無"然"字,據一切經音義引增。青、徐曰梐。梐,居也,居於中也。蘇輿曰:"梐"與"椐"同。廣雅釋宮:"椐,杝也。"杝即今籬字,椐玉篇音渠。

37　栅,蹟也,以木作之,上平蹟然也。先謙曰:本書釋書契:"册,蹟也,敕使整蹟,不犯之也。"以蹟訓册,與以蹟訓栅,聲例相同,平蹟猶整蹟意。又謂之徹。徹,緊也,畢沅曰:今本"徹"從手旁,俗也,古通用"徹"。先謙曰:士冠禮注:"徹,斂也。"素問氣交變大論:"其化緊斂。"注:"緊,縮也。"凡物緊密,則似縮斂,故名爲徹,而釋以緊。詵詵然緊也。先謙曰:詩螽斯傳:"詵詵,衆多也。"

38　殿,有殿鄂也。畢沅曰:"殿"本作"殿",御覽引作"殿,典也",或非劉熙書。先謙曰:殿鄂,蓋不平之貌,亦見釋形體、釋言語篇,"鄂"作"遌"。

39　陛,卑也,有高卑也,天子殿謂之納陛,言所以納人言之階陛也。畢沅曰:漢書王莽傳注:"孟康云:納,内也,謂鑿殿基際爲陛,不使露也。"師古曰:"孟説是也,尊者不欲露而升陛,故内之於霤下也。"諸家之釋義皆不了,案此書之説,蓋亦顔所不取。

40 階，梯也，如梯之有等差也。葉德炯曰：周語：“夫婚姻，禍福之階也。”注：“階，梯也。”越語：“也爲亂梯。”注：“梯，階也。”是階梯古本轉注。説文亦云：“梯，木階也。”成國注孟子“捐階”云：“階，梯也。”與此合。

41 陳，堂塗也，畢沅曰：爾雅：“堂塗謂之陳。”今本作“途”，字俗。據毛詩陳風傳作“堂塗”，説文但作“涂”。言賓主相迎陳列之處也。畢沅曰：儀禮鄉飲酒禮云：“主人與賓三揖。”鄭注：“三揖者，將進揖，當陳揖，當碑揖。”故曰“賓主相迎陳列之處”。

42 屏，自障屏也。畢沅曰：爾雅：“屏謂之樹。”論語：“邦君樹塞門。”是自障屏也。葉德炯曰：淮南主術：“天子外屏，所以自障。”高誘注：“屏，樹垣也。”蘇輿曰：御覽居處十三引風俗通云：“屏，卿大夫以帷，士以簾，稍有第，以自障蔽也。示臣臨見，自整屏氣處也。”① 蕭廧，在門内。蕭，肅也，臣將入於此，自肅敬之處也。畢沅曰：今本“肅也”譌作“蕭也”，又脱“臣”字，據御覽引增改。又“敬”字彼作“警”。葉德炯曰：論語季氏：“而在蕭牆之内也。”集解引鄭注：“蕭之言肅也。蕭牆，謂屏也。君臣相見之禮，至屏而加肅敬焉，是以謂之蕭牆。”

43 宁，佇也，將見君，所佇立定氣之處也。畢沅曰：兩佇字人旁亦後人所增。爾雅：“門屏之間謂之宁。”郭注：“人君視朝所宁立處。”尚不作人旁。葉德炯曰：爾雅正義引孫炎注：“門内屏外，人君視朝所宁立處也。”

44 序，次序也。畢沅曰：爾雅：“東西牆謂之序。”蘇輿曰：御覽居處十三引爾雅犍爲舍人注云：“殿東西堂，序尊卑處。”與

---

① 釋名疏證補坿有補充。見本書 348 頁。

此次序義合。郭注云:"所以序別內外也。"別一誼。

45 夾室,在堂兩頭,故曰夾也。葉德炯曰:書洛誥:"王入太室祼。"釋文引馬注:"太室,廟中之夾室。"即此。其前堂曰廂。爾雅釋宮室:"有東西廂曰廟。"疏引孫炎云:"夾室前堂。"儀禮覲禮注:"東廂,東夾之前,相翔待事之處也。"禮注但云"東夾",其西夾可推而知。蓋廟制,中爲太室,東西序外爲夾室,夾室之前小堂爲東西廂。此云在堂兩頭,正當左右个之地,亦如世說新語所云"士龍住東頭,士衡住西頭"也。

46 堂,猶堂堂,高顯貌也。畢沅曰:藝文類聚、御覽引皆不異。初學記引作"堂,謂堂堂,高明貌也"。中宗諱顯,故改之。

47 房,旁也。室之兩旁也。畢沅曰:今本作"在堂兩旁也"。案古者宮室之制,前堂後室,堂之兩旁曰夾室,室之兩旁乃謂之房。房不在堂兩旁也。御覽引作"室之兩旁也"。據改。

48 楹,亭也,亭亭然孤立,旁無所依也。齊魯讀曰輕。吳翊寅曰:吳校作"齊魯謂楹曰輕"。案此與"齊魯謂光爲枉""齊人謂涼爲惠""齊魯謂庫曰舍"同例,當從之。輕,勝也,孤立獨處,能勝任上重也。王先慎曰:廣韻楹、輕在十四清,亭在十五青,青、清同部;勝在十六蒸,與青清部不通。段氏音韻表盈聲、丁聲、巠聲之字在十一部,朕聲之字在六部。蓋成國鄉音,輕字重讀如勝,故分別釋之。

49 檐,接也,接屋前後也。畢沅曰:今本作"簷,檐也,接檐屋前後也",據御覽引改。吳翊寅曰:吳校依原本,是也。本書以檐爲儋何字,故簷訓爲檐,謂相接儋何屋前後也。簷檐並从詹聲,畢改非是。

50 霤,流也,水從屋上流下也。畢沅曰:說文:"霤,屋水流也,从雨,留聲。"葉德炯曰:即今之筧也,漢以銅爲之。漢書宣帝紀:"金芝九莖,産於函德殿銅池中。"注引如淳曰"銅池,承霤也",是也。筧字説文所無,玉篇有之,云"以竹通水也",蓋即此物。

51 闕,闕也,在門兩旁,中央闕然爲道也。畢沅曰:今本脱"闕也"二字,據藝文類聚引增。葉德炯曰:説文:"闕,門觀也。"水經 穀水 注引風俗通云:"門必有闕者,所以飾門別尊卑也。"

52 罘罳,在門外。罘,復也。罳,思也。畢沅曰:説文無"罳"字,御覽引無"罳思也"三字。蘇輿曰:廣雅 釋宮:"罘罳謂之屏。"水經 穀水 注及御覽引並作"復思",則"罘罳"有直作"復思"者,或作"桴思",見明堂位 疏;或作"浮思",見考工記 匠人注;或作"覆思",見宋玉 大言賦;或作"罘思",見漢書 文帝紀顏注:其實一也。古今注云:"罘罳,屏之遺象,漢 西京罘罳合版爲之,亦築土爲之,每門殿舍前皆有焉,於今郡國廳前亦樹之。"臣將入請事,於此復重思之也。畢沅曰:漢書 王莽傳:"遣使壞渭陵、延陵園門罘罳,曰:毋使民復思也。"皮錫瑞曰:明堂位"疏屏"注:"今桴思也,刻之爲雲氣、蟲獸,如今闕上爲之矣。"正義:"人臣至屏,俯伏思念其事。桴思,小樓也,城隅闕上皆有之。"

53 觀,觀也,於上觀望也。畢沅曰:御覽引脱"觀也"二字。葉德炯曰:釋宮:"觀謂之闕。"詩 子衿 正義引孫炎注:"宮門雙闕,舊章懸焉,使民觀之,因謂之觀。"

54 樓,言牖户諸射孔,婁婁然也。畢沅曰:今本作"樓謂牖户之間有射孔,樓樓然也"。御覽引作"樓有户牖諸孔,婁婁然也"。茲從初學記所引。初學記"婁"字加心旁,譌也,不可從。説文:"嫂,空也。"作嫂爲是①。

55 臺,持也,築土堅高,能自勝持也。畢沅曰:初學記、御覽引"築土"上有"言"字。爾雅:"四方而高曰臺。"葉德炯曰:淮南 俶真訓:"臺簡以游太清。"高誘注:"臺,猶持也。"按説文:"握,搤持也。"下重文列古文作臺,與臺形近,疑古握、臺爲一字,故均有持訓也。握,從手,屋聲;屋,從尸從至;臺,從之從至,從高省。説文凡二從字,其一多兼聲,屋、臺疑均從至得聲,至、持一韻,故聲義相通假也②。又屋下古文作臺,亦與臺、臺形相近。

56 櫓,露也,露上無屋覆也。畢沅曰:一切經音義引作"櫓者,露也,謂城上守禦,露上無覆屋也"③。

57 門,捫也,在外爲人所捫摸也④。畢沅曰:初學記引"在外"上有"言"字。

58 障,衛也。吳翊寅曰:吳校作"闌,衛也,在内以自障衛也"。案障列此不類,障、衛聲亦不近,闌與門對文,當從之。

59 户,護也,所以謹護閉塞也。王啟原曰:説文:"户,護也。"吕氏春秋 君守篇:"中欲不出謂之扃,外欲不出謂之閉。言閉者,專主止言。"小爾雅云:"户,止也。"

60 窗,聰也,於内窺外爲聰明也。畢沅曰:窺,御覽引作"視",廣韻引作"見"。爲,廣韻引作"之"。案大戴 盛德篇:

---

① 釋名疏證補坿有補充。見本書348頁。
② 臺,據説文繫傳"從至,從高省,之聲",大徐本作"從至從之,從高省"。"臺、至"古音相去甚遠,當以繫傳爲是。
③ 釋名疏證補坿補充。見本書348—349頁。
④ 藝文類聚 居處部引作"門,捫也,在外爲捫,幕障衛也",與下"障,衛也"合作一條。

“一室而有四户八牕。”是牕亦可作聰。皮錫瑞曰：風俗通十反篇：“蓋人君者，闢門開牕，號咷博求。”左文十八年傳杜預注：“闢四門，達四牕，以賓禮衆賢。”蓋今文尚書“四聰”有作“四牕”者。

61 屋以草蓋曰茨。茨，次也，次比草爲之也。畢沅曰：説文：“茨，以茅葦蓋屋，从艸，次聲。”

62 寄止曰廬。畢沅曰：止，今本譌作“上”，據一切經音義引改。説文：“廬，寄也，秋冬去，春夏居，从广，盧聲。”廬，慮也，取自覆慮也。畢沅曰：一切經音義引作“取其止息覆慮也”。蘇輿曰：晉語：“先主覆露子。”此覆慮猶云覆露，慮、露古同聲。本書釋天：“露，慮也。覆慮物也。”

63 草圓屋曰蒲。蒲，敷也，總其上而敷下也。又謂之庵。畢沅曰：此俗字也，又或奄上加艸，玉篇以“荺”爲古文“菴”，皆不見於説文。鄭注禮記喪服四制云：“闇，謂廬也。”又注尚書無逸亦云：“闇，廬也，”則此義當作闇。庵，奄也，所以自覆奄也。畢沅曰：或曰説文有“盦”字，云“覆蓋也”，義亦可通於庵。蘇輿曰：御覽居處九引云：“圜屋曰庵。庵，掩也，自覆掩也。”

64 大屋曰廡。畢沅曰：説文：“廡，堂下周屋，从广，無聲。”廡，憮也。憮，覆也，并冀人謂之庌。畢沅曰：并冀，一切經音義引作“幽冀”，玉篇同。説文：“庌，廡也，从广，牙聲。”庌，正也，屋之正大者也。蘇輿曰：御覽居處九引風俗通云：“客堂曰庌。”先謙曰：“庌，正也。”吳校作“庌，雅也，雅，正也”是①。

65 井，清也，泉之清潔者也。井一有水、一無水曰瀱

_____

① 釋名疏證補坿有補充。見本書349頁。

汋。畢沅曰:名義本之爾雅。灦,竭也。畢沅曰:説文立部云:
“竭,負舉也。”義與此別。水部云:“涸,渴也。”“渴,盡也。”茲
似當作渴,音其薛反。然詩召旻:“池之竭矣,不云自頻。泉之
竭矣,不云自中。”相仍作竭已久,故不改。蘇興曰:爾雅郭注以
爲山海經“天井”之類。中山經云:“視山,其上多韭,有井焉,名
曰天井,夏有水,冬竭。”此訓灦爲竭,是其義也。汋,有水聲汋
汋也。畢沅曰:説文:“汋,激水聲也。”

　66 竈,造也,創造食物也。畢沅曰:“創造”今本作“造
創”,藝文類聚引作“創造”,茲據以更之。創字義與此異,當作
刱,俗以音同而誤通也。周禮膳夫:“卒食,以樂徹於造。”造謂
造作食物之處。

　67 爨,銓也,銓度甘辛調和之處也。畢沅曰:説文:
“盉,調味也,從皿,禾聲。”“咊,相應也,從口,禾聲。”今人率通
用和字。

　68 倉,藏也,藏穀物也。畢沅曰:藏,古但作臧,才郎反,
俗書乃加艸。説文:“倉,穀臧也。”倉黃取而臧之,故謂之倉,從
食省,口象倉形。

　69 庫,舍也,物所在之舍也,畢沅曰:初學記引“物”上
有“言”字。故齊魯謂庫曰舍也。畢沅曰:庫讀爲舍,方言之
異,非有兩字也。後漢時有庫鈞,其先世爲守庫大夫,以官爲氏
者也。庫字從广,姓苑乃改广從厂,是因有異音而變文,以別異
之,譌舛甚矣。廣韻遂於禡韻舍下附一厂下著車之字,音則是,
而文則非矣。

　70 厩,勼也;勼,聚也,畢沅曰:説文:“勼,聚也,從勹,九
聲。讀若鳩。”牛馬之所聚也。王啟原曰:説文:“厩,馬舍也。
𢊋,古文從九。”故云勼也。牛舍古書無云厩者,牛當作牲。顏

師古注急就篇云：“廐，生馬所聚也。”全用本書文，是其證。

71 廩，矜也，寶物可矜惜者，投之於其中也。畢沅曰：顏師古注急就篇云：“京，方倉也。一曰，京之言矜也，寶貴之物可矜惜者，藏於其中也。”案師古注書好竊前人之說，撝爲己有，凡所稱引輒没其由來，所稱一曰云云，大略與此文同，其正引此書與？意此條之廩當爲京也。

72 囷，綣也，藏物繾綣束縛之也。葉德炯曰：説文：“囷，廩之圜者，从禾在囗中，圜謂之囷，方謂之京。”案，禾在囗中，亦是束縛之義。

73 庾，裕也，言盈裕也，露積之言也；畢沅曰：説文“庾”字後一義云：“倉無屋者，故曰露積。”盈裕不可勝受，所以露積之也。王啟原曰：“不可勝受”吕本作“不可稱受”。

74 囤，屯也，屯聚之也。畢沅曰：説文：“笔，篅也，从竹，屯聲。”此囤乃俗字 ①。

75 圌，以草作之，團團然也。畢沅曰：説文：“篅，以判竹，圜以盛穀也，从竹，耑聲。”此作圌，亦俗字。王啟原曰：本書言以草作之，與説文異。故蒼頡篇亦作“圌”，云：“圓倉也。”漢人則多从竹。淮南子精神篇、急就章俱言“篅笔”，齊民要術“種稻法”：“淨淘種子，漬經三宿，漉出内草篅裹。”明言草作，而字作篅。

76 厠，雜也，畢沅曰：今本脱“雜也”二字，據廣韻引增。言人雜厠在上，非一也。畢沅曰：今本脱“厠”字，據一切經音義、御覽引增。廣韻引作“言人雜厠其上也”。或曰溷，畢沅曰：一切經音義引作“圂”。言溷濁也。或曰圊，畢沅曰：“圊

---

① 釋名疏證補坿有補充。見本書 349 頁。

亦俗字,據一切經音義、御覽引皆作"清"。説文:"廁,清也。"清,夕眥反。下同。蘇輿曰:急就章云:"屏廁清溷糞土壤。"字亦作"清"。注云:"廁之言側也,亦謂僻側也。"別一義。**言至穢之處,宜常修治,使潔清也。或曰軒,前有伏,似殿軒也。**孫詒讓曰:後漢書 李膺傳:"羊元羣罷北海郡,贓罪狼籍,郡舍溷軒有奇巧,載之以歸。"李 注:"溷軒,廁屋也。"論衡 幸偶篇云:"均之土也,或基殿屋,或塗軒户。"皆稱溷爲軒之證。

77 **泥,邇也。邇,近也。**葉德炯曰:泥、邇古聲同。易姤:"繫于金柅。"釋文引子夏 易作"繫于金鑈"。泥又與尼通,漢 夏堪碑:"仲泥何侘。"即仲尼也。説文:"尼,從後近之。"與"邇,近也"同訓。成國此釋,足見漢末音之近古。**以水沃土,使相黏近也。**葉德炯曰:易 震:"震遂泥。"李鼎祚 集解引虞 注云:"坤,土得雨爲泥。"

78 **塗,杜也,杜塞孔穴也。**蘇輿曰:塗在説文新附字中,當作涂。塗、杜雙聲。小爾雅 廣詁:"杜,塞也。"

79 **堊,亞也,次也。先泥之,次以白灰飾之也。**畢沅曰:説文云:"堊,白涂也,從土,亞聲。"先謙曰:吳校"次也"上有"亞"字,是。

80 **墍猶焸焸,細澤貌也。**畢沅曰:説文:"塈,仰涂也,從土,既聲。"無"焸"字。詩 小雅 斯干云:"噲噲其冥。"箋云:"噲噲猶焸也,寬明之貌。"書 梓材云:"既勤垣墉,惟其塗墍。"茨蓋加塗墍之功,斯細澤而光明也。

釋名疏證補　卷第六

釋牀帳第十八　釋書契第十九　釋典藝第二十

釋牀帳第十八

1 人所坐臥曰牀。牀，裝也，所以自裝載也。長狹而卑曰榻，畢沅曰：榻字加木旁，俗。言其榻然近地也。畢沅曰：今本“其”下衍“鶾”字，據北堂書鈔引刪。小者曰獨坐，主人無二，獨所坐也。王啟原曰：一切經音義四引埤蒼：“枰，榻也，謂獨坐板牀也。”服虔通俗文則云：“牀三尺五曰榻板，獨坐曰枰，八尺曰牀。”榻枰異實，以榻釋枰，對文異，散則通也。水經注湘水篇云：“賈誼宅有一脚石牀，纔容一人坐。”云誼宿所坐牀，是即枰也。

2 枰，平也，畢沅曰：説文：“枰，平也，从木从平，平亦聲。”以板作之，其體平正也。畢沅曰：今本脫“之”字，據一切經音義引增。王啟原曰：枰有二義：一曰碁枰，方言“所以投簙謂之枰”，是也；一即謂獨坐牀，此與牀相次，當指小牀。上當有“亦曰”二字，連上爲一條。

3 几，庪也，所以庪物也。畢沅曰：庪，九委反，庪之言閣也，今本作“屐”，因形近而譌。御覽引作“庋”，庪與庋皆説文所無。鄭注考工記玉人曰：“祈沈以馬。”釋文引小爾雅：“祭山川曰祈沈。”又引爾雅：“祭山曰庪縣，祭川曰浮沈。”而音祈，爲九委反，然則古當借祈爲庪字與？

4 筵，衍也，舒而平之，衍衍然也。葉德炯曰：周禮春官序司几筵注：“鋪陳曰筵。”說文：“筵，竹席也，從竹，延聲。周禮云：‘度堂以筵，筵一丈。’”案許所引即考工記“堂上度以筵”文，其云“筵一丈”，或本師說。

5 席，釋也，可卷可釋也。畢沅曰：說文：“席，籍也。”案鄭注周禮春官敘官云：“鋪陳曰筵，藉之曰席。”則籍之義優於釋。王啟原曰：釋，亦藉也。說文：“藉，祭藉也。”儀禮聘禮記：“出祖釋軷。”禮記月令：“習舞釋菜。”皆祭藉之義。楚辭惜誦：“欲釋階而登天兮。”言藉階登天也。王逸訓釋爲置，非。

6 簟，覃也，布之，覃覃然平正也。葉德炯曰：說文：“延[①]，長行也。”“覃，長味也。”簟之訓覃，與筵之訓衍，皆取長義。

7 薦，所以自薦藉也。蘇輿曰：薦，蓋草席之名，即釋器所云：“蓐謂之茲也。”一切經音義引三蒼及華嚴經音義引聲類並云：“蓐，薦也。”史記周本紀集解引徐廣云：“茲者，藉席之名。”此以薦爲薦藉，即所云藉席也。說文：“薦，獸之所食艸，從廌從艸。”薦以草爲之，故取名焉。其有著者，則謂之茵，少儀鄭注所云“茵著席”，是也。

8 蒲平，畢沅曰：今本作“蒲草也”，誤，據御覽引改。說文：“蒻，蒲子，可以爲平席。”鄭注禮記閒傳云：“苄，今之蒲苹也。”鄭又注周禮車僕云：“故書苹作平。”則平、苹古今字，此作“蒲平”極是。以蒲作之，其體平也。

9 氈，旃也，王先慎曰：說文“氈，從毛，亶聲”；旃，“或從

---

① 延，原訛作“衍”，據說文改。

亶”作膻①。二字均從亶得聲。老子王注：“必知亶裘。”釋文：
“亶本作㫃。”是亶、㫃通用。毛相著㫃㫃然也。

　　10 褥，辱也，人所坐褻辱也。畢沅曰：衣旁作褥，俗字
也，於文當作蓐。

　　11 裘溲，猶婁數，毛相離之言也。畢沅曰：一切經音
義“裘溲”作“氍毹”，乃説文新附字。成蓉鏡曰：即氍毹之聲轉。
蘇輿曰：成説是。御覽七百八引通俗文云：“織毛褥謂之氍毹。”
聲類：“氍毹，毛席也。”

　　12 榻登，施之承大牀前小榻上，登以上牀也。畢沅
曰：今本作“榻登，施大牀之前，小榻之上，所以登牀也”。據後
漢書注引改。一切經音義引作“氈氀，施之大牀前小榻上，所以
登上牀者，因以名焉”。案氈氀亦説文新附字。成蓉鏡曰：御覽
七百八引通俗文：“氍毹，細者謂之氈氀。名氈氀者，施大牀之
前，小榻之上，所以登而上牀也。”王啟原曰：榻登之物，緣榻以
登而名故。説文無“氈氀”字，然成國之前已有作氈氀者，如成
所引服虔通俗文是也。東觀漢記：“景丹率眾至廣阿，光武出
城外，下馬，坐氈氀上，設酒肉。”班固與弟書：“月支氈氀，大
小相雜，但細好而已。”皆在成國前。氈氀以毛爲之，故制字從
毛也。

　　13 貂席，連貂皮以爲席也。葉德炯曰：西京雜記云：
“昭陽殿設綠熊皮席，毛皆長一尺餘。”此亦貂席之屬。御覽獸
部二十四引東觀漢記云：“建武二十五年，烏桓國詣闕朝賀，獻
貂皮。”

　　14 枕，檢也，所以檢項也。蘇輿曰：説文：“枕，卧所薦

---

① 説文㫃部：“㫃……膻，或从亶。”

者也。"易坎:"六三,險且枕。"釋文云:"古文及鄭、向本,險作
檢。"虞翻云:"檢,止也,項承於枕,止其所而不遷。"故云"所以
檢項"。

15 帷,圍也,所以自障圍也。畢沅曰:説文:"在旁曰
帷。"在旁,故曰"障圍"也。此當作障囗。説文:"囗,象回帀之
形。"圍訓守也,兩義不同,今人多通用。

16 幕,幕絡也,在表之偶也。葉德炯曰:説文:"幕,帷在
上曰幕,覆食案亦曰幕。"案漢朱鮪墓石室畫象二十五幅,凡下
有杯勺尊盤人物,上皆有幕懸空,此正覆食案之幕。

17 小幕曰帟,張在人上,葉德炯曰:北堂書鈔儀飾部二
引無"人"字。帟帟然也。畢沅曰:鄭注禮記檀弓上"君於士
有賜帟"云:"帟,幕之小者,所以承塵。"又注周禮幕人云:"帟,
主在幕若幄中坐,上承塵。"説文新附有"帟"字。

18 幔,漫也,漫漫相連綴之言也。畢沅曰:"漫"字當從
説文作"曼"。曼,引也,據云,相連綴自當用曼引之曼,今加水
旁,俗。

19 帳,張也,張施於牀上也。王啟原曰:史記高帝紀:
"復留止,張飲三日。"注:"張,幃帳也。"漢書龔遂傳:"水衡典上
林禁苑,共張官館。"注:師古云:"共音居用反,張音知亮反。"後
漢書班固傳:"供張置乎雲龍之庭。"注:"供張,供設帷帳也。"則
言張即爲帳,故説文亦云:"帳,張也。"小帳曰斗帳,形如覆斗
也。畢沅曰:今本脱"斗"下"帳"字,據廣韻引增。王啟原曰:
玉臺新詠古詩爲焦仲卿妻作:"紅羅複斗帳,四角垂香囊。"

20 㡓,廉也,自障蔽爲廉恥也。畢沅曰:説文:"㡓,帷
也,从巾,兼聲。"葉德炯曰:㡓即簾也,北人以帛爲之,南人以竹
爲之,故其字从巾从竹,兩相通用。御覽服用部二引西京雜記

云："漢諸陵寢皆以竹爲簾也。"又引晉東宮故事云："簾箔皆以青布緣純。"此以帛爲簾也。説文："簾,堂簾也。"與嫌異訓。御覽又引通俗文："户帷爲簾。"亦以簾當嫌。簾爲蔽障之物,故御覽引夢書云："夢簾,屏風,蔽匿一身也。"

21 幢容。幢,童也。畢沅曰:今本作"幢,容也"。案童容加巾旁,俗字也。章懷注後漢書班超傳引"幢,童也,其貌童童然"。則此"也"字上本有"幢童"二字,今據補。鄭仲師注周禮巾車云:"容謂襜車,山東謂之常帷,或曰童容。"鄭康成箋珉詩云:"帷裳,童容也。"施之車蓋,童童然以隱蔽形容也。畢沅曰:當云"童童然容隱也",若形容,字本作"頌"。王啟原曰:蜀志先主傳:"舍東南角籬上有桑樹,生高五丈餘,遥望見童童如小車蓋,或其枝葉童容可隱若。"魏文帝雜詩:"西北有浮雲,亭亭如車蓋。"雲高非可隱,故云亭亭,不云童童也。

22 户嫌,施之於户外也。先謙曰:此則今之門簾,上但言嫌,蓋形製差小,專施於隱闇之處,以自障蔽,故云廉恥也。

23 牀前帷曰帖,言帖帖而垂也。畢沅曰:三"帖"字,御覽引皆作"幨"。葉德炯曰:説文無"幨"字,故借"帖"爲之。御覽引作"幨",從俗也。又引通俗文云:"幛牀曰幨。"字亦作幨。先謙曰:此今之牀裙,亦曰牀幔。

24 幄,屋也,以帛衣板,施之,形如屋也。畢沅曰:説文:"楃,木帳也,從木,屋聲。"無"幄"字。後人以帛衣板,乃始易木從巾。王啟原曰:周禮:"幕人掌帷幄帟綬之事。"注:"幄,四合,象宫室。"此正以屋訓幄。漢書陸賈傳:"去黄屋稱制。"注:"黄屋,謂車上之蓋也。"獨斷云:"黄屋者,以黄爲裏也。"是乘輿之黄屋即黄幄。幄之制,必先立板,而後帛有所傅,自有幄已然,周禮已作幄,不得謂後人易木從巾。以帛衣板,故經典從巾作幄,説文从木作楃,各有所當,不容偏主①。

25 承塵,施於上以承塵土也。畢沅曰:今本無"以"字,據御覽引增。成蓉鏡曰:周禮幕人注:"帟,主在幕若幄中坐,上承塵。"禮記檀弓:"君於士有賜帟。"注:"幕之小者,所以承塵。"後漢書雷義傳:"金主伺義不在,默投金於承塵上。"抱朴子:"見獼猴走上承塵上。"御覽七百一引語林云:"傅信取雞鴨去毛,置承塵上。"太平廣記二百九十二引列異傳:"漢中有鬼神樂侯,常在承塵上。"今江淮間謂之仰塵。蘇輿曰:承塵,亦有單言塵者。楚辭招魂:"經堂入奥,朱塵筵些。"王逸注:"塵,承塵也。"

26 搏壁,以席搏著壁也。畢沅曰:楚辭:"薜荔拍兮蕙綢。"王逸注:"拍,搏壁也。"拍一作柏,並音博。

27 扆,倚也,在後,所依倚也。畢沅曰:扆,古通作依。儀禮覲禮曰:"天子衮冕,負斧依。"周禮司几筵:"王位設黼依,依前南鄉。"鄭注:"依之制如屏風然。"皮錫瑞曰:魏書李謐明堂制度論引鄭康成三禮圖云:"扆,從廣八尺,畫斧文於其上,今之屏風也。"

28 屏風,言可以屏障風也。王啟原曰:經典或言屏,或言樹,無言屏風者。鄭注禮則屢舉若今屏風。屏風始見燕丹子:"八尺屏風,可度而越。"蓋秦蔑古法,不合古制,名之屏風,言其用耳。蘇輿曰:御覽服用三引云:"屏風,以屏障風也。""扆在後,所依倚也。"據此,則宋人所見本"屏風"在"扆"前。

釋書契第十九

1 筆,述也,述事而書之也。葉德炯曰:禮曲禮:"史載

---

① 釋名疏證補坿有補充。見本書349頁。

筆。"鄭注:"筆,書具之屬。"藝文類聚引韓詩外傳:"趙簡子有臣
曰:周舍墨筆執牘,從君之後。"則筆始於周世,以爲蒙恬造筆,非
也。説文:"筆,秦謂之不聿。"以秦託始,似亦泥於蒙恬所造之
説。蘇輿曰:御覽文部二十一引崔豹古今注云:"牛亨問曰:古有
書契已來,使應有筆也,世稱蒙恬造筆,何也? 答曰:自蒙恬始作
秦筆耳。以柘木爲管,以鹿毛爲柱,羊毛爲被,所謂鹿毫,非兔豪
竹管也,非謂古筆也。"①

　2 硯,葉德炯曰:説文:"硯,石滑也。"藝文類聚雜文部四引
太公金匱曰:"硯之書曰:石墨相著,邪心讒言,毋得汙白。"據此,
則硯始於太公時矣。**研也,研墨使和濡也。**畢沅曰:今人即
以研爲硯,失之。初學記引"研墨"上有"可"字。

　3 墨,晦也,言似物晦黑也。畢沅曰:今本"晦"作詩
"悠悠我里,亦孔之痗"之"痗"字,譌,據初學記、御覽引改。又
"言"字今本無,亦據增。案説文:"黴,中久雨青黑,從黑,微省
聲。"斯乃黴黑之義。疑當用黴字。

　4 紙,砥也,謂平滑如砥石也。畢沅曰:御覽引無"謂"
字。成蓉鏡曰:東觀漢記:"黃門蔡倫作紙,所謂蔡侯紙也。"或據
此謂紙始刱於蔡倫。今考御覽六百五引王隱晉書云:"魏太和
六年,博士河間張揖上古今字詁,其巾部云:紙,今帋也。其字從
巾,古以縑白,依書長短隨事,截絹數重沓,即名幡。紙字從糸,
此形聲也。後和帝元興中,中常侍蔡倫以故布擣剉作紙,故字從
巾。是其聲雖同,糸、巾爲殊,不得以古之紙爲今紙。"據此,則
東觀漢記所云蔡倫作紙,乃擣布爲之,非謂縑紙亦倫所刱。

　5 板,販也,販販平廣也。畢沅曰:板,説文止作"版",從

① 釋名疏證補坿有補充。見本書349頁。

片。阪，今本皆譌作"般"，據御覽引作"阪"，音半旱切，今改正。說文："阪，大也。"與平廣義亦相合。蘇輿曰：御覽 文部二十二引下句作"上平廣也"。春秋演孔圖："孔子曰：某作春秋，天授演孔圖，中有大玉刻一板，曰璇璣，一低一昂。"又蜀志載譙周 板示文立曰："典午忽兮，月酉沒兮。"即此是已。其上平廣，故可書字。後世簡召官員亦用板，其體製無定，御覽載有相板經是也。又臣下笏簿亦稱手板。

6 奏，鄒也；鄒，狹小之言也。畢沅曰：段云："鄒，即史記、漢書之所云鯫生，鯫者淺鯫，即狹小也。"成蓉鏡曰：漢書雜事云："秦初之制，改書爲奏。"又云："羣臣奏事上書，皆爲兩通，一詣后，一詣帝。凡羣臣之書通於天子者四品：一曰章，二曰奏，三曰表，四曰駁議。"見御覽五百九十四[①]。

7 札，櫛也，編之如櫛齒相比也。畢沅曰：說文 "册象其札，一長一短，中有二編之形"，故曰"編之如櫛齒相比"。

8 簡，閒也，編之篇篇有間也。王先慎曰：閒，謂閒斷也。漢書 藝文志："劉向以中古文校歐陽、大小夏侯三家經文，酒誥脫簡一，召誥脫簡二。率簡二十五字者，脫亦二十五字，簡二十二字者，脫亦二十二字。"左傳 服虔 注："古文篆書一簡八字。"正義："簡之所容一行字耳。"每簡僅容字一行，故"編之篇篇有間也"。蘇輿曰：御覽 文部三引作"簡，書編也，爲言間也"。

9 笏，畢沅曰：笏，說文作圆，籀文圆。一曰佩也。象形。

---

① 漢書雜事，御覽作"漢雜事"。下面所引兩段文字，非漢雜事，成氏可能有誤記。文心雕龍 章表有"秦初定制，改書爲奏"，與此略有不同。蔡邕 獨斷"羣臣奏事上書，皆爲兩通，一詣太后，一詣少帝"。後漢書皇后紀注引獨斷"太后"作"后"。

今儀禮、禮記中俱作笏字。**忽也,君有教命,及所啟白,則書其上備忽忘也。**<u>畢沅</u>曰:禮記玉藻:"史進象笏,書思對命。"<u>鄭</u>注:"思,所思念,將以告君者也;對,所以對君者也;命,所受君命也。書之於笏,爲失忘也。"玉藻又云:"造受命於君前,則書於笏。"**或曰簿,言可以簿疏物也。**<u>畢沅</u>曰:簿,俗字也,據<u>漢夏承碑</u>"爲主簿督郵",<u>韓勅碑</u>"主薄<u>魯薛陶</u>",<u>武榮碑</u>"郡曹史主薄",古薄字皆从艸明矣。然諸史書並从竹,如籍、藉之類,亦互相通。今本脱"或曰"二字,而以簿列於前,笏次其後,分爲二條,據<u>左氏桓</u>二年正義及御覽引更正合并之。物,今本作"密",亦據改。案古用笏,<u>漢魏</u>以來謂之簿,即手板也。<u>蜀志</u>稱<u>秦宓</u>以簿擊頰,即此是已。

10　**槧,板之長三尺者也。槧,漸也,言其漸漸然長也。**<u>畢沅</u>曰:案廣韻、御覽引無"板"下"之"字、"言"下"其"字。<u>葉德炯</u>曰:西京雜記:"<u>揚雄</u>懷鉛提槧,从諸計吏,訪殊方絶俗之語,作方言。"

11　**牘,睦也,手執之以進見,所以爲恭睦也。**<u>葉德炯</u>曰:説文:"牘,書版也。"漢書<u>昌邑王</u>傳:"持牘趨謁。"又<u>東方朔</u>傳:"上三千奏牘。"即此。

12　**籍,籍也,所以籍疏人名户口也。**<u>畢沅</u>曰:"人名"疑誤,當作"人民"。周禮均人云:"均人民牛馬車輦之力政。"又司民云:"掌登萬民之數,自生齒以上,皆書於版,異其男女,歲登下其死生。"<u>鄭</u>注:"版,今户籍也。"是籍所以籍疏人民户口也。<u>葉德炯</u>曰:"人名"字不誤。史記貨殖傳:"<u>程鄭</u>、<u>卓氏</u>、<u>曹邴氏</u>、<u>刁間</u>、<u>橋姚</u>、<u>田嗇</u>、<u>田蘭</u>、<u>雍樂成</u>。"游俠傳"<u>魯朱家</u>、<u>楚田仲</u>、<u>濟南瞷氏</u>、<u>雒陽劇孟</u>、<u>符離王孟</u>、<u>長安樊仲子</u>、<u>西河郭公仲</u>、<u>太原鹵公孺</u>、<u>臨淮兒長卿</u>",皆鄉里細民,其名字箸於版籍,故史公得知其詳，後世考試之册亦然，如宋紹興題名録、寶祐登科記諸書，尚可得其梗概也。蘇興曰：古今注："牛亨問：籍者何云？ 答曰：籍者一尺二寸竹牒，記人之年名字物色，懸之宮門，案省相應，乃得入也。"又御覽六百六引晉令云："郡國諸户口黄籍，籍皆用一尺二寸札，已在官役者載名。"此亦籍書人名之證。畢説非。

13 檄，激也，下官所以激迎其上之書文也。畢沅曰：御覽引無"文"字。説文："檄，二尺書，从木，敫聲。"案戰國以來，始有檄名，或以諭下，或以辟吏，或以徵召，或以威敵，未有如此所云者。文心雕龍云："檄者，皦也。"亦似得之。王啟原曰：案畢所舉數義，證之史傳皆合，然致疑於此，謂爲未有，則過。後漢書陳寔傳："懷檄請見。"范丹傳："少爲縣小吏，奉檄迎督郵。"吳祐傳注引謝承書："上司無賤檄之敬。"三國志吕蒙傳："孫權與陸遜論周瑜、魯肅及蒙曰：孟德因獲劉琮之勢，張言方率數十萬衆，水步俱下，孤普請咨問所宜，無適先對，至子布、文表，俱言宜遣使修檄迎之。"此皆下官迎上書文之明證，激迎之説，未可非也。

14 檢，禁也，禁閉諸物，使不得開露也。畢沅曰：説文："檢，書署也。"王啟原曰：後漢書公孫述傳："輒卓囊施檢文，稱詔書。"注："書，署也。"蓋取檢制之義，今人所云題籤也。通俗文記識曰："籤則漢時亦謂之籤。"皮錫瑞曰：周禮司市："以璽節出入之。"注："爾節，印章，如今斗檢封矣。"疏："案漢法，斗檢封，其形方，上有封檢，其内有書。"後漢書公孫瓚傳："袁紹矯刻金玉以爲印璽，每有所下，輒卓囊施檢。"章懷注："檢，今俗謂之排，排如今言幖簽耳。"説文："檢，書署也。"續漢書祭祀志："尚書令奉玉牒檢，皇帝以二分璽親封之。"

15 璽，徙也，封物使可轉徙而不可發也。畢沅曰：説文:"璽,王者印也,所以主土,从土,爾聲。籀文作壐,从玉。"今本作壐,從籀文也。案秦 漢以來,唯天子之印稱璽,其下則否,故云王者印。周以前則璽印通稱。周禮:"掌節貨賄,用璽節。"鄭 注:"璽節者,今之印章也。"左 襄二十九年傳:"璽書,追而與之。"

16 印,信也。畢沅曰:説文:"印,執政所持信也,从爪从卪。"所以封物爲信驗也。畢沅曰:北堂書鈔、初學記皆引作"所以封物以爲驗也"。亦言因也,封物相因付也。

17 謁,詣也。詣,告也,書其姓名於上,以告所至詣者也。成蓉鏡曰:御覽七百十引李尤 書案銘:"通達謁刺。"王啓原曰:後漢書孔融傳:"河南尹何進當遷爲大將軍,楊賜遣融奉謁賀,進不時通,融即奪謁還府。"又文苑傳言羊陟大從車騎,奉謁造壹。謁即今造往之名刺。羊陟列卿於計吏,亦奉謁,則上下通用。如孔融爲楊賜奉謁,則似今之差帖者也。張超著賦頌雜文十九篇,傳列其目,有謁,則亦有爲文者,蓋非通例。

18 符,付也,書所勅命於上,付使傳行之也。畢沅曰:漢制:徵郡守以竹使符,發兵以銅虎符,皆必書敕命以付使者。蘇輿曰:文心雕龍:"符者,孚也,徵召防僞,事資中孚,三代玉瑞,漢世金竹,末代從省,代以書翰矣。"此云"書所勅命於上",亦謂用書翰者也。亦言赴也,執以赴君命也。畢沅曰:"亦言赴也"今本作"節赴也",提行別起。案節無赴訓,赴音又不近節,此書本文必不如此。且節別見於釋兵篇,不應重出。此"赴也"實訓釋"符"義,符、赴音相近也,故改作"亦言赴也",以承符下,如上條"亦言因也"之例。

19 傳,轉也,轉移所在,執以爲信也。亦曰過所,句。過所至關津以示之也。畢沅曰:漢書 文帝紀:"十二年三月,除關無用傳。"張晏曰:"傳,信也,若今過所也。"鄭注周禮 司關云:"傳,如今移過所文書。"然則漢時謂傳爲過所。此條"過所至關津以示之也"九字,今本誤脱在後"示,示也"之下。御覽引作"過所至關津以示,或曰:傳,轉也,移轉所在識爲信也"。亦未是。蓋御覽以"過所"爲目,故改其文以遷就之耳。今移"過所"之文附於"傳",增"亦曰過所"四字,庶文義允愜矣。蘇輿曰:中華古今注:"程雅問:傳者何云? 答曰:傳者,以木爲之,長一尺五寸,書符信於其上;又一板封以御史印章,所以爲期信,即如今之過所也,言經過所在爲證也。"

　　20 券,綣也,相約束纏綣以爲限也。畢沅曰:説文:"券,契也,从刀,关聲。券別之書,以刀判契其旁,故曰契券。"葉德炯曰:宋人古文苑載王褒 買奴券,御覽載石崇 奴券,均詳載役使事,即此所云約束爲限也。蘇輿曰:文心雕龍:"券者束也,明白約束,以備情僞,字形半分,故周稱判書。古有鐵券,以堅信誓,王褒書奴,則券之楷也。"其義本此。

　　21 莂,別也,大書中央,中破別之也。畢沅曰:御覽引云"券,綣也,相約束纏綣以爲限也。大書中央,中破別之"。是以此條合於上條,并爲一矣。案鄭注周禮小宰云:"傳別,謂爲大手書於一札,中字別之","質劑,謂兩書一札,同而別之","傳別、質劑,皆今之券書也,事異異其名耳。"然則券書固有二也,兩書一札同而別之者,所謂相約束纏綣以爲限也。一札中字別之者,此所謂"莂,別也,大書中央破別之",自當分爲二條,莂字俗,玉篇始載之,古別字與北字形近,故虞書"分北三苗",當本是"分兆三苗",古別字作兆也。孫詒讓曰:莂即別之變體,从艸無義,考廣韻十七薛,有莂字,注:"一云分契。"蓋符契古多用竹,莂亦本从竹,變爲廿(隸書从竹字多从廿)。葉德炯曰:晉 太康五年,楊紹買冢地,荊云:"大男楊紹从土公買冢地一丘,東極闌澤,西極黃滕,南極山背,北極於湖,直錢四百萬,即日交畢,日月爲證,四時爲任,太康五年九月二十九日。"對共破荊,民有私約如律令,此古荊文之僅存者。其石刻在浙江山陰。

22 契,刻也,刻識其數也。畢沅曰:説文大部云:"契,大約也,从大,㓞聲。"㓞部云:"栔,刻也,从㓞从木。"據説文則此當云:"契,栔也。栔,刻也。"增一轉訓乃合,而此即以契爲刻者。釋詁:"契,絶也。"郭注:"今江東呼刻斷物爲契斷。"吕氏春秋察今篇:"契舟求劍。"淮南齊俗訓:"越人契臂。"皆以契爲刻,與栔、鍥皆同義,故今仍本文。

23 策書,教令於上,所以驅策諸下也。畢沅曰:説文:"策,馬箠也。"故曰"驅策"。成蓉鏡曰:漢制度云:"帝之下書有四:一曰策書,策書者,編簡也,其制長二尺,短者半之。篆書起年月日,稱皇帝,以命諸侯王三公。以罪免亦賜策,而以隷書,用尺一寸兩行,惟此爲異也。"見後漢書光武紀注。文心雕龍亦云:"漢初定儀則有四品,一曰策書。"漢制:約敕封侯曰册。畢沅曰:説文:"册,符命也,諸侯進受于王也,象其札,一長一短,中有二編之形。"漢書武五子傳:"齊王閎與燕王旦、廣陵王胥同日皆賜策。"字作策,則古字策與册通也。册,賾也,敕使整賾不犯之也。畢沅曰:御覽引作"敕使整賾不犯法也"。今本"漢制"以下提行別分作二條,據御覽引并合之。案策、册字通,固當并合①。

24 示,示也。畢沅曰:上"過所至關津以示之也",諸本文皆在此,不知"示"之爲用廣矣,焉得以過所一事盡之?由不學

---

① 釋名疏證補坿有補充。見本書 349 頁。

者不知過所之爲傳名,但見亦有示字,遂繫之此條下耳。今既移上,遂於此削去之。

25 啟,詣也,以啟語官司所至詣也。畢沅曰:今本作"詣,啟也",係誤到。又下"啟"字誤作"君",今並據文義改正。又疑"啟"當作"棨",説文:"棨,傳信也。"漢書文帝紀注:"李奇曰:傳,棨也。"則當與符、傳相連,俟考。先謙曰:吳校"啟詣也"作"啟亦詣也",下"啟"字作"告"。

26 書,庶也,紀庶物也;亦言著也。畢沅曰:説文:"書,箸也,从聿,者聲。"説文敍云:"箸於竹帛謂之書,書者如也。"葉德炯曰:唐釋湛然止觀輔行傳宏決四之三引此下有"箸萬物"三字。著之簡紙,永不滅也。畢沅曰:今本脱"著也"二字,據廣韻引增。尚書正義引作"書者,庶也,以紀庶物;又爲著,言事得彰著"。御覽引與此同,唯"簡紙"作"簡編"爲異。

27 畫,繪也,以五色繪物象也。畢沅曰:今本作"畫,挂也,以五色挂物上也",據御覽引改"挂"爲"繪",據廣韻引改"上"作"象"。考工記曰:"畫繪之事雜五色。"

28 書稱刺書,以筆刺紙簡之上也。王啟原曰:高誘淮南序言典農弁揖,借取刺之,謂寫之也。是漢末有此語。蘇輿曰:文心雕龍:"刺者,達也,詩人諷刺,周禮三刺,事敘相達,若針之通結矣。"即此刺字之義。先謙曰:吳校"書稱刺書"作"書書稱刺"。又曰到寫,寫此文也。畢沅曰:今本"到"字加人旁,説文新附字也。到寫,猶以此器之物傳寫於他器也。鄭注周禮鄉大夫云:"内史副寫其書。"又注御史云:"爲書寫其治之法令。"畫姓名於奏上曰畫刺,畢沅曰:畫,今本皆作"書",據御覽引改。又"名"今本作"字",據廣韻引改。"上"廣韻引作"白",不從。作再拜起居,字皆達其體,使書盡邊,徐引筆書之如畫者也。王啟原曰：齊書符瑞志：“建元元年，有司奏，掘得泉中得銀木簡，長一尺，廣二寸，隱起文曰：盧山道人張陵再拜，謁詣起居。”又引宋均注云：“張陵佐封禪一云：陵，仙人也。”宋均，魏博士，此或其緯注文。若陵爲仙人，則即道家之張道陵，皆漢人也。此漢人之式僅存者。六朝時道人謂僧，漢時蓋爲道釋通稱。先謙曰：吳校删“使”下“書”字。下官刺曰長刺，長書中央一行而下也。又曰爵里刺，書其官爵及郡縣鄉里也。畢沅曰：御覽引“又曰”作“又有”。成蓉鏡曰：御覽六百六引魏名臣奏云：“黃門侍郎荀侯奏云：今吏初除，有三通爵里刺，條疏行狀。”又引夏侯榮傳云：“賓客百餘人一奏刺，悉書其鄉邑姓名，世所謂爵里刺。”

　　29 書稱題。題，諦也，審諦其名號也。畢沅曰：周禮司常：“官府各象其事，州里各象其名，家各象其號。”鄭注：“事名號者，徽識，所以題別衆臣。”士喪禮：“爲銘，各以其物，亡則以緇，長半幅，䞓末，長終幅，廣三寸。書名於末。”此蓋其制也。徽識之書則云：某某之事，某某之名，某某之號，是題所以審諦名號也，但書之稱題不止此也。先謙曰：吳校“書”下有“牘”字。亦言第，因其第次也。畢沅曰：古書標題，每篇之首必題弟一弟二等目以迄於終，此次弟之弟本不必加竹。說文：“弟，韋束之次弟也。”與兄弟之弟同一字。先謙曰：吳校“亦言第”下有“也”字。

　　30 書文書檢曰署。畢沅曰：說文：“檢，書署也。”署，予也，題所予者官號也。畢沅曰：漢書蘇武傳：“上思股肱之美，乃圖畫其人於麒麟閣，法其形貌，署其官爵姓名，唯霍光不名，凡十一人。”王啟原曰：“書文書檢”者，題文書封面也，二書字異義，文書，公文之名。謂公文既封，而題署所予之人，檢猶今之緘封,題所予者官號,若漢世祖與公孫述書,署曰"公孫皇帝"是也。畢引與本書義別。

31 上敕下曰告。告,覺也,使覺悟知己意也。畢沅曰:漢書司馬相如傳:"上遣相如諭告巴蜀民。"其檄首言告巴蜀太守,末言檄到,亟下縣道,咸諭陛下意,是使覺悟知己意也。蘇輿曰:告、覺疊韻字,本書釋姿容:"覺,告也。"互相釋。

32 下言於上曰表,畢沅曰:今本無"於"字,據廣韻引增。思之於內,表施於外也。畢沅曰:御覽引作"下言章,上言表,思之於內,施之於外也"。蔡邕獨斷云:"凡羣臣上書於天子者有四名:一曰章,二曰奏,三曰表,四曰駁議。"又曰上,示之於上也。畢沅曰:史記李斯傳:"斯上書諫逐客。"漢書武五子傳:"壺關三老上書訟太子冤。"文選三十七卷注云:"六國及秦漢兼謂之上書,至漢魏以來都曰表。"又曰言,言其意也。畢沅曰:表體輒有首稱臣某言者。

33 約,約束之也。畢沅曰:上約字一肖反,下約字一虐反。周禮秋官"有司約"。鄭注:"約,言語之約束。"

34 敕,飭也,使自警飭不敢廢慢也。畢沅曰:呂氏春秋孟春紀:"田事既飭。"高注:"飭讀作敕。"則敕、飭音義同也,今本"飭"作"飾",誤,據義改之。葉德炯曰:漢舊儀有漢丞相遣郡國計吏勅及御史大夫遣郡國計吏勅二篇。是漢時勅行之臣下,且不恒用,故文選無此門類。唐以來凡人主敕下之詞曰敕,如大唐詔令所載諸敕文是也。

35 謂,猶謂也,猶得敕不自安,謂謂然也。畢沅曰:廣韻:"怫愄,不安也。"此"猶謂也、謂謂然"似當皆作"愄然"。說文無愄字。釋詁:"謂,勤也。"勤則有不敢自安之義。然此條究不甚明曉。先謙曰:吳校"謂猶謂也"作"謂猶喟喟","謂謂"作

"喟喟"。

釋典藝第二十

1 三墳。墳,分也,論三才分天地人之始,其體有三也。畢沅曰:今本"三才"下衍"之"字,"始"又譌爲"治",據北堂書鈔、藝文類聚引刪改。王啟原曰:爾雅:"墳,大防。"又:"墳莫大於河墳。"字本作坋。説文:"坋,塵也,从土,分聲。一曰大防也。"坋以培土,使水土各有其限。是有分義,故廣雅亦云:"墳,分也。"家語 正論 王注:"三墳,三皇之書也。"古今注 董仲舒曰:"三皇,三才也。"

2 五典。典,鎮也,制教法所以鎮定上下,差等有五也。畢沅曰:今本脱"教"字,"差"作"其",據藝文類聚引增改。王啟原曰:左 昭十二年傳 正義引延篤言張平子説:"五典,五帝之常道。"又引賈逵曰:"五典,五帝之典。"説文:"典,五帝之書也。"蓋用其師説。月令:"以五帝分主五行。"漢書 藝文志:"五行者,五常之形氣也。"古今注 董仲舒曰:"五帝,五常也。"典古義或爲常,或爲法,無訓鎮者。楚策:"吳與楚戰於柏舉,蒙穀舍鬭,奔郢,入太宮,負雞次之典,以浮於江,逃於雲夢之中。昭王反郢,五官失法,百姓昏亂,蒙穀獻典,五官得法,而百姓大治。"亦訓典爲法。然失典而亂,得典而治,是典爲國之鎮,亦有鎮義。蘇輿曰:御覽 學部二引"制"下有"作"字,"差等"作"其等"。説文鎮從真聲,詩 維清:"以典均裡。"知典、鎮古音本近,漢時猶然,故成國依聲釋之。段氏 音均表鎮在十二部,典在十三部。

3 八索。索,素也,著素王之法,若孔子者聖而不王,制此法者有八也。皮錫瑞曰:史記 殷本紀:"或曰伊尹處士,湯使人聘迎之,五反,然後肯往從湯。"言素王及九主之事,是古有素王之法,非始於孔子。蘇輿曰:書僞孔序"八索",左昭十二年傳"八索",釋文:"索本作素。"是索、素字同。賈逵左傳注:"八索,素王之法。"(據文選閒居賦引。)與此義同。又賈氏春秋序云:"孔子覽史記,就是非之説,立素王之法。"漢書董仲舒傳:"孔子作春秋,先正王而繫萬事,見素王之文焉。"並成國所本。

4 九丘。丘,區也,區別九州之土氣,畢沅曰:今本脱"之"字,據北堂書鈔引增。王先慎曰:"之"字不增亦通。藝文類聚五十五引作"區別九州土氣",是唐人所見釋名亦有無"之"字之本。教化所宜施者也。此皆三王以前上古羲皇時書也。畢沅曰:昭十二年左傳:"是能讀三墳、五典、八索、九丘。"賈逵注:"三墳,三皇之書;五典,五帝之典;八索,八王之法;九丘,九州亡國之戒。"馬融説:"三墳,三氣,陰陽始生天地人之氣也;五典,五行也;八索,八卦;九丘,九州之數也。"案三墳當從馬説,五典則賈説是,八索、九丘未審孰得之。蘇輿曰:藝文類聚、御覽"上古"作"上至"。今皆亡,惟堯典存也。畢沅曰:孔氏逸書有舜典,逸書未列於學官,遂陵夷,以至於亡,故惟堯典存。蘇輿曰:御覽"亡"下有"失"字。

5 經,徑也,常典也,畢沅曰:今本脱此三字,據御覽引補,北堂書鈔、初學記引作"典常也",非。如徑路無所不通,可常用也。王先慎曰:初學記二十一引"如"上有"言"字。

6 緯,圍也,反覆圍繞以成經也。葉德炯曰:大戴禮本命:"凡地東西爲緯,南北爲經。"淮南地形訓注:"子午爲經,卯酉爲緯。"案古言經緯皆對文,地球以南北極爲樞紐,有經緯度,日月繞地球東西而行,是緯度也。此云反覆圍繞,正是此義。蘇輿曰:緯之爲書,比傅於經,輾轉牽合,以成其誼。今所傳易緯、詩緯諸書,可得其大概。故云"反覆圍繞以成經"。

7 圖，度也，畫其品度也。畢沅曰："畫"今本作"盡"，誤。釋言："猷，圖也。"郭注周官："以猷鬼神祇謂圖畫。"蘇輿曰：此圖謂圖讖之圖，故與緯讖連文。河圖挺佐輔："黃帝至於翠嬀之川，鱸魚折溜而至，蘭葉朱文以授黃帝，名曰緑圖。"則圖本讖之屬。書顧命僞孔傳："河圖八卦，伏羲王天下，龍馬出河遂。"則其文以畫八卦，謂之河圖，正圖爲畫其品度之怡。隋書經籍志載：漢末郎中郗萌，集圖緯讖雜占爲五十卷，即此類也。畢但以圖畫爲證，非是。圖、度聲近義同。

8 讖，纖也，葉德炯曰：世言讖緯始於漢之哀平，非也。文選思玄賦注引蒼頡篇："讖書，河洛書也。讖文曰：讖，驗也。"太史公自序引孔子曰："我欲載之空言，不如見之行事之深切著明也。"此春秋緯文。又易曰："失之豪釐，差之千里。"徐廣注："今易無此語。易緯有之。"宋洪适隷釋載小黃門譙敏碑云"其先故國師譙贛，深明典奧讖録圖緯，能精微天意，傳道與京君明"云云。譙、京、馬遷均哀平以前人，是讖緯之學盛於西漢矣。其義纖微而有效驗也。畢沅曰：今本無"而有效驗"四字，據一切經音義引增。葉德炯曰：如秦語，盧生奏録圖曰："亡秦者，胡也。"史記秦本紀："有人遮使者曰：今年祖龍死。"漢書高帝紀："嫗曰：吾子白帝子也，今者赤帝子斬之。"後漢光武紀："宛人李通説光武云：劉氏復起，李氏爲輔。"及貨泉字文爲白水真人之類，皆有效驗。

9 易，易也，言變易也。畢沅曰：鄭康成易贊曰："易之爲名也，一言而含三義：易簡一也，變易二也，不易三也。"此止言變易，其義未備。

10 禮，體也，得其事體也。畢沅曰：已見釋言語篇。葉德炯曰：此禮經之禮，與前言語篇同訓異實。漢書藝文志："禮古

經五十六卷,經七十篇。"即此。禮記疏引鄭玄禮序云:"禮者,
體也。"與此義合。明此是釋六經之體。蘇輿曰:御覽學部四引
作"言得事之體也"。初學記引同御覽。又引春秋説題辭云:"禮
者,體也。人情有哀樂,五行有興滅,故立鄉飲之禮,始終之哀,
婚姻之宜,朝聘之表,尊卑有序,上下有體。"是以禮經之禮爲
體,其説已舊。

11 儀,畢沅曰:此威儀字,古但作義。詳見釋言語篇。宜
也,得事宜也。畢沅曰:此謂今所傳十七篇之儀禮也。

12 傳,傳也,以傳示後人也。葉德炯曰:此禮傳之傳。
漢書藝文志有周官傳四篇。隋書經籍志有馬融注喪服經傳、鄭
玄注喪服經傳,皆此傳也。漢儒最重師傳,漢書藝文志、後漢儒
林傳序,述六經傳授最詳,故云"傳示後人"。此傳下該左氏、
公、穀者,以後述春秋不及三家故也。

13 記,紀也,紀識之也。葉德炯曰:此禮記之記,與前
言語篇"紀,記也"有別。後漢橋元傳:"七世祖仁,著禮記章句
四十九篇,號曰橋君學。"此禮序正義引鄭玄六藝論之戴聖傳禮
四十九篇也。漢書藝文志"記百三十一篇"下班自注:"七十子
後學者所記也。"此成國所本。

14 詩,之也,志之所之也。畢沅曰:詩敘云:"詩者,志之
所之也,在心爲志,發言爲詩。"興物而作,謂之興。敷布其
義,謂之賦。畢沅曰:案北堂書鈔、藝文類聚、御覽引此句,上
有"賦敷也"三字,句法不與上下文相類,彼自就文士之賦言,此
處可不增。事類相似,謂之比。言王政事,謂之雅。畢沅
曰:詩敘云:"雅者,正也,言王政之所由廢興也。政有小大,故有
小雅焉,有大雅焉。"雅,本作"疋",説見言語篇。稱頌成功,
謂之頌。畢沅曰:詩敘云:"頌者,美盛德之形容,以其成功告於

神明者也。"隨作者之志而別名之也。畢沅曰:詩敘云:"詩有
六義焉:一曰風,二曰賦,三曰比,四曰興,五曰雅,六曰頌。"此
不言風,六義闕其一,蓋有脫逸矣。周禮大師云:"教六詩:曰風,
曰賦,曰比,曰興,曰雅,曰頌。"鄭注:"風言賢聖治道之遺化也;
賦之言鋪,直鋪陳今之政教善惡;比見今之失,不敢斥言,取比類
以言之;興見今之美,嫌於媚諛,取善事以諭勸之;雅,正也,言今
之正者以爲後世法;頌之言誦也,容也,誦今之德,廣以美之。"此
説詩之六義,頗詳備。

　　15 尚書。尚,上也,畢沅曰:鄭康成書贊云:"尚者,上
也。"以堯爲上,始而書其時事也。畢沅曰:堯典敘云:"昔在
帝堯。"鄭注:"書以堯爲始,獨云昔在,使若無先之典然也。"王
啓原曰:書正義引尚書璇璣鈐云:"尚書篇題號:尚者,上也。"此
鄭書贊所本。蘇輿曰:春秋説題辭亦云:"尚者,上也,上世帝王
之書也。"又論衡須頌篇:"或説尚書曰:尚者,上也,上所爲下所
書也,下者誰也? 曰:臣子也。"誼微別[①]。

　　16 春秋。言春秋冬夏終而成歲,舉春秋,則冬夏可
知也。畢沅曰:今本脱"言"字及"舉"以下九字,據初學記、御
覽引補。春秋書人事,卒歲而究備,春秋溫涼中,象政和
也,故舉以爲名也。葉德炯曰:春秋大題疏引賈逵序云:"取
法陰陽之中,春爲陽中,萬物以生;秋爲陰中,萬物以成,欲使人
君動作不失中也。"

　　17 國語。記諸國君臣相與言語謀議之得失也。又
曰外傳,畢沅曰:説文引國語,文輒稱"春秋國語",以國語爲春
秋外傳故也。王啓原曰:説文及風俗通並稱"春秋國語",至釋名

———————————

① 釋名疏證補坿有補充。見本書349—350頁。

則言"又曰外傳"，蓋漢時二名並稱。隋志："春秋外傳國語二十
卷。賈逵注。"是外傳之名已舊，不得以漢志無"外傳"之名而疑
之。惟其爲春秋外傳，故蜀志 陳震傳："震即以國語爲春秋也。"
蘇輿曰：漢書 律曆志引國語"少昊之衰，九黎亂德"等語，稱春秋
外傳，此舊以國語爲外傳之證。又論衡云："國語，左氏之外傳
也。"内傳詞語有詳亦有略，故復選錄國語之辭以補之。**春秋
以魯爲内，以諸國爲外，外國所傳之事也。**畢沅曰：公羊 成
十五年傳："春秋内其國，而外諸夏。"案以此言春秋可也。外傳
亦有魯語，則此語爲不可通。韋昭云："其文不主於經，故謂之外
傳。"斯言得之。

18 **爾雅。爾，昵也。昵，近也。雅，義也。義，正也。**
畢沅曰：義音近俄，故與雅爲聲之轉。**五方之言不同，皆以近
正爲主也。**葉德炯曰：爾雅者，近古也。雅本兼古、正二義。白
虎通 禮樂："雅者，古正也。"禮記 樂記："吾端冕而聽古樂。"注
云："古樂，先王之正樂也。"此正樂即雅樂之譌。説文："古，故
也，從十口，識前言也。"此云雅義即是雅故，以義與誼同，誼爲
詁訓字故也。大戴禮 本命："爾雅以觀於古。"漢書 藝文志："讀
應爾雅故解古今語而可知也。"王充 論衡 是應篇："爾雅之書，五
經之訓故，曰觀於古，曰解古今語，曰訓故，皆取近古之義。"又
史記 高帝紀："雅不欲屬沛公。"集解引服虔云："雅，故也。"張
耳陳餘傳："張耳雅游。"索隱引鄭氏曰："雅，故也。"此雖非釋雅
訓，足爲雅有古義之證。下云"五方之言不同，皆以近正爲主"，
謂五方言語變遷，必以古訓爲主耳。世儒不案本文義正之爲誼
古，只以近正訓爾雅，不知不近古何以近正？此理易明，不煩申
説也。爾雅近古，如弟一篇釋詁"始、君、大"三字出於詩 書故訓
者爲多，則其近古可知矣。

19 論語。記孔子與諸弟子所語之言也。畢沅曰："記"一本作"紀"。葉德炯曰：漢書藝文志云："論語者，孔子應答弟子時人，及弟子相與言而接聞於夫子之語也。當時弟子各有所記，夫子既卒，門人相與輯而論纂，故謂之論語。"

20 法，逼也，畢沅曰：逼，乃説文新附字，以音義求之，似應作弼。下文言"逼正"，亦不如"弼正"之言爲安，但御覽已引作"逼"，如孟子言"驅而之善，亦不以文害辭，"姑仍之。人莫不欲從其志，畢沅曰：今本脱"人"字，據御覽引增。逼正，使有所限也。葉德炯曰：漢書藝文志："法家者流，蓋出於理官，信賞必罰，以輔禮制，易曰：先王以明罰飭法。此其所長也。"按此即弼教明刑之義。畢謂偪字應作弼字，似爲得之。

21 律，累也，累人心，使不得放肆也。畢沅曰：御覽引作"律，纍也，纍人心"。音累。説文但有纍字，無累、纍字。一切經音義引"累"作"縲"，又"人心"上有"囚"字。案"囚"乃"网"字之譌。類篇："纍，魯水切，法也。一曰：法，可以纍网人心。李舟説：'或作纍。'"葉德炯曰：唐六典注："李悝集諸國刑書造法經六篇：一盗法，二賊法，三囚法，四捕法，五雜法，六具法。商鞅傳之，改法爲律。"是律名始於戰國時矣。漢律名有上計律，見周禮典路注；有尉律，見説文敍；有田律，見周禮士師注；有酎金律，見丁孚漢儀。又禮記內則注引漢律"會稽獻藒"，説文引"會稽獻鮚醬"，及"齊人予妻婢姦曰姘""見姘變，不得侍祠"之類，不知屬何律名。至何休公羊注，時以漢律況經，以春秋爲正人心之書，故比例尤爲切近也。

22 令，領也，理領之，使不得相犯也。畢沅曰：本或脱"得"字，宋臨安陳道人本有。葉德炯曰：漢令有甲令，見宣帝紀、蕭望之傳；後漢曆志有乙令，見張釋之傳注、江充傳注；有丙令,見章帝紀。此三章之總目也。其名則有秩禄令,見史記吕后紀注、文帝紀注;有宫衛令,見張釋之傳注;有金布令,見後漢禮儀志注;有品令,見百官志注;有祠令,見文帝紀注;有祀令,見後漢祭祀志注;有功令,見儒林傳序;有廷尉挈令,見張湯傳;有光禄挈令,見燕王旦傳注;有樂浪挈令,見説文;有田令,見後漢書黄香傳;有水令,見前漢兒寬傳。此律中之細目也。其令文有"諸侯在國,名田他縣,罰金二兩",見哀紀注;"女子犯罪,作如徒六月遣歸",見平帝紀注;"蹕先至而犯者罰金四兩",見張釋之傳注。此即理領使不相犯之意也。

23　科,課也,課其不如法者罪責之也。葉德炯曰:科,程品也。説文:"科,程也。""程,品也。"漢書藝文志:"太史試學童能諷書九千字以上,乃得爲吏,又以六體試之,課最者以爲尚書御史,史書令吏,吏民上書字或不正,輒舉劾。"説文敍云:"尉律:學僮十七已上,始試諷籀書九千字,乃得爲吏。又以八體試之,郡移太史,并課最者爲尚書史,書或不正,輒舉劾之。"此漢課試之法之可考者。此云"不如法者罪責之",即舉劾也。

24　詔書。詔,照也。畢沅曰:説文元書無"詔"字,徐鼎臣增益十九字,乃有之。但倉頡篇有"幼子承詔"之文,見於説文敍。又秦刻石嶧山文云:"臣請具刻詔書。"則古實有詔字可用也。成蓉鏡曰:蔡邕獨斷:"制詔,詔猶告也。"告,教也。三代無其文,秦漢有也。東觀漢記:"第五倫每見光武詔書,常歎曰:此聖主也。"後漢書光武紀注引漢制度曰:"帝之下書有四,三曰詔書。詔書者,詔告也。其文曰:告某官云如故事。"文心雕龍:"漢初定儀則四品,三曰詔書。"蘇輿曰:御覽文部九引無"詔書"二字。人暗不見事宜,則有所犯,以此照示之,使昭然知所由也。畢沅曰:今本"照也"作"昭也"。又脱"照示之"之

“照”，據北堂書鈔、一切經音義、御覽引改增。

25 論，倫也，有倫理也。畢沅曰：倫，説文侖部作“侖”
云：“侖，理也。”葉德炯曰：此篇讚、敍、銘與前言語篇重見，而義
各別，言語篇釋其名，此篇則釋其實，如前禮、儀、傳、記四字例
此。論如桓寬鹽鐵論、王充潛夫論、桓譚新論之論，古人著書，
皆有體例，故云有倫理。

26 稱人之美曰讚。畢沅曰：贊字古不從言，後人加之。
讚，纂也，纂集其美而敍之也。畢沅曰：“纂”當爲“篹”。葉
德炯曰：此如前後漢書紀傳贊曰之贊，故云“纂集其美而敍之”。
讚、纂同聲。説文“篹讀若纂”也。

27 敍，杼也，杼泄其實宣見之也。畢沅曰：班固兩都
賦敍云：“或以杼下情而通諷諭。”郭注方言：“杼音杼渫，字皆从
木，説文从手。”泄今本作洩，唐人避諱後所改。葉德炯曰：太史
公史記後有自序，班固漢書有敍傳，皆抴抒其書之實也。

28 銘，名也，畢沅曰：已見釋言語篇。述其功美，使可稱
名也。畢沅曰：禮記祭統曰：“銘之義稱美而不稱惡。”葉德炯
曰：此如碑銘墓志銘之銘，故次於誄諡之前，與前言語篇之銘微
別。蘇輿曰：御覽文部六引無“使”字。

29 誄，累也，累列其事而稱之也。畢沅曰：説文：“誄，
諡也。”下別言“諡”，則此“誄”當爲“讄”，説文：“讄，禱也，纍功
德以求福。論語云：‘讄曰：禱爾于上下神祇。’从言，畾聲。”是
爲“累列其事而稱之也”。今論語亦作“誄”，後人通用無別矣。
蘇輿曰：文心雕龍亦云：“誄者，累也，累其功德，旌之不朽也。”其
義本此。

30 諡，曳也。物在後爲曳，言名之於人亦然也。畢
沅曰：御覽五百六十二卷此下有云：“古者諸侯薨，天子論行以賜

謚,惟王者無上,故於南郊稱天以謚之。當春秋時,周室卑微,
臣子謚其君父,故諸侯之謚多不以實也。"共五十字。案劉珍,
後漢人,亦有釋名,韋昭有辨釋名,御覽所引間亦脱,辨字故難,
即據以補此。今説文謚作諡。案五經文字出諡、謚二字,俱常利
反,上説文,下字林。字林以謚爲笑聲,音呼益反,今用上字。據
此,則本無從兮從皿者,今説文有之,乃徐鉉等所改也。益與示
聲亦相近,今人以誄謚字從益者爲諡,失之不考。

31　譜,畢沅曰:説文無"譜"字,蓋古止用表也。古讀表音
如補,漢書 敘傳表與斝叶。成蓉鏡曰:畢説非也。史通 表歷篇
云:"蓋譜之建名起於周代,表之所作,因譜象形,故桓君山有云:
太史公 三代世表,旁行斜上,並效周譜。"則譜在表前。至説文
無譜字,當是通用普。北堂書鈔七十三引韋昭辨釋名:"主簿者,
主諸簿書。簿,普也,關普諸事也。"是其證。**布也,布列見其
事也。亦曰緒也,主緒人世,類相繼如統緒也。**畢沅曰:
今本"亦曰緒也"譌作"統緒也",又誤提行起,並改正。先謙曰:
吳校"主"下"緒"作"敘","如"作"知"。

32　**碑,被也,此本葬時所設也。於鹿盧,以繩被其
上,引以下棺也。**畢沅曰:禮 喪大記云:"凡封,用綍去碑負
引。"鄭注云:"封,周禮作窆。窆,下棺也。凡柩車及壙,説載除
飾,而屬綍於柩之緘,又樹碑於壙之前後,以綍繞碑,間之,鹿盧
輓棺而下之。此時棺下窆,使輓者皆繫綍,而繞要負引,舒縱之
備失脱也。用綍去碑者,謂縱下之時也。"今本"葬"誤作"莽",
又於上加"王"字,謬甚。又下作"施其轆轤,以繩被其上,以引
棺也"。俱據廣韻、御覽、類篇、集韻引删改。皮錫瑞曰:禮 檀弓:
"公室視豐碑。"注:"豐碑,斲大木爲之。形如石碑,於槨前後
四角樹,穿中,於間爲鹿盧,下棺以綍繞,天子六綍四碑,前後各

重鹿盧也。"臣子追述君父之功美，以書其上，後人因焉，無故建於道陌之頭，畢沅曰："無故"即"物故"，一本到作"故無"，誤也。北堂書鈔引作"乃"字，此必校書者疑"無故"二字爲誤，妄改之耳。陌字古止作百。蘇輿曰："後人因焉。"御覽文部九作"後人因爲焉"，無"無"字。顯見之處，名其文就，謂之碑也。蘇輿曰：御覽無"顯見之處"四字，文下無"就"字[①]。

33　詞，嗣也，令撰善言相續嗣也。畢沅曰：撰，説文作"譔"。蘇輿曰：漢世賦銘之類，敍終輒綴以詞，如班孟堅封燕然山銘及兩都賦敍末，並稱"其詞曰"是其例也。蓋本義在前，復演其詞，以嗣前恉，正此云"撰善言相續嗣"之誼。碑志銘辭紀傳論贊，亦詞之支流矣。

---

① 釋名疏證補坿有補充。見本書 350 頁。

釋名疏證補　卷第七

釋用器第二十一　釋樂器第二十二　釋兵第二十三
釋車第二十四　　釋船第二十五

釋用器第二十一

1 斧，甫也。甫，始也。凡將制器，始用斧伐木，已乃制之也。畢沅曰：毛詩破斧傳："隋銎曰斧。"蘇輿曰：御覽器物八引"始用"作"始以"。士冠禮記鄭注："甫，今文作斧。"斧、甫字通。

2 鐮，王先慎曰：説文作"鎌"，从金，兼聲。今通作鐮。廉也，體廉薄也，其所刈稍稍取之，又似廉者也。葉德炯曰：方言："刈鉤謂之鎌。"按説文："兼，并也，从又，持秝。兼持二禾，秉持一禾。"是鎌从兼从廉，皆與"稍稍取之"義近。

3 斨，戕也，所伐皆戕毀也。畢沅曰：説文："斨，方銎斧也。"然則斧斨同類，唯銎稍異。銎，受柄之穿也。

4 仇矛。仇，讐也，所伐則平，如討仇讐也。畢沅曰：當併入釋兵篇，此雜出，誤。成蓉鏡曰：案詩小戎："公予錞鐓。"毛傳："厹予，三隅予也。"説文作"厹矛"，此作"仇矛"者，厹、仇通用。戰國策"厹由"，高誘注："或作仇酋。"吕覽注同。史記作"仇猶"。韓非長短經作"仇由"。皆其證。成國於釋用器云："仇，讐也，所伐則平，如討仇讐也。"於釋兵云："言可以討仇敵之予也。"並望文生義，失之。

5 錐,利也。 王先慎曰:説文:"錐,鋭也。"廣雅:"鋭,
利也。"

6 椎,推也。 葉德炯曰:考工記玉人注:"終葵,椎也,爲推
於其杼上,明無所屈也。"

7 鑿,有所穿鑿也。 葉德炯曰:説文:"鑿,穿木也。"

8 鐫,鐏也,有所鐏入也。 王先慎曰:説文:"鐫,穿木鐫
也。"本書矛下頭曰:"鐏,鐏入地也。"曲禮:"進戈者,前其鐏,後
其刃;進矛戟者,前其鐓。"注云:"鋭底曰鐏,平底曰鐓。"底鋭故
能穿入。

9 耒,來也,亦推也。 畢沅曰:今本作"耒,亦椎也",以
承"椎,推也"之下,御覽引作"耒,來也"。據改。且區別別爲
一條,與耜相比近,其"亦推也"三字,亦當有。考工記:"車人
爲耒,庇長尺有一寸","直庇則利推,句庇則利發。"發謂杷土。
來、推,謂推土前進也。"

10 耜,畢沅曰:説文作"枱",云:"耒也,从木,吕聲。"葉德
炯曰:易繫辭:"斲木爲耜。"釋文引京房注:"耜,耒下耓也。"又
引虞注:"耜,止所蹈,因名曰耜。"考工記匠人:"耜廣五寸。"注:
"今之耜,岐頭兩金,象古之耦也。"據諸説所云,則耒之有齒者
也。漢武梁祠石室畫像前,第一石題字:"神農氏因宜教田,辟土
種穀。"其圖神農手持之器,柄曲而下翹,頭岐而二,則此耜也。
今南人始耕時用之。齒也,畢沅曰:今本作"似也",據御覽引
改。似齒斷物也。畢沅曰:今本"齒"下有"之"字,御覽引亦
然,據莊子釋文引删。

11 犁,利也,利發土絶草根也。 畢沅曰:犁,説文作
"犂",云:"耕也,从牛,黎聲。"今本"發土"上有"則"字,衍也,
據齊民要術引删。

12 檀,坦也,摩之使坦然平也。畢沅曰:"坦"本或譌作
"垣",據御覽引改。檀之爲器未詳其用。案説文:"壇,摩田器。"
據云"摩之使坦然平",竊疑檀即壇也。

13 鋤,助也,去穢助苗長也。畢沅曰:説文:"鉏,立薅
所用也,从金,且聲。"史記 齊悼惠王世家:"朱虚侯 劉章 耕田歌
曰:深耕概種,立苗欲疏,非其種者,鋤而去之。"齊人謂其柄
曰櫃,櫃然正直也。畢沅曰:説文:"櫃,枋也,从木,畾聲。一
曰鉏柄名。"案櫃然當作畾然,不必从木。蘇輿曰:本書釋姿容:
"僵,正直畾然也。"字正作畾。管子 輕重己篇:"鉊銚乂櫃。"鹽
鐵論 論勇篇:"鉏耰棘櫃。"並謂此也。御覽引通俗文:"鑿柄曰
樏。"樏、櫃同物。廣雅 釋器:"櫃,柄也。"頭曰鶴,似鶴頭也。
畢沅曰:今世亦謂鋤頭曰鶴觜。葉德炯曰:孟子公孫丑疏引釋名
"鎡基,大鋤也"。五字應在此條下,畢附録中亦未采引。

14 枷,加也,加杖於柄頭以檛穗,而出其穀也。畢沅
曰:説文:"枷,柫也。"又云:"柫,擊禾連枷也。"或曰羅枷,三
杖而用之也。畢沅曰:未詳。御覽引作"三丈五用之丈",即
"杖"之誤,"五"疑是"互"。蘇輿曰:漢書 王莽傳 顔注:"柫,所
以擊治禾者也,今謂之連枷。"連、羅一聲之轉。或曰了了,以
杖轉於頭,畢沅曰:"了"今本譌作"丫"。案"了了"正言用時
柄頭旋轉之形,當作"了了"爲是。又今本無"以"字,御覽引作
"或曰以杖轉於頭",無"了了"二字。案俱當有,今據增改。葉
德炯曰:世説新語:"小時了了。"是了了古有此語,但此作"了
了"則非也。此當作"丫以",或曰"丫"爲句,"丫以杖轉於頭"
爲句,丫字説文所無,本字作枒,木部"枒,木也",是也。古丫又
字本作枒杈。文選 魯靈光賦:"枝掌枒杈而斜據。"即此丫字。
枷、加、羅、丫皆取疊均,枒與羅皆象枷中枝格之形而取名也。

"三杖"必爲"互杖"之譌。**故以名之也。**

15 鍫，畢沅曰：當作"臿"，加金旁別也。葉德炯曰：武梁祠石室畫象，弟一石，夏禹長於地脈泉理題字圖[1]，繪禹持之器，似神農手持之耜，柄直而頭平，頭亦兩岐，即此鍫也。耜爲耒田之用，故頭翹起，鍫爲插地之用，故頭宜平。説文"枀"下从木，乃會意，上从从，是象岐頭之形。**插也，插地起土也。或曰銷。銷，削也，**畢沅曰：御覽引無"銷銷"二字及"也"字。**能有所穿削也。或曰鏵。**畢沅曰：鏵，説文作"枀"，云："兩刃臿也，从木丫，象形，宋魏曰枀也。"或作釫，"从金于"。案方言云："宋魏之閒謂之鏵，江淮南楚之閒謂之臿。"**鏵，刳也，刳地爲坎也。**蘇輿曰：曲禮："爲國君削瓜者華之。"鄭注："華，中裂之也。"華、鏵同聲字，其義相通。淮南精神訓高注："臿，鏵也。"齊俗訓云："故伊尹之興土功也，脩脚者使之蹠钁，強脊者使之負土。"高注："長脚者以蹠插使入深也。"御覽器物九引"钁"作"鏵"。蹠插入深，亦刳地爲坎之事。**其板曰葉，象木葉也。**

16 杷，播也，所以播除物也。畢沅曰："杷"各本作手旁，誤，今改正。葉德炯曰：方言五："杷，宋魏之間謂之渠挐，或謂之渠疏。"按渠挐、渠疏皆杷之合聲。説文："杷，收麥器也。"

17 枈，撥也，撥使聚也。畢沅曰：枈即枷也。各本亦誤从手，今據説文、方言、廣雅改从木。蓋擊禾而出其穀，使可收聚，自當與農器爲類，不徒釋拂之名誼而已。蘇輿曰：上已釋枷，不應別出枈，此當屬杷爲義，文有脱誤。吳本無枈字，作亦言撥也，連上爲一條，似是。急就篇："捃穫秉把插捌杷。"顔注："捌

---

[1]　原畫像石左邊題字，作"夏禹長於地理，脈泉知音"，此處"理"在"泉"後。

把，皆所以推別聚禾穀也。”把、杷同義。又漢書貢禹傳：“捽中杷土。”顏注：“杷，手掊之也。”音蒲巴反，掊亦聚也。是杷有撥聚之義明矣。杷、撥雙聲。

18 櫌，似鋤嫗薅禾也。畢沅曰：今本作“櫌，以鋤櫌禾”，一本作“櫌，以鋤嫗櫌禾”。一切經音義兩引，一引作“以鋤薅櫌禾”，一引作“似鉏薅櫌禾”。齊民要術引作“似鋤以薅禾”。據左氏僖卅三年正義引作“櫌，鋤嫗薅禾也”，亦有嫗字，蓋以櫌去艸，不容滅裂，懼其傷禾也。嫗有愛護苗根之誼，諸本以義稍僻，遂妄改之，或徑刪去，皆非是。今參酌諸書，從其善者。說文木部云：“櫌，薅器也。”蓐部云：“薅，拔田艸也。”蘇輿曰：通鑑外紀、御覽七十八、藝文類聚十一並引周書云：“神農之時，天雨粟，神農耕而種之，作陶冶斤斧，破木爲耜粗櫌，以墾草莽。”則耜櫌之屬蓋始於神農時矣。世本又云：“垂作櫌。”

19 鎒，亦鋤田器也。畢沅曰：“鎒”本皆作“鐯”，非。毛詩臣工：“庤乃錢鎛。”傳：“鎛，鎒。”鎒、櫌同字，或從金。王啟原曰：呂本作“鎒，亦鋤類也”。鎒，迫也，迫地去草也。畢沅曰：今本脫此五字，據御覽引補。

20 鐯，畢沅曰：“鐯”俗字，齊民要術從耒旁，作“耩”字。玉篇云：“穙也。”溝也。既割去壟上草，又辟其土以壅苗根，使壟下爲溝，受水潦也。

21 鐅，殺也，言殺草也。畢沅曰：說文：“鐅，兩刃，有木柄，可以刈艸，從金，發聲。讀若撥。”案發聲近殺，可以刈艸，正合殺草之言，今本作金旁世，徧檢字書皆無有，故改作“鐅”。葉德炯曰：鈊即鈦字也，世、大古字通。左文十三年“世室屋壞”，公羊作“大室”。襄二十九年“衛太叔儀”，十四年又作“世叔”。禮曲禮：“不敢與世子同名。”注：“世或爲太。”此世、大相通之證。說文："鈦,鐵鉗也。"鉗以鐵,有所劫束也。二字蒙田器諸字,是殺草亦用鉗矣。殺當讀如"帷裳必殺"之殺,與鈦疊均。成國不必盡依六書,畢改非是。

22 銍,穫禾鐵也。畢沅曰:今本"禾"作"黍",據書禹貢正義、詩臣工正義、御覽引改。下同。說文:"銍,穫禾短鎌也。"孫詒讓曰:案急就篇顏注云:"銍,刈黍短鎌。"似本此書,疑所見本亦作"黍"。銍銍,斷禾穗聲也。畢沅曰:良耜詩云:"穫之挃挃。"毛傳:"挃挃,穫聲也。"說文:"挃,穫禾聲也,從手,至聲。詩曰:穫之挃挃。"銍與挃音同字通。初學記引"禾穗"作"禾稷",今不從。蘇輿曰:管子輕重乙篇:"一農之事,必有一耜、一銚、一鎌、一鎒、一椎、一銍,然後成爲農。"廣雅釋器:"銍謂之刈。"刈亦割斷之名。

23 斤,畢沅曰:今本"斤"從金旁作"釿",別也。一切經音義引作"斤",據改。下並同。蘇輿曰:此當作"斤",畢改是。但以釿爲別字,而并改下文則非。說文:"斤,斫木斧也。""釿,劑斷也。"其誼本別,下"用此釿之"及"釿有高下之跡",並是劑斷之義,作斤則不可通。今本此斤字作"釿",乃緣下"釿"字而誤。御覽器物九引此斤字作"斤",下二斤字並作"釿",不誤。謹也,板廣不可得削,畢沅曰:今本"削"上有"制"字,據一切經音義、御覽引删。又有節,則用此斤之,所以詳謹,令平滅斧跡也。

24 鋤,畢沅曰:此當止作"斯",加金旁俗字也。下二字同。葉德炯曰:集韻"鋤,相支切",音斯,"平木器"。玉篇即以爲"錔"字,云:"息容切,平木器。"蓋正本作斯,後轉寫加金作鋤,又通作錔耳。說文:"斯,析也,從斤,其聲。"此爲平木之器,亦取義於析。鋤彌蓋斯之合音。鋤彌也。先謙曰:吳校"鋤,鋤彌也”作“鋤，斯也”。斤有高下之跡，蘇輿曰：御覽器物九引作“斸有高下跡”。以此鋤彌其上而平之也。王啟原曰：按莊子至樂篇：“餘乾骨之沫爲斯彌。”釋文引李注：“斯彌，蟲名。”又列子天瑞篇：“斯彌爲食醯。”殷敬順釋文亦本李爲説。韓非書“田常”同時有“隰斯彌”，蓋有二義：一爲小蟲，一爲離析之義，然字皆作斯彌，無金旁。

25 鋸，倨也，其體直，所截應倨句之平也。畢沅曰：平，御覽引作“正”。蘇輿曰：鋸、倨並从居聲。考工記冶氏：“已倨則不入，已句則不決。”鄭注：“已倨，謂胡微直而邪多也。已句，謂胡曲多也。”應倨句之平，猶言應曲直之平。

26 斸，畢沅曰：今本作“钁”。案説文：“斸，斫也。”此當从斤，爲是改之。誅也，主以誅鉏根株也。畢沅曰：“鉏”今本作“除物”二字，御覽引亦同，據齊民要術引改。

釋樂器第二十二

1 鍾，空也，內空受氣多，故聲大也。畢沅曰：內空，文選注引同，初學記、御覽引作“空內”。

2 磬，罄也，其聲罄罄然堅緻也。畢沅曰：禮記樂記曰：“石聲磬。”論語憲問篇：“子擊磬於衛，荷蕢曰：鄙哉硜硜乎！”硜，古文磬字。蘇輿曰：白虎通：“磬者，夷則之氣也，象萬物之成也，其聲磬。”樂記注：“磬，當爲罄。”史記樂書引樂記“磬”作“硜”。是磬、罄、硜三字並同。論語子路、憲問兩言“硜硜”，並用爲堅確之義，與此云“堅緻”合。説文：“罄，器中空也。”又一義。

3 鼓，郭也，張皮以冒之，其中空也。畢沅曰：説文：“鼓，郭也，春分之音。萬物郭皮甲而出，故謂之鼓。”此申説郭義尤精確。吴翊寅曰：吴校"郭"作"廓"，"空"下有"廓"字。案説文無"廓"字，皆借"郭"。釋宫室云："郭，廓也。"是本書作"郭"矣。

4 鞉，導也，所以導樂作也。畢沅曰：鞉，月令正義引作"韶"。

5 鼙，裨也，裨助鼓節也。畢沅曰：説文："鼙，騎鼓也，从鼓，卑聲。"鼙在前曰朔。朔，始也。在後曰應。應，大鼓也。畢沅曰：周禮 小師："下管擊應鼓。"鄭注："應，鼙也。應與棘及朔皆小鼓也。"

6 所以懸鍾鼓者，畢沅曰：今本脱"鍾"字，據北堂書鈔、藝文類聚、御覽引增。橫曰筍。畢沅曰：今本作"簨"。説文所無，據考工記"梓人爲筍虡"，定作"筍"。筍，峻也，在上高峻也。從曰虡，畢沅曰："從"初學記引作"植"。説文："虡，鐘鼓之柎也，飾爲猛獸，从虍，異象其下足。"虡，舉也，在旁舉筍也。畢沅曰：鄭注周禮 典庸器引杜子春云："筍讀爲博選之選，橫者爲筍，從者爲鐻。"案説文虡字重文作鐻。鄭又注考工梓人云："樂器所縣，橫曰筍，從曰虡。鄭司農云：筍讀爲竹筍之筍。"筍上之板曰業，刻爲牙，捷業如鋸齒也。畢沅曰：説文"業，大版也，所以飾縣鐘鼓，捷業如鋸齒，以白畫之象，其鉏鋙相承也。从丵从巾，巾象版。詩曰：巨業維樅。"案巨假借字也。毛詩作"虡"。傳曰："植者曰虡，橫者曰筍。業，大版也。樅，崇牙也。"

7 瑟，施弦張之，瑟瑟然也。葉德炯曰：説文："瑟，庖犧所作弦樂也。"白虎通 禮樂："瑟，嗇也，閑也，所以懲忿窒欲，正人之德也。"

8 箏，施弦高急，箏箏然也。葉德炯曰：説文："箏，鼓弦

竹聲樂器也。”即此。楚辭 愍命:“挾人箏而彈緯。”注:“小琴
也。”此別一物。箏箏然猶錚錚然。後漢書 劉盆子傳:“光武曰:
卿所謂鐵中錚錚者。”説文:“錚,金聲也。”金,西方之聲,故“高
急”也。

9 筑,以竹鼓之,巩㧙之也。畢沅曰:説文:“筑,以竹曲
五弦之樂也,从竹巩。巩,持之也。竹亦聲。”北堂書鈔、御覽引
皆無“巩㧙之”三字,誤脱也。今本“巩”亦作“筑”,誤。御覽引
有“如箏細項”四字,文不類,各本皆無。

10 箜篌,師延所作靡靡之樂也。畢沅曰:今本“師延”
上衍“此”字,據北堂書鈔、廣韻、初學記、急就篇注引刪。蘇輿
曰:杜氏 通典云:“箜篌,古施郊廟雅樂,近代專用於楚聲,或謂
師延靡靡樂,非也。”説與此異。後出於桑間 濮上之地,蓋
空國之侯所存也。畢沅曰:“存”初學記引作“好”。段安節
樂府雜録云:“以其亡國之聲,故號空國之侯。”成蓉鏡曰:通鑑
漢紀三十六胡三省注引世本 作篇云:“空侯,空國侯所造。”師
涓爲晉平公鼓焉,鄭 衛分其地而有之,遂號鄭 衛之音,
謂之淫樂也。畢沅曰:禮記 樂記曰:“鄭 衛之音,亂世之音也,
比於慢矣;桑間 濮上之音,亡國之音也。”鄭注:“濮水之上地有
桑間者,亡國之音於此之水出也。昔殷紂使師延作靡靡之樂,
已而自沈於濮水;後師涓過焉,夜聞而寫之,爲晉平公鼓之,是
之謂也。”案此注唯言鼓之,不言所鼓之器。史記 樂書載此事尤
詳,言衛靈公舍其地,夜半聞鼓琴聲,召師涓寫之。既至晉,見
平公,及置酒令,師涓坐師曠之旁,援琴鼓之,未終,師曠止之。
據此言鼓琴,非空侯也。成國以空侯爲師延所作,未知何本。
又案風俗通:“空侯亦名坎侯。”漢書:“孝武皇帝塞南粤祠太一
后土,始用樂人侯調依琴作坎坎之樂。”言其坎坎應節奏也。侯

以姓冠章爾，或説空侯取其空中。據此則空侯非師延所作，成國誤矣。

11 **枇杷，**畢沅曰：説文 珡部 新附有“琵琶”二字，解云：“琵琶，樂器，義當作枇杷。”**本出於胡中，馬上所鼓也。**蘇輿曰：御覽 樂部二十一引傅玄 琵琶賦 序云：“聞之故老云：漢遣烏孫公主，念其行道思慕，使工知音者，載琴、筝、筑、箜篌之屬，作馬上之樂，觀其器盤圓柄，直陰陽敘也。四絃，法四時也。以方語目之，故曰琵琶，取易傳於外國也。”杜摯以爲嬴秦之末，蓋苦長城之役，百姓弦鼗而鼓之。二者各有所據，以意斷之，烏孫近焉。又引樂府雜録云：“琵琶始自烏孫公主造，馬上彈之。”據此云“本出於胡中，馬上所鼓”，則亦與烏孫説合。蔡琰 十八拍：“琵琶本自出胡中，緣琴翻出音律同。”**推手前曰枇，引手卻曰杷，**蘇輿曰：歐陽修 明妃曲：“推手爲琵卻手琶。”語本此。**象其鼓時，**畢沅曰：“象”廣韻引作“取”，初學記引無此句。**因以爲名也。**畢沅曰：風俗通：“琵琶近世樂家所作，不知誰也。以手批把，因以爲名。長三尺五寸，法天地人五行，四弦象四時。”①

12 **塤，**畢沅曰：説文作“壎”，云：“樂器也，以土爲之，六孔，從土，熏聲。”今作“塤”，俗。**喧也，聲濁喧喧然也。**蘇輿曰：御覽 樂部十九引樂書亦云：“壎者，喧也。”爾雅：“大塤謂之嘂。”嘂、喧同義。白虎通：“壎之爲言熏也，陽氣於黄泉之下熏蒸而萌。”義稍别。壎、喧取雙聲，壎、熏取疊韻。小師 注：“壎，燒土爲之，大如雁卵。”②

13 **篪，嗁也，聲從孔出，如嬰兒嗁聲也。**葉德炯曰：釋樂：“大篪謂之沂。”御覽 樂部十八引犍爲 舍人 注：“大篪，其聲悲

①② 釋名疏證補坿有補充。見本書350頁。

沂鑡然也。"釋文引李巡、孫炎曰:"篪聲,悲沂悲也。"此云"小兒啼聲",即悲聲也。

14 簫,肅也,其聲肅肅然清也。畢沅曰:然,今本作"而",據文選 洞簫賦 注引改。葉德炯曰:北堂書鈔 樂部十亦引作"肅肅而清"。古而、然字通。蘇輿曰:白虎通:"簫者,中吕之氣。萬物生於無聲,見於無形,戮也,肅也。"又公羊疏引宋均云:"簫之言肅。"

15 笙,生也,畢沅曰:説文:"笙,正月之音,物生。故謂之笙。"蘇輿曰:白虎通:"笙者,大簇之氣,象萬物之生。"風俗通聲音亦云:"世本:隨作笙,長四寸,十三簧,象鳳之聲,正月之音也。物生故謂之笙。"竹之貫匏,象物貫地而生也。畢沅曰:今本"竹之貫匏"在"而生也"之下,據誼易置之。藝文類聚、初學記、御覽引皆無"竹之貫匏"句。蘇輿曰:白虎通:"匏之爲言施也,牙也,在十二月,萬物始施而牙。"以匏爲之,故曰匏也。竽亦是也,其中汙空以受簧也。畢沅曰:説文:"笙,十三簧。""竽,三十六簧。"吳翊寅曰:吳校"其中"上補"竽汙也"三字。案"汙,謂窪也"見釋丘其上汙下。簧,橫也,於管頭橫施於中也。以竹鐵作,畢沅曰:風俗通:案世本:"女媧作簧。"於口橫鼓之亦是也。

16 搏拊,畢沅曰:今本下有"也"字,衍,今删。以韋盛穅,形如鼓,以手拊拍之也。畢沅曰:鄭注尚書 皋陶謨云:"搏拊,以韋爲之,裝之以穅,形如小鼓,所以節樂。"又注周禮 大師云:"拊,形如鼓,以韋爲之,著之以穅。"

17 柷敔。柷狀如黍桶,敔狀如伏虎。畢沅曰:今本作"柷、狀如伏虎",是有脱誤也。尚書 皋陶謨:"合止柷敔。"鄭注:"合樂用柷,柷狀如漆桶,中有椎合之者,投椎其中,而撞之,所以

節樂。敔狀如伏虎,背有刻,以物擽之,所以止樂。"今據以補正
此文。柷,如物始見,柷柷然也。畢沅曰:今本作"如見柷柷
然也",據北堂書鈔、御覽引補正。祝,始也,故訓柷爲始,以
作樂也。畢沅曰:今本無"祝始也"及"柷"字,據北堂書鈔引
補。案韋昭注國語亦云:"祝,始也。"吳翊寅曰:依誼當云"柷,
祝也。祝,始也"。柷與敔對文,敔用轉訓,柷當與同例。敔,衙
也。衙,止也,所以止樂也。王啟原曰:説文:"衙,行皃,从
行,吾聲。"續漢書百官志:"執金吾。本注:吾猶禦也。"周禮:
"田僕設驅,逆之車。"注:"驅,驅禽,使前趨獲,逆衙還之,使不
出圍。"釋文:"衙,本又作御,同五稼反。"是衙自有禦義,故得爲
止。葉德炯曰:白虎通禮樂:"柷敔者,終始之聲,萬物之所生也。
祝,始也。敔,止也。"

18 春牘。畢沅曰:今本脱此二字,據下義增。春,撞也。
牘,築也,以春築地爲節也。畢沅曰:周禮笙師云:"春牘應
雅,以教祴樂。"鄭康成云:"牘應雅教,其春者,謂以築地,賓醉
而出,奏祴夏,以此三器築地,爲之行節,明不失禮。"鄭司農云:
"春牘以竹,大五六寸,長七尺,短者一二尺,其端有兩空,髹畫,
以兩手築地。"先謙曰:吳校"以春"之"春"作"撞"。

19 籥,畢沅曰:説文不从竹,云:"龠,樂之竹管,三孔,以龢
眾聲也。从品侖。侖,理也。"其从竹者,説文以爲"書僮竹笘",
非樂器。躍也,氣躍出也。

20 篴,滌也,其聲滌滌然也。畢沅曰:説文:"笛,七孔筩
也。"周禮有篴字,玉篇篴同笛。風俗通:"笛者,滌也,所以蕩滌
邪穢,内之於雅正也。長二尺四寸,七孔,其後又有羌笛。"説文:
"羌笛三孔。"

21 鐃,聲鐃鐃也。畢沅曰:御覽引此下有"宮縣用之,飾

以流蘇"八字。周禮 鼓人："以金鐃止鼓。"鄭 注："鐃如鈴無舌，有秉，執而鳴之，以止擊鼓。"御覽引說文："漢有鼓吹曲，有鐃歌。"孫詒讓曰：案通典 樂部四引作"聲譊譊也"。是當據正。

22 人聲曰歌。歌，柯也，所歌之言是其質也。以聲吟詠有上下，畢沅曰：禮記 樂記："歌者，上如抗，下如隊。"如草木之有柯葉也，故兗 冀言歌聲如柯也。葉德炯曰：古音歌在見紐，柯在溪紐，同爲牙音，而有全清、次清之別，故成國分別言之。禮記 樂記："故歌之爲言也，長言之也。"此歌之正音，讀柯則短言矣。北音高燥，故兗 冀讀歌如柯。成國 青州人，亦取其與鄉音之近者爲訓也。

23 竹曰吹。畢沅曰：本作"龡"，今省作"吹"。蘇輿曰：文選 邱希範 侍宴樂遊苑詩 注引月令章句云："吹者，所以通氣也。管簫竽笙塤簌皆以吹鳴者也。"[1]吹，推也，以氣推發其聲也。

24 吟，嚴也，其聲本出於憂愁，畢沅曰："憂" 本作"慐"，今通作"憂"。故其聲嚴肅，使人聽之悽歎也。葉德炯曰：此吟歎之吟，非吟咏之吟。郭茂倩 樂府二十九引古今樂録曰："張永 元嘉技録有吟歎四曲：一曰大雅吟，二曰王明君，三曰楚妃歎，四曰王子喬。大雅吟、王明君、楚妃歎並石崇辭，王子喬古辭。"云云。

釋兵第二十三

1 弓，穹也，張之穹隆然也。葉德炯曰：老子："天之道其猶張弓乎？"爾雅："春爲蒼天。"正義：李巡 注云："古時人質，仰視天形，穹隆而高，其色蒼蒼然，故曰穹蒼。"其末曰簫，言簫

---

[1]　李善 注後五字作 "以鳴吹者也"。

梢也。畢沅曰：鄭注儀禮 鄉射云："簫，弓末也。"先謙曰："言"字當在"梢"上。又謂之弭，以骨爲之，滑弭弭也。畢沅曰：毛詩 采薇："象弭魚服。"傳："象弭，弓反末也。"箋云："弭，弓反末彆者，以象骨爲之，以助御者，解彆紒宜滑也。"中央曰弣。弣，撫也，人所撫持也。畢沅曰：中央，人手所握處也。"弣"字説文所無。禮記 曲禮上："右手執簫，左手承弣。"已作弣字，今從之。"撫持"各本皆倒，據藝文類聚、初學記引改正。葉德炯曰：弣即柎也。考工記 弓人："於挺臂中有柎焉，故剽。"鄭注："柎，側骨。"按挺臂，弓之正中，正義所云弓把處，蓋人所撫持物也。簫弣之閒曰淵。淵，宛也，言宛曲也。畢沅曰："宛曲"本皆作"曲宛"，亦據二書引改。廣韻引作"言曲宛然也"。考工記："夫角之中，恒當弓之畏，畏也者必橈。"故書畏作威，杜子春云："當爲威。"威謂弓淵角之中央，與淵相當。鄭康成讀畏如秦師入隈之隈，則畏亦言隈曲。皮錫瑞曰：考工記 弓人："長其畏而薄其敝，宛之無已，應。"注："宛謂引之也，引之不休止，常應弦，言不罷需也。"儀禮 大射儀："公親揉之。"注："揉，宛之，觀其安危也。"

2　弩，怒也，有埶怒也。畢沅曰：埶，式制反。成蓉鏡曰：案御覽三百四十八引太白陰經 發弩圖篇曰："弩者，怒也，言其聲勢威嚮如怒，故以名其弩也。"其柄曰臂，似人臂也。畢沅曰：説文："弩，弓有臂者也，从弓，奴聲。周禮：'四弩：夾弩、庾弩、唐弩、大弩。'"鉤弦者曰牙，似齒牙也。牙外曰郭，爲牙之規郭也。畢沅曰：藝文類聚引無"之規"二字。下曰縣刀，其形然也。含括之口曰機，畢沅曰：今本作"合名之曰機"，據藝文類聚引改。蘇輿曰：御覽 兵部七十九引亦作"合名之曰機"。言如機之巧也。亦言如門户之樞機，開闔有節也。畢沅曰：

禮記 緇衣引逸書 大甲曰：“若虞機張，往省括于厥度，則釋。”鄭注：“機，弩牙也。度，謂所擬射也。虞人之射禽弩以張，從機闚視括，與所射參相得，乃後釋弦發矢。”

3 矢，指也，言其有所指向迅疾也。葉德炯曰：御覽 兵部八十引趙氏 兵書曰：“矢，一名信往。”按古字信、訊、迅俱通。信往，當取迅往之義。又謂之箭。畢沅曰：説文：“箭，矢也，从竹，前聲。”箭，進也。畢沅曰：今本作“前進也”。初學記同，皆誤。據藝文類聚、御覽引改。其本曰足，矢形似木，畢沅曰：初學記引作“言其形似木”。木以下爲本，畢沅曰：今本重一“本”字，衍也。據初學記、藝文類聚引删。以根爲足也。畢沅曰：成十七年左傳云：“葵猶能衛其足。”又謂之鏑。畢沅曰：説文：“鏑，矢鏠也，从金，商聲。”鏑，敵也，言可以禦敵也。畢沅曰：今本無“言”字，據初學記引增。齊人謂之鏃。畢沅曰：説文：“鏃，利也。”“族，矢鏠也。”則此當作“族”。然爾雅、方言已皆有鏃字。賈誼書：“秦無亡矢遺鏃之費。”康成注考工記 矢人云：“矢槀長三尺，殺其前一尺以趣鏃也。”趙岐注孟子云：“叩輪去鏃。”此明漢人皆作鏃也。蓋以矢鏠有利，誼得相通，且與宗族之字不混，故不定從説文。鏃，族也，言其所中皆族滅也。畢沅曰：此誼似鑿，不如説文“束之族族”之解爲允。關西曰釭。釭，鉸也，言有交刃也。畢沅曰：此段文有譌。説文：“釭，車轂中鐵也。”此書釋車亦云：“釭，空也，其中空也。”不聞謂矢爲釭。初學記引亦有此文，唯“曰”作“謂之”二字，“交刃”作“鉸刃”，則其來相傳已久，昔人未嘗致疑。然鉸之與釭聲亦不協，删之又懼貽專輒之譏，姑仍之，以待後人之能好學深思者。竊以爲或是“關西曰鉸。鉸，交也，言有交刃也”。蓋箭有三鏮四鏮者，有鈎刃射人不能出者，此交刃之謂與？但無明文可證耳。孫詒讓曰:案矢鏃不可爲交刃,畢說究難通。方言說箭鏃胡合嬴者,有四鐮三鐮之制。郭璞訓鐮爲稜,則雖有多稜,亦止一刃,不得云交刃也。竊謂此矢鏃名釭,當即豐本而別爲骹以冒棠者,與古矢鏃爲薄匕不同。此云"釭,鉸也","鉸"當爲"骹"之誤。"交刃"初學記作"鉸刃",亦當爲"骹刃",言刃之本爲骹,別於薄匕之本爲鋋也。骹中空以納棠,猶車釭之含軸,故謂之釭,與釋車"釭、空"之義正同(李林甫唐六典注引通俗文云:"鳴矢曰骹。"彼骹爲嚆矢之借字,與此異)。**其體曰榦,言梃榦也。**畢沅曰:鄭仲師注周禮秋官棠人云:"箭榦謂之棠。"說文:"梃,一枚也,從木,廷聲。"**其旁曰羽,**畢沅曰:考工記矢人:"五分其長,而羽其一。"謂五分棠之長也。棠長三尺,羽者六寸。又云:"夾其比以設其羽。"**如鳥羽也;鳥須羽而飛,矢須羽而前也。齊人曰衛,**畢沅曰:矢人:"夾而搖之,以眡其豐殺之節也。"鄭注:"今人以指夾矢舞衛是也。"**所以導衛矢也。其末曰栝。**畢沅曰:說文"栝"字後一解云:"矢栝築弦處。"然則栝从木不从手,本或作括,非。**栝,會也,與弦會也。**畢沅曰:藝文類聚作"與弦相會也"。皮錫瑞曰:詩"曷其有佸"傳:"佸,會也。""德音來括"傳:"括,會也。"儀禮士喪禮"簪用組"注:"古文簪皆爲括。"佸、括、栝古字蓋通,故栝亦訓會。**栝旁曰叉,形似叉也。**畢沅曰:栝之有叉,所以築弦也。

4 **其受矢之器,**畢沅曰:今本無"矢"字,據初學記引增。御覽引句上有"箭筒"二字,與受矢之器辭近乎複,今不從,但據所引分析之,不承上文之下。**以皮曰服,**畢沅曰:此當作"箙"。說文:"箙,弩矢箙也,从竹,服聲。周禮司弓矢:'仲秋獻矢箙。'"亦作服,采薇詩云:"象弭魚服。"毛傳:"魚服,魚皮也。"箋:"服,矢服也。"**柔服之義也。**畢沅曰:今本作"謂柔服用之也",據

初學記引改。**織竹曰笮,相迫笮之名也。**　畢沅曰:説文:"笮,
迫也。"　**步叉,**畢沅曰:當云"亦曰步叉"。通俗文:"箭箙謂之
步叉。"王啟原曰:文選七發注:"服,今之步叉也。"[①]晉書載記:
石虎破劉曜,獲馬二百疋,金銀步叉弓鞬三十具。蘇輿曰:步叉
即鞬靫。廣雅 釋器:"鞬靫,矢藏也。"集韻引埤蒼:"鞬靫,箭室
也。"步、鞬一聲之轉,靫即叉之俗體。**人所帶,以箭叉於其中
也。**　畢沅曰:今本無此"於"字及下"於"字,並據初學記引增。
馬上曰鞬。鞬,建也,畢沅曰:説文:"鞬,所以戢弓矢,从革,
建聲。"禮記 樂記:"名之曰建櫜。"鄭注:"建讀曰鞬。"**弓矢並
建立於其中也。**　畢沅曰:初學記引句上有"言"字。史記信陵
君傳:"平原君負韊矢。"案説文:"韊,所以盛弩矢,人所負也,从
竹,闌聲。"兹備舉盛矢器之名,而不言韊,豈其有闕逸與?

　　5 **刀,到也,以斬伐到其所,乃擊之也。**　畢沅曰:"乃"
今本譌作"刀",據初學記引改。**其末曰鋒,言若蠆刺之毒
利也。**　畢沅曰:"蠆刺"今本譌作"鋒刺",蓋俗蠆作蜂,故又
轉相誤。蘇輿曰:荀子 議兵篇:"宛鉅鐵釶,慘如蠆蠆。"即此
義。**其本曰環,形似環也。其室曰削。**　畢沅曰:説文:"削鞞
也。""鞞,刀室也。"**削,陗也,其形陗殺裹刀體也。**　畢沅曰:
今本"陗"俱作"峭",俗,從説文改。**室口之飾曰琫。**　畢沅曰:
説文:"琫,佩刀上飾。天子以玉,諸侯以金。從玉,奉聲。"**琫,
捧也,捧束口也。**　畢沅曰:捧,俗字,本作"奉",方勇反。**下末
之飾曰琕。琕,卑也,在下之言也。**　畢沅曰:説文"琕"作
"珌",云:"佩,刀下飾,从玉,必聲。"本毛詩"瞻彼洛矣"傳也。

---

① 文選卷三四李善注:"服即今步叉也。"足利學校藏明州刊本"叉"誤
　作"人"。

然篤公劉 傳又云："下曰鞸,上曰琫。"同出毛公,而語有異。毛
詩名物疏據釋名以規小雅 傳爲誤,陳氏 長發則扶毛 傳以駮釋
名。戴氏 震以公劉 傳爲是,云:"有珌與有奭一例,猶言奭然珌
然。傳'珌下飾'當作'鞸下飾',下數珌字皆當作鞸。說文所
見已是誤本,有釋名可以正之。"數說不同,今案衹當各仍本文。
且詩釋文云:"鞸,字又作琕。"則此之琕與鞸實一字。又琕字從
卑,與卑下之誼正相比附,故不依毛氏前一解作珌字。**短刀曰**
拍髀,帶時拍髀旁也。又曰露拍,言露見也。蘇輿曰:御覽
三百四十六載張協 露陌刀銘曰:"露陌在服,威靈遠振,遵養時
晦,曜德崇信。"又魏文帝 露陌刀銘曰:"於鑠良刀,胡練宣時,譬
諸鱗角,靡所任兹,不逢不若,永世寶持。"即此物也。陌、拍同。

　　6 **佩刀,在佩旁之刀也。或曰容刀,**畢沅曰:公劉詩云:
"何以舟之? 維玉及瑤,鞸琫容刀。"毛 傳:"舟,帶也。"鄭 箋:
"民愛公劉之如是,故進玉瑤容刀之佩。"**有刀形而無刃,**蘇輿
曰:御覽兵部七十六 "有刀形" 作 "爲刀形"。**備儀容而已。**畢
沅曰:"儀容"之"容"字本作"頌",說見前。王先慎曰:容刀,刀
室也。刀有室乃可佩,非佩刀之旁另有刀也。成國所釋殊誤。

　　7 **翦刀。翦,進也,所翦稍進前也。**畢沅曰:今本"翦"
作"剪"。案一切經音義云:"鉸刀,今亦謂之翦刀。"作"翦"字
與詩"勿翦勿伐"合,從之。成蓉鏡曰:釋言:"劑,翦齊也。"郭
注:"南人呼翦刀爲劑刀。"

　　8 **書刀,給書簡札有所刊削之刀也。**畢沅曰:考工記:
"築氏爲削,長尺博寸,合六而成規。"鄭 注:"今之書刀。"孫楷
曰:後漢 劉盆子傳:"其中一人出刀筆,書謁欲賀。"李 注:"古者
記事,書於簡册,謬誤者以刀削而除之。"漢書音義:"晉灼曰:舊
時蜀郡工官作金馬書刀者,似佩刀形,金錯其拊。"蓋其遺制。

9 封刀、鉸刀、削刀，畢沅曰：施本脱"削刀"二字，各家本皆有，然削刀即書刀，已見上，此似複出。蘇輿曰：御覽兵部七十六引無"削刀"二字。**皆隨時用作名也。**畢沅曰：今本作"皆隨時名之也"，據一切經音義引改。王啟原曰："鉸刀"本爲"交刀"，世説："爰綜於石下得翦刀，主簿曰：今得交刀，當爲交州。"翦、交並言。又初學記引東宫舊事："太子納妃，有龍頭金縷交刀四。"亦作交刀。翦刀兩刀相交，故名交刀耳。隨時用作名，自無妨重見。畢前注既知鉸刀之爲剪刀，迺獨疑於削刀之複出，何也？

10 戟，格也，旁有枝格也。畢沅曰：説文："戟，有枝兵也，从戈，倝聲。讀若棘。"[①] 格，説文作"挌"，云："挌，枝挌也，从丰，各聲。"王啟原曰：考工記："戟廣寸有半。"注："今三鋒戟也。"華嚴經音義引論語圖戟形旁出兩刃，故鄭云三鋒，而説文亦云"戟，有枝兵也"。三國志吕布傳："布言：諸君觀布，射戟小支。"

11 戈，句子戟也。畢沅曰："子"今本譌作"矛"，據御覽引改。鄭注周禮敍官司戈盾云："戈，今時句子戟。"又注考工記冶氏云："戈，今句子戟也。或謂之雞鳴，或謂之擁頸。"皮錫瑞曰：方言九："戟，楚謂之子。凡戟而無刃，秦晉之閒謂之釨，或謂之鏔；吴揚之閒謂之戈；東齊秦晉之閒謂其大者曰鏝胡。其曲者謂之鉤釨鏝胡。"葉德炯曰：方言："矛有小枝刃者謂之鉤釨。"與此句子戟同名。**戈，過也，所刺擣則決過，所鉤引則制之弗得過也。**蘇輿曰：御覽兵部八十三"擣則"作"則擣"，"鉤"作

---

① "倝聲"是采用小徐本的説法，大徐本以"倝"爲意符，"榦"之省。大徐本有"讀若棘"三字，小徐本無。

“句”，“引”下無“則”字。王氏念孫廣雅疏證云：“謂所刺擣所鈎引，皆決過也。考工記注以戈爲句兵。句、戈一聲之轉，猶鎌謂之刎亦謂之划也。”

12 車戟曰常，長丈六尺，車上所持也。八尺曰尋，倍尋曰常，故稱常也。畢沅曰：考工記曰：“車戟常。”言車戟長二尋也，常乃車戟之度，非車戟之名也，“曰”字似衍。王啟原曰：車戟常，以長而名，“曰”字非衍，以廬人文繹之，自見。詩無衣：“修我矛戟。”鄭箋亦云：“車戟常也。”鄭君非不知文義者。

13 手戟，手所持擿之戟也。畢沅曰：戟，已見於上，此又區分車戟、手戟，近贅。成蓉鏡曰：畢説非也。手戟別一物，魏志：“董卓以呂布自衛，嘗失意，拔手戟擲布。”吳志：“太史慈、劉繇使偵騎，卒遇孫策，刺慈馬而擥慈項上手戟。”御覽三百五十二引張勃吳録曰：“嚴白虎使弟輿詣長沙桓王，以手戟投之，立死。”又引張協手戟銘曰：“鋏鋏雄戟，清金鍊鋼。”又引孫盛異同難語曰：“太祖嘗私入中常侍張讓室，讓覺之，乃舞手戟於庭前。”成國時有此物，故釋之。

14 矛，冒也，刃下冒矜也。畢沅曰：説文：“矜，矛柄也。”下頭曰鐏，畢沅曰：説文：“鐏，柲下銅也。”鐏入地也。松櫝長三尺，畢沅曰：三尺太短，似誤。御覽引作“三丈”，益非。考工記曰“凡兵無過三其身”，故夷矛三尋，爲長之極，安有三丈之矛乎？葉德炯曰：御覽“三丈”蓋“二丈”之譌。詩無衣：“修我矛戟。”毛傳：“矛，長二丈。”説文：“矛，酋矛也，建於兵車，長二丈。”明此“三”字是“二”字之誤。其矜宜輕，以松作之也。櫝，速櫝也，畢沅曰：“速櫝”之誼未聞。孫詒讓曰：案“速櫝”吳校本改作“速獨”，與上文“鞁鞷”釋同，是也。彼爲足直前之言，與此前刺之言，義可兩通。前刺之言也。矛長丈八尺曰稍,畢沅曰:説文無"稍"字。案考工記:"酋矛常有四尺,夷矛三尋。"此丈八尺之矛則短矣,蓋所謂鉈矛,説文:"鉈,短矛也,从金,它聲。"馬上所持,言其稍稍便殺也。成蓉鏡曰:一切經音義二引埤蒼曰:"稍長一丈八尺。"藝文類聚六十引通俗文曰:"矛長丈八者謂之稍。"御覽引晉書曰:"劉邁爲殷仲堪中兵參軍,桓玄於仲堪聽事,戲馬,以稍擬仲堪,邁曰:馬稍有餘,精理不足。"語林:"桓宣武與殷劉談上馬持稍。"亦見御覽。又引三國典略曰:"羊侃執稍上馬。"是稍爲馬上所持也。又曰激矛。激,截也,可以激截敵陳之矛也。蘇輿曰:王氏念孫廣雅疏證云:"稍、激,皆長貌也。"爾雅釋木:"梢,梢擢。"郭注:"謂木無枝柯梢擢長而殺者。"又"無枝爲檄"注云:"檄擢直上。"廣雅釋詁二云:"檄,長也。"檄與激、梢與稍,義並相近。

15 仇矛,頭有三叉,陳沅曰:小戎詩云:"叴矛鋈錞。"毛傳:"叴,三隅矛也。"案叴乃假借字,當以仇爲正。言可以討仇敵之矛也。

16 夷矛。夷,常也,吳翊寅曰:吳校删"夷,常也",案此三字當在"不言常"上,不當删。其矜長丈六尺,畢沅曰:考工記:"夷矛三尋。"茲云"其矜長丈六尺",則其援與鐏統計有八尺與? 不言常而曰夷者,言其可夷滅敵,亦車上所持也。畢沅曰:考工記説車有六等之數,不言夷矛,則車上無夷矛也。成蓉鏡曰:周禮夏官:"司兵掌五兵。"司農云:"五兵者,戈、殳、戟、酋矛、夷矛。"下文"建車之五兵"後,鄭云:"車之五兵,司農所云者是也。"步卒之五兵則無夷矛,而有弓矢。考工記:"廬人爲廬器,戈柲六尺有六寸,殳長尋有四尺,車戟常酋矛常有四尺,夷矛三尋。"下云"六建既備,車不反覆"。注:"六建,五兵與人也。"五兵即上所云戈、殳、車戟、酋矛、夷矛也。詩清人上云"駟介"

下云"二矛",明是車兵,非步兵,故箋云:"二矛,夷矛也。"皆車上有夷矛之證。劉義未可駁。

17 矟矛,畢沅曰:今本上一字矛旁从艸从夕不成字。案廣韻有"矟"字,云:"矛也。"曹憲音呼覓切。此下云"矟,霍也",二字雙聲,誼得相訓。玉篇有"矝"字,"長矛也",呼的切,音亦相近。集韻又作"殳"。此皆說文所無,而今亦不能刪者也。蘇輿曰:御覽兵部引作"矟"。矟疑矟之省,並說文所無。(玉篇:"矟,矛也。"廣韻:"矟,矛也。")古或用椒字,(説文:"椒,穜樓也。"徐鍇釋云:"字書又小矛也。")因變木從金作鏀,(集韻:"鏀,金小矛。")省作鋄。(廣韻:"鋄,小矛。")再從矛作殳,(集韻:"鋄,小矛,或从矛。")又作矟,或作矟,展轉譌誤,至變爲矟、矟、矟與矟耳(矟,見龍龕手鑑)。畢說未了(詳見日本人著經籍訪古志二)。長九尺者也。矟,霍也,所中霍然即破裂也。蘇輿曰:莊子養生主:"君然嚮然,奏刀騞然。"釋文引司馬云:"君,皮骨相離聲。"崔云:"騞聲近獲,大于君也。"君、騞、霍一聲之轉,並以其聲言之(下"戉"下云"豁然破散",亦即霍然破裂之誼)。司馬相如大人賦:"霍然雲消。"亦取破裂爲義。殳矛,畢沅曰:殳無刃,不當稱矛。御覽引無此二字,當爲衍文。葉德炯曰:北堂書鈔武功部十二引亦無"殳矛"二字,是唐人所見本即如此。畢以爲衍文,良是。殳,殊也,畢沅曰:說文:"殳,以椒殊人也。"長丈二尺而無刃,畢沅曰:考工記:"殳長尋有四尺。"葉德炯曰:詩衛風:"伯也執殳。"毛傳:"殳,長丈二尺而無刃。"鄭注周禮所本周制,八尺曰尋。尋有四尺,仍是丈有二尺也。有所撞挃於車上,使殊離也。

18 盾,遯也,跪其後,畢沅曰:御覽引作"跪其下"。避刃以隱遯也。畢沅曰:今本無"刃"字,據北堂書鈔、御覽引增。説文:"盾,瞂也,所以扞身蔽目,象形,厂聲。"先謙曰:吳校"以"作"似"。**大而平者曰吳魁,本出於吳,爲魁帥者所持也。**蘇輿曰:廣雅:"吳魁,盾也。"御覽引"吳魁"作"吳科"。王氏念孫疏證云:"楚辭九歌:'操吳戈兮被犀甲。'王逸注:'或曰操吾科。吾科,盾之名也。'吾科與吳魁同。科、魁聲相近,故後漢書謂科頭爲魁頭。"又云:"吳者,大也。魁亦盾名也。吳魁猶言大盾,不必出於吳,亦不必爲魁帥所持也。方言:'吳,大也。'吳語:'奉文犀之渠。'韋注:'渠,楯也。'渠與魁一聲之轉,故盾謂之渠,亦謂之魁,帥謂之渠,亦謂之魁。芋根謂之芋渠,亦謂之芋魁也。"**隆者曰滇盾,本出於蜀,蜀滇所持也。**畢沅曰:今本"滇"皆作"須","蜀"字不重。據御覽引增改。"蜀滇所持"謂蜀滇人所用。**或曰羌盾,言出於羌也。**成蓉鏡曰:御覽三百五十七引張敞東宮舊事曰:"東列崇福門,各羌楯十幡。"葉德炯曰:吳魁、滇盾、蜀盾、羌盾,猶考工記鄭刀、宋斤、魯削、吳越劍,各以地著名也。**約脅而鄒者曰陷虜,**畢沅曰:釋書契篇:"鄒,狹小之言也。"言可以陷破虜敵也,今謂之曰露見是也。**狹而長者曰步盾,步兵所持,與刀相配者也。**葉德炯曰:周禮地官旅賁氏:"執戈盾夾王車而趨。"此即步兵之盾。**狹而短者曰子盾,車上所持者也。**蘇輿曰:御覽"子盾"上有"夾"字。**子,小稱也,以縫編版謂之木絡,**蘇輿曰:御覽引"縫"作"韃",云"音逢"。"編版"下有"者"字,"木絡"下有"盾"字。**以犀皮作之曰犀盾,以木作之曰木盾,皆因所用爲名也。**成蓉鏡曰:韓子:"趙簡子犀楯犀櫓。"

19 **彭排。彭,旁也,**畢沅曰:易大有:"九四,匪其彭。"釋文:"彭,子夏作旁。"姚信云:"彭,旁。"則彭、旁聲相近。**在旁,排敵禦攻也。**成蓉鏡曰:御覽三百五十七引諸葛亮軍令曰："帳下及右陣，各持彭排。"又引晉安帝紀："劉裕大破孫恩於蒜山，恩以彭排自載，僅得還船。"又三百五十四引宋元嘉起居注曰："謝靈運自理表云：彭排馬槍。"玉篇："楯，彭排也。"急就章注："盾，即今旁排也。"後漢袁紹傳注："楯，今之旁排。"即彭排。

20 甲，畢沅曰：鄭注周禮敘官司甲云："甲，今之鎧也。"似物有孚甲，以自禦也。畢沅曰：説文："甲，从木，戴孚甲之象。"亦曰介，畢沅曰：禮記曲禮："介者不拜。"周禮旅賁氏："軍旅則介而趨。"鄭注："介，被甲。"亦曰函，畢沅曰：考工記曰："燕無函。"鄭仲師注："函，鎧也。"亦曰鎧，畢沅曰：説文："鎧，甲也。"蘇輿曰：夏官序官司甲賈疏云："古用皮謂之甲，今用金謂之鎧。从金爲字也。"皆堅重之名也。畢沅曰：今本及御覽引皆作"鎧，猶塏也。塏，堅重之言也。或謂之甲，似物孚甲以自禦也"。無"亦曰介、亦曰函"六字，據初學記引增改。

21 劍，檢也，所以防檢非常也。又斂也，以其在身拱時斂在臂内也。畢沅曰：今本脱"斂也以"三字，據藝文類聚、御覽引增。蘇輿曰：御覽兵部七十三"拱時"作"拱持"。其旁鼻曰鐔。鐔，尋也，帶所貫尋也。畢沅曰：説文："鐔，劍鼻也。"蘇輿曰：莊子説劍篇："以周宋爲鐔。"釋文："鐔，三倉云：劍口也。徐云：劍環也。司馬云：劍珥也。"程氏易疇通藝録云："劍首者何？戴於莖者也。首也者，劍鼻也。劍鼻謂之鐔，鐔謂之珥，或謂之環，或謂之劍口。有孔曰口，視其旁如耳然曰珥，面之曰鼻，對末言之曰首。"然則劍珥、劍環、劍首、劍末、劍鼻，寔一義也。其末曰鋒，鋒末之言也。畢沅曰：説文作"鏠"，云："兵耑也。"

22 鋋，畢沅曰：説文："鋋，小矛也。"延也，達也，吳翊寅曰：吳校"達也"上有"延"字，案依轉訓例當有"延"字。**去此至彼之言也。**葉德炯曰：方言："矛，吳 楊 江 淮南 楚 五湖之間謂之鏦，或謂之鋋。"則鋋是矛異名。後漢 馬融傳："飛鋋，電激曰飛鋋。"尤與"去此達彼"之義相切。

23 **鉤鑲，**葉德炯曰：御覽 兵部八十五引東觀漢記"詔令賜鄧遵金蚩尤辟兵鉤一"，即此物。**兩頭曰鉤，中央曰鑲，或推鑲，**孫詒讓曰：案"推鑲"，"鑲"當作"攘"。急就篇注云："鑲，亦刀劍之類，其刃卻偃而外利，所以推攘而害人也。"即本此。**或鉤引用之之宜也。**畢沅曰：第二"之"字似當作"皆"。葉德炯曰：北堂書鈔 武功部十二引亦作"用之之宜也"，是唐人所見本如此，不必爲"皆"之誤。

24 **九旗之名日月爲常，**畫日月於其端，天子所建，言常明也。畢沅曰：周禮 司常："日月爲常。"又云："王建大常。"鄭注："王畫日月，象天明也。"葉德炯曰：九旗，與釋天旌旗文略有異同。釋名依司常，是周制。爾雅"太常用練旒"，是殷制。經典說練皆純素之稱。郭注"依違"，釋練爲絳，蓋誤以太常爲周制也。惟自太常以下仍是周制，其不言熊虎之旗者，此文有脫佚之故。文選西京賦薛綜注引爾雅"熊虎爲旗"，是薛君所見爾雅有此一句。**交龍爲旂。**旂，倚也，畫作兩龍相依倚，畢沅曰：今本有"也"字，據初學記引删。**諸侯所建也。**畢沅曰：司常："交龍爲旂。"又云："諸侯建旂。"鄭注："諸侯畫交龍，一象其升朝，一象其下復也。"**通帛爲旃。**旃，戰也，戰戰恭己而已。**通以赤色爲之，**畢沅曰："色"疑當作"帛"。**無文采，三孤，所建象無事也。**畢沅曰：司常："通帛爲旃。"鄭注："通帛，謂大赤，從周正色，無飾。"又云："孤卿建旃。"鄭注："孤卿不畫，言奉王之政教而已。"今本"通以赤色爲之，無文采"九字在"諸侯所建"之上,誤也,據司常文更正之。**熊虎爲旗。旗,期也,言與衆期於下。**畢沅曰:周禮 大司馬:"田之日,司馬建旗于後表之中,羣吏以旗物鼓鐸鐲鐃,各帥其民而致。"此與衆期之事也。王啟原曰:史記 仲尼弟子傳:"巫馬旗,字子施。"名字相配,是本名"旗"。而論語、吕氏春秋俱作"巫馬期"。以旗義取諸期,故假爲之。周禮 大司馬:"司馬以旗致民。"注:"以旗者,立旗期民于其下也。"此亦可證旗、期之義。**軍將所建,象其猛如熊虎也。**畢沅曰:今本脱"旗期也"三字,又脱"猛如熊虎"之"熊",而于"如虎"下作"與衆期其下也",據初學記引改。司常:"熊虎爲旗。"又云:"師都建旗。"鄭 注:"師都、六鄉、六遂,大夫也。畫熊虎者,鄉遂出軍賦,象其守猛莫敢犯也。"此言軍將所建,似不同,何也? 案鄭注大司馬 敘官云:"言軍將皆命卿,則凡軍帥,不特置選於六官六鄉之吏。自卿以下,德任者使兼官焉。"然則鄉遂大夫或有時爲軍將,故建旗。此文原不違周禮也。又大司馬曰:"軍吏載旗。"鄭 注:"以爲軍帥。"則固是軍將矣[①]。**鳥隼爲旟。旟,譽也,軍吏所建,急疾趨事,則有稱譽也。**畢沅曰:司常:"鳥隼爲旟。"又曰:"州里建旟。"大司馬曰:"百官載旟。"此言軍吏所建,蓋州長里宰及百官皆有時爲軍吏也。爾雅:"錯革鳥曰旟。"孫炎 注:"錯,置也。革,急也。畫急疾之鳥于縿也。"案急疾之鳥,鳥隼是也。**雜帛爲物**,畢沅曰:説文:"勿,州里所建旗,象其柄有三游,雜帛幅半異,所以趣民。故遽稱勿,勿或从㫃作旸。"司常"雜帛爲物",物假借字,今本作"雜帛爲斻",初學記亦云"一作斻",則異本之誤也。御覽兩引,儀式部引作"斻",兵部引作"物",今當依説文,作"勿"或"旸"爲正。**以雜**

---

① 釋名疏證補坿有補充。見本書 350 頁。

色綴其邊，爲燕尾，畢沅曰："燕"今本誤作"翅"，據初學記引改。鄭注司常曰："雜帛者，以帛素飾其側。"葉德炯曰：公羊宣十二年傳："莊王親自手旍。"何休注："繼旒如燕尾曰旆。"將帥所建，畢沅曰：司常："大夫士建物，大司馬鄉遂載物。"皆與此異。象物雜色也。畢沅曰：今本脱"色"字，據御覽引補。龜蛇爲旐。旐，兆也，龜知氣兆之吉凶，先謙曰：吳校"龜"下有"蛇"字。建之於後，察度事宜之形兆也。畢沅曰：司常："龜蛇爲旐。"又曰："縣鄙建旐。"大司馬："郊野載旐。"此不言所建，不備也。鄭注司常曰："龜蛇，象其扞難辟害也。"説與此異。全羽爲旞。畢沅曰：初學記引作"䍐"。説文"旞"，"或從遺"作䍐。旞，猶滑也，順滑之貌也。析羽爲旌。旌，精也，有精光也。畢沅曰：司常："全羽爲旞，析羽爲旌。"又曰："道車載旞，斿車載旌。"鄭注："道車，象路也，王以朝夕燕，出入斿車木路也。王以田以鄙全羽析羽五色，象其文德也。"然則旞旌天子之車所載，故此不言所建。葉德炯曰：説文："旌，游車載旌、析羽，注旄首，所以精進士卒。"[1] 按旌、精本疊韻，但許言精進，此言精光義訓微別。

25 綏，有虞氏之旌也，注旄竿首，其形棠棠然也。畢沅曰：禮記明堂位："有虞氏之旂，夏后氏之綏。"鄭注："綏，當爲緌，讀如冠蕤之蕤。有虞氏當言緌，夏后氏當言旂。此蓋錯誤也。"蕤謂注旄牛尾于杠首，所謂大麾。

26 綏，夏后氏之旌也，其形衰衰也。畢沅曰：明堂位："夏后氏之綏。"鄭注辯其誤，已見上。先謙曰：吳校"綏"上有"或曰"三字，通上爲一條。

----

[1] 這裏是采用大徐本。小徐本和段注"道"和"卒"後均有"也"字。

27 白斾，殷旌也，以帛繼旒末也。畢沅曰：明堂位：“殷之大白，周之大赤。”爾雅：“繼旒曰斾。”此當云：大白，殷旌也。大赤，周旌也。帛斾，以帛繼旒末也。孫炎注爾雅引詩：“帛斾英英。”

28 翳，陶也，其貌陶陶下垂也。畢沅曰：鄭仲師注周禮鄉師云：“翳，羽葆幢也。”葉德炯曰：翳與翿古字通。詩“君子陽陽，左執翿”，說文羽部引作“左執翳”。蓋出三家也。翿、陶取疊韻為訓。

29 幢，童也，其貌童童然也。畢沅曰：今本脫“然”字，據後漢書班超傳注、廣韻、御覽引補。葉德炯曰：方言二：“翿幢，翳也。關東關西曰幢。”下“童童”當讀詩采薇“被之僮僮”之僮。箋云：“僮僮，竦敬也。”文選東京賦：“樹羽幢幢。”薛綜注：“幢幢，羽兒。”與此有別。蓋幢為幢麾之幢，手持之物當訓竦敬也。上文“陶陶”，亦當依詩“君子陶陶”傳，陶陶訓和樂兒。

30 旛，幡也，畢沅曰：說文：“旛，幅胡也。”其貌幡幡然也。畢沅曰：今本脫“然”字，據御覽引補。

31 校，號也，將帥號令之所在也。畢沅曰：未聞軍中有所謂“校”者，疑“校”當為“旄”。尚書泰誓：“師尚父右把白旄，以號坶誓。”武王右秉白旄以麾。”則旄者號令之所在也，且旄、號聲相近。姑識所疑，以俟後賢定焉。王啟原曰：中山策：“五校大夫。”注：“校，軍營也。”漢書衛青傳：“常護軍傳校獲王。”注：“校者，營壘之稱。”云“傳校”可證號令所在之說。續漢書百官志：“大將軍營五部，部有校。”則一壘有一校尉，故漢西京宿衛有中壘校尉。校尉傳將軍之號令，校為軍壘，故云校號，而為號令所在也。

32 節者，號令賞罰之節也。畢沅曰：“者”今本作“為”，據御覽引改。案史記高祖紀索隱引此下有"又節毛上下相重取象竹節"十一字。

33 鐸,度也,號令之限度也。畢沅曰:周禮大司馬:"振鐸,則羣吏作旗,車徒皆作;摦鐸,則羣吏槷旗,車徒皆坐。"是鐸爲號令之限度也。鄭注周禮小宰云:"文事奮木鐸,武事奮金鐸。"

34 金鼓。金,禁也,爲進退之禁也。王啟原曰:魏志太祖紀:"建安二十一年冬十月治兵。"注引魏書云:"王親執金鼓,以令進退。"蘇輿曰:本書釋天:"金,禁也,其氣剛嚴,能禁制也。"

35 戚,感也,畢沅曰:説文:"戚,戉也,从戉,尗聲。""慽,憂也,从心,戚聲。"蘇輿曰:戚、慽字同。詩公劉毛傳:"戚,斧也。"論語述而:"小人長戚戚。"集解引鄭注:"長戚戚,多憂懼皃也。"斧以斬斷,見者皆感懼也。

36 戉,畢沅曰:説文:"戉,大斧也,从戈,乚聲。"今本作"鉞"。案説文"鉞"訓"車鑾聲也,从金,戉聲"。詩曰:"鑾聲鉞鉞。"則"鉞"字誼別。豁也,所向莫敢當前,豁然破散也。

釋車第二十四

1 車,古者曰車,畢沅曰:書牧誓釋文引無"曰車"二字。聲如居,言行所以居人也。畢沅曰:書牧誓釋文、詩召南釋文引皆無"言行"二字,一切經音義引有之。葉德炯曰:禮曾子問:"天子以德爲車。"注:"車,或作居。"釋草:"望乘居。"釋文:"居,本作車。"莊子徐無鬼:"若乘日之車。"釋文:"元嘉本作居。"此皆車音如居之證。今曰車聲近舍。畢沅曰:今本脫此三字,據書牧誓釋文引補。説文舒字舍聲,余字舍省聲,則舍字之音古今不同,舍之古音重讀則如庶,輕讀則如舒。詩何人斯第

五章,舍與車、盰叶,是明證也,故車聲近舍。互詳辯釋名。**車,
舍也,行者所處若居舍也。**畢沅曰:"居"今本誤作"車",據
藝文類聚引改。御覽引此下有"黃帝造車,故號軒轅氏"九字。
說文:"車,夏后時奚仲所作。"案左傳,奚仲爲車正之官爾,非造
車也。堯典云:"車服以庸。"則車由來舊矣,蓋實始於黃帝①。

　　2 **天子所乘曰路,路亦車也,**謂之路者,言行於道路
也。蘇輿曰:白虎通 車旂篇:"路者何謂也? 路,大也,道也,正
也。君至尊,制度大,所以行道德之正也。路者君車也。"文選
東京賦:"龍路充庭。"薛 注:"路,天子之車也。"②**金路、玉路,
以金玉飾車也。象路、革路、木路,各隨所以爲飾名之
也。**畢沅曰:今本作"天子所乘曰玉輅,以玉飾車也",在"輅亦
車也"之上,其"金輅"以次于"象輅"之下,易去"革路",據御
覽引改,唯末句從今本。諸"路"字今本除"道路"皆作"輅",
御覽引亦然,唯一切經音義引作"路"。案說文:"輅,車軨前橫
木也。"則其誼別。周禮:"王之五路。"字不從車。今尚書 顧命
"輅"字乃衛包所改,隸古定本實作"路",茲定從"路"。周禮 巾
車:"王之五路:玉路錫樊纓十有再就,金路鉤樊纓九就,象路朱
樊纓七就,革路龍勒條纓五就,木路前樊鵠纓。"鄭 注:"玉路以
玉飾諸末,金路以金飾諸末,象路以象飾諸末,革路鞔之以革而
漆之,木路不鞔以革,漆之而已。"是各隨所以爲飾名之也。葉
德炯曰:文選 四子講德論 注引白虎通:"名車爲輅者,言所以步之
於路也。"

　　3 **鉤車,以行爲陳,鉤般曲直有正,夏所制也。**畢沅
曰:禮記 明堂位:"鉤車,夏后氏之路也。"毛詩 六月 傳:"夏后氏

①② 釋名疏證補埘有補充。見本書 350—351 頁。

曰鈎車，先正也。"葉德炯曰：夏后爲車正，則鈎車爲車制之祖矣。鈎讀如句股之句，制車必用測算，考工記所載厚博長短尺寸是也。"句般曲直"當作"句股曲直"。爾雅九河"鈎盤"釋文引李巡本作"鈎股"，云："水曲如鈎，折如人股。"此鈎般爲句股之證。考工記輪人："規之，欲其圜也；萬之，欲其匡也。"[①] 以下皆所謂句股曲直也。此鈎車必取鈎股之義無疑。明堂位鄭注："鈎，有曲輿者也。"正義："輿則車牀，曲輿，謂曲前闌也。"以鈎爲曲闌，義實不憭。夫車制多矣，安有因一曲闌遂名全車爲鈎車之理？鄭注自據所見曲闌者而言，非鈎車最初之名義也。御覽兵部六十五引司馬法云："夏后氏曰鈎車，先正也。"宋衷注："鈎設浦車遠近，計車量也；以立罍正者，什伍之例也。"按"量也"爲"量地"之誤，量地即推步之法，但宋注就用時立算，與此有別，然其取於句股義一也。

　　4 胡奴車，東胡以罪没入官，爲奴者引之，殷所制也。畢沅曰：今本脱"胡奴"之"奴"，"東胡"譌作"車胡"，據誼增改。鄭注周禮鄉師引司馬法曰："夏后氏謂輦曰余車，殷曰胡奴車，周曰輜輦。"案毛詩六月傳："夏后氏曰鈎車，殷曰寅車，周曰元戎。"詩正義以爲司馬法文，而與周禮注所引異者，據本書鈎車、寅車、元戎皆戎車，乃駕馬之車，余車、胡奴車、輜輦，御覽引作"輜車"，皆人輓行之輦，本不同也。皮錫瑞曰：案古瑚璉字亦作胡輦，夏后氏之四連，殷之六瑚，疑即取義於車。先謙曰：吳校"官爲"二字互乙[②]。

---

① 周禮冬官輪人："規之，以眂其圜也；萬之，以眂其匡也。"此處所引取其大略。
② 釋名疏證補坿有補充。見本書 351 頁。

5 元戎車，在軍前啟突敵陳，周所制也。畢沅曰：毛詩六月 傳："周曰元戎，先良也。"皮錫瑞曰：史記集解引韓詩 薛君章句曰："元戎，大戎，謂兵車也。車有大戎十乘，謂車緱輪，馬被甲，衡軛之上盡有劍戟，名曰陷陣之車，所以冒突先啟敵家之行伍也。"鄭 箋："二者及元戎，皆可以先前啟突敵陳之前行。"用韓説。葉德炯曰：孟子 盡心下"革車三百兩"，疏引牧誓作"戎車三百兩"。御覽 兵部六十五引書同。然則戎車始於武王伐紂時矣，故云"周所制"。先謙曰：吳校"在"上補"元戎"二字。

6 輦車，人所輦也。畢沅曰：説文："輦，輓車也，从車，扶在車前引之也。"鄭注周禮鄉師云："輦，人輓行。"

7 柏車。柏，伯也，大也，先謙曰：吳校"大"上有"伯"字。丁夫服任之大車也。畢沅曰："大車"今本誤作"小車"。案服任之車實是大車，且釋柏爲大誼，安得又云小車？據改。考工記 車人："柏車，轂長一柯，其圍二柯，其輻一柯，其渠二柯者三五分，其輪崇，以其一爲之牙圍。"鄭 注："輪高六尺，牙圍尺二寸。"記又曰："柏車二柯。"注云："較六尺也。"葉德炯曰：論語："大車無輗，小車無軏。"唐武后臣軌 注引鄭 注云："大車柏車，小車羊車。"集解引包咸 注："大車牛車，小車駟馬車。"按考工記 輈人"是故大車平地既節軒摯之任，及其登陀，不伏其轅，必緰其牛"云云[1]，則大車是牛車矣。車人爲車，分柏車、大車、羊車，則大車非柏車矣。包注論語蓋本考工，鄭及成國所云，則漢制也。

8 羊車。皮錫瑞曰：晉書 輿服志："羊車一名輦車，其上如

---

[1]　陀，當作"阜"。原文："及其登阜也，不伏其轅，必緰其牛……故登陀者，倍任者也。"葉氏引文未盡確切。

輹伏菟箱,漆畫輪軹。"齊書 輿服志、隋書 禮儀志,同謂羊車金漆
牽車,漢時以人牽之。梁 高僧傳云:"天監八年,敕給銅三千斤,
見羊車傳詔。"北史 李諧傳:"賜斛律金,羊車上殿。"隋書 禮儀
志:"隋馭童年十四五者二十人,謂之羊車小史,駕果下馬,其大
如羊。"唐志屬車,七曰"羊車",此皆名羊而非駕羊之證,與下文
所云"羸車,羊車"不同義。羊,祥也。畢沅曰:説文同。王啟
原曰:春秋 昭十一年"盟于祲祥",公羊作"侵羊"。春秋説題辭:
"羊者,祥也。"漢碑每以吉羊爲吉祥。祥,善也。畢沅曰:爾雅
文。善飾之車,今犢車是也。畢沅曰:考工記 車人:"羊車二
柯,有參分柯之一。"鄭注:"羊,善也。善車,若今定張車,較長
七尺。"成蓉鏡曰:御覽七百七十五引桓譚 別傳曰:"薄其資,惟
有犢車一乘。"

9 墨車。漆之正黑,無文飾,大夫所乘也。畢沅曰:周
禮 巾車:"大夫乘墨車。"鄭注:"墨車,不畫也。"是無文飾也。
蘇輿曰:儀禮 覲禮:"侯氏乘墨車。"鄭注:"墨車,大夫制也。"
又士昏禮:"主人爵弁纁裳緇袘,從者畢玄端,乘墨車。"注:"墨
車,漆車,士而乘墨車攝盛也。"先謙曰:吳校"黑"下補"如墨"
二字。

10 重較。其較重,畢沅曰:"較"説文作"輢"。卿所乘
也。畢沅曰:鄭注考工記 輿人云:"較,兩輢上出式者。"説文:
"較,車輢上曲銅,從車,爻聲。"據李善注西京賦所引,"曲銅"作
"曲鉤"爲是。毛詩 淇奥 傳①:"重較,卿士之車。"案周禮車無重
較、單較之文,以鄭注考之,式低較高,望之若兩重然。古今注:
"重較在車輢上,重起如牛角。故云重較。"皆指在車兩旁者。

_____

① 奥,原作"澳"。

11 役車,給役之車也。棧車。棧,靖也,麻靖物之車也,皆庶人所乘也。畢沅曰:今本棧車云云,提行別起。據云皆庶人所乘,言皆則兼承役車、棧車,當合爲一。周禮 巾車:"士乘棧車,庶人乘役車。"兹曰"皆庶人所乘"者,説文"竹木之車曰棧",竹木之車微賤,庶人亦得乘之也。鄭注 巾車:"棧車不革輓而漆之,役車方箱,可載任器以供役。"

12 軘車,戎者所乘也。畢沅曰:説文:"軘,兵車也,从車,屯聲。"杜注左傳亦云:"兵車名。"蘇輿曰:軘車,見左宣十二年傳 疏引服虔云:"軘車,屯守之車。"案服以字從屯取義,其爲戎者所乘則一也。

13 容車,婦人所載小車也,其蓋施帷,所以隱蔽其形容也。畢沅曰:周禮 巾車:"王后之五路,重翟、厭翟、安車三者,皆有容蓋。"鄭仲師 注:"容謂幨車,山東謂之裳帷,或曰潼容。"儀禮 士昏禮:"婦車亦如之,有裧。"康成 注:"裧車裳帷,周禮謂之容車,有容則固有蓋。"毛詩 氓 傳:"帷裳,婦人之車也。"鄭箋:"帷裳,童容也。"

14 衣車,前户,所以載衣服之車也。成蓉鏡曰:後漢梁冀傳 注引倉頡篇云:"輧,衣車也。"左定九年傳 正義引説文:"輜輧,衣車也。"禮曲禮:"不乘奇車。"正義引何允 禮記隱義云:"衣車,如籯而長也。"漢書 霍光傳 注:孟康曰:"輼輬車如衣車,有窗牖。"據成國云"衣車,前户",是他車皆後户。魏志:"孫賓碩乘犢車入市,見趙岐開車後户,顧所將兩騎,令下馬扶上之。"亦其證。孫詒讓曰:案衣車前户者,對輜車後户也(輜車後户,見周禮 巾車 鄭注)。説文 車部云:"輜輧車前,衣車後也。"漢時輜車、輧車、衣車三者制度蓋略相類,故蒼頡篇云:"輧,衣車也"。明其形大同,惟以前後衣蔽及開户微有區別。蓋輧車四面有衣蔽,故此下文云"軿車。軿,屏也,四面屏蔽,婦人所乘牛車也"。衣車則後有衣蔽,而前開戶,可以啟閉。輜車則前有衣蔽,後有開戶,故劉云"衣車前戶"。而許君又以軿車前、衣車後釋輜車也。蘇輿曰:定九年傳:"載葱靈,寢於其中而逃。"孔疏引賈逵云:"葱靈,衣車也。"有葱有靈,是衣車即葱靈之本稱。漢書霍光傳:"昌邑王略女子,載之衣車。"則衣車亦婦人所乘,故有葱與靈(葱與窗同,靈與櫺同)。亦爲隱蔽形容之用,又兼載衣服可臥息也,故成國次於容車之後。

15 獵車,所乘以畋獵也。畢沅曰:此周禮所謂田路。成蓉鏡曰:續漢書輿服志:"獵車,一曰閛猪車,親校獵乘之。"禮曲禮:"不乘奇車。"注:"奇車,獵衣之屬。"正義引隱義云:"獵車之形,今之鉤車是也。漢桓帝之時,禁臣下乘之。"蘇輿曰:晉書輿服志:"獵車駕四車,天子校獵所乘。"即此。

16 小車,駕馬輕小之車也,駕馬宜輕,使之局小也。畢沅曰:包咸論語注:"小車,駟馬車。"先謙曰:吳校"使"上有"故"字。

17 高車,其蓋高,立乘載之車也。畢沅曰:考工記輪人:"爲蓋達常圍三寸,桯圍倍之六寸,部長二尺,桯長倍之四尺者二。"鄭司農云:"達常,蓋斗柄下入杠中也。桯,蓋杠也。部,蓋斗也。"又云:"杠長八尺,謂達常以下也,加達常二尺,則蓋高一丈,立乘也。"王啟原曰:"立乘載之車也。"吕本無"乘"字。蘇輿曰:晉志:"車坐乘者謂之安車,倚乘者謂之立車,亦謂之高車。"

18 安車,蓋卑坐乘,今吏所乘小車也。畢沅曰:鄭注禮記曲禮云:"安車,坐乘,若今小車也。"成蓉鏡曰:漢書車千秋傳:"千秋年老,上優之,朝見得乘小車入宮殿中。"

19 羸車,羊車,畢沅曰:"羊"今本作"羔",誤。各以所駕名之也。畢沅曰:御覽引曰"羊車,以羊所駕名車也"。蓋節引此條,非別有一條也。前文雖已有羊車,前文以祥善爲誼,此則以駕羊爲稱,名同而實不同也。成蓉鏡曰:蜀志:"後主劉禪乘騾車降鄧艾。"御覽七百七十五引晉書曰:"武帝平吳之後,掖庭殆將萬人,常乘羊車恣其所之。"又曰:"衛玠總角,乘羊車入市。"①

20 檻車,上施闌檻,以格猛獸,亦囚禁罪人之車也。畢沅曰:今本脱"亦囚禁罪人"五字,據文選長楊賦注引補。成蓉鏡曰:漢書楊雄傳:"捕熊羆、豪猪、虎豹、狖玃、狐兔、麋鹿,載以檻車。"是檻車格猛獸之證。史記張耳陳餘傳:"乃檻車膠致,與王詣長安。"後漢鄧騭傳:"任尚坐斷盜軍糧,檻車徵詣廷尉。"急就章:"攻擊劫奪檻車膠。"亦檻車囚禁罪人之證。

21 輻車。輻,遥也。遥,遠也,四向遠望之車也。畢沅曰:"遥"字俗,當作"繇"。説文:"殳,繇擊也。"是即殳鼠忌器之殳也。則繇爲繇遠字明矣。蘇輿曰:説文:"輻,小車也。漢書平帝紀:"元始三年,立輻併馬。"顔注引服虔云:"輻音謡。立乘小車也。"御覽車部四引謝承後漢書:"許慶家貧,爲督郵,乘牛車,鄉里號曰輻車督郵。"又引傅子:"漢世乘輻,則貴人也。"李尤輻車銘曰:"輪以代步,屏以蔽容。"並此矣。

22 輻車,載輻重卧息其中之車也。輻,厠也,所載衣物雜厠其中也。軿車。軿,屏也,皮錫瑞曰:周禮巾車"翟車",注:"如今軿車是也。"四面屏蔽,婦人所乘牛車也。畢沅曰:今本"軿"作"駢","牛車"作"牛馬",據續漢書輿服志劉昭注引改。輻、軿之形同,有邸曰輻,無邸曰軿。畢沅曰:

---

① 釋名疏證補坿有補充。見本書 351 頁。

宋書禮志引字林曰："軿車,有衣蔽無後轅,其有後轅者謂之輻。"
孫詒讓曰:案説文車部云:"軝,大車後也。"邸即軝之借字。考
工記軿人亦云:"不援其邸,必縋其牛。"後邸即所謂後轅。凡輻
車後開户,故有後轅。軿車四面屏蔽,則無後轅。劉説與字林可
互證也。蘇輿曰:説文"輜"下云:"輜、軿,衣車也。""軿"下云:
"車前衣也,車後爲輜。"是輜、軿渾言則同,析言則別。列女傳:
"齊孟姬云:立車無軿,非敢受命。"可見軿爲屏蔽之用[1]。

23　軝,句也,轅上句也。畢沅曰:説文:"軝,轅也。"毛詩
小戎傳:"梁軝,軝上句衡也。"

24　衡,横也,横馬頸上也。王先慎曰:説文:"衡,牛觸,
横大木其角。"是衡之本義爲横木牛角,引申爲凡物横著之稱。
莊子馬蹄:"加之以衡阨。"釋文:"衡,轅前横木,縛軛者也。"左
宣十二年傳"拔斾投衡"疏:"衡是馬頸上横木。"即本此釋。衡、
横字通義同。

25　游環,在服馬背上,驂馬之外彎貫之,游移前卻,
無定處也。畢沅曰:"定"今本作"常",據詩小戎正義引改。
小戎詩毛傳:"游環,靷環也,游在背上,所以禦出也。"鄭箋:"游
環在背上,無常處,貫驂之外彎以禁其出。"先謙曰:吴校"在"上
有"環"字。

26　脅驅,在服馬外脅也。畢沅曰:詩小戎正義引作"當
服馬脅也"。小戎傳:"脅驅,慎駕具,所以止入也。"箋:"脅驅
者,著服馬之外脅,以止驂之入。"

27　陰,蔭也,横側車前,所以蔭笒也。畢沅曰:今本脱
"所"字,"蔭笒"作"陰笒",誤也。詩小戎正義引作"所以蔭荃

---

① 釋名疏證補坿有補充。見本書 351—352 頁。

也”。“荃”字亦誤，後文有云：“笭，橫在車前，織竹作之。孔笭，
笭也。”然則陰笭同在一處，而陰在笭上，所以蔭之，據是誼改。
小戎 傳：“陰，揜軓也。”箋：“揜軓在軾前垂輈上。”

28 靷，所以引車也。鋈，沃也，畢沅曰：今本“沃也”上
衍“金塗”二字，據詩 小戎 正義引刪。冶白金以沃灌靷環也。
續，續靷端也。畢沅曰：小戎 傳：“靷，所以引也。鋈，白金也。
續，續靷也。”箋：“鋈續，白金飾續靷之環。”皮錫瑞曰：詩正義引
釋器曰：“白金謂之銀。”白金不名鋈，言鋈白金者謂銷。此白金
以沃灌靷環，蓋即本此。然廣雅云：“白銅謂之鋈。”白銅即白金
也。王船山謂鋈乃白銅之名，從無沃灌之義。以鋈飾續環者，即
今之嵌銅事件，鑿鐵作竅，以鍊成銅片，嵌入之。若以鋈爲沃灌，
則生熟不相霑洽。其説似勝。

29 文鞇，車中所坐者也，畢沅曰：鞇，一切經音義引
作“茵”。説文：“茵，車重席，從艸，因聲。鞇，司馬相如説茵從
革。”則鞇、茵異文同字。用虎皮爲之，有文采。畢沅曰：今本
脱“爲之”二字，據一切經音義引補。小戎 傳：“文茵，虎皮也。”
鞇，因也，畢沅曰：今本無此三字，據此書體例增。因與下輿
相聯著也[1]。

30 靸，伏也，在前，人所伏也。畢沅曰：靸，説文所無，
玉篇云：“亦作紱。”説文云：“紱，車紱也，從糸，伏聲。”則紱乃本
字。案漢書 酷吏 周陽由傳：“汲黯爲忮司馬安之文，惡俱在二千
石列，同車，未嘗敢均茵馮。”顏注：“馮讀凭。”案亦可讀如字，與
靸一聲之轉耳。或説此條當在下一條“軾”之下，句首當作“亦
曰靸”，并爲一條，其説似可從。蘇輿曰：靸字亦作伏，史記 酷吏

----

① 釋名疏證補坿有補充。見本書 352 頁。

傳:"同車,未嘗敢均茵伏。"徐廣 音義:"伏,漢書作馮,伏者軾。"

31 軾,畢沅曰:考工記止作式,不從車。**式也,所伏以式敬者也。**畢沅曰:御覽引作"式所敬者"。案當云"伏,以式所敬者也"。

32 **鞇轉**,畢沅曰:二字説文所無。王啟原曰:鞇轉,吕本作"靷轉"。葉德炯曰:説文作"轒轉",因説文"轒"訓車䩭具。轉訓車下索,與重薦義異,故以此字當之。急就章:"鞅靫鞇轉,窐鑣錫正。"作"鞇轉"。史游在許書前,其説當有據矣。**車中重薦也。**畢沅曰:顏師古注急就篇即用此語。王氏 補注:鞇轉音杜薄。重,丈龍反。廣雅:"鞇轉謂之鞃。"廣韻:"鞇轉,靫別名,一名鞇轉。"案轉靫乃盛箭室,與鞃誼不合。蘇輿曰:王氏 念孫廣雅疏證云:"鞇轉疊韻字。"廣韻:"鞁,他胡切。轉鞁,屨也。屨,屨中薦也。"轉鞁亦疊均字,屨中薦謂之轉鞁,猶車中薦謂之鞇轉矣。**輕鞇轉,小䈲者也。**畢沅曰:今本作"小貂也",從段改。廣雅:"䈲,短也。"

33 **轂,塙也,體堅塙也。**畢沅曰:塙,俗字,依説文作"塙",云:"堅不可拔也。從土,高聲。"葉德炯曰:考工記 輪人:"凡斬轂之道,必矩其陰,陽則轂,雖敝不㪇。"此制轂堅塙之證。

34 **轅,援也,車之大援也。**畢沅曰:説文:"援,引也。"轅所以引車,故曰車之大援。皮錫瑞曰:爰,籀文以爲轅字,古轅、袁、爰三字通,轅固或作袁,而袁盎亦作爰。

35 **枕,橫也,橫在前,如卧牀之有枕也。**畢沅曰:今本"枕橫也"三字誤在下,又雜出"橫在下也"四字。案御覽引"橫,橫在前,若卧牀之有枕",無下語,首定脱去兩字耳。茲據移正,下亦據删。方言曰:"軫謂之枕。"王啟原曰:素問 骨空論:"頭橫骨爲枕。"然則卧所薦首之枕,亦取橫義。車軫亦橫,故亦云枕。詩 葛生，以枕與衾韻，是枕音近橫。蘇輿曰：枕當作栿，王氏 念孫 廣雅 "艫謂之栿" 疏云："此謂船前橫木也，栿之言橫也。"集均①："栿，舟前木也。"凡舟車前之橫木皆曰栿。眾經音義卷十四云："栿，聲類作‘軜，車下橫木也’，今車牀及梯櫈下橫木皆曰栿。釋名 釋車云：‘栿，橫在前，如臥牀之有栿。’栿，橫也，橫在下也。義與聲類同。"今本釋名 "栿" 字譌作 "枕"，而校書者輒證以方言 "軫謂之枕"，且刪去 "橫在下也" 四字，弗思甚矣。輿案：栿、橫古同聲，光與尤旁又易亂，臥牀之有栿，亦謂牀下橫木，此例正合王說，殆得之。

36 薦版，在上如薦席也。齊人謂車枕以前曰縮，言局縮也。兗 冀曰育御者，坐中執御，育育然也。畢沅曰："坐" 似當作 "在"。葉德炯曰：此就車之大小名之，齊人車小，故曰局縮，兗 冀車大，故曰育御。成國多以當時語況喻，此類是也。孫詒讓曰：案西京雜記下云："月之旦爲朔，車之軶亦謂之朔。"此云車枕以前，即當軶之處，疑縮即朔，音近通稱。車育他書亦未見。玉篇 車部有 "轄" 字，云 "弋足切，車枕前也"（廣韻 三燭同）。集韻 三燭云："車枕謂之轄，或作軶。"育、轄音亦相近，疑即因兗 冀語，而增制轄、軶二字矣。

37 較，在箱上爲幸較也。皮錫瑞曰：考工記 輿人 "爲之較崇" 注："故書較作椦，杜子春云：當爲較。"是較、椦古通，幸較即幸椦。漢書 王莽傳："幸而椦之。"後漢 靈帝紀："豪右幸椦。"

38 立人，象人立也，或曰陽門，在前曰陽，兩旁似門也。畢沅曰：鄭仲師注考工記 車人云："羊車，謂車羊門也。"羊門即陽門，古字陽、羊通。廣雅："陽門，蔽簹也。"葉德炯曰：此讀

---

① 均，當作 "韻"。該書 "均、韻" 用同。

如前釋形體"立人"之立人。

39 槅，扼也，所以扼牛頸也。畢沅曰：説文："槅，大車
扼，从木，鬲聲。"考工記 車人云："鬲長六尺。"鄭仲師 注："鬲謂
轅端厭牛領者。"鬲即槅字省木爾。馬曰烏啄，畢沅曰：大駕
槅，以駕牛；小車衡，以駕馬，然則烏啄謂衡也。蘇輿曰：烏啄亦
謂烏喝，古啄、喝通用。詩 韓奕"金厄"毛 傳："金厄，烏喝也。"
即此(今本"喝"作"蠋"，疏又引爾雅"蚔，烏蠋"以證之。阮氏
元 校勘記曾駁其非，茲從據釋文本)。厄、扼、軛並同，士喪禮 鄭
注"今文軛爲厄"是也。小爾雅 廣器："衡，扼也，扼上者謂之烏
啄。"下向，又馬頸，皮錫瑞曰：左襄十四年傳："射兩軶而還。"
服虔 解誼云："車軶兩邊叉馬頸者。"杜云："車軶卷者。"似烏開
口向下啄物時也。

40 隆彊，言體隆而彊也。或曰車弓，似弓曲也。畢
沅曰：此考工記所謂蓋弓也，記曰："參分弓而揉其一，揉則曲，曲
則其體穹隆。"故曰"隆彊"。皮錫瑞曰：方言："車枸簍，南楚之
外謂之篷，或謂之隆屈。"郭 注："即車弓也。"今呼車子弓爲篍。
説文："輑，淮陽名車穹隆。"蘇輿曰：廣雅 釋器："隆屈，輂也。"隆
彊即隆屈。屈、彊見漢書，屈亦彊也。其上竹曰郎疏，相遠，
晶晶然也。畢沅曰：説文："晶，精光也，从三日。"“曡，从晶，
生聲。"考工記："蓋弓二十有八。"以象星也，故曰晶晶然。先謙
曰：吳校"郎"作"朗"。

41 桼，複也，重複非一之言也。畢沅曰："桼"今本作
"輯"。説文無輯字，且未聞車制有所謂輯者，似非也。御覽引
作"軸"亦非。小戎詩："五楘梁輈。"傳云："五，五束也。楘，
歷録也。一輈五束，束有歷録。"據云"重複非一之言"，則與五
束誼合，而"桼"與"複"音又相近，遂改作"桼"。先謙曰：吳校

"柔"作"輹"。

42 輞，畢沅曰：輞，俗字也。考工記 輪人云："牙也者，以爲固抱也。"鄭仲師注："牙讀如'跛者迓跛者'之迓，謂輪輮也，世間或謂之罔。"然則罔字不从車。葉德炯曰：輞亦謂之渠。考工記 車人："渠三柯者三。"鄭注："渠二丈七尺，謂罔也。"又引鄭司農云："渠，謂車輮，所謂牙，牙謂牙圍也。"尚書大傳："散宜生之江 淮之浦，取大貝，如大車之渠。"鄭注："渠，車罔也。"鄭注二書均作罔字。則罔爲正體。說文無輞篆，解字有之。"枒"下云："一曰車輞會也。"即此。解字从隸，故作輞。枒即考工記"牙圍"之牙。**罔也，罔羅周輪之外也。**蘇輿曰："罔羅周輪之外也"御覽 車部五引作"周輪其外"。**關西曰輮，言曲輮也。**皮錫瑞曰：急就篇："輻轂輨轄輮輚轃。"顏注："輮，車輞也，關西謂之輮，言其柔曲也。"**或曰輾。輾，緜也，緜連其外也。**畢沅曰：說文無"輾"字，疑當假借屋櫋聯之"櫋"。葉德炯曰："輾"即"轃"也，二字說文所無，"轃"見急就章。

43 **輪，綸也，言彌綸也，周帀之言也。或曰轋，言輻總入轂中也。**畢沅曰：今本分列爲二條，脱"或曰"二字，據御覽引增補，并合之。說文無"轋"字。方言云："關西輪謂之輚。"注："音總。"但"輚"字亦說文所無，據"言輻總入轂中"，則字當作"總"。老子 道經："三十輻共一轂。"是言輻總入轂中也。先謙曰："言彌綸也"，吴校無"言"字"也"字。

44 **輿，舉也。**蘇輿曰：廣雅 釋詁："輿，舉也。"本此。典禮正義："輿，車牀也。"車牀以舉衆物。衆經音義引蒼頡篇："轝，舉也。"輿、轝同。

45 **軸，抽也，入轂中可抽出也。**畢沅曰：軸在輿下貫兩轂，而兩端皆出轂外者也。

46 釭,空也,其中空也。畢沅曰:説文:"釭,車轂中鐵
也。"釭中空以受軸也。葉德炯曰:方言九:"車釭,齊 燕 海 岱之
閒謂之鍋,或謂之錕,自關而西謂之釭。"蘇輿曰:王氏 念孫 廣雅
疏證云:"凡鐵之中空而受枘者謂之釭。"新序 雜事篇:"淳于髡
謂鄒忌曰:方内而員,釭是也。"内與枘同,車釭空中,故又謂之
穿,在内爲大穿,在外爲小穿。考工記輪人五:"分其轂之長去一
以爲賢,去三以爲軹。"鄭衆 注:"賢,大穿;軹,小穿。"是也。説
文:"銎,斤斧穿也。"斤斧穿謂之銎,猶車穿謂之釭,釭銎之爲言
皆空也。

47 鐧,間也,間釭軸之間使不相摩也。畢沅曰:説文:
"鐧,車軸鐵也。"蓋軸貫轂中,轂轉則與軸相摩,而轂中有釭,恐
絜其軸,故以鐧裹軸,使不受釭摩也。

48 轄,害也,車之禁害也。畢沅曰:轄,貫軸頭之鐵也,
所以禁轂之突出,故曰車之禁害。説文:"轄,鍵也。"蘇輿曰:御
覽車部五引"禁"作"急"。

49 輠,裹也,裹軹頭也。畢沅曰:輠,案當作"檛"。説文
無"輠"字。史記孫卿傳:"炙轂過髡。"裴注引別録曰:"過字作
輠,輠者,車之盛膏器也。"據此誼以求其字,則當作檛。説文:
"檛,盛膏器,从木,咼聲。讀若過。"然則檛乃正字,過者假借,
輠則俗字也。泉水詩云:"載脂載舝。"脂謂以膏裹軹頭也。軹
者,轂之小穿也。有膏則滑澤,而轂利轉,故車有盛膏器,字本作
檛,世俗因其在車,輒作車旁果字。葉德炯曰:方言九:"盛膏者
乃謂之鍋。"鍋字亦説文所無,皆當時隸俗字也。今南楚之閒以
釜爲鍋,蓋本此。

50 軹,指也,如指而見於轂頭也。畢沅曰:周禮 大馭:
"酌僕,僕右祭兩軹。"注云:"故書軹爲軝,杜子春云:軝當作軹,

或讀軹爲簪笄之笄。"案或讀是,杜説非也。蓋車輢之從橫木既
名軹矣,不應一車之上異材而同名。轂末小穿釭,實是軹也,軹
字唯一見于周禮故書大馭職,而改爲釭。考工記去三以爲軹,蓋
亦改誤也。禮記少儀云:"祭左右執軓。"則且譌爲執矣。先儒
皆不辯其當爲軹,故説文車部不收軹字,當補之爲備。上條"軹
頭"及此"軹"字皆當作"軹",此當云:"軹,笄也,見於轂頭,如
人簪笄而見於冠弁之兩旁也。"

51 筭,橫在車前,織竹作之,孔筭筭也。畢沅曰:説文:
"筭,車笭也,從竹,令聲。"御覽引"孔"作"空",音誼並同。

52 蓋,在上覆蓋人也。畢沅曰:考工記:"輪人爲蓋,蓋崇
十尺。"

53 軬,藩也,蔽水雨也。畢沅曰:"軬"當作"軬"。説
文:"軬,車耳反出也,從車,反聲。"車耳反出,故可以藩蔽水雨。
"蔽"上疑脱一"藩"字。葉德炯曰:方言:"車枸簍,其上約謂之
䈽。"郭注:"即軬帶也。"音瓜䤛。郭云"軬上有帶",是軬可樘
可約,其物蓋專爲蔽水雨而設。

54 轑,蓋叉也,如屋構橑也。畢沅曰:御覽引作"轑,似
弓曲也"。據説文"轑,蓋弓也",則此云"似弓曲"當不誤,蓋蓋
弓與蓋叉相爲構橑以張蓋,皆得謂之轑,顧前有隆彊一條,既言
或曰車弓,似弓曲也,則此轑當專謂蓋叉,蓋叉所以樘蓋弓者也。
皮錫瑞曰:考工記"桯圍倍之",注:"鄭司農云:桯,蓋杠也。""弓
鑿廣四枚",注:"弓蓋橑也。"急就篇"蓋轑俾倪扼縛棠",顏注:
"蓋,車上蓋也。橑,蓋弓之施爪者也。"説文:"瑤,車蓋玉瑤。"
漢書王莽傳:"造華蓋九重,高八丈一尺,金瑤。"師古曰:"瑤讀
曰爪,謂蓋弓,頭爲爪形。"蔡邕獨斷:"凡乘輿車皆羽蓋,金華
爪。"續漢書輿服志:"羽蓋華爪。"劉昭注:"金華施橑末,二十

有八枚。"即蓋弓也。五經文字:"橑音老,車蓋之弓。"此云"蓋叉",又即蚤字,作叉誤。

55　杠,公也,衆叉所公共也。畢沅曰:蓋弓二十有八,蓋叉之數當同,衆叉所建當有木爲之圈,以韜達常,而乘杠上。如是,則抽出達常可以弛蓋。今云"衆叉所公共",則衆叉插于杠首,四圍不可脱者矣,豈蓋常張而不弛者與?考工記:"輪人爲蓋,達常圍三寸,桯圍倍之,六寸,桯長四尺者二。"鄭仲師云:"達常蓋斗柄下入杠中也,桯蓋杠也。"鄭康成曰:"杠長八尺。"

56　鞞輗,猶祕矞也,在車軸上,正輪之祕矞前卻也。畢沅曰:考工記車人:"大車崇三柯綆寸。"鄭注:"綆,輪箄。"輪人云:"六尺有六寸之輪,綆參分寸之二,謂之輪之固。"鄭注:"輪箄,則車行不掉也。"據云"正輪之祕矞前卻",正合箄誼。今本車旁作卑字,譌,當作"箄"。但輪箄在輻牙之閒,乃云"在車軸上","軸"蓋"輪"字之誤,軸與輪不相涉,既曰正輪,則不得在軸矣。"祕"字似亦誤。説文:"軷,車束也。"作軷字庶幾得之。孫詒讓曰:慧苑華嚴經音義引聲類云:"俾倪軾中環,持蓋杠者也。"急就篇:"蓋橑俾倪枙縛棠。"顏注:"俾倪,持蓋之杠,在軾中央,環爲之,所以止蓋弓之前卻也。"此"鞞輗"即急就篇及聲類之"俾倪"。此云"在車軸上","軸"當爲"軾","正輪之祕矞前卻","輪"當作"橑",橑與橑同。考工記鄭注云:"弓蓋橑也。"急就篇:"橑亦作橑。"故此譌爲輪。畢氏不寤,乃謂鞞即考工注之輪箄,其誤甚矣[1]。

57　屐,似人屐也。蘇輿曰:御覽車部五引作"輚,似人履"。注云:"輚音劇。"又曰伏兔,在軸上似之也。又

----

[1]　釋名疏證補垺有補充。見本書352頁。

曰轐。轐,伏也,伏於軸上也。畢沅曰:轐,今本及易釋文引皆作"輹"。說文:"輹,車軸縛也,从車,复聲。易曰:'輿脱輹。'""轐,車伏兔也,从車,菐聲。周禮曰:'加軫與轐焉。'"然則輹非是也,當爲轐,說文引周禮者,考工記文也,鄭仲師注考工亦以轐爲伏兔[①]。

58　鉤心,從輿心下鉤軸也。畢沅曰:考工記車人:"參分輈之長,二在前,一在後,以鑿其鉤。"鄭仲師注:"鉤,鉤心。"葉德炯曰:鉤,亦作枸。御覽車部五引通俗文:"軸限者,謂之枸心。"蘇輿曰:阮氏元考工記車制圖解云:"轐在輿底,而銜於軸上,其兩旁作半規形,與軸相合,而更有二長足,少鍥其軸而夾鉤之,所謂鉤心也。"

59　轉,縛也,畢沅曰:此三字今本止作一"縛"字,案說文:"轉,車下索也,从革,專聲。"則此當作轉,縛乃其訓誼也。此書之例,每舉一字,輒先訓釋之,乃後申其訓誼,據是例增改。在車下,與輿相連縛也。

60　棠,畢沅曰:疑當作"㡛"。孫詒讓曰:案急就篇亦作"棠",則漢人多如此作,不必改爲"㡛"也。樘也,畢沅曰:"樘"今本作"蹚",俗譌字也。說文:"樘,衺柱也,从木,堂聲。"據誼改。在車兩旁樘幰,使不得進卻也。畢沅曰:一切經音義、廣韻引倉頡篇:"布帛張車上爲幰。"幰在說文新附字中。廣雅:"幨謂之幰。"劉熙與張揖時相近,是當時有此幰字,不得以其新附疑之。

61　幰,憲也,所以禦熱也。畢沅曰:今本脱"所以"二字,據文選耤田賦注引增。蘇輿曰:文選"幰"作"幰",引云:

---

① 釋名疏證補坿有補充。見本書352—353頁。

“車轙,所以御熱也”。晉書音義中引首句作“轙,車幔也”。以本書例推之,非是。御覽車部五引通俗文:“張布曰轙。”説文無“轙”字,“轙”在新附中。

　　62 紲,制也,牽制之也。畢沅曰:説文:“紲,系也,從糸,世聲。春秋傳曰:‘臣負羈紲。’”

　　63 紛,放也,防其放弛以拘之也。畢沅曰:説文:“紛,馬尾韜也,從糸,分聲。”

　　64 轡,拂也,牽引拂戾,以制馬也。畢沅曰:“拂”今本作“咈”,據初學記引改。御覽引作“佛”,一切經音義引作“紼”,誼皆通。

　　65 勒,絡也,絡其頭而引之也。畢沅曰:説文:“勒,馬頭絡銜也,從革,力聲。”

　　66 鑣,苞也,在旁苞斂其口也。畢沅曰:初學記引“苞”作“包”,同。今本“在”上有“所以”二字,據初學記引删。説文:“鑣,馬銜也,從金,麃聲。”王啟原曰:呂本“鑣,苞也”上有“銜在口中之言也”九字,另作一行。皮錫瑞曰:儀禮既夕記注云:“古文鑣爲苞。”是鑣、苞古通用。爾雅:“鑣謂之鐵。”

　　67 鞅,嬰也,喉下稱嬰,言纓絡之也。畢沅曰:説文:“鞅,頸靼也。”皮錫瑞曰:儀禮既夕注:“纓,今馬鞅。”文選引薛綜注云:“纓,馬鞅。”服虔左傳解誼曰:“纓如索帬,今乘輿大駕有之。纓之爲言壅也,言壅馬頸,所以負軛,纓懸於衡者也。無纓則馬與衡不相附,而車不可行,故太子抽劍斷鞅也。”古聲纓、鞅相轉,又嬰本人頸飾,鞅在馬頸,象之,故借以名。先謙曰:吳校“言”上有“亦”字。其下飾曰樊纓,其形樊樊而上屬纓也。畢沅曰:鄭注周禮巾車云:“樊讀爲鞶帶之鞶,謂今馬大帶也。纓今馬鞅,樊纓皆以五采罽飾之。”

68 鞦,經也,橫經其腹下也。<u>畢沅</u>曰:説文:"鞏,著掖鞦也,从革,顯聲。"一切經音義引"橫"上有"言"字①。

69 靽,半也,拘使半行,不得自縱也。<u>畢沅</u>曰:説文:"絆,馬縶也,从糸,半聲。"今此從革,<u>左傳</u>有此字。

70 羈,檢也,所以檢持制之也。<u>畢沅</u>曰:今本"羈"上从网,譌。<u>玉篇</u>:"鞿,古文羈字。"則是本作鞿,説文作"罵"云:"馬絡頭者也。从网馬。馬,馬絆也。"

71 韁,彊也,繫之,使不得出彊限也。<u>畢沅</u>曰:説文:"繮,馬紲也。从糸,畺聲。"今此與下"鞧"字並从革。<u>五經文字</u>云:"今經典通用韁。"<u>蘇輿</u>曰:<u>漢書</u> 敘傳:"今吾子已貫仁誼之羈絆,繫聲名之韁鎖。"<u>顏</u>注:"韁,如馬韁也。"

72 鞧,遒也,在後遒迫,使不得卻縮也。<u>畢沅</u>曰:説文作"緧"云:"馬紂也,从糸,酋聲。""紂,馬緧也。"互相訓。<u>御覽</u>引作緅,亦見<u>方言</u>。"使不得"今本作"不得使",據<u>御覽</u>引更之。<u>皮錫瑞</u>曰:考工記"必緧其牛後",注:"故書緧作鰌。注'鰌讀爲緧,關東謂紂爲緧'。"②説文 革部:"鞧,馬尾鞧,今之般緧。"<u>方言</u>:"車紂,自關而東周 洛 韓 鄭 汝 潁而東謂之緅。"緅即緧也。

73 負,在背上之言也。<u>蘇輿</u>曰:本書釋姿容:"背,負也,置項背也。"與此互訓。<u>方言</u>七:"凡以驢馬馲駝載物者,謂之負佗。"即此負字之義。

74 䩞,縣也,所以縣縛軛也。<u>畢沅</u>曰:説文:"䩞,大車縛軛靯,从革,冐聲。"今本革旁作尹,<u>玉篇</u>有之③。

---

①　釋名疏證補坿有補正。見本書 353 頁。
②　第二個"注"字,是<u>鄭玄</u>引<u>鄭衆</u>注,原注作"<u>鄭司農</u>云"。
③　釋名疏證補坿有補正。見本書 353 頁。

釋船第二十五

1 船，循也，循水而行也。畢沅曰：說文：“船，舟也，从舟，沿省聲。”今本“沿”作“鉛”，譌也。沿緣故可訓爲循。一切經音義引“循水”上有“謂”字。又曰舟，言周流也。畢沅曰：說文：“舟，船也，象形。”方言曰：“舟自關而東謂之船，自關而西或謂之舟。”王啟原曰：說文：“匐，帀徧也，从勹，舟聲。”周流、周旋字應从此。又說文：“般，象舟之旋。”風俗通：“舟人相櫂，猶尚畏怖，不敢迎上，與之周旋。”今人周旋字皆無作舟者。古書舟、周亦互通，詩大東“舟人之子”，箋：“舟當作周。”考工記“作舟以行水”，注：“故書舟作周。”左襄二十三年傳“華周”，說苑立節篇作“華舟”。宣十四年傳“申舟”，呂氏春秋行論篇作“申周”。又“偶張”或作“舟張”，是舟、周通用。其前立柱曰桅。桅，巍也，巍巍高貌也。畢沅曰：“其前”御覽引作“船前”。下“其尾”亦作“船尾”，今不從。“桅”本作“椳”，據御覽引改。葉德炯曰：說文無“桅”字，畢以爲本作“椳”，亦非也。說文：“門樞謂之椳。”與此全別。按淮南說林：“遽契其舟桅。”高誘注：“桅，船弦板也。”桅字屬船，始見於此。但船弦是船緣，仍非本義，余以爲字當作危。說文：“危，在高而懼也。”與桅義正合。其滫木者，禮喪服大記“中屋履危”，注：“危，棟上也。”亦滫木。此桅即禮之危，屋以棟爲主，與船以桅爲主，其義一也。其尾曰柂。柂，柂也，在後見柂曳也。畢沅曰：今本無“在”字，據一切經音義、御覽引增。葉德炯曰：柂即舳也。方言九：“後曰舳，舳制水也。”說文：“舳，艫也。一曰舟尾。”漢書武帝紀：“舳艫千里。”注引李斐：“舳，船後持拖處也。”且弼正船使順流，不使他戾也。成蓉鏡曰：北堂書鈔、御覽並引孫放別傳曰：“不見船柂乎（御覽作"柂邪"），在後所以正船也。"**在旁曰櫓。櫓，旅也，用旅力然後舟行也。**畢沅曰：今本"旅"作"膂"，御覽引作"旅"，據改。案旅之言衆。旅力，衆力也。詩云："旅力方剛。"旅不从月。

　　2 **引舟者曰筰。**畢沅曰：説文："筰，笮也。""笮，竹索也。"皮錫瑞曰：詩 采菽"紼纚維之"，釋文："纚，韓詩云：筰也。"文選 元皇后哀策文 注引韓詩："纚，繫也。繫謂以筰繫之也。"劉向 九歎云："濟楊舟於會稽兮。"注："楊木之舟，輕而易浮，必竹筰維繫，以制其行。"**筰，作也。作，起也，起舟使動行也。**畢沅曰：御覽引作"筰，作也，起舟使動作也"。案筰字誼別，當云"筰，作也，作舟使動行也"。不必用"起"訓。

　　3 **在旁撥水曰櫂。**畢沅曰："櫂"乃説文新附字。案史記 佞幸傳："鄧通以濯船爲黃頭郎。"則古通用濯。**櫂，濯也，濯於水中也，且言使舟擢進也。又謂之札，形似札也。又謂之楫。**畢沅曰：竹竿詩云："檜楫松舟。"毛傳云："楫，所以濯舟也。"**楫，捷也，撥水使舟捷疾也。所用斥旁岸曰交，一人前一人還相交錯也。**葉德炯曰：方言九："楫謂之橈。"橈即交之聲轉。淮南 主術："夫七尺之橈，而制船之左右者，以水爲資。"高 注："橈，刺船桔棹也。"楊、高均在劉前，只用橈字。説文橈訓曲木，本無楫名，交、橈皆借字耳。

　　4 **隨風張幔曰帆。帆，汎也，**葉德炯曰：北堂書鈔 舟部下引"帆汎也"三字在"隨風張幔"上。**使舟疾汎汎然也。**畢沅曰：帆，説文作颿。一切經音義兩引：一引作"船隨風張幔曰颿"，一引作"隨風張幔曰帆，帆，汎也，風便疾汎汎然也"。今本"帆汎也"在"隨風"之上，非，據改正。葉德炯曰：御覽 舟部四引"吳時，外國傳從加那調州，乘大舶船張七帆，時風一月餘日，入大秦國也"。按此海舶之制，今海舟亦有四帆，是其遺法。世説："顧長康至破冢，遭風大敗，作牋與殷荆州云：行人安穩，布帆無恙。"水經注江水引漁父歌："帆隨湘轉，望衡九面。"此江舟之帆行風甚疾，故云"使舟疾汎汎然"。

5　舟中牀以薦物者曰笭，言但有簀如笭牀也。蘇輿曰：御覽車部四"笭"作"笭"。其幖目爲"笭籧"，"慮"作"籧"。南方人謂之笭突，言溼漏之水突然從下過也。畢沅曰：御覽引無"南方"以下十八字。案今船底上有襯版，水或浸淫而入，其最低者曰水倉，常時去之，名曰刮潮，與此誼合，故不據刪。王啟原曰：吕本"突"字作"宴"。其上板曰覆，言所覆慮也。畢沅曰：今本作"言所覆衆枕也"，非。御覽引作"覆衆慮"，衍"衆"字，亦非。當云"覆慮"。首篇釋天云："露，慮也，覆慮物也。"其上屋曰廬，象廬舍也。其上重屋曰飛廬，在上故曰飛也。成蓉鏡曰：方言九："船首謂之閤閭。"郭注："閤閭，今江東呼船頭屋謂之飛閭。"是也。閭、廬通。皮錫瑞曰：漢書音義："李斐曰：艫船前頭刺櫂處也。"艫、廬義同。又在其上曰爵，室於中候，望之如鳥爵之警視也。畢沅曰："視"今本作"示"，北堂書鈔、藝文類聚、御覽皆引作"若鳥雀之驚視也"。案"警"字是。軍行在前曰先登，登之向敵陳也。成蓉鏡曰：初學記引晉令："水戰有先登。"

6　外狹而長曰艨衝，畢沅曰：今本脱"外"字，據北堂書鈔、初學記、藝文類聚、御覽引增。以衝突敵船也。畢沅曰：三國吳志："董襲討黃祖，祖橫兩蒙衝夾守沔口。"

7　輕疾者曰赤馬舟，其體正赤，疾如馬也。畢沅曰：御覽引曰："舟名青翰千翼赤馬，亦名鶂首。"唯赤馬見於此，餘則皆闕。成蓉鏡曰：崔豹古今注："孫權時名舸爲赤馬，如馬之走陸也。"北堂書鈔引杜預表:"長史劉循治洛陽以東運渠,嘗用赤馬。"先謙曰:吳校删"舟"字。

8 上下重版曰檻,畢沅曰:"版"今本作"牀",據初學記引改。四方施版,以禦矢石,其内如牢檻也。蘇輿曰:御覽車部三引營繕令曰:"諸私家不得有戰艦等船。"謂此。

9 五百斛以上,還有小屋曰斥候,以視敵進退也。葉德炯曰:周禮遺人:"市有候館。"注:"候館,樓可以觀望者也。"史記李將軍傳:"然亦遠斥候。"索隱引淮南許慎注:"斥,度也。候,視也,望也。"按斥候,古望樓。此因船有望樓,故取其義以名之。先謙曰:吳校"還"作"環"。

10 三百斛曰舠。畢沅曰:舠,俗字也,當作刀。北堂書鈔、初學記、御覽皆引作舠。案説文:"舠,船行不安也,從舟,刟省聲。讀若兀。"[1]則舠字音誼皆非矣。毛詩河廣云:"曾不容刀。"鄭箋:"小船曰刀。"則古止作刀,乃詩正義。詩釋文並云説文作"舠",今説文實無舠字,豈唐人所見異本與?一切經音義引方言:"南楚江湖小艒艙謂之艇。"郭璞曰:"艇,舠也。舠音刀。"案今方言郭注作"艇,舠也。"然一切經音義明音刀,則非形誤矣。舠字故當仍之。詩正義引此則作刀,藝文類聚引亦作刀,刀正字也。舠,貂也。貂,短也,江南所名短而廣安,不傾危者也。畢沅曰:案晉韓博嘲刀彝謂短尾者爲刀[2],刀即貂也,則貂有短誼。一説當從廣雅作"紹",説見前。名,詩正義引作"謂"。成蓉鏡曰:初學記引埤蒼云:"舠,吳船也。"王啟原曰:

---

[1] 刟省聲,大、小徐本皆作"刟省",這裏采用段注。據"讀若兀",補"聲"字是。

[2] 刀,《晉書·張天錫傳》作"刁"。

畢言䱒爲刀，是也。刀、貂古通用。管子“豎刀”即左氏傳之“寺人貂”，漢書古今人表亦作“豎貂”。

11　二百斛以下曰艇。畢沅曰：下，詩 河廣 正義引作“上”，一切經音義兩引：一引作“上”，一引作“下”。艇乃説文新附字，當借用梃。蘇輿曰：淮南 俶真訓：“越舲蜀艇，不能無水而浮。”高注：“蜀艇一版之船，若今豫章是也。”方言九：“小帽艆謂之艇。”小爾雅 廣器：“小船謂之挺。”艇，挺也，畢沅曰：本無此三字，據此書之例增。其形徑挺，一人二人所乘行者也。畢沅曰：今本無“乘”字、“者”字，據藝文類聚引有“乘”字，御覽引并有“者”字，據增。

釋名疏證補　卷第八

王先謙譔集

釋疾病第二十六　釋喪制第二十七

釋疾病第二十六

1 疾病。疾，疾也，客氣中人急疾也。畢沅曰：今本作"疾病者"，御覽作"疾病也"，俱無"疾疾"二字。案此書之例，凡兩字爲目，皆先總舉，而後分釋之，則疾病二字當有。御覽"疾病也"乃"疾疾也"之譌。下云"急疾"，則上當云"疾也"，以下文例之可見，爲參酌改正之。説文："疾，從疒，矢聲。疒，倚也，人有疾病，象倚箸之形。"病，並也，與正氣並在膚體中也。畢沅曰：今本作"並與正氣在膚體中也"，據御覽引改。説文："病，疾加也，從疒，丙聲。"檀弓："曾子寢，疾病。"鄭注云："病謂疾困。"包咸注論語云："疾甚曰病。"亦本康成。然對文則別，單言病亦與疾同。客氣、正氣之氣本作气，説見前。人得元氣以生；元氣，正氣也。客氣，邪氣也。以邪干正則生疾矣。膚，説文作臚，籀文作膚，膚體指一身而言。扁鵲之所謂腠理、血脈、腸胃、骨髓皆是。

2 疹，診也，有結聚可得診見也。畢沅曰：説文："胗，脣瘍也，從肉，㐱聲。"籀文從疒作疹，誼與此異。又説文："疢，熱病也，從疒從火。"徐鉉曰："今別作疢，非是。"① 案疢即疹之或體。玉篇："疹，癮疹，皮外小起也。"一切經音義引三蒼云："疹，

---

① 大徐本"今"下有"俗"字。

腫也。"小弁詩云："疢如疾首。"箋云："疢猶病也。"釋文："疢，又作疹。"左傳云："美疢不如惡石。"亦是概言病耳。此所言疹，當從三蒼，亦即玉篇所謂"皮外小起也"。説文："診，視也，从言，㐱聲。""診脈、診病"見史記扁鵲倉公傳，今人語猶然。今本"結聚"作"結氣"，據御覽引改。蘇輿曰：畢以疹爲概言病，是也。故疹、疢連文，次於疾病之後，下別出胗，乃説文之胗，與此迥異（説見下）。玉篇、三倉之訓，亦非此疹字義。文選思玄賦："思百憂以自疹。"舊注："疹，疾也。"内經奇病論刺法曰："無損不足益有餘，以成其疹。"王注："疹，謂久病。"即此疹字之旨。人久疾病，其結病之處，必有部分可以診見，故云然。若從腫與"皮外小起"之訓，則不合診義矣。

　　3 疢，久也，久在體中也。畢沅曰：説文無"疢"字，宀部"㝱"云："貧病也，从宀，久聲。詩曰：煢煢在㝱。"案經典多通用疢。爾雅："疢，病也。"詩采薇云："憂心孔疢。"傳云："疢，病。"此訓爲久，蓋以从久可取爲誼。今本"在"上脱"久"字，案文誼補。

　　4 痛，通也，通在膚脈中也。畢沅曰：説文："痛，病也，从疒，甬聲。"顏師古注急就章云："痛，總謂諸痛也。"案痛無定所，故云"通在膚脈中"。然人之元氣，常周行於四肢百竅之間，此不可一息不通者也，故内經云："通則不痛。"今此蓋以邪氣之流注者言，語似不同，而實非有異也。脈，説文作"衇"："血理分衺行體中者，或从肉作脈。"①

　　5 癢，揚也，其氣在皮中，欲得發揚，使人搔發之，而

────────

① 大徐本："衇，血理分衺行體者。从辰从血。脈，衇或从肉。"小徐本"理"下有"之"，"體"下有"中"，餘同。此處引説文同段注。

揚出也。畢沅曰：癢，俗字，説文作“蛘”，云：“搔蛘，从虫，羊
聲。”“搔，括也。”今内則“癢不敢搔”，一切經音義引作“蛘不敢
搔”。又云：作“痒”亦非，痒是病名。案今周禮疾醫：“夏時有痒
疥疾。”似亦借痒爲蛘。互見下“疥”注。又内則：“疾痛苛癢，
而敬抑搔之。”釋文癢作養。荀子榮辱篇、彊國篇、正名篇皆作
“疾養”。

　　6 眩，縣也，目視動亂，如縣物摇摇然不定也。畢沅
曰：説文：“眩，目無常主也。”又：“旬，目摇也。”或从旬作眴。一
切經音義以旬、眴爲眩之古文，又引蒼頡篇云：“眩，視不明也，
眩惑也。”又引字林：“眩，亂也。”“縣”今本下从心，俗所加也。
“摇摇”今本作“遥遥”，譌。據御覽引改正。葉德炯曰：此風眩
也。東觀漢記光武帝紀：“帝以日食避正殿，讀圖讖，移御座廡
下，淺露中風，發疾，苦眩甚。”魏志華佗傳：“嚴昕與數人共候
佗。佗曰：君有急病，見於面，莫多飲酒。坐畢，歸，行數里，昕卒
頭眩墮車。”御覽疾病部四引典略云：“陳琳作諸書及檄艸成，呈
太祖，太祖先苦風眩，是日發，讀琳所作，翕然起曰：此愈我疾。”
以上皆風眩之病。

　　7 歷䐈，䐈從耳鼻中出，歷歷然也。畢沅曰：此病名
歷䐈。説文：“䐈，頭髓也，从匕，匕，相匕箸也。巛象髮，囟象
䐈形。”① 俗通用腦字，今本水旁作巛作正，更譌謬。從段校改。
“耳”字疑衍，䐈止從鼻中出，與耳無涉。葉德炯曰：此鼻淵症
也。内經氣厥論：“膽移熱於腦，則辛頞鼻淵。”鼻淵者，濁涕下
不止也。

　　8 禿，無髮沐禿也。畢沅曰：説文：“禿，無髮也，从人，上

① 此采大徐本，小徐本“巛”字之後有“以”字。

象禾粟之形，取其聲。王育説。蒼頡出，見禿人伏禾中，因以制字。未知其審。”“沐禿”見前釋姿容篇。䰄，頭生創也，頭有創曰瘍，䰄亦然也。畢沅曰：䰄，俗字。説文 髟部有“髞”字，云：“鬢禿也，从髟，間聲。”玉篇：“音苦閑、口瞎二切。”廣韻：“恪八切。禿髞也。”昌黎 南山詩：“或赤若禿髞。”用此。又鄭注明堂位云：“齊人謂無髮爲禿楬。”是亦可借楬字爲之。釋文：“楬，徐苦瞎反，又苦八反。”與近人言禿創爲盧盍切者皆相近。今本作“䰄，頭生創曰瘍”，無“也頭有創”四字。案瘍是女病，非頭創也。鄭注周禮 醫師云：“疕，頭瘍，亦謂禿也。”然則頭創名瘍。説文：“瘍，頭創也。”茲據改正。并增四字，方與“亦然”二字文誼相合。蓋禿有含膿血者，有不含膿血者，賈公彥疏周禮，謂疕中可以兼之，此亦兼二者而言也。

　　9 盲，茫也，茫茫無所見也。畢沅曰：説文：“盲，目無牟子，从目，亡聲。”

　　10 瞽，鼓也，瞑瞑然目平合如鼓皮也。畢沅曰：説文：“瞽，目但有䀮也，从目，鼓聲。”一切經音義引三蒼：“無目謂之瞽。”引此“瞑瞑”作“眠眠”，俗字也，今不從。

　　11 矇，有眸子而失明，蒙蒙無所別也。畢沅曰：説文：“矇，童矇也。一曰不明也，从目，蒙聲。”周禮春官有“瞽矇”，鄭司農云：“無目䀮謂之瞽，有目䀮而無見謂之矇。”眸，説文直作牟，新附有“眸”字，云：“目童子也。”皮錫瑞曰：詩靈臺：“矇瞍奏公。”傳：“有眸子而無見曰矇，無眸子曰瞍。”晉語 韋昭注亦云：“有眸子而無見曰矇，無眸子曰瞍。”義與此同。文選 連珠注引韓詩：“矇瞍奏公。”薛君曰：“無珠子曰矇，珠子具而無見曰瞍。”與此異，疑誤。

　　12 瞍，縮壞也。畢沅曰：瞍，説文作“瞍”，云：“無目也，从目,妥聲。"鄭司農云:"有目無眸子謂之瞍。"詩靈臺云:"矇瞍奏公。"傳云:"無眸子曰瞍。"釋文云:"依字作叜,亦作朕。"字林先么反,云:"目有眸無珠子也。"案縮與瞍一聲之轉,故得爲訓。先謙曰:吳校作"瞍,縮也,眸子縮壞也"。

13 瞎,迄也,膚幕迄迫也。畢沅曰:説文無"瞎"字,御覽引説文:"瞎,目病也。"恐未可據。玉篇:"瞎,一目合也,睸同,火轄切。"案晉以後始謂眇目者爲瞎,此書乃已有之。"迄"字亦在説文新附字中,誼與訖同,與此不合,疑當是迮字,迮迫聯文,古多有之。迮以乍爲聲,古讀連,當與瞎亦不相遠也。葉德炯曰:世説新語:"桓南郡與殷荆州語次,其作了語,殷有一參軍在座曰:'盲人騎瞎馬,夜半臨深池。'以仲堪眇一目故也。"玉篇遂以"一目合也"訓瞎,直誤會世説意矣。余案睆即瞎之本字。説文睅重文作睆。睅訓大目,與此義異。然慧琳一切經音義足本四十二引淮南許慎注云:"睆謂目内白翳病也。"御覽虫豸部引作"爥睆,目中病也",文雖小異,要皆許氏舊誼。御覽"瞎,目病也",其原文必是"睆,目病也"。淺人因標題作瞎,遂改睆爲瞎耳。説文睅下或有"一曰目内白翳病也"八字,亦未可知,久而脱佚,遂至歧誤。説文"睅"下云:"从目,旱聲,睅或从完。"[1] 以上文推之,則下是完聲矣。古元兀一聲,故睆與迄仍爲疊韻也。

14 眸子明而不正曰通視,畢沅曰:亦曰通精。葉德炯曰:南史陳宗室傳:"新安王伯固生而龜胸,目通精揚白。"即此。又吳張仲遠月波洞中記云:"羊目四白,死於道路。"四白,蓋亦通視之類。言通達目匡一方也。王啟原曰:通訓達,則達於四方,此言通匡一方,則不能四達。亦云:通者,小爾雅:

---

[1] 説文"睅"下云:"睆,睅或从完。"

"旁淫曰通。"是通亦有旁義。通視祇能旁達。說文:"吳楚謂瞋
目顧視曰眮。"顧視則亦旁達,蓋字本爲眮,然非疾病之容。又
謂之麗視。麗,離也,言一目視天,一目視地,目明分離,
所視不同也。　畢沅曰:易:"離,麗也。"乃麗箸之誼。此以離訓
麗爲分離,誼又別。

　　15 目匡陷急曰眇。眇,小也。　畢沅曰:說文:"眇,一目
小也,从目从少,少亦聲。"此云"目匡陷急",誼少異。

　　16 目眥傷赤曰瞲。瞲,末也,創在目兩末也。　畢沅
曰:瞲,說文作䀼,云:"目眵也,从目,蔑省聲。""眵,目傷眥
也。一曰瞢兜。"①一切經音義引說文"目眵"作"兜眵"。眥者,
目匡也。蔑者,勞目無精也。瞢者,目不明也。皆見說文。說
文:"瞷,目蔽垢也,讀若兜。"今注中兜字似亦當作瞷。小爾雅:
"蔑,末也。"此說所本。

　　17 目生膚入眸子曰浸。　畢沅曰:浸,近字也,當借寖爲
之。浸,侵也,言侵明也,亦言浸淫轉大也。　蘇輿曰:列子
湯問篇 釋文:"浸,一本作侵,浸、侵字古通。"漢書 司馬相如傳:
"寖淫衍溢。"顏注:"寖淫,猶積漸也。"浸、寖同。

　　18 聾,籠也,如在蒙籠之內,聽不察也。　畢沅曰:廣韻
引"聽不"作"不可",非是。　蘇輿曰:耳名窗籠,見靈樞 衛氣篇,
故此以聾訓籠。御覽疾病三引無"聽"字②。

　　19 鼻塞曰齆。　蘇輿曰:御覽 疾病三引作"鼻塞曰齆",無
下文。又引崔鴻後趙錄"王謨齆鼻,言不清暢"及幽明錄"晉司
空桓豁在荆州,有參軍教鸚鵡語,有一人齆鼻,語難學,因以頭

_____

①　段注改"瞢"爲䀼"。
②　釋名疏證補坿有補充。見本書353頁。

內瓮中以劫”二條。案一切經音義引倉頡云：“齆，鼻疾也。”王充論衡云：“鼻不知香臭爲齆。”則齆本鼻塞之病，但與本書下文之義實不相合，疑御覽誤引。抑別有一條，而今本佚之也？月令“鼽嚏”，呂覽季秋紀作“鼽窒”，高注：“鼽，窒鼻不通也。”鼽，久也，涕久不通，遂至窒塞也。畢沅曰：説文：“鼽，病寒鼻窒也，从鼻，九聲。”月令：“季秋行夏令，則民多鼽嚏。”説文：“涕，泣也。”“洟，鼻液也。”鄭注易萃上六云：“自目曰涕，自鼻曰洟。”則此涕當作洟，然後世亂之已久。玉篇有“𣿑”字，云：“鼻𣿑，本作洟。”王褒僮約有“鼻涕長一尺”語。則知今人舉言鼻涕，不足怪也。

　　20 齲，齒朽也，畢沅曰：今本脱“齒”字，據一切經音義引增。蟲齧之齒缺朽也。畢沅曰：説文：“齲，齒蠹也，从齒，禹聲。”史記倉公傳：“齲齒，病得之風，及卧開口，食而不漱。”葉德炯曰：御覽疾病部三引續漢書曰：“桓帝元嘉中，京師婦女作齲齒笑。”齲齒笑者，齒痛也。蘇輿曰：齲有上齒齲下齒齲之別，見靈樞五邪篇。史記扁鵲倉公傳：“齊中大夫病齲齒。”正義引本書無二“齒”字①。

　　21 瘖，唵然無聲也。畢沅曰：説文：“瘖，不能言也，从疒，音聲。”“唵”字玉篇：“唵，含也。”此似當作氣息奄奄之奄。先謙曰：吳校“瘖”下有“唵也”二字。

　　22 瘿，嬰也，在頸嬰喉也。畢沅曰：説文：“瘿，頸瘤也，从疒，嬰聲。”博物志云：“山居之民多瘿。”先謙曰：吳校“喉”下有“下”字。

　　23 癃喉，氣著喉中，不通稽成癃也。畢沅曰：此病名癃

---

① 釋名疏證補坿有補充。見本書353頁。

喉，即疽也。“癰”別見下文，此指其在喉間者。一切經音義云：“醫方，縣癰謂喉中肉也。”襄十九年左傳：“荀偃癉疽，生瘍於頭。”亦此之類。稸，説文作“蓄”，一切經音義引蒼頡篇云：“稸，聚也，積也。”國策、史記皆有“積稸”語，是與蓄通用也。葉德炯曰：靈樞經癰疽篇：“岐伯曰：癰發於嗌中，名曰猛疽，猛疽不治化爲膿，膿不寫，塞咽，半日死。”即此。

24 消漱。漱，渴也，腎氣不周於胸胃中，津潤消渴，故欲得水也。畢沅曰：説文：“漱，欲飲也，从欠，渴聲。”“渴，盡也，从水，曷聲。”佩觿云：“渴音竭。”説文、字林皆作真列翻[1]，水竭字。漢書司馬相如傳云：“常有消渴病。”急就篇亦有“消渴”。師古注云：“消渴，引飲不止也。”皆以渴爲漱。廣韻即有苦曷一切，云“飢渴”，而以漱爲古文，此書尚不沿俗。

25 嘔，傴也，將有所吐，脊曲傴也。畢沅曰：嘔，説文作“歐”：“吐也，从欠，區聲。”急就篇“歐逆”，顏師古注云：“吐而不下食也。”哀二年左傳：“簡子曰：‘吾伏弢嘔血。’”始以嘔爲歐。杜注：“嘔，吐也。”釋文亦不辨其本是歐字，乃云：“本又作唵。”更俗人之所造矣。説文：“傴，僂也。”葉德炯曰：黄帝内經刺瘧論：“足太陰之瘧，令人不樂，好太息，不嗜食，多寒熱，病至則善嘔，嘔已乃衰。”即此症也。

26 欬，刻也，氣奔至，出入不平調，若刻物也。畢沅曰：説文：“欬，屰氣也，从欠，亥聲。”玉篇：“口載切，上欵也。”一切經音義引蒼頡篇云：“齊部謂欶爲欬。”又引字林云：“欬，瘷也。”周禮疾醫：“冬時有嗽，上氣疾。”注云：“嗽，欬也，上氣逆喘也。”案瘷、嗽字皆説文所無，蓋本是欶字，从欠，束聲。廣韻音

---

① 真，當作“其”。

蘇奏切,訓上氣,是則玉篇之訓爲得也。月令云:"季夏行春令,則國多風欬。"案欬重讀之,其聲亦近刻,故此訓爲刻。御覽引此,下有嗽一條,乃飲食篇之欶,不當在此。

27　喘,湍也。湍,疾也,氣出入湍疾也。畢沅曰:説文:"喘,疾息也,从口,耑聲。"

28　吐,瀉也,故揚豫以東謂瀉爲吐也。畢沅曰:説文:"吐,寫也。"此作"瀉",近字也。周禮地官稻人:"以澮寫水。"泄寫亦當从此。

29　乳癰曰妒。妒,褚也,氣積褚不通,至腫潰也。畢沅曰:説文有"妒"無"妒",經典多通用無別。褚訓畜,見襄王十年傳"取我衣冠而褚之"杜注。乳癰謂妒,今人語猶然。

30　心痛曰疝。疝,詵也,氣詵詵然上而痛也。畢沅曰:説文:"疝,腹痛也,从疒,山聲。"與此下所云"引小腹急痛"合。然腹痛上連於心,似不當分爲兩條。素問:"黃帝曰:疹得心脈而急爲何病?岐伯曰:病名心疝,少腹當有形也。"亦連心與腹言之。御覽引"上而"二字倒,無"痛"字。孫詒讓曰:"本草經:'礠石主周痺風溼,肢節中痛,不可持物,洗洗酸痟也。'詵詵、洗洗聲義相近。"詵詵又見下"陰痛"條。

31　胵,否也,氣否結也。畢沅曰:胵,俗字,説文作"痞,痛也,从疒,否聲"。玉篇:"腹内結病。"易之否卦爲閉塞之誼,此亦然也。葉德炯曰:此積痞也。世説新語:"阮籍胸中塊礧,故須澆之。"塊礧即痞也。蘇輿曰:内經六元正紀大論云:"寒至則堅否,腹滿痛急,下利之病生矣。"

32　小兒氣結曰哺。哺,露也,哺而寒露,乳食不消,生此疾也。畢沅曰:説文:"哺,咀也。"玉篇:"口中嚼食也。"咀嚼惟謂以食哺小兒耳,此亦謂以乳飤之,而露衣受寒,則生此疾也。

33 注病。蘇輿曰：瘍醫鄭注："祝讀如注病之注。"即此。一人死，一人復得，氣相灌注也。畢沅曰：注，御覽引作"疰"。疰字雖見廣雅，而説文無之。此作"注"字，與訓誼正合。葉德炯曰：神農本草經上："石龍芻味，苦微寒，主風濕鬼注。"鬼注即此症也。御覽疾病六引范汪方曰："凡九十種寒尸疰，此病隨月盛衰，人有三百六十餘脈，走入皮中，或右或左，如人所刺至於死，死尸相注，或至滅門。"

34 泄利，言其出漏泄而利也。下重而赤白曰䐁，言屬䐁而難也。畢沅曰：泄利今之所謂水瀉也，或以左傳之"河魚腹疾"當之。"䐁"字説文所無，當借帶字爲之。玉篇作"瘕"："竹世切。赤白痢也。"蓋本此。痢亦利字之俗，今人謂之後重。一切經音義引三蒼云："瘕，下病也，又作䐁。"引此上作"瘕"，下作"䐁"，末句作"屬䐁而難差也"，多一"差"字，今不從。難音乃旦切。

35 陰腫曰隤，氣下隤也。畢沅曰：説文："隤，下隊也。"玉篇作"癀，下腫也"。一切經音義引"隤"俱作"頹"。案説文："頹，秃也。"似不合。然暴風从上下謂之頹，則亦可與隤通。葉德炯曰：内經陰陽別論："三陽爲病發，寒熱下爲癰腫，及爲痿厥腨㾓，其傳爲索澤，其傳爲頹疝。"是頹疝爲三陽之症，故引小腹急痛。三陽者，太陽、少陽、膀胱之脈也。頹與隤古字通。又曰疝，亦言詵也，詵詵引小腹急痛也。畢沅曰：史記倉公傳："有涌疝，令人不得前後溲；有牡疝，在鬲下上連肺。"病得之内，蓋此外腎病也，與心痛之疝同名，故曰"亦言詵"。顏師古注急就章云："疝，腹中氣疾上下引也。"蘇輿曰：内經長刺節論："病在少腹之痛，不得大小便，病名曰疝。"即此。

36 疼,痹也,畢沅曰:"疼"字説文所無,有"痋"字,云:"動痛也,从疒,蟲省聲。"今本説文作動病,誤。據一切經音義引正之。又云:"疼,又作痋、牪二形,同徒冬切。"廣雅:"疼,痛也。"此云"痹也",今本作"卑",無"也"字,據一切經音義引改增。説文:"痹,溼病也,从疒,畀聲。"内經有"痛痹",此故云"疼,痹也"。今人讀疼爲徒登切,聲之轉也。葉德炯曰:内經痹論云:"黄帝問曰:痹之安生? 岐伯對曰:風寒溼三氣雜至,合而爲痹也,其風氣勝者爲行痹,寒氣勝者爲痛痹,溼氣勝者爲著痹也。"又:"帝曰:痹或痛或不痛,其故何也? 岐伯曰:痛者,寒氣多也,有寒故痛也。"又:"曰:其留連筋骨者疼久。"案痛、疼皆假借字,其本義當作痋,蓋風能生蟲,寒溼二氣又生於風,故風痹之痋字,从蟲省聲。内經痹論云:"凡痹之類逢寒則蟲。"蟲亦痋字也。王冰注:"謂皮中如蟲行。"説猶未憭。**氣疼疼然煩也。痔,食也,蟲食之也。**畢沅曰:説文:"痔,後病也。"顔師古注急就章云:"痔,蟲食後之病也。"説較此爲完。葉德炯曰:内經生氣通天論:"腸澼爲痔。"是痔爲腸病。神農本草經上:"黄石、青石、赤石、白石、黑石脂等,味甘平主洩,利腸癖。"癖、澼同聲字,故相通用。

37 酸,遜也。遜,遁在後也,言脚疼力少,行遁在後,似遜遁者也。畢沅曰:説文:"酸,酢也。"此借爲酸痛意。"遜,遁也。""遁,遷也。"亦見説文。周禮疾醫:"春時有痟首疾。"鄭注:"痟,酸削也。首疾,頭痛也。"疏謂:"頭痛之外,别有酸削之痛。"蓋依注分而言之。説文"痟"字下云"酸痟,頭痛",亦引周禮,蓋合而言之。此文云"脚疼力少",則非專指首疾也,當以注、疏之言爲是。凡體中酸痛及足酸,亦今人常語。今本"似"作"以",誤。據文誼改正。吳翊寅曰:酸即痠之叚借字。玉篇:

“痎,疼也。”吳校“行遁”作“行道”。蘇輿曰:本書釋親屬:“孫,
遜也,遜遁在後生也。”與此遜遁義同。

38　消,弱也,如見割削,筋力弱也。畢沅曰:“消,弱也”
案下云“割削”,則似當以削訓消。易林:“耗減寡虛,日以削消。”
或云當作“削,弱也”,聯上爲一條。若依此,則上條“酸遜也”之
上,亦當總標“酸削”二字,而後分釋之。

39　懈,解也,骨節解緩也。畢沅曰:此亦謂弱人精神不
能振作者是。蘇輿曰:靈樞 口問篇:“黃帝曰:人之嚲者,何氣使
然。岐伯曰:胃不實則諸脈虛,虛則筋脈懈惰,筋脈懈惰則行陰
用,力氣不能復,故爲嚲。”懈亦嚲之類也。

40　厥,逆氣從下厥起,上行入心脅也。畢沅曰:説文
“瘚,屰氣也,从疒从屰从欠”,“或省疒”作欬①。厂部云:“厥,發
石也。”誼別。然素問“厥病”,亦即作“厥”。史記 扁鵲倉公傳
正義又引作“歷”。葉德炯曰:厥有寒熱二種。内經 厥論云:“帝
曰:寒厥何失而然也?岐伯曰:此人者質壯,以秋冬奪於所用,下
氣上爭,不能復,精氣溢下,邪氣因從之而上也。陽氣日損,陰氣
獨在,手足爲之寒也。帝曰:熱厥,何如而然也?岐伯曰:此人必
數醉若飽以入房,氣聚於脾中,不得散,酒氣與穀氣相薄,故熱徧
於身,内熱而溺赤也。夫酒氣盛而慓悍,腎氣有衰,陽氣獨勝,故
手足爲之熱也。”②此厥有寒熱之異。此云逆氣從下上行,似偏舉
寒厥,而言未爲該備也。蘇輿曰:内經 腹中論:“帝曰:有病膺腫
頸痛,胸滿腹脹,此爲何病?何以得之?岐伯曰:名厥逆。”王注:
“氣逆所生,故名厥逆。”呂氏春秋 重己篇:“多陰則蹶。”高注:

---

①　此采大徐本,小徐本:“瘚,逆氣也。从疒,欮聲。欮,或省疒。”
②　此處引文有删節。

“癘，逆寒疾也。”中山經：“服之不厥。”郭注：“厥，逆氣病。”即此。厥、癘字同，或言厥，或言厥逆，其證一也。史記扁鵲倉公傳正義引無“逆”字，非。又“入心脅也”作“外及心脅也”。

　　41 瘧，酷虐也；先謙曰：吳校删“酷”字。凡疾，或寒或熱耳；而此疾先寒後熱，兩疾似酷虐者也。畢沅曰：説文：“瘧，熱寒休作也，从疒从虐，虐亦聲。”[①] 疾醫：“秋時有瘧寒疾。”疏云：“秋時陽氣漸消，陰氣方盛，惟火沴金，兼寒兼熱，故有瘧寒之疾。”蘇輿曰：瘧，有先寒後熱、先熱後寒、但熱不寒三證，見内經瘧論。此但云先寒後熱，蓋偏指寒瘧言之[②]。

　　42 疥，齘也，癢搔之，齒齘齘也。畢沅曰：説文：“疥，搔也，从疒，介聲。”“齘，齒相切也。”説文無“齘”字，當作“齘”，口閉也。疾醫：“夏時有痒疥疾。”疏云：“四月純陽用事，五月已後，陰氣始起，惟水沴火，水爲甲，疥有甲，故有疥痒之疾。”顏師古注急就章云：“疥，小蟲攻齧皮膚，灕錯如鱗介也。”此似誼長。葉德炯曰：禮記釋文引説文：“疥，瘙瘍也。”多“瘍”字，今本説文疑有脱佚。後漢書烏桓傳曰：“手足之疥搔。”則省文也。此與禮記月令之“疥癘”、左傳之“疥痁”同名異疾，與周禮之“疥痒”則一事矣。説文疥上爲癬，云“乾瘍也”，則此下必有瘍字無疑。疥疾極癢，故搔時齒爲之齘齘。本書以聲爲訓，均省瘍字，不得據以詰説文也。蘇輿曰：靈樞熱病篇：“腰折瘛瘲，齒齘齘也。”畢云：“齘”當作“齘”，是。

　　43 癬，徙也，浸淫移徙，處曰廣也，故青徐謂癬爲徙也。畢沅曰：説文：“癬，乾瘍也，从疒，鮮聲。”一切經音義引此

---

① 大徐本無“也”字。小徐本“熱寒”作“寒熱”，“也”作“病”。
② 釋名疏證補坿有補充。見本書 353 頁。

作"癜，徙也"。譌。説文無"癜"字。

44 胗，展也，癢搔之，捷展起也。畢沅曰：上文已有
"疹"一條，此作"胗"亦與説文"脣瘍"不合，云"癢搔"，則與前
之"隱疹"並無異，蓋重出也。蘇輿曰：畢説非也。此正與説文
"胗，脣瘍也"訓合。靈樞經脈所云"脣胗"即此。凡瘍疾無不
癢搔，搔則皮膚展起，故胗訓爲展，與前疹義絶殊。畢疑重出，殆
泥於説文胗、疹之同字耳。又案"捷"疑當作"脣"，上云"癢搔
之，齒纇齘也"句法正與此一例，"捷"字無義，當是誤文。

45 腫，鍾也，寒熱氣所鍾聚也。畢沅曰：説文："腫，癰
也。""癰，腫也。"靈樞云："寒邪客於經絡之中，則血泣，血泣則
不通，不通則衛氣歸之，不得復反，故癰腫。"據此則癰、腫一也。
不當分兩條。又"癰"當在"腫"前，亦當總標二字爲目，而下分
釋之。葉德炯曰：説文腫、癰轉注。余案：腫、癰亦微別。腫者，
疽之未發者也；癰者，疽之已潰者也。故内經至真要大論："諸
濕腫滿，皆屬於脾。"又大奇論："肝滿腎滿肺滿皆實，即爲腫；肺
雍喘而兩胠滿，肝雍兩胠滿，卧則驚，不得小便，腎雍脚下至少
腹滿。"是腫爲未潰癰之證。雍者古癰字也。成國此云"氣所鍾
聚"，下云"結裹而潰"，明是兩義，畢説以許書繩之，則固矣。

46 癰，雍也，氣雍否結裹而潰也。畢沅曰：顏師古注急
就章云："癰之言雍也，氣雍否結裹腫而潰也。"似本此文。此裹
字疑裏字之誤，又脱腫字。一切經音義引作"癰，擁也，謂氣至
擁塞也"。御覽引"氣雍否"作"氣雍不通"，今皆不從。

47 痳，懍也，小便難懍懍然也。畢沅曰：説文："痳，疝
病，从疒，林聲。"一切經音義引作"小便病"。又引聲類云："小
便數也。"案難亦乃旦切，與癃之難同誼。

48 創，戕也，戕毀體使傷也。畢沅曰：説文："創，傷也。"

一切經音義云:"古文作戲、刅二形,同楚良切。"施本作"瘡",字俗,今從各家本。

49 痍,侈也,侈開皮膚爲創也。畢沅曰:説文:"痍,傷也,从疒,夷聲。"一切經音義引三蒼云:"痍,傷也。"通俗文云:"體創曰痍。"葉德炯曰:公羊成十六年傳:"敗者稱師,楚何以不稱師? 王痍也。王痍者何? 傷乎矢也。"

50 瘢,漫也,生漫故皮也。畢沅曰:説文:"瘢,痍也。"一切經音義引蒼頡篇云:"瘢,痕也。"漫字俗,説見前。

51 痕,根也,急相根引也。畢沅曰:説文:"痕,胝瘢也。"一切經音義引通俗文云:"創瘢曰痕。"

52 瘤,流也,血流聚所生瘤腫也。畢沅曰:説文:"瘤,腫也。"一切經音義引三蒼:"瘤,小腫也。"通俗文云:"肉胅曰瘤。"聲類云:"瘤,瘜肉也。"葉德炯曰:劉向列女傳辯通:"齊宿瘤者,東郭采桑之女,項有大瘤,故以名焉。"御覽疾病部三引魏略云:"晉景帝先苦瘤,自割之,會毋邱儉反,而瘤發,儉走,竟以自終。"蘇輿曰:御覽疾病三引下句作"血聚而生瘤腫也"。

53 贅,屬也,橫生一肉,屬著體也。畢沅曰:説文:"贅,以物質錢,从敖貝。"敖者,猶放貝,當復取之也。案非此處誼,其訓胅云贅也。則胅與贅實相似,小曰胅,大曰贅,經書多以胅贅並舉。蘇輿曰:御覽疾病三引著上無"屬"字。案莊子駢拇篇釋文引亦有"屬"字,御覽蓋脱。又釋文一云:"瘤,結也。"此以瘤、贅分釋,其義不同。

54 胅,丘也,出皮上,聚高如地之有丘也。畢沅曰:胅,从肉,尤聲。御覽引説文并作"庬",非也。俗多通用。廣雅:"疣,小腫也。"籀文作𪒠。蘇輿曰:胅、丘疊韻。本書釋州國:

“丘,聚也。”①

釋喪制第二十七

1 人始氣絶曰死。畢沅曰:儀禮 既夕禮曰:“屬纊以俟絶氣。”禮記 喪大記亦云然。葉德炯曰:禮 曲禮:“天子死曰崩。”以下大戴禮、白虎通義次序同,而此獨異。禮及班所論者,古今之通制,故先尊後卑;成國所釋者,雅俗之殊名,故由小至大。古人箸書,各有義例,不必相蒙也。死,澌也,就消澌也。畢沅曰:説文:“𣲺,澌也,人所離也,从歺从人。”曲禮:“庶人曰死。”鄭注:“死之言澌也,精神澌盡也。”檀弓:“子張曰:君子曰終,小人曰死。”然死亦通稱,“陟方乃死”是也。白虎通云:“庶人曰死。魂魄去亡,死之爲言澌,精氣窮也。”皆同誼②。

2 士曰不禄,畢沅曰:曲禮文。不復食禄也。畢沅曰:鄭注曲禮云:“不終其禄也。”白虎通云:“不終君之禄。”通典引春秋説題辭云:“不禄謂身消名章也。”曲禮又云:“短折曰不禄。”鄭注:“禄謂有德行,任爲大夫士而不爲者,少而死,從士之稱。”何休注公羊云:“不禄,無禄也。”釋詁:“無禄,死也。”

3 大夫曰卒,畢沅曰:亦曲禮文。言卒竟也。畢沅曰:“卒”説文作“㞢”,云:“大夫𣲺曰㞢,从歺,卒聲。”經典通用卒。鄭注曲禮云:“卒,終也。”白虎通云:“大夫曰卒,精燿終也,卒之爲言終於國也。”葉德炯曰:御覽引春秋説題辭:“大夫曰卒,精輝終卒,卒之爲言絶,絶於邦也。”此白虎通義所本。通典八十三凶禮引許氏 五經異義:“卒之爲言終於國也。”義並同。又引石

---

① 釋名疏證補坿有補充。見本書 354 頁。

② 釋名疏證補坿有補充。見本書 354 頁。

渠禮議云:"孝子諱死曰卒。"曲禮又云:"壽考曰卒。"三説各殊。
是卒不必爲大夫專詞。成國據禮經爲訓,故義與班同。

　4諸侯曰薨,畢沅曰:亦曲禮文。薨壞之聲也。畢沅曰:
説文:"薨,公侯猝也,从死,瞢省聲。"鄭注曲禮云:"薨,顛壞之
聲。"何休注公羊云:"小毀壞之辭。"白虎通云:"諸侯曰薨,國失
陽,薨之言奄也,奄然亡也。"葉德炯曰:通典引劉向五經通義云:
"崩薨從何始乎? 曰:從周。何以言之? 尚書,放勳'乃徂落',
舜曰'陟方乃死'。武王以前未聞崩薨也,至成王太平乃制崩薨
之義。尚書'王翌日乙丑,王崩'是也①。"據此,則天子以下名
義爲周禮矣。禮雜記疏引許氏五經異義云:"今春秋公羊説:諸
侯曰薨,赴於鄰國亦當稱薨。經書諸侯言卒者,春秋之文王魯,
故稱卒以下魯。古春秋左氏説諸侯薨②,赴於鄰國稱名,則書名
稱卒。卒者,終也,取其終身,又以尊不出其國。許君謹案:士虞
禮云:尸服,卒者之上服,不别尊卑,皆同言卒。卒者,卒終也,終
没之辭也。鄭駁之云:案雜記上云:君薨,赴於他國之君曰:寡君
不禄。曲禮下曰:壽考曰卒,短折曰不禄。今君薨而云不禄者,
言臣子於君父,雖有考終眉壽,猶若其短折然。若君薨而赴者曰
卒,卒是壽終矣。斯無哀惜之心,非臣子之辭,鄰國來赴書以卒
者,言無所老幼,皆終成人之志,所以相尊敬。"據此,則許、鄭所
云不必盡主周禮矣。案公羊隱三年傳:"諸侯曰薨,大夫曰卒,士
曰不禄。"何休曰:"皆所以别尊卑也。"隱三年經:"宋公 和卒。"
何休曰:"不言薨者,春秋王魯,死當有王文。聖人之爲文,詞孫
順,不可言崩,故貶外言卒,所以褒内也。"此與異義公羊説合者

―――――――――

① 尚書顧命作"越翼日乙丑,王崩"。
② 古,當爲"故"之訛。

也。通典八十三凶禮引石渠禮議云："聞人通漢問曰:記曰君赴於他國之君曰不禄,夫人曰寡小君不禄,大夫士或言卒死,皆不能明? 戴聖對曰:君死未葬曰不禄,既葬曰薨。又問:尸服卒者之上服,士曰不禄,言卒何也? 聖又曰:夫尸者所以象神也,其言卒不言不禄者,通貴賤尸之義也。聞人通漢對曰:尸象神也,故服其服,士曰不禄者,諱詞也,孝子諱死曰卒。"鄭注曲禮"壽考曰卒,短折曰不禄"云:"謂有德行,任爲大夫士而不爲者,老而死從大夫之稱,少而死從士之稱。"又注雜記"寡君不禄,寡小君不禄"云:"君夫人不稱薨,告他國謙也。"此鄭説不禄,是謙退同士之意也。其注曲禮"諸侯曰薨"云:"史書策詞。"是據禮爲斷,不從公羊説云"赴於鄰國稱薨",亦不從左氏"赴於鄰國稱卒"之説也。然則薨、卒、不禄,本無定稱。成國猶據其最初之制而云矣。

　　5 天子曰崩,畢沅曰:曲禮:"天子死曰崩。"崩壞之形也。畢沅曰:説文:"岥,山壞也,從山,朋聲。"古文從自作𨹟。鄭注曲禮云:"異死名者,爲人褻其無知,若猶不同然也,自上顚壞曰崩。"何休注公羊云:"大毁壞之辭。"穀梁傳云:"高曰崩,厚曰崩,尊曰崩,天子之崩以尊也。"檀弓云:"崩曰天王崩。"鄭注云:"策書之辭,謂史書載於方策之辭,薨亦然也。"白虎通云:"別尊卑異生死也,崩之爲言懵然伏僵。"懵乃𨹟字之誤。崩,硼聲也。蘇輿曰:説文無"硼"字。玉篇:"硼,擊石也。"先謙曰:吳校作"如山崩然也"。

　　6 殪,翳也,就隱翳也。畢沅曰:説文:"殪,死也。"本釋詁文。詩皇矣云:"其菑其翳。"韓詩作"其殪"。是殪、翳通也。

　　7 徂落。徂,祚也,福祚殞落也。徂亦往也,言往去落也。畢沅曰:説文作"狙"云:"往狙也,從歺,且聲。虞書曰:

放勳乃殂落。古文从卢从作。"① 今經典通作徂。爾雅云:"徂
落,死也。"説文無"祚"字,詩既醉篇有之。今本"福祚"作"福
祉",譌。祚蓋依古文从作爲訓也。又訓往,言人命盡而往落者,
若草木葉落也。葉德炯曰:釋詁"殂落",正義引李巡云:"殂落,
堯死之稱。案説文歺部:殂,往死也。虞書曰:放勳乃殂。"無落
字。此真古文也。今大徐本多一落字,小徐本少一放字,皆非許
氏之舊。師古漢書王莽傳注引虞書:"放勳乃徂。"此必馬鄭古
文舊本。與許本合。其有落字者,如白虎通:"書言殂落死者。"
各自見義。御覽禮儀部二十七引五經通義:"放勳乃殂落。"春
秋繁露燠燠孰多篇亦引"放勳乃殂落",皆今文也。今僞傳作
"帝乃殂落",是以今當古矣。孟子"放勳乃殂落",趙注:"放勳,
堯名。徂落,死也。"與李巡爾雅注合。亦今文説也。成國所據
亦是今文,當是今文家有此説,故采之也。

8 罪人曰殺。殺,竄也,埋竄之,使不復見也。畢沅
曰:説文:"殺,戮也,从殳,杀聲。"徐鉉曰:"説文無杀字,相傳
云:音察。"竄,匿也。葉德炯曰:竄無殺義,成國之説疑誤。書
堯典"竄三苗",史記五帝紀作"遷三苗",説文作"歎三苗",皆
古文也。遷、竄、歎三字聲同,故相通假。孟子萬章篇竟作"殺
三苗"者,此"猋"之誤也。左傳"蔡蔡叔",陸德明釋文云:"説
文作猋。"案説文:"猋,糝猋,散之也。"亦無殺義。考書禹貢:
"二百里蔡服。"鄭注云:"蔡之言殺,減殺其賦。"則知蔡是減等,
非殺也。此亦徒流之法,故史遷作遷。成國説不可據也。

9 罪及餘人曰誅。誅,株也,如株木根,枝葉盡落
也。畢沅曰:史記平準書云:"乃徵諸犯,令相引數千人,命曰株

---

① 説文作"古文殂从歺从作"。

送徒。”説文:“誅,討也。”此則以株連爲誼。廣韻引作“罪及餘
曰株,如誅大樹,枝葉盡落”。似文有譌脱。説文:“株,木根也。”
此云“株木根”,似非辭。今案列子 黄帝篇:“若橛株駒。”釋文
李頤云:“橛,竪也。株駒,枯樹本也。”莊子作“厥株拘”,則株有
枯誼。易 困:“初六,臀困於株木。”正義云:“杌木謂之株。”然
則“株木根”蓋言枯木根耳。葉德炯曰:白虎通 誅伐篇:“誅不避
親戚何? 所以尊君卑臣,强幹弱枝,明善善惡惡之義也。”又云:
“誅不義者,所以强幹弱枝,尊天子卑諸侯也。”據此,則强根弱
枝,與株木無枝葉,其義正同。史記所論者非名義也。

10 死於水者曰溺。溺,弱也,不能自勝之言也。畢
沅曰:死於水者,説文作“㲻”,云“没也”。方言云:“出㲻爲抍。”
列子 釋文引作“出溺爲承”。經典通用“溺”字。檀弓云“死而
不弔者三”,溺其一也。鄭 注:“不乘橋船。”何肎云[1]:“謂馮河
潛泳者也。”説文“溺”即禹貢之“弱水”。然則溺固有弱音,故此以弱
訓溺。

11 死於火者曰燒。燒,爇也。畢沅曰:説文:“燒,爇
也。”左傳“爇僖負羈氏”“鄢將師攻邻氏,且爇之”,皆燒也。史
記 項羽本紀曰:“項王燒殺紀信。”又古有焚如之刑,不孝之刑
也。周官 掌戮云:“凡殺其親者焚之。”説文:“爝,所以然持火
也。”非此處誼,此當作“焦”。説文:“熮,火所傷也,从火,鱻
聲。”或省作焦。

12 戰死曰兵,畢沅曰:曲禮:“死寇曰兵。”言死爲兵所
傷也。畢沅曰:鄭注曲禮云:“異於凡人,當饗禄其子孫。”

13 下殺上曰弑。弑,伺也,伺間而後得施也。畢沅

---

[1] 肎,即“胤”,此避諱改字。

曰:説文:"弒,臣殺君也。易曰:臣弒其君。从殺省,式聲。"左傳:"凡自虐其君曰弒。"伺字司之俗。一切經音義引"得施"作"得其便"。案傳載齊襄、莊之弒,皆有閒公者。王啟原曰:白虎通誅殺篇:"弒者,試也。欲言臣子殺其君父,不敢,卒候閒司事,可稍稍試之。"春秋公羊隱十年傳:"何隱爾?弒也。"漢石經作試。

14 縣繩曰縊。縊,阨也,阨其頸也。畢沅曰:説文:"縊,經也,从糸,益聲。"春秋傳曰:"夷姜縊。"杜預注:"自經也。"廣雅:"縊,絞也。"阨,説文作阸,經典通用阨。

15 屈頸閉氣曰雉經,如雉之爲也。畢沅曰:晉太子申生之死,左傳云"縊",晉語云:"雉經於新城之廟。"鄭注檀弓云:"既告狐突,乃雉經。"正義云:"雉,牛鼻繩也,申生以牛繩自縊而死也。故鄭注封人云:'絼,著牛鼻繩,所以牽牛者也。今時人謂之雉。'或謂雉性耿介,被人所獲,必自屈折其頸而死。漢書載趙人貫高,自絶亢而死。申生當亦然也。"

16 獄死曰考竟,考得其情,竟其命於獄也。畢沅曰:御覽引"獄死曰考竟"下有"考竟者"三字。案無此,誼亦無缺,故不據補。北堂書鈔引作"死囚曰考",文更譌脱,不足爲據。

17 市死曰棄市。市衆所聚,言與衆人共棄之也。畢沅曰:王制曰:"刑人於市,與衆棄之。"周官掌戮:"凡殺人者踣諸市,肆之三日。"漢書景帝紀:"中元二年,改磔曰棄市。"應劭曰:"先諸死刑,皆磔於市,今改曰棄市,勿復磔也。"

18 斫頭曰斬,斬要曰要斬。斬,暫也,暫加兵即斷也。畢沅曰:説文:"斫,擊也,从斤,石聲。"玉篇云:"刀斫。"説文:"斬,截也,从車从斤。斬法車裂也。"案此説疑未是,以斫从斤推之,斬亦當"从斤,軒省聲"爲得。鄭注掌戮云:"斬以鈇鉞,若今要斬也。殺以刀刃,若今棄市也。”案彼以斬殺並言,故有此訓。茲之斬即殺也,用兵刃要斬乃用鈇鉞。要字説文作𡛷,身中也,象人要自臼之形,从臼,交省聲,今本要从肉旁作,俗字也。

19 **車裂曰轘。轘,散也,肢體分散也。**畢沅曰:説文:“轘,車裂人也,从車,睘聲。春秋傳曰:‘轘諸栗門。’”案所引見宣十一年傳。又“轘高渠彌”“轘觀起”亦見傳。周官條狼氏:“誓馭曰車轘。”鄭注:“謂車裂也。”王先慎曰:韓非子姦劫弑臣篇:“商君所以車裂於秦,吴起所以支解於楚。”車裂、支解,春秋時謂之轘,戰國時楚曰支解,秦曰車裂,名雖不同,其刑一也。御覽引説苑:“秦始皇取嫪毐,四支車裂之。”是秦國相傳謂轘曰車裂之證。

20 **煮之於鑊曰烹,若烹禽獸之肉也。**畢沅曰:烹字説文作亯,凡亨享字皆用此。左傳“烹伊戾”“烹石乞”、史記“烹阿大夫”、漢書“烹酈食其”,皆用烹字矣。詩於亨亯字尚不加火。

21 **槌而死曰掠。掠,狼也,用威大暴,如豺狼也。**畢沅曰:今本“如”作“於”,譌,御覽引作“用威如狼也”,與此微異,然“如”字是,茲據改正。“掠”在説文新附字中,云:“唐韻或作擽。”案掠音亮,故可訓狼,掠奪亦作略奪,擽音如之,不與狼音近。月令:“仲春之月,毋肆掠。”鄭注:“掠謂搒治人。”是掠字自可從。漢時,有以掠笞瘐死者,有被掠而蟲生於肉者,此所謂“用威大暴”也。暴,説文作㬥,下从夲。

22 **老死曰壽終。壽,久也。終,盡也,生已久遠,氣終盡也。**畢沅曰:説文:“𦔻,久也,从老省,𠷎聲。”洪範:“五福,一曰壽。”傳云:“百二十年。”左傳正義云:“上壽百二十歲,中壽百,下壽八十。”曲禮云:“壽考曰卒。”鄭注:“有德行,任爲大夫士而不爲者,老而死從大夫之稱。”又注周禮疾醫云:“少者曰死,老者曰終。”

23 少壯而死曰夭,如取物中夭折也。畢沅曰:説文:
“夭,屈也。”玉篇云:“又折也,於矯切。”一切經音義引有“字從
大,象形,不伸也。不盡天年謂之夭,取其誼”。多十八字。案與
上是兩誼,疑非釋名之文。

24 未二十而死曰殤。殤,傷也,可哀傷也。畢沅曰:
説文:“殤,不成人也。人年十九至十六死爲長殤,十五至十二衆
爲中殤,十一至八歲衆爲下殤。从歺,傷省聲。”案儀禮喪服傳
又云:“不滿八歲以下爲無服之殤。”餘則説文所本者是也。禮
記喪服小記云:“男子冠而不爲殤,女子笄而不爲殤。”故鄭注喪
服云:“殤者,男女未冠笄而死,可哀傷者。”

25 父死曰考。考,成也。畢沅曰:曲禮云:“生曰父,死
曰考。”鄭注:“考,成也,言其德行之成也。”亦言槁也,槁於
義爲成,凡五材膠漆陶冶皮革乾槁乃成也。畢沅曰:考
工記云:“以飭五材。”鄭司農云:“五材,金木水火土也。”康成
云:“金木皮玉土。”案月令:“季春之月,命工師令百工審五庫之
量。”熊氏以“金鐵爲一庫,皮革筋爲一庫,角齒爲一庫,羽箭幹
爲一庫,脂膠丹漆爲一庫”。此五庫即五材也。五材中有無乾濡
之異者,故此但約舉之。**母死曰妣。**畢沅曰:亦見曲禮。**妣,
比也,比之於父亦然也。**畢沅曰:鄭注曲禮云:“妣之言媲也,
媲於考也。”

26 漢以來謂死爲物故,言其諸物皆就朽故也。畢沅
曰:物故,見史記司馬相如傳、大宛傳。顔師古注漢書蘇武傳云:
“物故,謂死也,言其同於鬼物而故也。一説不欲斥言,但云其所
服用之物皆已故耳。説者妄欲改物爲歾,非也。”又案高堂隆説
曰:“物,無也。故,事也。言無復所能於事。”是亦謂物故爲死,

其誼又異無故,亦見前釋典藝篇。

27 **既定死曰尸**。畢沅曰:説文:"尸,陳也,象臥之形。"又
"屍"字云:"終主,從尸,死聲。"徐鍇曰:"主於身也。"初學記、
御覽引皆作"屍",經典卻俱作"尸"。**尸,舒也,骨節解舒,不
復能自勝斂也**。畢沅曰:曲禮云:"在牀曰尸。"鄭注:"尸,陳
也,言形體在也。"白虎通云:"尸之爲言陳也,失氣亡神,形體獨
陳。""不復能"初學記、御覽俱引作"不能復",誼得兩通。王先
慎曰:初學記十四引"解舒"作"舒解"。

28 **衣尸曰襲**。**襲,匝也,以衣周匝覆衣之也**。畢沅
曰:士喪禮云:"陳襲事於房中,西領南上不綪。"鄭注:"襲事,謂
衣服也。綪讀爲紳。紳,屈也。"又云:"乃襲,三稱。"注云:"遷
尸於襲上而衣之。凡衣尸者,左衽,不紐。"匝正體當作帀。

29 **以囊韜其形曰冒,覆其形使人勿惡也**。畢沅曰:説
文:"冒,冢而前也,從冃從目。"冢,即蒙字也。士喪禮云:"冒,
緇質長與手齊,經殺掩足。"鄭注云:"冒,韜尸者,制如直裳,
上曰質,下曰殺。質,正也。其用之,先以殺韜足而上,後以質
韜首而下,齊手,上玄下纁,象天地也。"[1]又云:"設冒囊之。"注
云:"囊,韜盛物者,取事名焉。"案冒之等殺,喪大記詳焉。雜記
云:"冒者何也? 所以揜形也。自襲以至小斂,不設冒則形,是
以襲而設冒也。"[2] "使人勿惡",檀弓文。先謙曰:吳校"覆"下有
"冒"字。

30 **己衣所以束之曰絞衿**。**絞,交也,交結之也。衿,
禁也,禁繫之也**。畢沅曰:喪大記云:"小斂布絞,縮者一,橫者

---

①　裳,當作"襄"。玄,原避清諱而作"元"。
②　"而"字後脱"後"字。

三;大斂布絞,縮者三,橫者五;布紟二衾,君大夫士一也。絞紟如朝服,絞一幅爲三,不辟紟五幅,無紞。"鄭注云:"絞,既斂所用束堅之者,小斂無紟,小斂之絞廣終幅,析其末以爲堅之强也。大斂之絞一幅三析,用之以爲堅之急也。"士喪禮注云:"紟,禪被也。"釋文:"絞,户交反。紟,其鴆反。"説文:"紟,衣系也。"玉篇:"結衣也。亦作衿。"

　　31 含,以珠貝含其口中也。畢沅曰:含,説文作"琀",云:"送死口中玉也,從玉從含,含亦聲。"今經典通省作含。周禮典瑞:"大喪,共飯玉,含玉。"鄭注:"飯玉,碎玉以雜米也。含玉,柱左右顙及在口中者。"公羊文五年傳云:"含者何? 口實也。"何休注:"天子以珠,諸侯以玉,大夫以碧,士以貝,春秋之制也。文家加以稻米。"檀弓云:"飯用米貝,弗忍虛也。"正義云:"飯用沐米,天子黍,諸侯粱,大夫稷,天子之士粱,諸侯之士稻。"劉昭注續漢書禮儀志引禮緯稽命徵云:"天子飯以珠,含以玉;諸侯飯以珠,含以璧;卿大夫飯以珠,含以貝。"或是異代禮。士喪禮:"貝三實於笲米,奠於貝北,大夫以上貝有或五或七或九之等。"見雜記。據此,則作米貝亦是,但禮家飯含異物,而檀弓但言飯,此但言含,或舉一可以兼該也。

　　32 握,以物著尸手中,使握之也。畢沅曰:士喪禮云:"握,手用玄,纁裹,長尺二寸,廣五寸,牢中旁寸,著組繫。"[1]鄭注:"牢讀爲樓,樓謂削約,握之中央,以安手也。"又記云:"設握裹親膚繫鉤中,指結於掔。"鄭注:"掔,掌後節中也,手無決者,以握繫一端,繞掔還從上自貫反,與其一端結之。"案決亦與握並設者也。

――――――――――

① 玄,原避清諱而作"𤣥"。

33 衣尸棺曰斂。畢沅曰:此謂襲與窆皆可曰斂也。檀弓云:"小斂於戶內,大斂於阼,小斂大斂陳衣襲稱之數。"士喪禮詳之,絞紟之制已見上文。又喪大記"凡封"鄭注云:"此封或皆作斂。"檀弓曰:"公輸若方小斂,般請以機封。"謂此斂也。然則棺之入坎爲斂,與斂尸相似,封皆讀爲窆。斂者,斂也,畢沅曰:今本無此四字,據一切經音義引增。斂藏不復見也。畢沅曰:檀弓云:"衣足以飾身,棺周於衣,槨周於棺,土周於槨。"皆斂藏之誼。

34 棺,關也,關閉也。畢沅曰:說文:"棺,關也,所以掩尸。"誼與此合。白虎通云:"棺之爲言完,所以藏尸,令完全也。"又一誼。先謙曰:吳校"關閉"上有"言"字。

35 槨,廓也,廓落在表之言也。畢沅曰:說文作"椁",云:"葬有木章也,从木,章聲。"檀弓:"殷人棺槨。"鄭注:"槨,大也,以木爲之,言槨大於棺也。"案椁有重數,各以其爵爲之等。白虎通云:"槨之爲言廓,所以開廓辟土,無令迫棺也。""廓"字說文無,而班固已用之。

36 尸已在棺曰柩。柩,究也,送終隨身之制皆究備也。畢沅曰:說文:"柩,棺也,从匸从木,久聲。"籀文作匶。周禮用之,曲禮:"在棺曰柩。"鄭注:"柩之言究也。"白虎通云:"柩之爲言究也,久也,不復變也。"

37 於西壁下塗之曰殯。殯,賓也,賓客遇之言稍遠也。畢沅曰:檀弓:"夏后氏殯於東階之上,則猶在阼也;殷人殯於兩楹之間,則與賓主夾之也;周人殯於西階之上,則猶賓之也。"又曰:"殯於客位,祖於庭,葬於墓,所以即遠也。"

38 塗曰欑,欑木於上而塗之也。畢沅曰:喪大記:"君殯用輴,欑至於上,畢塗屋;大夫殯以幬,欑置於西序,塗不暨於棺;士殯見衽,塗上帷之。"鄭注:"欑,猶蔽也。屋,殯上覆如屋者也。幬,覆也。暨,及也。此記參差,以檀弓參之,天子之殯居棺以龍輴,欑木題湊象椁,上四柱如屋以覆之,盡塗之。諸侯輴不畫,有欑不題湊象椁,其他亦如之。大夫之殯廢輴,置棺西牆下,就牆欑,其三面塗之。不及棺者,言欑中狹小,裁取容棺。然則天子諸侯差寬大矣。士不欑,掘地下棺,見小要耳,帷之,鬼神尚幽闇也。"① 説文:"欑,一曰叢木。"鄭注:"蔽本亦作叢。"葉德炯曰:白虎通喪服引禮曰:"天子舟車殯,諸侯車殯,大夫攢塗,士瘞,尊卑之差也。"則此塗是言大夫制矣。喪大記云云者,蓋言天子欑木通湊,有四阿;諸侯惟欑木題湊,高似屋形耳。左成二年傳:"宋文公椁有四阿。"以其僭天子制而云然也。其天子諸侯輴之分別,則在畫龍不畫龍;諸侯以降,則大略相似。鄭注喪大記云:"廢輴置棺西牆下,就牆攢,其三面塗之;不及棺者,言攢中狹小,裁取容棺。"其注檀弓云:"大夫蔽,置西序。"然則大夫之殯,以一面倚西壁,三面攢之,又上不爲屋,又無輴,與白虎通攢塗之説合。成國此釋,蓋專爲大夫言之也。

39 三日不生,生者成服曰縗。縗,摧也,言傷摧也。

畢沅曰:説文:"縗,服衣,長六寸,博四寸,直心,从糸,衰聲。"蓋本喪服記之文。經典多省作衰,衣亦總號爲衰,非止當心者也。問喪云:"三日而不生,亦不生矣;孝子之心,亦益衰矣;家室之計,衣服之具,亦可以成矣;親戚之遠者,亦可以至矣。是故聖人爲之斷決,以三日爲之禮制也。"喪服疏云:"檀弓有以故興物者。鄭云:'衰經之制,以經表孝子忠實之心,衰明孝子有哀摧之義。'"

———————————

① 柱,當作"注"。"畫"後脱"龍"字。

40 絰，實也，傷摧之實也。畢沅曰：説文："絰，首戴也，從糸，至聲。"徐鉉曰："當從姪省。"喪服傳云："苴絰，麻之有蕡者也，苴絰大搹，左本在下。"鄭注："麻在首在要皆曰絰。絰之言實也，明孝子有忠實之心，故爲制此服焉。首絰，象緇布冠之缺項；要絰，象大帶。盈手曰搹。搹，搤也。""絰之言實"云云，本檀弓文。

41 絞帶，絞麻緫爲帶也。畢沅曰：喪服傳云："絞帶者，繩帶也。"鄭注："又有絞帶象革帶。"蓋絞苴麻爲繩，以作帶也。王肅以帶如要絰，亦七寸五分寸之一。先謙曰：吳校"緫"作"繩"。

42 三年之縗曰斬，不緝其末，直翦斬而已。畢沅曰：喪服傳云："斬者何？不緝也，謂不緶緝之。不言裁割而言斬者，取痛甚之意。"雜記："縣子曰：三年之喪如斬。"是斬爲痛深之誼。間傳云："斬衰三升。"

43 期曰齋。齋，齊也。畢沅曰：期，説文作"稘"，云："復其時也。"今經典通用期，亦作朞。又説文："齋，緶也，從衣，齊聲。"今經典通省作齊。喪服傳云："齊者何？緝也。"記云："若齊裳內衰外。"注云："凡五服一斬四緝。緝裳者，內展之；緝衰者，外展之。"御覽引禮記外傳云："齊之言齊也。"注云："加鍼縷其裳，縫緶之，使齊平也。"間傳云："齊衰四升五升六升。"

44 九月曰大功，其布加麤大之功，不善治練之也。畢沅曰：御覽引作"不強治之也"，兹不從。鄭注喪服云："大功布者，其鍛治之功麤沽也。"間傳云："大功七升八升九升。"

45 五月曰小功，精細之功小有飾也。畢沅曰：今本無"五月曰"三字，下緦麻上亦無"三月曰"三字。案上文皆言服年月之數，此兩條不應獨缺，今據例增。御覽引"精細之小功轉有飾也”,茲不從。閒傳云:“小功,十升十一升十二升。”是縷多而細小也。

46　三月曰緦麻。緦,絲也,績麻細如絲也。畢沅曰:説文:“緦,十五升布也。一曰兩麻一絲布也。”喪服傳云:“緦者十五升,抽其半,有事其縷,無事其布曰緦。”鄭注:“謂之緦者,治其縷細如絲也。或曰有絲,朝服用布何緦用絲乎?抽猶去也。”疏以爲緦則絲也,古緦絲字通用,殆不然。“細如絲”今本作“緦如絲”,譌,據鄭注改正。説文亦有譌脱。案雜記云:“朝服十五升,去其半而緦,加灰錫也。”是緦與錫皆七升有半耳,安得云十五升布乎?

47　錫縗。錫,易也,畢沅曰:今本作“錫,治也”,據御覽引改正。治其麻,使滑易也。畢沅曰:説文有“緆”字,云“細布也”,“或从麻”作絼。蓋即經典之所謂錫也。喪服傳云:“錫者何也?麻之有錫者也。錫者十五升抽其半,無事其縷,有事其布曰錫。”鄭注:“謂之錫者,治其布使之滑易也。錫者不治其縷,哀在内也;緦者不治其布,哀在外也。”

48　疑縗。疑,儗也,儗於吉也。畢沅曰:今本脱“疑縗”二字。周禮司服:“王爲大夫士疑衰。”注云:“弔服也。鄭司農云:疑衰,十四升衰。”康成云:“疑之言擬也,擬於吉。”據此當有“疑縗”二字,補之。説文:“擬,度也。”“儗,僭也,一曰相疑。”推相疑之訓,是儗亦可通擬。曲禮:“儗人必於其倫。”亦作儗。

49　縓,細如縓也。畢沅曰:説文:“縓,細疏布也。”喪服云:“縓衰裳,諸侯之大夫爲天子。傳曰:縓衰者何?以小功之衰也。”鄭注:“治其縷如小功,而成布四升半,細其縷者以恩輕也,升數少者以服至尊也。凡布細而疏者謂之縓,今南陽有鄧縓。”御覽引作“縓,而疏如縓也”,并下爲一條,誤,今不從。蓋縓不必皆四升半,此上緫字指喪服言,下緫字則尋常所服輕細涼惠者是。見上采帛篇。

50 **疏,疏如緫也。** 畢沅曰:喪服有“疏衰”,在齊斬之間者。鄭注:“疏,猶麤也。”蓋正服斬衰三升,不得麤名,此義服四升,始見麤也。又有疏衰期者,雜記云:“伯母叔母疏衰。”餘見喪服經。

51 **環経,末無餘散麻,圓如環也。** 畢沅曰:周禮弁師:“王之弁経,弁而加環経。”鄭注:“弁経,王弔所服也。其弁如爵弁而素,所謂素冠也,而加環経。環経者,大如緫之麻経,纏而不糾。”疏云:“緫之経則兩股。此環経以一股,纏之不糾。”

52 **弁経,如爵弁而素加経也。** 畢沅曰:誼與上互見。周禮司服:“凡弔事弁経服。”鄭注:“弁経者,如爵弁而素,加環経。”今本釋名作“如経”,乃“加経”之譌,據誼改之。士喪禮:“小斂大斂主人亦弁経。”則不獨弔服也。注又云:“経大如緫之経。”疏云:“凡五服之経,皆兩股絞之,今言環経,即與絞経有異矣。謂以麻爲體,又以一股麻糾而横纏之,如環然,故謂之環経,加於素弁之上,故言加環経也。”案此不當分兩條,弁経當在前,加経亦當作加環経,其下乃釋環経之誼。如此方順,而訓亦得貫通矣。

53 **重,死者之資重也,含餘米以爲粥,投之甕而縣之。** 畢沅曰:士喪禮云:“重木刊鑿之。甸人置重於中庭,參分庭,一在南,夏祝鬻餘飯,用二鬲於西牆。幂用疏布,久之繫用靲,縣於重;幂用葦席,北面左衽,帶用靲賀之,結於後。祝取銘置於重。”注云:“久讀爲灸,謂以蓋塞鬲口也。靲,竹䉈也。賀,加也。”案此云“含餘米”,即注所云“飯尸餘米”。甕即鬲也。鄭注:“木也縣物焉曰重,刊斲治鑿之,爲縣簪孔也。士重木長三尺。”比葬未作主,權以重主其神也。畢沅曰:檀弓云:"重,主道也。"
鄭注:"始死未作主,以重主其神也,重既虞而埋之,乃後作主。"

54　葬,藏也。畢沅曰:初學記引此句下有"藏也者,欲人
之弗得見也"九字。案檀弓云:"葬也者,藏也;藏也者,欲人之弗
得見也。"今不知劉熙本有此九字,抑徐堅取檀弓之文以足之?
疑未能定,故寧闕如。葉德炯曰:白虎通喪服:"葬之爲言下藏之
也,所以入地何? 人生於陰含陽光,死始入地,歸所與也。"御覽
禮儀部三十二引春秋説題詞云:"葬,尸下藏也。人生於陰含陽
充,死入地,歸所與也。"即班義所本。荀子禮論篇:"故葬埋敬
藏其形也。"説文:"葬,藏也,从死在茻中,一其中,所以薦之。"
均以藏訓葬。葬、藏疊韻字。

55　壙,曠也,藏於空曠處也。畢沅曰:説文:"壙,塹穴
也。一曰大也。"鄭注周禮方相氏云:"壙,穿地中也。"孟子言
"獸之走壙",是壙爲野外空曠之處也。

56　輿棺之車曰輀。輀,耳也,縣於左右前後,銅魚搖
絞之屬耳耳然也。畢沅曰:説文:"輀,喪車也,从車,而聲。"
玉篇作"轜",如之切,以"輀"爲轜之重文。今此作"轜",誤,據
説文改正。案喪大記:"飾棺有池有魚,士無魚有揄絞。"揄,揄
翟也,此作"搖",通。魚以銅爲之,車行則魚躍拂池,揄畫於絞繒
而垂之,象水草之動搖,皆懸於棺車之上者也。耳耳,見魯頌閟
宮篇,傳云:"耳耳然,至盛也。"其蓋曰柳。柳,聚也,葉德炯
曰:羽謂之柳。唐徐景安樂書引劉歆注:"五音備成,如物之聚,
而爲柳。"蘇輿曰:史記季布欒布傳:"迺髡鉗季布,衣褐衣,置廣
柳車中。"集解引李奇云:"大牛車也,車上覆爲柳。"即此。尚書
大傳:"度西曰柳穀。"鄭注:"五色聚爲柳。"周禮喪記賈疏:"柳
者,諸色所聚。"衆飾所聚,亦其形僂也。畢沅曰:云"其"者,

即承上棺車而言,今本別爲一條,非是,茲聯合之。周禮縫人:
"喪縫棺飾焉,衣翣柳之材。"鄭引喪大記爲注。其云"偏荒"者,
彼注云:"荒,蒙也。在旁曰帷,在上曰荒,皆所以衣柳也。偏當
爲帷。"此云柳,即帷荒是也。注云:"柳之言聚,諸飾之所聚。"
諸飾,喪大記備詳之。檀弓作"蔞翣",注云:"棺之牆飾也。周禮
蔞作柳。"今此云"其形傻",傻與蔞音亦相近也。先謙曰:吳校
"聚"下有"也"字,"亦"下有"言"字。亦曰鼈甲,似鼈甲然
也。畢沅曰:今本作"以鼈甲亦然也",誤,茲案文誼改正。雜記
云:"其輴有袶。"鄭注:"輴,載柩將殯之車飾也。將葬載柩之車
飾曰柳袶,謂鼈甲邊緣,緇布裳帷圍棺者也。"正義云:"輴象鼈
甲,覆於棺上,中央隆高,四面漸下。袶象邊緣,垂於輴之四邊。"
又檀弓:"池視重霤。"正義云:"池者,柳車之池也。柳車亦象宮
室,而於車覆鼈甲之下,牆帷之上,織竹爲之,形如籠衣,以青布
以承鼈甲,名之爲池。"據此,殯車之蓋名輴,葬車之蓋名荒,其
謂之鼈甲則同也。其旁曰墙,似屋墙也。畢沅曰:檀弓:"周
人牆置翣。"鄭注:"牆,柳衣也。"正義云:"牆之障柩,猶垣牆障
家,故謂障柩之物爲牆,即柳也。"

57 翣,齊人謂扇爲翣,此似之也,象翣扇爲清凉也。
翣有黼有畫,各以其飾名之也。畢沅曰:説文:"翣,棺羽飾
也,天子八,諸侯六,大夫四,士二,下垂,从羽,妾聲。"鄭注周禮
縫人云:"故書翣作接。鄭司農讀爲疌。檀弓曰:'周人牆置疌。'
春秋傳曰:'四疌不蹕。'"① 案今記與傳皆作翣。喪大記:"飾棺,
君黼翣二,黻翣二,畫翣二,大夫無黼翣,士但有畫翣。"鄭注引

---

① 周禮天官縫人"衣翣柳之材"鄭注:"故書翣柳作接檻。鄭司農云:
'接讀爲疌,檻讀爲柳,皆棺飾。'"

漢禮:"翣以木爲筐,廣三尺,高二尺四寸,方,兩角高,衣以白布。畫者畫雲氣,其餘各如其象,柄長五尺。車行使人持之而從。既窆,樹於壙中。"又鄭注既夕禮云:"翣,扇也。"小爾雅云:"大扇謂之翣。"先謙曰:吳校"黼"下補"有黻"二字。

58 兩旁引之曰披。披,擺也,皮錫瑞曰:周禮大宗伯:"以疈辜祭四方百物。"注:"故書疈爲罷。鄭司農云:罷辜披磔牲以祭。"文選西京賦:"置互擺牲。"薛綜注:"擺謂破磔懸之。"古披、擺聲相近。各於一旁引擺之,備傾倚也。畢沅曰:説文"從旁持曰披",無"擺"字,當借"捭"字爲之。周禮司士:"大喪,作六軍之士執披。"鄭注:"作,謂使之也。披,柩車行,所以披持棺者,有紐以結之,謂之戴。鄭司農云:披者,扶持棺險者也。天子旁十二,諸侯旁八,大夫六,士四。"①康成謂結披必當棺束,於束繫紐,天子諸侯戴柩三束,大夫士二束。喪大記曰:"君纁披六,大夫披四,前纁後玄;士二披,用纁;人君禮文,欲其數多圍數,兩旁言六耳,其實旁三。"

59 從前引之曰紼。紼,發也,發車使前也。畢沅曰:初學記、御覽引"使前"皆作"使行",誼得兩通。説文:"紼,亂系也。"玉篇:"引棺索也,車索也,亂麻也,綍同。"案經典多互用。周禮遂人:"及葬帥而屬六綍。"鄭注:"綍,舉棺索也。葬舉棺者,謂載與説時也。用綍旁六執之者,天子其千人與?"雜記云:"諸侯執綍五百人,大夫執引者三百人。"注云:"綍、引同耳。廟中曰綍,在塗曰引,互言之。"又鄭注大司徒云:"六鄉主六引,六遂主六綍。"疏云:"在棺曰紼,見繩體;行道曰引,見用力。"檀弓云:"弔於葬者必執引,若從柩及壙皆執紼。"蓋紼乃祖載及下窆

---

① 周禮夏官司士:"大喪,作士掌事,作六軍之士執披。"這裏有删節。

時所用也。此"發"字疑是"撥"。檀弓注云:"撥,可撥引輴車,所謂綍。"孫詒讓曰:案玉篇 糸部云:"綍,引棺索也。紼同。"考喪禮有綍有引。禮記 襍記:"諸侯執綍五百人,大夫執引者三百人。"鄭注:"綍、引同耳。廟中曰綍,在塗曰引,互言之。"又喪大記注:"在棺曰綍,行道曰引,至壙將窆又曰綍,綍或爲率。"儀禮 既夕禮注:"引,所以引柩車,在輴軸曰紼。"案以三禮經注考之,蓋綍與引同爲大麻索,凡柩殯於廟時,則繫於輴車,以備遷舉,及將葬,載柩於車時,亦以綍舉而載之,既至壙,又以綍繫於輴車,舉而下窆也。析言之,則在廟舉柩之索謂之紼,在道引柩車之索謂之引,通言之則不別。劉釋綍爲"發車使前",蓋即以引爲綍。下云"縣下壙曰綧",則正禮注之綍。綍、綧字同,綧亦即喪大記注之率也。

60　縣下壙曰綧。綧,捋之,徐徐捋下之也。畢沅曰:説文無"綧"字,當作"率"。鄭注喪大記云:"綍或爲率。"釋文:"率音律。"然則即上之紼也。爾雅亦云:"紼,綧也。"孫炎曰:"綧,大索也。"案在廟用紼,任道用引,及窆又用紼。鄭注檀弓云:"豐碑穿中,爲鹿盧下棺,以綧繞。"今本兩"捋"字俱作"將"。將與率音既不近,又非執紼之誼。茲定作"捋"字,"徐徐捋下",今人語猶然。

61　棺束曰緘。緘,函也,古者棺不釘也。畢沅曰:説文:"緘,束篋也,从糸,咸聲。"函,説文作圅。喪大記云:"凡封,用綍去碑負引,君封以衡,大夫士以咸。"鄭注:"咸讀爲緘。凡柩車及壙,説載除飾,而屬紼於柩之緘","人君之喪,又以木橫貫緘耳。居旁持而平之,又擊鼓爲縱舍之節,大夫士旁牽緘而已","今齊人謂棺束爲緘繩。"墨子云:"榖木之棺,葛以緘之。"説文作"繃之"。釘誼近矴,音丁定切。孫楷曰:喪大記云:"君

用雜金鐕,大夫士用牛角鐕。"鄭氏謂鐕所以琢著裹。釋文亦云
"釘也"。則周時已釘棺矣,古者之云,殆夏商然也。旁際曰小
要,其要約小也。又謂之衽。衽,任也,任制際會使不解
也。畢沅曰:檀弓:"棺束縮二衡三,衽每束一。"鄭注:"衡,亦當
爲橫。衽,今小要。"正義云:"衽每束一者,衽小要也,其形體兩
頭廣中央小也,既不用釘棺,但先鑿棺邊,及兩頭合際處作坎形,
則以小要連之,令固棺並相對,每束之處,以一衡之衽連之,若竪
束之處,則竪著其衽,以連棺蓋及底之木,使與棺頭尾之材相固。
漢時呼衽爲小要也。"

62 送死之器曰明器,神明之器,異於人也。塗車,
以泥塗爲車也。芻靈,束草爲人馬,以神靈名之也。畢
沅曰:今本分作三條,非是,茲聯合之。又"靈名之也"上脱"以
神"二字,據御覽引增。檀弓云:"孔子謂爲明器者,知喪道矣,
備物而不可用也。其曰明器,神明之也。塗車、芻靈,自古有之,
明器之道也。孔子謂爲芻靈者善,謂爲俑者不仁,不殆於用人乎
哉!"鄭注:"芻靈,束茅爲人馬,謂之靈者,神之類。"又檀弓説
明器云:"竹不成用,瓦不成味,木不成斲,琴瑟張而不平,竽笙備
而不和,有鐘磬而無簨虡。"注云:"味當作沫,靧也。神明死者,
故其器如此。"

63 喪祭曰奠。奠,停也,言停久也;亦言樸奠,合體
用之也。畢沅曰:説文云:"奠,置祭也,从酋,酋,酒也,下其丌
也。"喪祭稱奠者,檀弓云:"曾子曰:始死之奠,其餘閣也與? "蓋
以爲時切促,既復魄,即用生前庋閣上所餘之脯醢以爲奠,亦謂
之襲。奠,小斂辟之,大斂又辟小斂之奠,是停久也。檀弓又云:
"喪不剝,奠也與? 祭肉也與? "注云:"剝猶倮也,有牲肉則巾
之,爲其久設,塵埃加也。"正義:"案既夕禮:柩朝廟重先奠。從

奠設如初,巾之亦恐埃塵,皆以停久故也。孔子夢坐奠於兩楹間,言奠者以爲凶象,以奠是喪祭故也。"停當作亭,説見前。考工記匠人:"凡行奠水。"奠讀爲亭,是有亭誼。樸謂樸素。檀弓云:"奠以素器,以生者有哀素之心也。""合體用"語未詳。皮錫瑞曰:士喪禮,小斂,"陳一鼎於寢門外,其實特豚四鬚"。注云:"鬚,解也。四解之,殊肩髀而已,喪事略。"疏云:"凡牲體之法有二,一者四解而已。此經直云四鬚,即云去蹄,明知殊肩髀爲四段。案士冠禮云:'若殺,則特豚載合升。'注云:'合左右胖。'此下文大斂亦云'豚合升',則吉凶之禮,豚皆合升,而鄭云'喪事略'者,但喪中之奠,雖用成牲,亦四解,故既夕葬奠云"其實羊左胖",豕亦如之。是以鄭總釋喪中四解之事,故云'喪事略。'"又案士喪禮:"大斂,陳三鼎於門外,此上豚合升。"注云:"合升,合左右體升於鼎。"疏云:"小斂云四鬚,四解爲七,體亦左右體合升。"今升左右體,亦四解可知也。此皆喪祭"合體用"之明證。

64 朔望祭曰殷奠,所用殷衆也。 畢沅曰:曾子問:"中謂之殷事,朔月月半薦新之奠也。"正義云:"殷,大也。"蓋大奠,牲饌豐,執事之人衆,故曾子問云:"士則朋友奠,不足則取於大功,以下者不足則反之。"注:"以不足謂殷奠時。"檀弓:"有薦新如朔奠。"注云:"重新物爲之殷奠。"正義云:"朔奠謂未葬前,月朔大奠於殯宮,今若有新物,則其禮如朔之奠,大夫以上則朔望大奠,若士則朔而不望。"

65 既葬,還祭於殯宫曰虞,謂虞樂安神,使還此也。畢沅曰:儀禮有士虞禮,鄭目録云:"虞,猶安也,士既葬其父母,迎精而反,日中,而祭之於殯宮,以安之。"檀弓云:"既封反,日中而虞,葬日虞,弗忍一日離也。是日也,以虞易奠。"雜記云:

“諸侯七虞,大夫五虞,士三虞,皆用柔日,末一虞用剛日。”問喪云:“送形而往,迎精而反。”注云:“謂反哭及日中而虞。”蘇輿曰:御覽五百三十一引白虎通云:“所以虞而立主,何孝子既葬日中反虞? 念親已没,棺柩已去,悵然失望,仿徨哀痛,故設桑主以虞,所以慰孝子之心,虞安其神也。”

66 又祭曰卒哭。卒,止也,止孝子無時之哭,朝夕而已也。畢沅曰:雜記:“士三月而葬,是月而卒哭。大夫三月而葬,五月而卒哭。諸侯五月而葬,七月而卒哭。”檀弓云:“卒哭曰成事。是日也,以吉祭易喪祭。”鄭注:“既夕禮云:卒哭,三虞之後祭名,始朝夕之間,哀至則哭,至此祭止也,朝夕哭而已。”

67 又祭曰祔,祭於祖廟以後死,孫祔於祖也。畢沅曰:既夕禮:“卒哭,明日以其班祔。”鄭注:“班,次也。祔,卒哭之明日祭名。祔,猶屬也。祭昭穆之次而屬之。”檀弓云:“殷練而祔,周卒哭而祔,孔子善殷。”注云:“期而神之人情。”

68 期而小祥,亦祭名也。畢沅曰:士虞記:“期而小祥曰薦。”此常事。孝子除首服,服練冠也。畢沅曰:閒傳:“期而小祥,練冠緦緣,要絰不除,男子除乎首,婦人除乎帶。”王啟原曰:“首服”吕本作“首絰”。祥,善也,加小善之飾也。

69 又期而大祥,亦祭名也。畢沅曰:士虞記:“又期而大祥曰薦。”此祥事。孝子除縓服,服朝服,縞冠,畢沅曰:喪服小記:“除成喪者,其祭也朝服縞冠。”加大善之飾也。

70 閒月而禫,亦祭名也,孝子之意澹然,哀思益衰也。畢沅曰:士虞記:“中月而禫。”鄭注:“中,猶閒也。禫,祭名也。與大祥閒一月,自喪至中,凡二十七月。禫之言澹澹然,平安意也。”

71 冢,腫也,象山頂之高腫起也。畢沅曰:說文:“冢,

高墳也，从勹，豖聲。”鄭注周禮敘官冢人云：“冢封土爲丘壟，象
冢而爲之”。案爾雅：“山頂曰冢。”故云“象冢而爲之”。蘇輿曰：
本書釋山：“山頂曰冢。冢，腫也，言腫起也。”御覽禮儀三十六
引“高”下有“者”字。

72 墓，慕也，孝子思慕之處也。畢沅曰：説文：“墓，丘
也。”鄭注周禮敘官：“墓，大夫云塋，冢塋之地，孝子所思慕之
處。”方言：“凡葬而無墳謂之墓。”檀弓：“孔子曰：古者墓而不
墳。”王制：“墓地不請。”蓋古皆公家給之，不待請求也。

73 丘，象丘形也，畢沅曰：鄭注曲禮云：“丘，壟也。”方言：
“冢，自關而東謂之丘，小者謂之塿，大者謂之丘墓。”大夫職云：
“以爵等爲丘封之度。”鄭注：“王公曰丘，諸臣曰封。”廣雅：“小
陵曰丘。故云‘象丘形’。”王啟原曰：周時王冢名邱者，於書傳
無見。若諸侯，則楚昭王墓名昭邱，見文選登樓賦注；趙武靈王
墓名靈邱，見漢地理志注；吳闔閭葬三日而虎見，名虎邱，見越
絕書。陵亦然也。畢沅曰：自漢已來，天子葬地謂之陵，或曰山
陵，或曰園陵。爾雅：“大阜曰陵。”故取名焉。王啟原曰：案秦
本紀，秦時王冢已有名陵者，特始皇未見陵名，漢人名陵，亦沿秦
制。蘇輿曰：御覽禮儀三十六引此條作“丘陵，象其形也”。

74 假葬於道側曰殔。殔，瘞也。畢沅曰：説文無“殔”
有“埭”，云：“瘞也，从㱼，隶聲。”玉篇“埭”訓同説文，又出“殔”
字，云：“思利切，埋棺坎下也，瘞也，亦假葬於道側曰殔。”案今
禮文皆作殔，士喪禮云：“掘殔見衽。”注云：“殔，埋棺之坎也，掘
之於西階上。”喪大記：“士殯見衽。”蓋殔本未葬而塗殯之名，假
葬者，亦依此以爲名也。

75 日月未滿而葬曰渴，言謂欲速葬，無恩也。畢沅
曰：“渴”當作飢㵣字，今通用渴，説見上篇。公羊隱三年傳云：

"葬者曷爲？或日或不日，不及時而日，渴葬也，不及時而不日，慢葬也。"何休注："渴，喻急也，乙未葬齊孝公是也。慢，薄不能以禮葬也，八月葬蔡宣公是也。"案二君之葬皆不待五月，而一云渴，一云慢。公羊所謂慢，不與釋名同。

76 過時而不葬曰慢，謂慢傲不念早安神也。畢沅曰：公羊傳又云："過時而日，隱之也；過時而不日，謂之不能葬也。"何注："隱，痛也，丁亥葬齊桓公是也。解緩不能以時葬，夏四月葬衛桓公是也。"此云慢，蓋即解緩之謂。

77 葬不如禮曰埋。埋，痗也，畢沅曰："埋"俗字，説文作"薶"，云："瘞也。""痗"見詩毛傳，訓爲病，略與埋誼似遠，然初學記亦引作"痗"，姑仍之。趨使腐朽而已也。畢沅曰："腐朽"今本作"葬腐"，據初學記引改。"趨"當作"趣"。葬不如禮，則與埋馬埋狗無以別，有人心者得不引爲終身之病乎？如此説痗字，差可通。

78 不得埋曰棄，謂棄之於野也。畢沅曰：今本"埋"下衍"之"字，據初學記引删。葉德炯曰：説文："棄，捐也，从収，推芈棄也。"① "芈"下云："箕屬。"按孟子云："蓋上世嘗有不葬其親者，其親死，則舉而委之於壑。"又云："蓋歸反虆梩而掩之。"注："虆梩，籠臿之屬，可以取土者也。"據此，則掩用虆梩，棄是用推芈矣。云棄於野，即委諸溝壑也。棄、捐説文又爲轉注。

79 不得其尸曰捐，捐於他境也。畢沅曰：今本"其"作"停"，又"他境也"作"地邊者也"，據初學記引改删。説文："捐，棄也。"是與棄誼亦無別。捐瘠，見漢書食貨志。孟康曰："肉腐爲瘠。捐，骨不埋者。"

---

① 這是采用小徐本及段注，大徐本"棄也"作"棄之"。

續釋名

釋律吕　釋五聲

一釋律吕畢沅曰:御覽時序部引釋名釋律吕之名誼,於春釋太蔟、夾鐘,於夏釋蕤賓,於秋釋夷則、南吕,於冬則先引風俗通一條,乃後承之以又曰,而釋應鐘、大吕。然則三時所引釋名,其果釋名文與? 非與? 顧風俗通未有律吕,所引律吕之誼,惟白虎通五行篇有,其文且十二律具備,其文法正與本書相類,或所引實白虎通與? 茲不忍棄置,又不敢屢入,姑就其所引,正之以白虎通,參之以史記、漢書,別纂一篇,不以列於補遺,而別爲續釋名云。

1 律吕。律,率也,所以率氣令生也。此白虎通誼。亦言述也,述氣者也。此周禮典同鄭注誼也。吕,旅也,旅陽宣氣也。漢書律曆志:"吕以旅陽宣氣。"六律爲陽,六吕爲陰,凡十有二。周禮太師:"陽聲:黄鐘、太蔟、姑洗、蕤賓、夷則、無射。陰聲:大吕、應鐘、南吕、函鐘、小吕、夾鐘。"陽足以包陰,則單言六律。禮運:"五聲、六律、十二管。"是以六包十二也。陽足以統陰,則吕亦稱律,總言十二律。典同:"凡爲樂器,以十有二律爲之數度。"六吕亦曰六同,助陽宣氣,與同功也。典同:"掌六律六同之和。"鄭注:"同,助陽宣氣與之同。"亦曰六間,在陽律之間也。國語:"爲之六間,以揚沈伏而黜散越也。"韋昭注:"六閒,六吕在陽律之間。"

2 黄鐘,十一月之律,子之氣也。鐘,種也,陽氣施種於黄泉,孳萌萬物,爲六氣元也。此漢書律曆志誼。一曰陽氣踵黄泉而出也。此史記律書誼。一曰:鐘,動也,言陽氣動於黄泉之下,養萬物也。此白虎通誼。

3 大吕,十二月之律,丑之氣也。吕,旅也,言陰大旅助黄鐘,宣氣而牙物也。此律曆志誼。一曰:吕,拒也,言陽氣欲出,陰不許,旅抑拒難之也。此白虎通誼。

4 太蔟,正月之律,寅之氣也,言萬物蔟生也,故曰泰蔟。此律書誼。一曰:蔟,奏也,言陽氣大奏地而達物也。此律曆志誼。一曰:太,大也。蔟,湊也,言萬物始大,湊地而出也。此白虎通誼。

5 夾鐘,二月之律,卯之氣也,言陰夾助太蔟,宣四方之氣,而出種物也。此律曆志誼。一曰:言陰陽相夾厠也。此律書誼。一曰:夾,孚甲也,言萬物孚甲,種類分也。此白虎通誼。

6 姑洗,三月之律,辰之氣也。姑,故也。洗,鮮也,言萬物皆去故就新,莫不鮮明也。此白虎通誼。

7 仲吕,四月之律,巳之氣也。言微陰始起,未成箸,三微而成一箸。于其中旅助姑洗,宣氣齊物也。此律曆志誼。仲之言中也。

8 蕤賓,五月之律,午之氣也。蕤,垂也。賓,儐也,言陰氣始起,陽氣自上下垂,儐導之也。古人訓詁通於音,故釋名之例皆用音近者爲訓。律曆志説"蕤賓"之誼云:"蕤,繼也。賓,導也。言陽始導陰氣,使繼養物也。"白虎通説云:"蕤者,下也。賓者,敬也,言陽氣上極,陰氣始起,故賓敬之也。"雖其誼皆是,而訓不從音,與此書之例未合,故祖其意,而易其訓焉。

9 林鐘,六月之律,未之氣也。林,衆也,古字“林”與“臨”通。詩 雲漢二章臨與蟲、宮、宗、躬叶,則林與衆聲相近。言萬物成孰,種類衆多也。此白虎通誼。

10 夷則,七月之律,申之氣也。夷,痍也。痍,傷也。則,賊也,言萬物傷痍,爲陰氣賊害也。白虎通:“夷,傷也。則,法也,言萬物始傷,被刑法也。”律書曰:“夷則,言陰氣之賊萬物也。”茲據此二者而擇取以爲説。

11 南吕,八月之律,酉之氣也。南,任也,言陰氣旅助夷則,任成萬物也。此律曆志誼。一曰:言陽氣尚有任生薺麥也,故陰拒之也。此白虎通誼。

12 無射,九月之律,戌之氣也。射,斁也。斁,厭也,言陽氣究物,而使陰氣畢剥落之,終而復始,無厭已也。此律曆志誼。一曰:斁,終也,言萬物隨陽而終,當復隨陰而起,無有終已也。此白虎通誼。

13 應鐘,十月之律,亥之氣也。言陰氣應無射,該藏萬物,而雜陽閡種也。此律曆志誼。一曰:應鐘者,陽氣之應,不用事也。此律書誼也。案爾雅云:十月爲陽,陽氣之應也。一曰:應者,應也。鐘者,動也。言萬物應陽而動,下藏也。此白虎通誼。

二釋五聲

畢沅曰:周禮:“太師掌六律六同,皆文之以五聲。”國語曰:“古之神瞽,考中聲而量之,以制度律均鐘。”然則五聲十二律,相頜爲用,因釋律吕,遂釋五聲,其説皆本先儒,不敢臆饌也。

1 五聲。聲者，鳴也。亦曰五音。音者，飲也，言其剛柔清濁和而相飲也。此白虎通誼。

2 宮，中也，居中央，暢亦作啺。四方，倡始施生，爲四聲綱也。律曆志。一曰：宮，容也，含也，含容四時者也。白虎通。

3 商，章也，物成孰可章度也。律曆志。一曰：商者，張也，陰氣開張，陽氣始降也。白虎通。

4 角，觸也，物觸地而出，戴芒角也。律曆志。一曰：角者，躍也，陽氣動躍。白虎通。

5 徵，祉也，物盛大而繁祉也。律曆志。一曰：徵者，止也，陽氣止。白虎通。

6 霫，魏晉以來相承作羽，別也。説文："霫，水音也，从雨，羽聲。"是爲五音之霫，五音霫屬水也。宇也，物聚藏，宇覆之也。律曆志。一曰：霫者，紆也，陰氣在上，陽氣在下。白虎通。案當云：陽氣在下紆回也。

釋名補遺

補釋名附韋昭釋名

一釋天

1 伏者何？金氣伏藏之日。金畏火，故三伏皆庚日。引見廣韻。

2 霄，青天也，無雲氣而青碧者也。又曰：近天氣也。引見御覽。

3 霞，白雲映日光而成赤色，假日之赤光而成也，故字從雨，叚聲。亦引見御覽。"假"誤引作"暇"，"從雨叚聲"誤引作"從叚遐聲"。案説文無"霞"字。史記天官書云："雷電蝦虹。"則古者借用蝦字，從虫，叚聲。

4 霧，冒也，氣蒙冒覆地物也。昏闇之時，則爲祆災，明王聖主則爲祥瑞。亦引見御覽。

5 霿，蒙也，日光不明蒙蒙然也。説文："霚，墜气發，天不應也，從雨，孜聲。籀文霚省作雺。"① "天气下，地不應曰霿。霿，晦也，從雨，瞀聲。"則霚與雺皆气也，而有二焉，既有霚，亦當有雺，故饡補之。

二釋姿容

1 擊，搏也，擊謂以手指拍之曰搏也。引見一切經

---

① 墜，大、小徐本皆作"地"。"墜"爲"墜"之訛。

音義。

　　2　省，瘦也，矐雀約少之言也。引見御覽人事部瘦人類，而文有到，字有譌。蓋據引入瘦人類，其本文必瘦在省上，今省在瘦上，是到也。雀字則省字之誤爾。顧省之於瘦，聲不相近，用以爲訓，不合釋名之例，終非是也。以聲類求之，當云：“瘦，脈也，矐脈約少之言也。”説文：“矐，少肉也。”又云：“齊人謂矐脈也。”故云：“矐脈約少之言也。”以脈釋瘦，斯聲誼皆得矣。

三　釋親屬

　　1　嬖，卑賤婢妾，媚以色事人得幸者也。引見一切經音義。

四　釋飲食

　　1　黍，敎也，相黏敎也。引見御覽。説文無“敎”字。

五　釋衣服

　　1　帬，裏衣也，古服，帬不居外，皆有衣籠也。御覽服章部十三引釋名曰“帬下常也”云云，後乃承之以“又曰”，而引此條。今本“帬下常也”云云，見於第五卷衣服篇，而此文無有，竊有疑焉，姑以附補於此。

六　釋宮室

　　1　明堂，猶堂堂，高顯兒也。御覽五百三十三卷禮儀部十二引釋名此條，其百七十六卷居處部四又引釋名曰：“堂猶堂堂，高顯兒也。”初學記十三卷禮部亦引釋名曰：“明堂者，猶堂堂，高明兒也。”其二十四卷居處部亦引釋名：“堂謂堂堂，高明兒也。”據此二書所引，則堂與明堂自是兩條，今本第五卷宮室篇止有“堂”而無“明堂”，蓋人以其訓釋同，而疑其重，遂誤删其一，今姑補錄於此。

2 城下謂之壕。壕,翱也,言都邑内所翱翔也,祖駕處也。御覽一百九十三卷引^①。

七釋用器

1 鏟,平削也。引見御覽。

2 碫,礪也。引見御覽器物部。説文:"礪,石碫也,从石,靡聲。""碫,礪也,从石,豈聲。"古者公輸班作碫。

3 火所燒餘木曰炭。引見一切經音義。説文:"炭,燒木未灰也,从火,屵聲。"

八釋樂器

1 擊壤,野老之戲也。引見御覽工藝部。

九釋疾病

1 欶,促也,用力急促也。此引見一切經音義及御覽七百三十四卷疾病部六。案第四卷飲食篇有"漱,促也,用口急促也"一條。俗本漱字誤从口旁,俗書欶字又輒加口,由是二條相似,唯口字、力字異爾。後人遂疑其重出,而誤删其一。蓋御覽引此入疾病部,自是欬吢之欶,周禮疾醫所謂"欶,上氣疾"是也,與飲食篇盪口之漱不同,固是兩文,應補。

十釋爵位今釋名二十七篇,無釋爵位之目,據成國自敍言:"凡二十七篇。"則今之釋名,不復有亡篇矣。乃韋昭謂釋名"爵位之事,又有非是",而唐宋人諸書,於官職類輒引釋名及韋昭辯釋名,不一而足,何也?沅案范蔚宗後漢書文苑傳稱:"劉珍撰釋名三十篇。"竊意蔚宗誤爾,當是劉熙。熙之釋名蓋三十篇,後有亡失,則或據其見存之篇數,以改熙自敍之三十爲二十七爾。不然,韋昭何見而云然,唐宋諸人何據而引之乎。釋

---

① 釋名疏證補坿有補正。見本書354頁。

名必實有釋爵位篇矣。

1 公，貢也，才德兼于人，人咸貢薦于王而用之也。
引見北堂書鈔五十卷設官部二。

2 尚書。尚，上也，言最在上總領之也。引見藝文類
聚四十八卷職官部四及御覽二百一十二卷職官部十。漢書百官
公卿表云：“成帝 建始四年，初置尚書員五人。”案表，少府屬官
別有尚書，蓋其職異也。續漢書 百官志云：“尚書令一人千石。”
又云：“尚書六人六百石。”

3 御史中丞，居中丞相者也。引見御覽二百二十五卷
職官部二十三①。説文：“丞，翊也，從収從卪從山②。山高奉承之
誼。”然則丞之誼同承。續漢書 百官志云：“御史中丞一人千
石。”本注曰：“御史大夫之丞也。”舊別監御史在殿中，密舉非
法，及御史大夫轉爲司空，因別留中爲御史臺。率後又屬少府。

4 卿，慶也，言萬國皆慶賴之也。又卿，章也，言貴盛
章著也。引見初學記十二卷職官部下之弟十三。北堂書鈔設
官部五引無“又卿章也”以下。御覽職官部二十六引誤稱韋昭
辯釋名，亦不引“又卿章也”以下。“萬國”初學記引作“萬物”。
據北堂書鈔、御覽引改。案虞廷之歌以“卿雲”爲“慶雲”，則古
者卿、慶同字。説文：“卿，章也。”白虎通云：“卿之爲言章也，章
善明理也。”

5 漢置十二卿：一曰太常，二曰太僕，三曰衛尉，四曰
光禄勳，五曰宗正，六曰執金吾，七曰大司農，八曰少府，
九曰大鴻臚，十曰廷尉，十一曰大長秋，十二曰將作大

---

① 任繼昉 釋名匯校引顧廣圻手稿校“二百二十五卷”爲“二百二十八卷”。
② 収，當作“収”。

匠。引見北堂書鈔五十三卷設官部五,稱劉撰釋名,蓋誤也,自是劉熙爾。又引見御覽二百二十八卷職官部二十六。二書所引互有譌誤,茲參酌而録之。

6 腹前肥者曰臚,此主王侯及蕃國言,以京師爲心體,王侯外國爲腹臚,以養之也。初學記職官部下之十七及御覽職官部三十引,皆有脱誤,茲據藝文類聚四十九卷職官五引録之。案此是釋鴻臚之名義,首當有鴻臚字,引者不備。

7 平準令主染色,色有常平之法準的之也。御覽三百三十二卷職官部三十,案續漢書百官志云:"平準令一人六百石。"本注曰:"掌知物賈,主練染作采色。"劉氏惟言染色,不言物賈,不備,宜韋氏辯補之也。

8 祭酒者,謂祭六神以酒餟之也。引見藝文類聚四十六卷職官部二及御覽二百三十六職官部三十四。此説非是,韋昭辯之。漢書伍被傳如淳注曰:"祭祠時,唯尊長者以酒沃酹。"猶襲此謬説。

9 驃騎將軍、車騎將軍,秩皆比三公。引見藝文類聚四十八卷職官部四及御覽二百三十八卷職官部三十六。

10 奉車都尉,奉天子乘輿。引見御覽二百四十一卷職官部三十九。漢書百官公卿表云:"奉車都尉,掌御乘輿車。"

11 長水校尉,主水戰用船之事。引見御覽二百四十二卷職官部四十。"主"原引作"於",誤也。據韋昭辯,知當爲"主",遂改之。漢書百官公卿表云:"長水校尉,掌長水宣曲胡騎。"續漢書百官志云:"長水校尉一人比二千石。"本注曰:"掌宿衛兵。"皆不言主水戰,故韋氏有辯。

唐文粹七十三卷有歐陽詹同州韓城縣西尉聽壁記引説文曰:"'尉,畏也,亦慰也,主也,故字從尸示寸。'寸者,寸量禮度以敬上；示者，示隸教令以諭下；尸者，典職司以尻位，敬上所謂畏，諭下所謂慰，尻位所謂主。全茲三者，以隸王爵，則仕誼周。是以古之人喜用尉字爲官號，陶唐有太尉，周有軍尉，秦亦有太尉、東南尉，洎漢則復命縣掾曰尉。”^① 案説文：“尉，從上案下也，从叿又持火，所以申繒也。”此言尉从尸示寸，顯與説文違異，必非説文。其解尉字義甚迂曲，頗似釋名。釋名解字輒與説文不合，蓋所引實是釋名，稱説文者誤也。且據韋氏之辯，有廷尉、縣尉云云，則釋名必有廷尉、縣尉可知，其解尉字，所以釋廷尉、縣尉之名誼也。第以疑事毋質，不敢擅補，姑識於此。

　　蘇輿曰：補遺一篇，如霧一條，已見本書釋天。事類賦注及御覽引首二句，乃文字小異，並非逸文。下四句疑出後人删節，畢已引見，彼注言之甚明。省一條已見釋言語，御覽所引，惟“雀”爲“痿”之譌，畢注亦嘗言及。本書及各書增減異同，如此者甚夥。既一例校入注文，不應專舉二條列入補遺，轉致挂漏。又霁一條，釋天已云：“蒙，日光不明，蒙蒙然也。”蒙、霁字通，是即一義，畢亦於彼注言之，無緣復爲纂補。又欬一條，畢於釋疾病欬字下引御覽，既云“乃飲食篇之嗽，不當在此”，而於此復以爲兩文，據以補録，更爲前後矛盾。畢精研此書，不當全不相應，或出其幕客門下所爲，畢偶未檢，致茲乖舛耳。

附　　録

　　1 祭雨曰升，祭星曰布，升取其氣之升也，布取其象之布也。此條乃釋祭名也。引見埤雅，於此書無所附入，蓋此書有亡篇，説具詳釋爵位下，則安知不别有釋祭名篇而亡失者

---

① 隸、誼、喜，全唐文卷五九七作“莅、義、嘉”，“太尉”下有“輿尉”。

乎？姑附録於此。

2 大曰蘆葦，荻，蘆筍。御覽卷千内引，下字譌不可曉。

3 古者諸侯薨時，天子論行以賜謚，唯王者無上，故於南郊稱天以謚之。當春秋時，周室卑微，臣謚其君，子謚其父，故諸侯之謚多不以實也。御覽五百六十一卷引。

附　韋昭釋名

三國吳志韋曜本名昭，陳壽爲晉司馬昭諱改焉。傳：昭在獄中，上辭有云：見劉熙所作釋名，信多佳者。然物類衆多，難得詳究，故時有得失，而爵位之事，又有非是。愚以官爵，今之所急，不宜乖誤。囚自忘至微，又作官職訓及辯釋名各一卷。

一官職訓御覽有引韋昭釋名，又有引韋昭辯釋名，所引固有區別。案韋昭以釋名官爵乖誤，而作官職訓，則所引韋昭釋名，即昭之官職訓也。故録於此，以別於辯釋名云。

1 臣，慎也，慎于其事，以奉上也。引見御覽六百二十一卷治道部二，稱韋昭釋名。

2 古者稱師曰先生。初學記十八卷人部中引，止稱釋名，御覽四百四卷人事部四十五引，以爲韋昭釋名。案此條無當於官職，不審韋氏何以云此。豈猶有餘言，而引者不備引與？

3 友，有也，相保有也。御覽四百六卷引。王啟原曰：此條見本書釋言語，非逸文。

二辯釋名

1 車，古皆音尺奢反，後漢以來始有居音。引見詩召南釋文。案唐韻九麻一部，皆非古音。依古音，則麻韻之字半入魚虞模，半入歌戈，漢末猶然。韋氏言車之古音尺奢反者，奢音同書，奢書皆者聲，尺奢猶尺書，其音近，初不入麻韻，與今人異讀也。

2 三公，公猶取正直無厶也，故公字从八厶。引見北堂書鈔五十卷設官部二。略爲潤改而録之。説文：“公，平分也，从八从厶，八猶背也。韓非曰：‘背厶爲公。’”

3 大將軍，位在三公之上，昭帝時，霍光爲大將軍，猶在丞相下。漢時，大將軍貴戚爲之，或録尚書事。北堂書鈔五十一卷設官部三引此，分作兩段。案止一官號，實是一條，自應并合，而其文似不屬，姑空一格録之。

4 大司馬，馬，武也，大總武事也。襄六年左傳云：“司武而栖於朝，難以勝矣。”注云：“司武，司馬。”説文：“馬，武也。”大司馬掌軍。古者兵車，一車四馬，故以馬名官。引見藝文類聚四十七卷職官部三及御覽二百九卷職官部七。

5 尚書，尚猶奉也，百官言事，當省案平處奉之，故曰尚書。尚食、尚方亦然。引見藝文類聚四十八卷職官部四及御覽二百一十二卷職官部十。

6 御史中丞，此中丞自御史大夫下，丞有二，其一別居殿中，舉不法，故曰中丞。引見御覽二百二十五卷職官部二十三、續漢書百官志云云，見前。

7 六卿分掌，諸官卿孤不掌，傑然特立也。引見北堂書鈔五十三卷設官部五諸官下。“卿”字疑衍。

8 漢正卿九：一曰太常，二曰光禄勳，三曰衛尉，四曰太僕，五曰廷尉，六曰鴻臚，七曰宗正，八曰司農，九曰少府，是爲九卿。引見北堂書鈔五十三卷設官部五及御覽二百二十八卷職官部二十六。"少府"北堂書鈔誤作"少傅",不從。續漢書 百官志云:"太常卿一人,中二千石;光禄勳卿一人,中二千石;衛尉卿一人,中二千石;太僕卿一人,中二千石;廷尉卿一人,中二千石;大鴻臚卿一人,中二千石;宗正卿一人,中二千石;大司農卿一人,中二千石;少府卿一人,中二千石。"

　　9 鴻臚,本故典客,掌賓禮,武帝時更爲鴻臚。鴻,大也。臚,敶敘也,欲大以禮敶敍賓客也。引見北堂書鈔五十四卷設官部六及初學記十二卷職官部下。藝文類聚四十九卷職官部五及御覽二百三十二卷職官部三十引皆無"武帝時更爲鴻臚"七字。漢書 百官公卿表云:"典客秦官,掌諸侯歸誼蠻夷。景帝中六年,更名大行令,武帝 太初元年更名大鴻臚。"鄭注周禮 司儀云:"臚,陳之也。"爾雅 釋言云:"臚,敍也。"

　　10 廷尉、縣尉,皆古官也,以尉尉民心也。凡掌賊及司息吏反。察之官皆曰尉。尉,罰也,言以臯罰姦非也。藝文類聚四十九卷職官部五引無"凡掌賊"以下,御覽二百三十一卷職官部二十九引有之。續漢書 百官志云:"尉,大縣二人,小縣一人。"本注:"尉,主盜賊,凡有賊發,主名不立,則推索行尋,案察姦宄以起尚緒。"

　　11 平準令,主平物賈,使相依準。引見御覽二百三十二卷職官部三十、續漢書 百官志云云,見前。

　　12 祭酒,凡會同饗燕,必尊長先用,先用,必以酒祭先,故曰祭酒。漢時,吳王年長,以爲劉氏祭酒是也。引見藝文類聚四十六卷職官部二及御覽二百三十六卷職官部三十四。漢書 伍被傳:"吳王賜號爲劉氏祭酒。"應劭注:"禮,飲酒必祭,示有先也,故稱祭酒,尊之也。"案儀禮:"凡飲酒無不先祭。"

13 驃騎、車騎，此二將軍秩本二千石。引見藝文類聚四十八卷職官部四及御覽二百三十八卷職官部三十六。

14 執金吾，本中尉，掌徼循宮外，司執姦衺。司，思吏反。至武帝，更名執金吾，爲外卿，不見九卿之列也。引見北堂書鈔五十四卷設官部六，脫“本中尉”三字，其七十一卷設官部二十三又引，有之，據補。“不見”疑當作“不在”。漢書百官公卿表：“中尉，秦官，掌徼循京師，有兩丞候司馬千人，武帝太初元年，更名執金吾。”應劭曰：“吾者，禦也，掌執金革以禦非常。”

15 奉車都尉，主乘輿。乘輿尊，不敢言主，故言奉。引見御覽二百四十一卷職官部三十九、漢書百官公卿表云云，見前。

16 長秋，自皇后官，非天子卿。長秋主宮中，凡物次，春生秋成，欲使中宮之胙如之，故爲名辨皇后陰宮。辨，蒲莧反。辨理宮中之事。秋者陰之始，長者欲其久也。引見北堂書鈔五十四卷設官部六。漢書百官公卿表云：“將行，秦官，景帝中六年更名大長秋，或用中人，或用士人。”續漢書百官志：“大長秋一人二千石。”

17 長水校尉，典胡騎，不主水戰也，廝近長水，故以爲名。長水，蓋中小水名。御覽二百四十二卷職官部四十引此“廝近長水”誤作“其廝起水”，又無末後七字，據續漢書百官志劉昭注引改補。漢書百官公卿表云云，見前。如淳曰：“長水，胡名也。”

18 太中大夫，在中最爲高大也。引見北堂書鈔五十六卷設官部八，“太中”誤作“太史”，據御覽二百四十三卷職官部四十一引改。

19 郡尉，羅姦非。引見北堂書鈔七十七卷設官部二十九，其原文必不止此一語，而引者不備，姑如所引録之。

20 督郵，主諸縣罰，以負督郵殷糾攝之也。引見御覽二百五十三卷職官部五十一，此條譌舛特甚，甚至文義殊不可解，而他書又皆未引及此，無從校正，姑依而録之。

21 功曹，曹，羣也。功曹，吏所羣聚。户曹，民所羣聚也。其他皆然。引見御覽二百六十四卷職官部六十二。案此條誼不確當，且曹與羣聲不近，不合此書之例。

22 主薄，主諸薄書。薄，陪古反，从艸，溥聲，與厚薄同字，俗从竹，非也。薄，普關諸事。引見御覽二百六十五卷職官部六十三。此蓋有脱字，當云：薄，普也，普關諸事。

23 門下之吏，當作三綱，幼未有用，從容在職也。引見北堂書鈔七十七卷設官部二十九。

24 五百，字本爲伍佰。伍，當也。佰，道也，使之導引當道佰中，以驅除也。今俗呼行杖人爲五百。引見北堂書鈔六十一卷設官部十三，周禮司服鄭注："今時伍佰緹衣。"即此五百也。

檢閲羣書，輒見有引釋名。而今釋名闕者，輯録以爲補遺，附於卷末，因取韋昭所補之官職訓及辯釋名，并附録焉。惟是官職訓及辯釋名，據昭自言各一卷，則挦然成帙。今雖亡失，其引見唐宋人書者，當不止於是，而予之所見，僅此而已。黨博雅君子，別有采獲，以補予之不逮，則幸甚幸甚！畢沅識。

釋名疏證補坿一卷

釋天第一

1 氛,粉也,潤氣著草木,因寒凍凝,色白若粉之形也。

許克勤曰:説文气部"氛"云;"霧,或從雨。"繫傳引劉熙釋名曰:"潤氣著草木,遇寒而凍,色白曰雰。"按楚金所引,則古本氛字作雰也。

2 霧,冒也,氣蒙亂覆冒物也。

許克勤曰:玉燭寶典十一引作"霧,冒也,氣蒙冒地物"。説文繫傳引作"霚,冒也"。云:"今俗作霧。"據此,則霧本作霚也。

釋山第三

1 山大而高曰嵩。嵩,竦也,亦高稱也。

許克勤曰:太平御覽引白虎通云:"嵩者,高也,言峻大也,處中以領四方。"詩大雅崧高序釋文引字作"崧,竦也"。按五經文字云:"崧作嵩,同。"通鑑釋文廿一引"山大而高曰嵩"。又按漢碑多以嵩爲嵩。桐柏碑:"宮廟嵩峻。"三公山碑:"厥體嵩厚。"唐扶頌:"嵩如不傾。"嵩皆作嵩。此訓嵩爲竦者,楊雄長楊賦:"整輿竦戎。"李注云"竦與嵩古字通",是也。説文"嵩"作"崈",云"嵬高也",故云"亦高稱也"。

釋邱第五

1 水出其前曰沚邱。畢曰:爾雅作"渚邱"。

許克勤曰:説文:"渚,水出丘前,謂之渚丘。"段注云:"沚丘,疑本作梪丘,古楷、梪字同。故渻丘亦爲楷丘。"

釋州國第七

1 鄭,町也,其地多平,町町然也。

許克勤曰:説文繫傳引下六字作"町然平也",與今本異。

魯,魯鈍也,國多山水,民性樸魯也。

許克勤曰:説文繫傳七"魯"下引劉熙 釋名曰:"魯國多山水,民性樸鈍。"據此,則末句"魯"字本作"鈍"。

釋形體第八

1 髦,冒也,覆冒頭頸也。

許克勤曰:"頸"當作"額",字之誤也。詩 毛傳及説文並解爲"髮至眉"。則髦爲覆冒頭額甚明。

2 額,鄂也,有垠鄂也,故幽州人謂之鄂也。

胡玉縉曰:案周禮 春官 典瑞:"瑑圭璋璧琮。"注:"鄭司農云:瑑有圻鄂緣起。"禮記 郊特牲:"丹漆雕幾之美。"注:"幾謂漆飾圻鄂也。"又少儀:"車不雕幾。"注:"幾附蹔爲圻鄂也。"淮南子 俶真訓:"四達無境,通于無圻。"高 注:"圻,垠字也。"説文 土部:"垠,地垠也。一曰岸也。圻,或從斤。"漢書 楊雄 甘泉賦"紛被麗其無鄂"注:"鄂,垠也。"後漢書 張衡 思玄賦:"望寒門之絶垠分。"注引廣雅云:"垠,罗也。"罗即鄂字。明帝紀十三年乙酉詔云:"莫測圻岸。"注:"圻,堮也。"堮亦鄂字。然則鄂與垠義相疊,垠鄂者,邊界之謂也。有垠鄂者,猶器物之有邊線也。文選 西京賦:"前後無有垠鍔。"注引淮南子曰:"出於無垠鍔之門。"許慎曰:"垠鍔,端崖也。"

釋姿容第九

1 批,捭也,兩相捭助,共擊之也。

許克勤曰:漢書王莽傳中注引"兩"下有"指"字無"之"字。

釋言語第十二

導，陶也，陶演已意也。

胡玉縉曰：説文寸部："導，導引也。"陶演即導引，聲之轉耳。

釋飲食第十三

1 餌，而也，相黏而也。兗豫曰溏浹，就形名之也。

許克勤曰：黎刻玉篇 食部"餹"引作"兗豫謂餌曰餹餟也"。按涕、餟古通，言餹形如涕也。又餟徒奚反。埤蒼："餹餟，餌也。"據此，則"溏浹"當作"溏涕"，即"餹餟"也。又按説文，餌爲鬻之或體，小徐 繫傳云："餌，先屑米爲粉，然後溲之。故許慎云：餌，粉餅也。餌之言珥也，欲其堅潔而淨，若玉珥然也。"小徐據説文爲説，故鬻餌二義皆與此異。

2 粥，濁於糜，粥粥然也。

胡玉縉曰：濁，釋言郝疏引作"淖"，段注説文"糜"篆同。

3 生瀹葱薤曰兊，言其柔滑，兊兊然也。

許克勤曰：黎刻玉篇 水部"涗"引作"白溢荵燕曰涗"。按"燕"字元改爲"薤"，是也。"溢"亦當依此作"瀹"。"白瀹葱薤曰涗"，即禮記"涗齊也"，鄭解爲清，非。説文："涗，財溫水也。"可悟瀹字之義。段注乃云："依許説，則内則、祭統涗字不可解。"不知叔重之解禮記當同釋名，何必與鄭相合耶？

4 煑麥曰麰。麰，亦齲也，煑熟則齲壞也。

許克勤曰：説文繫傳十一麥部"麰"下引劉熙 釋名曰："煑麥曰麰，麰之言齲也，煑孰齲壞。"按末句節引。而"亦"字當依所引改爲"之言"二字。

5 蟹胥，取蟹藏之，使骨肉解，胥胥然也。

許克勤曰：説文繫傳引作"言其肉胥胥解也"。與今本異。

釋采帛第十四

1　疏者，言其經緯疏也。

許克勤曰：晉書元帝紀："太極殿夏施青練帷帳。"音義："青練，所居反。"即此所謂疏也。練一作練，非。

2　紡廳絲織之曰疏。疏，寥也，寥寥然也。

許克勤曰：疏字亦作練。黎刻玉篇糸部"練，所間反"，引作"紡廃絲織曰練。練，料也，料料然疏也"。

3　又謂之沙，亦取戚戚如沙也。畢曰：今本"沙"下有"穀"字，衍。

許克勤曰：黎刻玉篇"穀，胡木反"，説文"細練也"，釋名亦謂之"紗穀"。按練，今本説文作"縛"。今本玉篇云："細纏也，紗穀也。"是顧野王所見本有穀字也。

釋首飾第十五

1　幧，恢也，恢廓覆髮上也。魯人曰䫌。畢曰：鄭注士冠禮云："滕薛名蔮爲䫌。"

許克勤曰：劉台拱經傳小記云："士冠禮注幧，各本誤作蔮，釋文亦誤，釋名云云，字從竹，亦從巾作幗。"滕薛在漢爲魯之南境，劉熙以䫌爲魯語，與鄭合。按後漢書烏桓傳："中國有幧。"注云："幧，音吉悔反，字或爲幗，婦人首飾也。"續漢輿服志曰："公卿列侯夫人紺繒幗。"此幧、幗相通之證。

釋衣服第十六

1　闕翟。

許克勤曰：黎刻玉篇："緅，去厥反。"埤蒼："緅，狄衣也。"野王案："王后文服也，今禮家並爲闕字。"按屈乃緅之省，闕則聲近叚借字也。

釋宮室第十七

1 楠,碻也。

許克勤曰:説文繫傳十一引作"楠,碻堅而直也"。與今本異。

2 楣,眉也,近前各兩,若面之有眉也。

許克勤曰:通鑑釋文十八引作"楣,近前各兩,若面之有眉"。然則古本自有"各兩"二字矣。

3 屏,自障屏也。

許克勤曰:淮南 主術訓:"天子外屏,所以自障。"高誘 注云:"屏,樹垣也。"爾雅曰:"門内之垣謂之樹。"諸侯在内,天子在外,故曰所以自障也。白虎通云:"所以設屏何? 屏,所以自障也,示不極臣下之敬也,天子德大,故外屏;諸侯德小,所照見近,故内屏。"按外屏即浮思,内屏即蕭墻也。又按説文:"屏,蔽也。"是障屏即障蔽也。

4 樓,言牖户諸射孔婁婁然也。

胡玉縉曰:按婁,空也,射孔婁婁,即説文 广部"廔"云"屋麗廔也"。玉篇 广部"廔"云:"龐廔綺窻。"然則樓之言婁,又言廔也。門户洞達,窻牖交通,足資登眺,故月令云:"可以居高明。"鄭 注:"高明,謂樓觀也。"又説文 囧部"囧"云:"窗牖麗廔閣明也。"

5 櫓,露也,露上無屋覆也。

許克勤曰:史炤 通鑑釋文七"樓櫓"云:"櫓,即櫓字,城上守禦望樓。"説文、釋名曰:"櫓,露也,上無覆屋。"按此引蓋脱"露"字,而"屋覆"本作"覆屋",宋本與元應所見同。又十四卷引同,又十七卷引同。今本不脱"露"字而仍作"覆屋",今作"屋覆"蓋誤倒。又按後漢 公孫瓚傳:"樓櫓千里。"注云:"櫓即櫓字,見説文。釋名曰:'櫓,露也,上無覆屋。'"據此則"屋覆"

誤倒明矣。

6 大屋曰廡。廡，幠也。幠，覆也，并冀人謂之庌。

許克勤曰：黎刻玉篇引“大屋曰廡，幽冀人謂之庌也”。據此，則“并”字古本作“幽”，與元應所見本合。

7 囷，屯也，屯聚之也。畢曰：説文云：“笔，篅也。”

許克勤曰：黎刻玉篇广部引作“庉，屯也。屯，聚也”。據此，則“囷”本作“庉”。又云：“庉，徒本反。”引廣雅：“庉，舍也。”

釋牀帳第十八

1 幄，屋也，以帛衣板施之，形如屋也。

胡玉縉曰：説文尸部：“屋，居也。”引伸其義，知古人帷幄之字亦通用屋，故劉熙即以屋釋幄也。如大雅：“尚不愧於屋漏。”鄭 箋：“屋，小帳。”喪大記：“畢塗屋。”鄭 注：“屋，殯上覆如屋者。”文選 范蔚宗 樂遊應詔詩：“黃屋非堯心。”李 注引漢書：“紀信乃乘王車，黃屋左纛。”李斐曰：“天子車以黃繒爲裏。”集韻云：“幄，幬也，亦作屋。”説本薛氏 説文答問疏證五。

釋書契第十九

1 筆，述也，述事而書之也。

胡玉縉曰：初學記廿一引“述事”上有“謂”字。

2 册，賾也，敕使整賾，不犯之也。

許克勤曰：説文：“嫧，齊也”廣雅 釋詁一：“嫧，善也。”謂整齊修飭以至於善也。此以賾訓册。賾之正字當作嫧。朱氏 駿聲云：“以嫧爲訓是也。説文有嘖無賾。賾，俗字。册、嫧疊韻。”

典藝第二十

1 尚書。尚，上也，以堯爲上，始而書其時事也。

胡玉縉曰：墨子 明鬼篇：“尚書，夏書，其次商 周之書。”舉

夏商周而不舉虞書,尚書即指堯典也。史記五帝本紀云:"學者
多稱五帝,尚矣。然尚書獨載堯以來。"是以堯爲上始也。

2 碑,被也,此本葬時所設也,施鹿盧,以繩被其上,
引以下棺也。臣子追述君父之功美,以書其上,後人因
爲,無故建於道陌之頭顯見之處,名其文就謂之碑也。

　　許克勤曰:黎刻玉篇引作"石碑,本葬時所設,以下棺。臣
子追述君父之功美,以書其上。後人因無故建之道陌之頭,銘
吉文就謂之碑也。野王案三輔舊事:漢惠帝爲四皓作碑,在其隱
處,是"。按"葬"當作"葬",顧氏引漢惠帝事以證明无故之誼,
則无故謂非葬事也。江叔澐以爲物故者,非。

釋樂器第二十二

1 枇杷,本出於胡中,馬上所鼓也。推手前曰枇,引
手卻曰杷,象其鼓時,因以爲名也。

　　許克勤曰:通鑑釋文廿九"琵琶"云:"上頻脂切,下蒲巴
切。"釋名:"琵琶,樂名,胡中馬上所鼓,推手前曰琵,卻手後曰
琶,因以爲名。"按據此,"枇杷"本亦作"琵琶"。

2 塤,喧也,聲濁,喧喧然也。

　　許克勤曰:通鑑釋文五引作"塤,喧也,聲濁,喧然"。按此
蓋傳寫誤奪一"喧"字。

釋兵第二十三

1 熊虎爲旗。旗,期也,言與衆期於下,軍將所建,象
其猛如熊虎也。

　　胡玉縉曰:元應一引"熊虎爲旗者,軍將所建也,象其猛如
虎,與衆期其下也"。

釋車第二十四

1 車,古者曰車,畢曰:書牧誓釋文引無"曰車"二字。聲

如居。

胡玉縉曰:案詩 召南 釋文引有“曰車”二字。

2 天子所乘曰路,路亦車也,謂之路者,言行於道路也。畢曰:今本作“天子所乘曰玉輅,以玉飾車也”。在“輅亦車也”之上。

許克勤曰:續漢 輿服志 注引“天子”至“路也”,“車”字訛爲“軍事”二字,無“者、於道”三字。按史炤 通鑑釋文廿九引“天子乘”二句,與注今本同,而無“所、曰”二字,又引“謂之”二句,惟上“路者”作“輅”。據此,則南宋時史氏所見,已與今本同,但所引有删節耳。

3 胡奴車,東胡以罪没入官爲奴者引之,殷所制也。畢曰:鄭君注周禮鄉師職引司馬法曰:“夏后氏謂輦曰余車,殷曰胡奴車,周曰輜輦。”

許克勤曰:宋書 禮志五:“傅玄子曰:‘夏曰余車,殷曰胡奴,周曰輜車。’輜車即輦也。”又按太平御覽七百七十三引司馬法曰:“夏曰予車,殷曰胡奴車,周曰輜車,三代之輦。”

4 贏車,羊車,各以所駕名之也。

許克勤曰:周禮:“巾車先。”鄭注:“蒲蔽謂贏蘭車,以蒲爲蔽,天子喪服之車,漢儀亦然。”按“贏”蓋“贏”字之誤。贏俗作騾。宋書 禮志五:“晉令曰:‘乘傳出使,遭喪以上,即自表聞,聽得白服乘騾車,到副使攝事。’徐廣 車服注:‘傳聞騾車者,犢車裝而馬車轅也。’”此可爲遭喪乘騾車之證。

5 輜車,載輜重臥息其中之車也。輜,廁也,所載衣物雜廁其中也。

6 軿車，軿，屏也，四面屏蔽，婦人所乘牛車也[1]。

許克勤曰：通鑑釋文九引“輜，厠也，謂軍糧什物雜厠載之，以其累重，故稱輜重”。史記韓長孺傳正義引“輜，厠也，所載衣物雜厠其中”。續漢書注引“輜，屏也，四屏蔽，婦人乘牛車也”。脱“面、所”二字。

7 輜軿之形同，有邸曰輜，無邸曰軿。畢曰：宋書禮志引字林曰：“軿車有衣蔽無後轅，其有後轅者謂之輜。”

許克勤曰：續漢書注引“有邸”二句同。又引字林脱“其有後轅”四字，末有“也”字。

8 文鞇，車中所坐者也，用虎皮爲之，有文采。鞇，因也，因與下輿相聯著也。

許克勤曰：詩小戎疏引劉熙釋名無“者、爲之”三字。説文繫傳艸部“茵”引劉熙釋名：“茵，因也，因與下相連也。”按此增三字，與小徐所引合。“連”今作“聯”，二字同音通用。

9 轊輗，猶祕囂也，在車軸上，正輪之祕囂前卻也。

許克勤曰：晉書五行志下，安帝元興三年正月，“桓玄出遊大航南，飄風飛其轊輗蓋”。音義：“轊輗，上匹計反，下五計反。”是轊輗上有蓋，當在軸上，而不在輪上明矣。

10 屐，似人屐也，又曰伏兔，在軸上似之也。又曰輹，輹，伏也，伏於軸上也。

許克勤曰：易釋文引釋名云：“輹，似人屐。”又曰：“伏菟在軸上似之。”又曰：“輹，伏於軸上。”吕氏古易音訓同。然則首

---

[1]　許克勤將“輜車”和“軿車”放一起注釋。光緒二十二年本“輜車”條恰占居一行，下一行是“軿車”，不易斷定它們是一條還是兩條。此依《釋名》立目通例分爲兩條。

"屟"字唐初本亦作"輾"也。

　　11 韉,經也,橫經其腹下也。

　　胡玉縉曰:"韅"是正字,"韉"則隸寫之省耳。徐鍇 繫傳革部引釋名"韉"作"韅","經也,經其腹下也"。蓋脫一"橫"字。

　　12 鞘,縣也,所以縣縛軛也。畢曰:今本革旁作尹,玉篇有之。

　　許克勤曰:繫傳引釋名曰:"'鞘,縣。音玄也。從以縣縛軛也。'作'靮'字非也。""音玄"二字,蓋注中注也①。祁氏 校勘記云:"釋名作'靮',故鍇辨之,'從以'當作'所以'。"是也。

疾病第二十六

　　1 聾,籠也,如在蒙籠之內,聽不察也。

　　胡玉縉曰:案廣韵所引是,此以在蒙籠內不可察爲況,今本或淺人疑其與聾義不黏改,而不知其實非也。鈕氏 新坿考三亦謂:"今本作'聽不察',蓋後人改。'蒙籠'或作'朦朧',非。"

　　2 齲,齒朽也,蟲齧之齒缺朽也。

　　許克勤曰:按史記 倉公傳 正義引釋名云云,無二"齒"字。又云:"齲,邱羽反。"竊謂張引誤脫上"齒"字,元應誤衍下"齒"字。

　　3 瘧,酷虐也。凡疾,或寒或熱耳,而此疾先寒後熱,兩疾似酷虐者也。

　　許克勤曰:說文繫傳十四云:"禮寒熱不節,人多瘧疾。"引釋名曰:"凡疾,或寒或熱,此一疾有寒有熱,酷虐也。"是。楚金所見,"此"下有"一"字,"先、後"二字皆作"有",與今本異。

---

① 繫傳引釋名作"鞘,縣音玄也"。許所見本"音玄"闌入正文,故云"蓋注中注"。

4 肬,邱也,出皮上,聚高如地之有邱也。

許克勤曰:輔行記第一之二引作"疣者,丘也,出於皮上,如地有丘"。

釋喪制第二十七

1 人始氣絕曰死。

許克勤曰:輔行記第一之四引作"神盡曰死"。

釋名補遺

釋宮室

城下謂之壕。壕,翱也,言都邑内所翱翔也,祖駕處也。

許克勤曰:此條已見卷一釋道,補之於此,非也。

索　　引

一、本索引分爲部首索引、四角號碼索引、音序索引。

二、索引收録《釋名》正文及《續釋名》《釋名補遺》《釋名疏證補坿》中的全部被釋語詞。

三、每條詞目後列該詞目所在位置的編碼。

四、《釋名》正文詞目的編碼爲:先卷次,次分類類次,後條目序碼,如“田　1/2/2”,即見卷一、《釋地》第二、第二條。

五、《疏證補》附録的編碼爲:

（1）《續釋名》先“續”字;次以“1”代《釋律吕》,以“2”代《釋五聲》;後爲條目序碼,如“商　續/2/3”即見《續釋名》釋五聲第三條。

（2）《釋名補遺》先“補”字,次爲本書所標意義類別序碼、條目序碼。其“附録”則以“附”字充任類別序碼。後附《韋昭釋名》先“韋”字;次以“1”代《官職訓》,“2”代《辨釋名》;後爲條目序碼。

（3）《釋名疏證補坿》先“坿”字,繼爲本書所標意義類別序碼、條目序碼。

六、《漢字部首索引》部首歸并及排列順序依據新版《辭源》。同一部首各字按筆畫多少順次排列,同筆畫者按書中先後次序排列。多音節語詞以首字爲準,首字同者依字數多寡排列,首字與單音節詞相同者,則依次排於該單音詞之後。索引前置部首目録,以俾檢索。

七、《四角號碼索引》按各字(包括多音節語詞首字)四角號碼順序排列,同碼各字按筆畫多少順次排列,餘同《部首索引》。

八、《音序索引》按漢語拼音音節順序排列。

部首索引
部首目録

部首右邊的號碼指索引的頁碼。

奠 8/27/63
奧 5/17/3

女部

女 3/10/3
　女君 3/11/39
　女墻 5/17/12
妃 3/11/56
好 4/12/52
妖 1/1/89
姸 3/9/3
姒 3/11/43
妣 8/27/24
姤 8/26/29
姑 3/11/28
　3/11/23
　續 /1/6
　姑洗 續 /1/6
姊 3/11/24
妹 3/11/25
妻 3/11/52
妾 3/11/54
委 4/12/84
　委貌 4/15/9
始 4/12/116
姿 3/9/1
姪 3/11/26
姨 3/11/35
　3/11/36
姻 3/11/48
威 4/12/94
姦 4/12/119
要斬 8/27/17
娼 3/10/3
娣 3/11/44
娩 3/10/1
婚 3/11/47
婦 3/11/51
嫂 3/11/40
媵 3/11/55
嫡 3/11/59
嫛 3/10/1
　嫛娩 3/10/1
嬖 補 /3/1
嬰 3/10/1
　嬰兒 3/10/1
嬪 3/11/53

子部

子 1/1/30
　2/8/34
　3/11/10
　3/11/50
孑 7/23/18
　孑盾 7/23/18
孛星 1/1/76
孝 4/12/10
季 3/11/21
　季父 3/11/21
孤 3/11/63
孫 3/11/11
孰 3/11/45
孺 3/10/4
　孺子 3/10/4

宀部

宁 5/17/43
宄 4/12/120
安 4/12/130
　安車 7/24/18
宅 5/17/4
宇 5/17/6
宋 2/7/16
宛丘 1/5/5
宗 1/5/8
　宗丘 1/5/23
　宗廟 5/17/8
室 5/17/2
宧 5/17/3
害 1/1/85
容 3/9/2
　容刀 7/23/6
　容車 7/24/13
宮 5/17/1
　續 /2/2
宿 1/1/9
寅 1/1/32
密 4/12/129
寒 1/1/14
　寒粥 4/13/65
寐 3/9/81
寢 3/9/82
　5/17/9
寤 3/9/85
寡 3/11/62

寸部

寺 5/17/13
封刀 7/23/9
射 續 /1/12
將 4/12/89
尉 韋 /2/2
導 4/12/32
　埘 /12/1
　4/15/18
尋 7/23/12

小部

小車 7/24/16
小功 8/27/45
小要 8/27/61
少 2/8/66
　少腹 2/8/66
尚 6/20/15
　補 /10/2
　韋 /2/5
　尚書 6/20/20
　補 /10/2
　韋 /2/5
　埘 /20/1

尸部

尸 8/27/27
尻 2/8/87
尾 2/8/83
屋 5/17/7
　屋漏 5/17/3
屏 5/17/42
　埘 /17/3
　屏風 6/18/29
屐 5/16/54

輚 7/24/34	遲 4/12/55	重 8/27/53	錫鏤 8/27/47
轄 7/24/48	遺 2/8/20	重較 7/24/10	錇 7/21/15
轀 7/24/43	邊 5/17/77	**金部**	鍾 2/8/100
轑 7/24/54	**邑部**	金 1/1/25	7/22/1
轚 7/24/57	邑 2/7/48	7/23/34	鏄 7/21/19
坿/24/10	邦 2/7/45	金餅 4/13/12	鏶 7/21/20
輬 8/27/19	郎疏 7/24/40	金鼓 7/23/34	鎧 7/23/20
轡 7/24/64	郡 2/7/53	釜 4/13/39	鏡 4/15/19
轥 7/24/61	郡尉 韋/2/19	釜炙 4/13/39	鏑 7/23/3
辛部	都 2/7/46	釵 4/15/27	鐏 補/7/1
辛 1/1/49	都丘 1/5/13	釭 7/23/3	鏃 7/23/3
辟 1/1/60	郭 5/17/11	7/24/46	鐫 7/21/8
辟歷 1/1/60	7/23/2	鈎 7/23/23	鏷 7/21/15
辰部	鄉 2/7/57	鈎鑲 7/23/23	鐇 7/21/21
辰 1/1/34	鄙 2/7/51	鈎車 7/24/3	鐘 續/1/2
辱 4/12/75	4/12/65	鈎心 7/24/58	續/1/13
辵部	鄙祖 5/16/48	銓 5/17/67	鐁 7/21/24
述 續/1/1	鄭 2/7/17	銘 4/12/36	鐃 7/22/21
逆 4/12/68	坿/7/1	6/20/28	鐏 7/23/14
退 4/12/79	鄰 2/7/54	銍 7/21/22	鐔 7/23/21
通 4/12/17	**酉部**	鉸刀 7/23/9	鋼 7/24/47
通視 8/26/14	酉 1/1/39	鉏 7/21/13	鐮 7/21/2
逾 1/6/9	酪 4/13/24	鎏 7/24/28	鐸 7/23/33
進 4/12/78	酸 8/26/37	銷 7/21/15	鑪 7/24/66
道 1/6/1	醃 4/13/27	鋒 7/23/21	鑲 7/23/23
4/12/1	醜 4/12/53	7/23/5	鑷 4/15/22
道路 1/6/1	醓 4/13/28	鋌 7/23/22	鑿 7/21/7
達 4/12/18	醴 4/13/61	錦 4/14/21	**長部**
運 1/1/57	醴齊 4/13/61	錐 7/21/5	長 3/10/7
過所 6/19/18	醳酒 4/13/62	鋸 7/21/25	長刺 6/19/28
遙 7/24/21	**里部**	錫 8/27/47	長秋 韋/2/17
	里 2/7/55		

長水校尉		陽	1/1/13	霂	續 /2/6	鞄	2/8/67
	補 /10/11		7/24/38	霄	補 /1/2	鞅	7/24/67
	韋 /2/17	陽丘	1/5/22	震	1/1/33	鞏	7/24/69
門部		陽門	7/24/38		1/1/60	鞀	7/24/29
門	5/17/57	階	5/17/40	霓	1/1/63		圸 /24/8
閈	4/12/138	隆彊	7/24/40	霜	1/1/52	鞁	7/22/4
闕	5/17/51	障	5/17/58	霞	補 /1/3	鞇	7/24/30
	圸 /16/1	隤	8/26/36	霡霂	1/1/56	鞘	7/24/74
闕翟	4/16/14	隩	1/2/7	霤	5/17/49		圸 /24/12
關	8/27/34	隯	1/6/10	霧	1/1/74	鞾	7/24/70
阜部		**佳部**			補 /1/4	鞠衣	5/16/14
阜	1/3/1	雅	4/12/100		圸 /1/2	鞬	7/23/4
阯	1/5/18		6/20/14	霰	1/1/55	鞳	7/24/72
阯丘	1/5/18		6/20/18	露	1/1/53	鞦韆	5/16/56
阯邱	圸 /5/1	雍	2/7/7	露拍	7/23/5	鞭	5/16/57
陂	1/3/3	雍沛	1/4/12	露見	7/23/18	鞲	7/24/59
阿	1/5/6	雍州	2/7/7	霸	1/1/69	韡	5/16/55
阿丘	1/5/6	雉經	8/27/15	霳	1/1/66	韁	7/24/71
阻丘	1/5/19	雞纖	4/13/52	**青部**		韉	7/24/68
陌頭	4/15/23	離	1/1/36	青	4/14/1		圸 /24/11
陛	5/17/39	離孫	3/11/33	青州	2/7/1	**韋部**	
陰	1/1/12	難	4/12/103	靜	4/12/67	韋弁	4/15/10
	2/8/68	**雨部**		**非部**		韈	5/16/15
	7/24/27	雨	1/1/17	非	4/12/42	韓羊	4/13/47
陸	1/2/5	雪	1/1/54	**面部**		韓兔	4/13/47
陵	1/3/1	雲	1/1/57	面	2/8/27	韓雞	4/13/47
陶丘	1/5/2	雲孫	3/11/17	**革部**		韝	5/16/15
陼丘	1/5/11	雷	1/1/58	鞋轉	7/24/32	韝	5/16/51
陴	5/17/12	電	1/1/59	靮	5/16/60	**音部**	
陳	5/17/41	雺	補 /1/5	靮韋	5/16/60	音	續 /2/1
陷虜	7/23/18	雹	1/1/61	鞍	7/24/28	**頁部**	
						項	2/8/51

四角號碼索引

氾 1/4/15	8/27/71	濫泉 1/4/8	坿 /12/1
3712	褖衣 4/16/14	**3812**	4/15/18
汋 2/8/18	**3724**	渝 1/4/16	**3912**
5/17/65	祳 1/1/72	**3814**	沙 4/14/29
潤 1/4/7	**3725**	激 7/23/14	坿 14/3
瀾 1/4/16	襌 5/16/49	激矛 7/23/14	消 4/12/117
涌 1/3/5	**3726**	游輬 7/24/25	8/26/38
涌泉 1/4/13	襜褕 5/16/21	**3815**	消澉 8/26/24
溺 8/27/10	褶 5/16/19	海 1/4/19	**4000**
潚 1/4/22	裾 5/16/11	**3816**	乂 3/10/13
鴻 韋/2/9	裙 5/16/33	滄 1/4/21	十二卿 補/10/5
鴻臚 韋/2/9	**3728**	**3819**	**4003**
3714	襫 5/16/32	涂 1/6/14	大呂 續/1/3
浸 8/26/17	**3730**	**3821**	大功 8/27/44
3716	通 4/12/17	祚 3/11/5	大司馬 韋/2/4
湄 1/4/18	通視 8/26/14	**3822**	大將軍 韋/2/3
3718	過所 6/19/18	衿 8/27/30	太 續/1/4
次 4/15/24	退 4/12/79	**3824**	大蔟 續/1/4
漱 8/26/24	運 1/1/57	啟 3/9/26	太中大夫
3719	遲 4/12/54	6/19/25	韋/2/19
潔 4/12/146	**3740**	複 4/16/29	夾 續/1/5
3721	姿 3/9/1	**3825**	5/17/45
祖 3/11/5	**3772**	祥 7/24/8	夾室 5/17/45
袍 5/16/44	郎疏 7/24/40	8/27/68	夾鐘 續/1/5
冠 4/15/1	**3773**	**3830**	**4010**
祀 1/1/23	睿 4/13/15	道 1/6/1	土 1/1/29
3722	**3780**	4/12/1	1/2/2
禍 4/12/76	資 4/9/1	道路 1/6/1	臺 5/17/55
襧 5/16/21	**3810**	逆 4/12/68	直領 5/16/37
3723	塗 5/17/78	**3834**	**4012**
冢 1/3/2	**3811**	導 4/12/32	埔 5/17/35
	濫 1/4/8		

彭排	7/23/19	**4296**		**4385**	鼓	7/22/3
4214		栝	7/23/4	戴	3/9/53	**4418**
坻	1/4/22	**4299**		**4391**	茨	5/17/61
埒	1/3/14	櫟鬢	4/15/18	柁	7/25/1	墳	6/20/1
4221		**4310**		**4394**	**4419**
獵車	7/24/15	卦	3/9/74	弒	8/27/13	堞	5/17/12
4223		卦賣	3/9/74	**4395**		**4420**
瓠	4/13/77	**4315**		棧	7/24/11	考	8/27/24
4240		城	5/17/10	棧車	7/24/11	考竟	8/27/16
荆	2/7/4	**4323**		**4397**		**4421**
荆州	2/7/4	獄	5/17/15	棺	8/27/34	荒	3/11/8
4243		**4345**		**4410**	蘢	1/3/19
妖	1/1/89	戟	7/23/10	封刀	7/23/9	蠶	5/16/52
4246		**4346**		基	4/12/43	薨	8/27/4
婚	3/11/47	始	4/12/116	墊	3/10/16	莊	1/6/6
4250		**4348**		墓	8/27/72	俺	4/15/23
靮	7/24/28	嬪	3/11/53	蓋	7/24/52	蘆葦	補/附/2
4251		**4353**			4/12/93	**4422**
靾	7/22/4	靪	7/24/30	**4411**		帶	5/16/8
4253		**4354**		地	1/2/1	幕	2/8/14
鞿	5/16/57	轉	7/24/59	埒	1/2/10		5/16/43
4291		䡥	5/16/15	茝	4/13/26		6/18/16
札	1/1/83	**4355**		**4412**	薦	6/18/7
	6/19/7	載	1/1/23	蒲	5/17/63	薦版	7/24/36
	7/25/3		3/9/16	蒲平	6/18/8	蕭廬	5/17/42
桃濫	4/13/71	載丘	1/5/16	蕩	4/12/163	**4423**
桃諸	4/13/76	**4373**		**4413**	蕤	續/1/8
4293		裒溲	6/18/11	薹	1/1/90	蕤賓	續/1/8
檼	5/17/21	**4380**		**4414**	麩	4/13/69
4295		赴	6/18/17	薄	4/12/22	坿	/13/4
機	7/23/2	越	2/7/27	韋	/2/23	蒙	1/1/75

4424

岥　5/16/36

4433

熱　1/1/16

燕　2/7/15

　燕尾　7/23/24

蒸栗　4/14/32

蒸餅　4/13/12

恭　4/12/13

4440

艾　3/10/13

藝　7/22/5

孝　4/12/10

4441

執　3/9/43

　執鋙　韋/2/14

4442

莿　6/20/20

4443

莫　4/14/38

樊纓　7/24/67

4444

葬　8/27/54

4445

韓羊　4/13/47

韓兔　4/13/47

韓雞　4/13/47

4446

姑　3/11/23

　　3/11/28

　　續/1/6

姑洗　續/1/6

4450

攀　3/9/35

華　4/15/26

　華勝　4/15/26

4451

靬韕　7/24/32

4452

鞱　7/24/70

勒　4/12/37

　　7/24/65

4455

韃　5/16/51

韕　5/16/55

4459

鞲鞮　5/16/56

4460

耆　3/10/14

苦　4/12/129

　苦酒　4/13/64

瞥　8/26/10

蒼天　1/1/1

4462

耇　3/10/17

4471

老　3/10/19

苞　5/16/44

耄　3/10/15

薧　5/17/31

世父　3/11/18

4477

甘　4/12/128

4480

楚　2/7/18

黃　4/14/3

黃耇　3/10/17

黃鐘　續/1/2

4490

葉　7/21/15

4491

枕　6/18/14

　　7/24/35

4498

欑　8/27/38

4499

林　1/3/18

　林鐘　續/1/9

4510

坤　1/2/1

4528

幘　4/15/13

4542

姊　3/11/24

4543

姨　3/11/35

　　3/11/36

4549

妹　3/11/25

4553

靸　7/24/67

4554

鞭　7/23/4

4592

枌　7/21/17

4594

樓　5/17/54

　垺　/17/4

4599

棟　5/17/21

4611

埋　8/27/76

4618

塤　7/22/12

　垺　/22/2

4620

帕腹　5/16/25

4621

幌　4/15/26

觀　3/9/30

　　5/17/53

4622

獨　3/11/64

　獨坐　6/18/1

4624

幔　6/18/18

4626

帽　4/15/14

4640

姻　3/11/48

4650

鞠　7/24/29

　垺　/24/8

4652

鞘　7/24/74

　垺　/24/12

5803		兄似	3/11/42	**6050**			7/23/3
撫	3/9/60	兄章	3/11/42	甲	1/1/42	是	4/12/41
5804		四時	1/1/22		2/8/74	異	1/1/86
鞯	7/24/22	四瀆	1/4/1		7/23/20	**6090**	
	垪 /24/6	**6022**		暈	1/1/64	罘	5/17/52
	垪 /24/7	易	6/20/9	**6060**		罘罳	5/17/52
鞯車	7/24/22	冑	2/8/64	吕	續 /1/1	困	5/17/72
	垪 /24/6	圉	5/17/76		續 /1/3	景	1/1/5
5880		圊	5/17/75	昌	1/6/5	**6091**	
贅	8/26/53	**6023**		昌丘	1/5/17	羅	4/14/25
5894		晨	1/1/71	冒	8/27/29	羅枷	7/21/14
救	6/19/34	**6030**		圉	5/17/15	**6101**	
6000		图	5/17/15	罶	4/12/155	嘔	8/26/25
口	2/8/36	图圉	5/17/15	暑	1/1/15	**6103**	
口卷	2/8/43	**6032**		署	6/19/30	啄	4/13/10
6003		罵	4/12/154	暠	1/1/6	**6111**	
眩	8/26/6	**6033**		圖	6/20/7	趾	2/8/96
噫	4/12/168	思	4/12/170	**6065**		跐	3/9/68
6010		黑	4/14/5	尋	4/15/6	距	2/8/50
日	1/1/2	罳	5/17/52	**6071**		**6114**	
目	2/8/31	**6040**		昆	3/11/15	蹋	3/9/69
里	2/7/55	田	1/2/2		3/11/61	**6121**	
星	1/1/8	旻天	1/1/1	昆孫	3/11/15	號	4/12/49
墨	6/19/3	**6041**		邑	2/7/48	**6180**	
墨車	7/24/9	冕	4/15/4	囿	5/17/74	題	6/19/29
6013		**6042**			垪 /17/7	**6200**	
跡	4/12/87	男	3/10/2	**6073**		删	1/3/17
6015		**6043**		圛土	5/17/15	**6202**	
國語	6/20/17	吳	2/7/26	圛丘	1/5/8	喘	8/26/27
6021		吳魁	7/23/18	**6080**		**6204**	
兄	3/11/8	昊天	1/1/1	足	2/8/95	嚼	4/13/9

音序索引

本索引按漢語拼音順序排列,同音字按筆畫多少排列;多音詞則依次排列于首字下。

涌	1/3/5	御史中丞			zǎi		zhá
涌泉	1/4/13	補	/10/3	載	1/1/23	札	1/1/83
	yōu	韋	/2/6		zài		6/19/7
幽州	2/7/9	霩 績	/2/6	載	3/9/16		7/25/3
	yóu	獄	5/17/15	載丘	1/5/16		zhǎ
肬	8/26/54	豫州	2/7/5		zān	鮓	4/13/32
坿	/26/4		yuān	簪	4/15/16		zhà
游環	7/24/25	淵	7/23/1		zàn	栅	5/17/37
	yǒu		yuán	讚	4/12/35		zhái
友	4/12/12	元戎車	7/24/5		6/20/26	宅	5/17/4
友埒	3/11/46	垣	5/17/34		zàng		zhān
酉	1/1/39	原	1/2/4	葬	8/27/54	旃	7/23/24
	yòu	緣裙	5/16/34		záo	氈	6/18/9
幼	3/10/8	緣襦	5/16/35	鑿	7/21/7		zhǎn
	yú	圜丘	1/5/8		zào	斬	8/27/18
魚梁	1/4/22	圜土	5/17/15	皁	4/14/13		8/27/42
虞	8/27/65	轅	7/24/34	燥	4/12/60		zhàn
輿	7/24/44		yuē	躁	4/12/66	棧	7/24/11
旟	7/23/24	約	6/19/33	竈	5/17/65	棧車	7/24/11
	yǔ		yuè		zé		zhāng
宇	5/17/6	戉	7/23/36	則	續 /1/10	章	3/11/42
羽	7/23/3	月	1/1/3	筰	5/17/30	章甫	4/15/5
雨	1/1/17	越	2/7/27		7/23/4		zhǎng
庾	5/17/73	籥	7/22/18	幬	4/15/13	長	3/10/7
圄	5/17/15		yún	澤	1/2/8	掌	1/4/14
敔	7/22/17	雲	1/1/57		zè		2/8/77
語	4/12/26	雲孫	3/11/17	側	3/9/24		zhàng
	yù		yùn		zēng	帳	6/18/19
育御	7/24/36	運	1/1/57	曾孫	3/11/12	障	5/17/58
㽞	7/22/17	量	1/1/64	曾祖	3/11/6		zhāo
御	4/12/99		Z		zhā	朝陽	1/3/16
			zāi	擄	3/9/41		
		災	1/1/84				

修訂後記

　　釋名疏證補點校本是先師祝敏徹先生和我共同整理的,先師主要負責點校,我主要負責編製索引,2008 年由中華書局出版。點校本的出版,對推動漢語音義關係的研究起到了一定的積極作用,令人頗感欣慰。

　　先師承擔釋名疏證補的點校任務是在上個世紀 80 年代中後期。那時候,我正在湖北大學做碩士研究生,爲了讓我打好古文閱讀的基礎,他老人家讓我參與到這項工作中來。起先是由我用鉛筆在上海古籍出版社影印的清光緒二十二年釋名疏證補一書中斷句、標點,然後由先師修改定稿。現在回過頭來看,點校本出現一些疏失,也有熱心的朋友在使用過程中發現了一些問題,引起我們的重視。我們自己也一直希望有機會將已經發現的錯誤改正過來。

　　2014 年 7 月 5 日,先師不幸病逝,我非常悲痛,先生的音容笑貌常常浮現在眼前,思之泫然。爲了使釋名疏證補這部名作更好地發揮其效用,2016 年,中華書局跟我聯繫,説書局方面準備再版本書,希望我做一些修訂工作。先師辭世多年,修訂工作自然落到我的肩上。現在,點校本即將修訂再版,先師如果知道這個消息,一定會含笑九泉。

　　得知我要從事修訂工作,老同事任繼昉教授特地給我寄來
他的釋名匯校,高誼可感。任先生的大作對本書的標點、校勘頗
有助益。我於 2016 年春節期間回湖北省親,集中精力將原點校
本匆匆校訂一過;正好趕上韓小荆同志在武漢大學開設釋名研
究的選修課,對釋名疏證補下了一番功夫,她愛人鄧福祿同志也
有不少心得。於是我將修訂稿放在鄧、韓賢伉儷處,請他們在我
校勘的基礎上,再幫我審讀一過。他們夫婦倆反饋了很好的意
見,改正了不少錯誤。修訂本凝聚了上述學人的心血,我在此表
示深深的謝意。

　　初版的點校工作是祝先生帶領我共同完成的,出現一些錯
訛在所難免。疏失之處,責任主要在我。由於凝聚着祝先生的
心血,因此這次修訂不宜改動過大,主要是改掉我本人和朋友們
發現的斷句、標點中的顯誤。

　　爲了方便讀者查找釋名疏證補後來附錄釋名疏證補坿的内
容,有網友建議,將釋名疏證補坿一卷打散,分別放到相應的詞
條下,加上"補坿"字樣,以低兩格的形式顯示出跟原文的區別。
這是方便讀者的好建議。但考慮到保持原貌以及保持本書内容
首尾一貫的需要,我采取了折衷的辦法。王先謙在前面的釋名
疏證補序中談到了補坿的安排。如果完全打散補坿,放在相應
詞條下,就會跟王氏的序對不上榫。因此,這次修訂還是將釋名
疏證補坿一卷的原貌保留下來,只在相應的條目下注明"釋名
疏證補坿有補充。見本書某某頁"等提示性的話,希望既方便
讀者,又最大限度地保持原文。

　　非常感謝中華書局的不斷督促,使我得以完成這項修訂工

作。由於水平、精力有限,手頭還有其他不少工作要做,這次修訂工作還是不能全力以赴,因此,這本點校修訂本肯定仍有不少改之未盡之處,我熱忱地希望海内外讀者繼續爲這個點校本匡謬補缺,是爲至盼。

孫玉文

2020 年 8 月 9 日於京西天趣齋